Für meine Familie

Richard Stücklen

Mit Humor und Augenmaß

Geschichten, Anekdoten und eine Enthüllung

Richard Stücklen

EDITIO ZENK FORCHHEIM

CIP-Titelaufnahme der Deutschen Bibliothek

Richard Stücklen,
Mit Humor und Augenmaß
Geschichten, Anekdoten und eine Enthüllung
Weißenburg
ISBN: 3-00-008155-0

1. Auflage August 2001
2. Auflage September 2001

US-Gestaltung: WAK Kress, Erlangen

Vertrieb:
EDITIO ZENK FORCHHEIM
Monika Zenk
Blütenstrasse 7
D-91301 Forchheim
Tel.: 0 91 91/8 94 90
Fax: 0 91 91/70 47 42
e-mail: GZenk@t-online.de

Vorwort

Den größten Teil des letzten Jahrhunderts habe ich miterlebt.

Geboren wurde ich im Kaiserreich 1916, mitten im ersten Weltkrieg. Aufgewachsen bin ich in der Zeit der Weimarer Republik in einem hochpolitischen Elternhaus. Den Arbeitsdienst habe ich in Schirigswalde in der Lausitz und den Wehrdienst – nach einem schweren Unfall nur sehr verkürzt – in verschiedenen Standorten abgeleistet. Mitten im zweiten Weltkrieg habe ich mein Ingenieurstudium abgeschlossen.

Im ersten Friedensjahr 1945 habe ich an der Gründung der Christlich Sozialen Union und der Jungen Union mitgewirkt.

Mein Vater, der vor 1933 Funktionsträger der Bayerischen Volkspartei war, wurde aufgefordert an der Gründung einer überkonfessionellen Partei, aus der die Christlich-Soziale Union wurde, mitzuwirken. Bei der Wahl zum Deutschen Bundestag am 14. August 1949 wurde ich direkt gewählt, nicht ahnend, daß ich dem Bundestag 41 Jahre angehören werde.

Ich ging mit der festen Überzeugung in den Deutschen Bundestag, dort alle meine Kraft einzusetzen, die materiellen Schäden und die geistige Verirrung des Dritten Reiches zu überwinden, damit der Bundesrepublik Deutschland der Weg von Weimar erspart bleiben möge.

Durch mein Elternhaus und die häufigen politischen Diskussionen, die ich zwischen meinem Vater und meinem Onkel, – der sozialdemokratischer Reichstagsabgeordneter war, – hat sich bei mir eine unerschütterliche und selbstverständliche Einstellung zur Toleranz ausgebildet: Auf andere zu hören und davon auszugehen, daß nicht der eine immer recht und der andere immer unrecht hat.

Nach einem langen Politikerleben, das mich bis an die Spitze des Deutschen Bundestages und der Deutschen Bundespost geführt hat, habe ich den Wunsch, aus meinem Leben zu erzählen, um Politik anschaulicher, nachfühlbarer zu machen. Da ich kein Kind von Traurigkeit bin, habe ich meine Aufzeichnung mit ernsten und heiteren Anekdoten aufgelockert, um zu illustieren, daß Politiker auch Menschen mit ihren Schwächen sind und dieses auch gelegentlich zeigen.

Als Ritter „Wider den tierischen Ernst“ kann mein Motto nur lauten: „Ein Politiker, der nicht auch mal lachen kann, bei dem hat das Volk nichts zu lachen.“

Weißenburg, im Sommer 2001

Richard Stücklen

Aus der Chronik der Familie Stücklen

Die Chronik der Familie Stücklen läßt sich zurückverfolgen bis ins 15. Jahrhundert. Das ist für einen kurzen Rückblick zu lang. Ich beginne deshalb mit dem Großvater väterlicherseits.

Mein Großvater, Johann Georg Stücklen, evangelisch, wurde am 5. September 1844 in Kempten im Allgäu geboren. Nach seinem Umzug nach Nürnberg war er in einer metallverarbeitenden Firma, den Bing-Werken, beschäftigt. In diesem Betrieb machte er eine bedeutende Erfindung, die für das Werk und seine Besitzer, die Gebrüder Bing, großen Erfolg und Gewinn brachte.

Bis zu Großvaters Idee mußten Spielzeugfiguren – ein Produkt jener Bing-Werke – aus einer Blei-Zinn-Zink-Legierung gegossen werden. Die Erfindung des Blechhohldruckverfahrens durch meinen Großvater machte einerseits den Bezug des Gießmaterials aus dem Ausland entbehrlich und brachte zum anderen eine große Zeitersparnis. Die Herstellung von Spielzeugen für Kleinsteisenbahnen war um ein Mehrfaches kostensparender geworden. Nicht einmal gedankt haben sie dem Großvater.

Die Bing-Werke entwickelten sich zur größten Blechspielzeugfabrik in Europa. Die Erfindung meldeten die Brüder Bing als Patent an. Mein Großvater bekam für seine Erfindung jedoch weder Dank noch eine finanzielle Abfindung. Er war über dieses schäbige Verhalten so enttäuscht, daß er sich – wohl in einer Kurzschlußhandlung – entschloß, das Werk zu verlassen und nach Amerika auszuwandern, um dort selbst eine Spielzeugfabrik zu gründen. Um das Jahr 1850 haben die Vereinigten Staaten um gut ausgebildete Facharbeiter in Europa geworben, um bei dem sich rasant entwickelnden Maschinenzeitalter mitzuwirken. Die Aussicht auf Selbständigkeit wurde als gut beurteilt. Die Chancen, die die USA eröffneten, haben meinen Großvater zu diesem Schritt bewogen.

Dies teilte er noch, bevor er die Familie verließ meiner Großmutter mit. Er wollte sobald als möglich die ganze Familie nachkommen lassen. Es gibt Hinweise, daß mein Großvater nach Hamburg gefahren ist und sich dort eingeschifft hat, aber von da an fehlt jede Spur von ihm. Unsere Familie hat jahrzehntelang versucht, in den USA herauszufinden, ob es dort eine Linie Stücklen gibt, die aus Nürnberg stammte. Wir haben zwar viele Stücklens in Amerika ausfindig machen können, aber keine einzige Linie, bei der es einen eindeutigen Hinweis auf Nürnberg gegeben hätte.

Meine Großmutter stand nun mit ihren Kindern allein da und mußte sie aus eigener Kraft ernähren. Sie hat deshalb für Bürgerfamilien in Nürnberg die Wäsche gewaschen und gebügelt. Der älteste der Jungen, Daniel, mußte Zeitungen austragen. Das hieß um fünf Uhr aufstehen, bis sieben Uhr Zeitungen austragen und dann zur Schule gehen. Der weitere Lebensweg meines Onkels Daniel ist im Handbuch des Deutschen Reichstages ausführlich dargelegt.

Der Zweitälteste, August, wurde bei Verwandten in Lauf bei Nürnberg untergebracht. Er kehrte dann nach Nürnberg zurück und machte eine Lehre bei den Siemens-Schuckert-Werken. Er brachte es dort bis zum Vorarbeiter und wurde auch zum Vertrauensmann gewählt; „Betriebsrat“ ist heute die Bezeichnung.

Der jüngste der drei Buben, Georg, war mein Vater. Er war gerade eineinhalb Jahre alt und meine Großmutter verfrachtete ihn im wahrsten Sinne des Wortes mit dem Korb auf dem Rücken nach Heideck zu dem Schlossermeisterehepaar Schmidt.
Sie fuhr mit dem Zug von Nürnberg bis Georgensgmünd – es war die nächste Bahnstation zu Heideck. Von dort ging sie zu Fuß, den kleinen Georg auf dem Rücken tragend, durch Wald und Feld, über Alten-Heideck, Liebenstadt in das kleine fränkische Städtchen Heideck.
Weil das Ehepaar Schmidt selbst keine Kinder hatte, aber gern welche gehabt hätte, nahm es den kleinen Georg mit besonderer Herzlichkeit und mit offenen Armen auf. Mein Vater hatte bei seinen Zieheltern eine glückliche Kindheit und Jugend. Wenn es auch bescheiden zuging,

so fehlte es ihm doch an nichts. Ab dem dritten Lebensjahr kam mein Vater in den Kindergarten und blieb dort bis zur Einschulung in die katholische Volksschule. Eine andere gab es in Heideck nicht. Dieser Sachverhalt sollte sogar ernste Auswirkungen auf eine Regierungsbildung 1966 in der Bundesrepublik Deutschland haben, doch davon will ich später erzählen.

Nach der Volksschule erlernte er das Schlosserhandwerk und übernahm nach dem Tod seiner Zieheltern den Betrieb.
Um die Jahrhundertwende erwarb er im Zentrum der Stadt Heideck ein Haus mit angebauter großer Werkstatt. Zur gleichen Zeit wollte sich mein Vater mit der Landwirtstochter Mathilde Bach aus Heideck verehelichen. Beim Aufgebot für die Ehe war die Vorlage eines Taufzeugnisses erforderlich. Für meinen Vater wurde es in Nürnberg angefordert. Es stellte sich heraus, daß mein Vater nicht katholisch, sondern evangelisch getauft worden war. Er war auf „kaltem Wege“ katholisch gemacht worden. So wurde die Ehe auch katholisch geschlossen.

Seine Wehrpflicht hatte mein Vater bei den Pionieren in Ingolstadt abgeleistet und war dort im Ersten Weltkrieg als Maschinenmeister in der Garnison Plattling eingesetzt. Nach dem Krieg gab es dort Unruhen, hervorgerufen durch von der Ostfront zurückkehrende Soldaten. Es kam zu Zusammenstößen und Plünderungen. Mein Vater stellte mit anderen zusammen im Arbeiter- und Soldatenrat die Ordnung wieder her.

Nach der Rückkehr in seine Heimatstadt Heideck trat er der Bayerischen Volkspartei bei und wurde 1922 zum Bürgermeister der Stadt Heideck gewählt. Unter anderem war er in seiner Eigenschaft als aktives Mitglied der Bayerischen Volkspartei Mandatsträger des Kreis- und Bezirkstages sowie Delegierter des Bayerischen Gemeindetages.
Zunächst jedoch scheint es mir an der Zeit, daß ich selbst die Bühne dieser Welt betrete.

In Franken geboren, als die Schlacht an der Somme tobte

Ein energischer Mensch wurde da geboren – so sagte man mir später – im fränkischen Heideck, in der letzten Stunde vor Mitternacht am 20. August 1916.

Den ganzen Tag über war es grau und kühl gewesen, das Thermometer nicht über 18 Grad gestiegen. Ein wolkenverhangener Himmel über Heideck, aus dem es zeitweise regnete und vielleicht auch einmal ein Blitz fuhr. Ein trüber, feuchter Augusttag, eine regnerische Nacht. Und auch das erste Tageslicht, das der Sohn und seine erschöpfte Mutter am Morgen sahen, war trüb. Kalte Luft aus Nordwest brachte noch mehr Regen und Gewitter.

Meine ersten Lebenstage verbrachte ich, als in Frankreich das dritte Kriegsjahr unvorstellbare Menschenopfer forderte.
Seit Ende Juni tobte die zweite entscheidende Schlacht an der Somme und eine Million Menschen sollten bis zum 26. November 1916 dort sterben. Unter den Toten war auch der Bruder meiner Mutter, der Gutsverwalter Richard Bach, der für mich als Taufpate vorgesehen war.

Kurz vor meinem 80. Geburtstag habe ich noch einmal nachgelesen, was als Geburts- und Taufeintrag im Jahre 1916 in unser Kirchenbuch geschrieben wurde: „Die Eltern von Richard Stücklen: Vater Georg Stücklen, von Beruf Schlosser, katholisch, wohnhaft in Heideck. Die Mutter Mathilde Stücklen, geborene Bach, ebenfalls katholisch, wohnhaft in Heideck. Geboren ist Richard Stücklen am 20. August nachmittags 11 Uhr. Der Tauftag war der 26. August. Taufpfarrer Pfarrer Wechsler. Der Taufpate von Richard Stücklen Johann Fehn." Johann Fehn war ein Schulfreund des gefallenen Bruders meiner Mutter, Richard Bach.

Ich bin am einem Sonntag zur Welt gekommen. Die Geburt vollzog sich, wie es in ländlichen Gebieten zu jener Zeit üblich war, im elterlichen Schlafzimmer und war, wie die Hebamme, Frau Kneller, mitteilte, völlig problemlos.

Am Nachmittag darauf durften meine drei Brüder den neuen Erdenbürger besichtigen. Sie bestaunten mich mehr oder weniger, so erzählte mir meine Mutter. Nur mündlich überliefert ist der Kommentar meines Bruders Hans, der geäußert haben soll: „Den Esser hätten wir nicht mehr gebraucht." Das war jedoch eine verständliche Reaktion auf die Hungerzeit mitten im Kriegsjahr 1916. Obwohl es keine besonderen Kindernahrungsmittel gab, bin ich mit dem, was ich zu essen bekam, gut herangewachsen, gesund und kräftig geworden.

Von meinen Brüdern war noch das Kinderbett und auch der Kinderwagen vorhanden, in dem schon drei Brüder von mir gelegen hatten. Meine Tante Höfner, die Schwester meiner Mutter, hatte ungefähr zur gleichen Zeit auch einen Jungen zur Welt gebracht, der auch den Vornamen Richard erhielt.

Mein Bruder Hans und unser Cousin Georg Höfner waren beide elf Jahre alt. Sie hatten den Auftrag, die kleinen Nachkömmlinge mit dem Kinderwagen spazieren zu fahren. Dabei hatten sie den dummen Einfall, ein Kinderwagen-Wettrennen auf der fast nicht belebten Ringstraße zu veranstalten. Mit ihren elf Jahren brachten es beide schon auf eine ganz beachtliche Geschwindigkeit. Mein Bruder Hans war dabei unachtsam und ließ den Wagen los. Dieser sauste nun in eine Hecke. Bei dem Aufprall flog ich im hohen Bogen aus dem Wagen über die Hecke in eine Wiese. Zum Glück überstand ich den Sturz über die Hecke gut.
Was blieb meinem Bruder anderes übrig? Er hat mich wieder aufgehoben, in den Kinderwagen gepackt und vor allen Dingen mit unserem Cousin ausgemacht, zu Hause dürfe über den Unfall nicht gesprochen werden, denn es hätte mit Sicherheit einiges abgegeben.

Das elterliche Anwesen und die angebaute Werkstatt befanden sich in unmittelbarer Nähe des Klosters der Dillinger Schwestern.

Das Kloster wurde von fünf Schwestern aus dem Mutterhaus geleitet. Der Kindergarten der Dillinger Schwestern war eine Art Vorschuleinrichtung. Die Bezeichnung „Vorschuleinrichtung“ ist deshalb gerechtfertigt, weil die Schwestern sich für die Betreuung und Erziehung der Kinder viel Zeit genommen haben. Den Dillinger Schwestern ist Dank zu sagen, die in so selbstloser Weise ihre Aufgaben gemeistert haben. Inzwischen wurde das Kloster aus Nachwuchsmangel leider aufgelöst.

Der Höhepunkt eines Jahrganges war das Krippenspiel am dritten Adventssonntag. Zu diesem Krippenspiel waren auch die Eltern eingeladen. Hauptsächlich die Mütter kamen in großer Zahl. Im Alter von fünf Jahren war ich ausersehen, den Heiligen Josef zu spielen. Das war die Starrolle, die bei dem Krippenspiel zu vergeben war. Ich kam mit Maria von der linken Seite auf die Bühne. Die Merkmale einer schwangeren Frau zu zeigen, war als unerwünscht unterblieben. Man wollte keinesfalls, daß die heranwachsenden Kinder Fragen stellten. Es galt eben noch das denkbar Eindeutige und Unmißverständliche: Die Kinder bringt der Storch.

Die Kulissen waren auf Papier aufgemalt und an senkrecht gestellten Latten befestigt. Das sah ungefähr so aus, als ob Josef und Maria die Straße in Bethlehem entlang gingen. Neben jeder aufgemalten Haustür war eine Luke offen und dorthin sprach Josef seine Bitte um Übernachtung. Sie wurden aber von einem zum anderen Mal herzlos abgewiesen, sie sollten weitergehen, denn es sei alles schon besetzt. Im letzten Haus bekamen sie dann die Empfehlung: „Geht noch ein Stück, dann kommt Ihr an einen Stall, dort sind Heu und Stroh, da könnt Ihr über Nacht bleiben.“ – Schwer betrübt über die Absagen, die wir bekommen hatten, legte ich meinen Arm um die Schultern von Maria und tröstete sie: „Maria komm, Gott wird uns schon helfen.“

Jugendjahre in politisch bewegten Zeiten

Mit sieben Jahren wurde ich eingeschult. Da ich ein Augustgeborener bin, mußte ich fast ein ganzes Jahr auf meine Einschulung warten; der Stichtag 1. Juli war entscheidend! So mußte ich mich ohne Kindergartenbesuch zu Hause beschäftigen. Meine Mutter betraute mich mit Botengängen und einfachen Tätigkeiten. Ansonsten stöberte ich in den Büchern meiner wesentlich älteren Brüder herum. Als erstes Buch fesselte mich „Der Struwwelpeter", das ich bald auswendig konnte.

Sieger im volkstümlichen Dreikampf für Jugendliche

Mir wurde die Wartezeit auch sonst nicht lang, weil ich im Turnverein aktiv mitwirken durfte. Noch heute erinnere ich mich an das Turnerlied: „Turner auf zum Streite..." Vor allem Fußball war mein Lieblingssport; wenngleich ich große Neigung für die technischen Turngeräte wie Barren, Pferd und Reck hatte, sagten mir die Ballspiele mehr zu. Für mein Alter war ich schon groß und kräftig – so gehörte ich bald zur Schülerfußballmannschaft.

In der Leichtathletik waren meine Leistungen ausgezeichnet. Eine Reihe von Eichenkränzen, die mein Schlafzimmer zierten, zeugten von meinen sportlichen Erfolgen. Meinen größten Erfolg errang ich 1932 beim Bezirkssportfest in der Disziplin „Volkstümlicher Dreikampf für Jugendliche." Er bestand aus 75-Meter-Lauf, Weitsprung und Kugelstoßen. Voraussetzung für die Punktewertung war, daß man 300 Meter erfolgreich schwamm, die Zeit spielte dabei keine Rolle. In allen drei Disziplinen errang ich die besten Leistungen und war dreifacher Bezirksmeister in meiner Altersklasse. Unvergessen bleibt mir die Siegerehrung. Die Vorstandsmitglieder des TSV trugen mich auf den Schultern vom Siegerpodest und meine Vereinsfreunde jubelten, als hätte ich gerade eine olympische Goldmedaille gewonnen.

Dem Fußballsport bin ich bis zum heutigen Tage treu geblieben. Selbst als Abgeordneter des Deutschen Bundestages begleitete ich noch als ehrenamtlicher Spielleiter meinen Heimatverein TSV Heideck. Mein Lieblingsverein war von Kindesbeinen an der 1. FC Nürnberg, in ganz Deutschland als „Club“ bekannt mit seinem sagenhaften Torwart Heiner Stuhlfauth.

Mit den Großen im Deutschen Fußball stand ich auf Du und Du. Ich nenne nur die Namen: Peco Bauwens, Hermann Neuberger, Sepp Herberger, Egidius Braun, Helmut Schön oder Spieler wie Fritz Walter, Franz Beckenbauer, Max Morlock, und viele, viele mehr, die alle schon bei mir in Weißenburg zu Gast waren. Auch Max Schmeling gehörte zu meinem engeren Freundeskreis.

Von 1976 bis 1996 war ich Vorsitzender der Sepp-Herberger-Stiftung. Aufgabe dieser Stiftung ist unter anderem, im Jugend-Strafvollzug nicht nur mit Vorträgen, sondern auch durch Sportausstattung an der Resozialisierung mitzuwirken. Große Verdienste haben sich die Altinternationalen Fritz Walter, Uwe Seeler, Werner Eckel, Max Morlock und andere bei dieser Aufgabe erworben.

Die Reichspräsidentenwahl 1925

Im Jahre 1925 kam ich, neunjährig, zum ersten Mal – ohne natürlich tiefere Zusammenhänge zu erkennen – mit der Politik in Berührung.

Nach dem Tode des ersten Reichspräsidenten, Friedrich Ebert, kam eine Reichspräsidentenwahl auf die wahlberechtigten Bürgerinnen und Bürger der Weimarer Republik zu.

Im ersten Wahlgang hatten alle größeren Parteien – die Sozialdemokratische Partei, das Zentrum, die Deutsch-Nationalen, die Kommunistische Partei und auch andere Parteigruppierungen – ihre Spitzenpolitiker als Kandidaten aufgestellt. Es war vorauszusehen gewesen: im ersten Wahlgang konnte kein Kandidat die absolute Mehrheit erreichen. Deshalb mußte ein zweiter Wahlgang durchgeführt werden. In diesem Wahlgang standen sich gegenüber: der Zentrumspolitiker, vorübergehend auch Reichskanzler, Dr. Wilhelm Marx, für die Weimarer Koalition, und Generalfeldmarschall Paul von Hindenburg, der von den Deutsch-Nationalen gefördert wurde .

Hindenburg war der Oberbefehlshaber der Ostfront im Ersten Weltkrieg 1914 bis 1918 gewesen. Die Russen waren auf breiter Front in weite Gebiete Ostpreußens eingebrochen, und Hindenburg als Oberbefehlshaber mit seinem Generalstabchef Erich Ludendorff konnte durch taktisch kluge Kriegführung die Russen wieder aus den deutschen Reichsgebieten zurückschlagen. Das war als große Heldentat gefeiert worden und war auch der Grund, daß die Deutsch-Nationalen und die monarchistisch eingestellten Bürgerinnen und Bürger sehr dazu neigten, Hindenburg als den zukünftigen Reichspräsidenten zu sehen. Es standen sich also ein Militär und ein Politiker gegenüber.

Angesichts der Machtfülle des Reichspräsidenten sah die Verfassung eigentlich einen Politiker vor

Wer die Reichsverfassung von Weimar kannte, mußte wissen, daß der Reichspräsident keine Repräsentationsfigur war, sondern die größten Machtbefugnisse von allen Organen der Verfassung hatte. Bei kluger Betrachtung hätte man sich ganz eindeutig für einen Politiker entscheiden müssen.

Die Bayerische Volkspartei, der mein Vater angehörte, war gespalten. Der altbayerische Flügel dieser Partei war zum großen Teil für Hindenburg, wahrscheinlich auch deshalb, weil im altbayerischen Raum der Gedanke an die königlich-bayerische Monarchie noch sehr lebhaft in Erinnerung war. Einige boshafte Kritiker spotteten: „Die Altbayern haben Hindenburg deshalb gewählt, weil sie den Marschallstab für eine Kommunionkerze gehalten haben.“ Gegen ihn waren Mitglieder der nordbayerischen Volkspartei unter Führung von Adam Stegerwald, Troßmann, dem Reichstagsabgeordneten Hugo Karpf und viele andere, wozu auch mein Vater zu zählen war. Sie waren entschiedene Verfechter der Wahl von Dr. Wilhelm Marx, des Zentrummannes. Diese Zusammenhänge habe ich natürlich mit meinen neun Jahren nicht begriffen. Wenn ich dennoch davon spreche, daß ich zu diesem Zeitpunkt erstmals mit der Politik konfrontiert wurde, so ist das nicht so zu verstehen, als hätte ich als Neunjähriger vielleicht Agitation für Marx und gegen Hindenburg betrieben. Nein, das war alles viel einfacher. Ich will es erklären.

In der Stadt Heideck, in der mein Vater Bürgermeister war, waren die Meinungen für oder gegen Hindenburg sehr geteilt. Es gab leidenschaftliche Anhänger Hindenburgs sowie von Marx. Einer der prominentesten, entschiedensten Männer für Hindenburg war ein guter Freund meines Vaters, der Apotheker Sturm.

Es kam der Wahltag. Demoskopische Umfragen gab es zu dieser Zeit noch nicht [1]. Man war also darauf angewiesen, die Ergebnisse aus den einzelnen Wahlkreisen des Reiches über den Rundfunk zu erfahren. Ohne daß es zu persönlichen Feindschaften kam, waren die beiden Lager, Pro-Hindenburg und Pro-Marx, in der Brauerei „Zur Post“ verabredet: „Heute abend werden wir die Ergebnisse je nach persönlicher Einstellung entweder feiern oder wir werden betrübt sein“, das war allgemeiner Konsens.

Meine erste „tragende“ Rolle zwischen Technik, Post und Politik

Meine erste Rolle in der Politik: Ich wurde beauftragt, nach Schluß der Wahl die vom Rundfunk verbreiteten Ergebnisse aufzuschreiben und sie den in der Brauerei „Zur Post“ Versammelten zu überbringen. Jedesmal, wenn wieder Ergebnisse eines größeren Bereichs gemeldet wurden, rannte ich mit dem Ergebnis gleich über die Straße „Zur Post“, um es abzuliefern.

Hatte ich ein Ergebnis zu melden, bei dem Hindenburg vorne lag, dann jubelten die Anhänger um den Apotheker Sturm, der zu den Wohlhabenden in der Stadt zählte. Er ließ sofort eine Runde Bier oder Schnaps bringen oder eine Flasche Sekt köpfen und feierte schon vorweg den Sieg Hindenburgs. Die Anhänger von Marx trösteten sich und sagten: „Noch ist die Wahl nicht zu Ende, man wird sehen.“ Ich lief zum Radiogerät zurück. Noch heute weiß ich die Marke, es war ein „Loewe Opta“ mit einer Dreifachröhre. Mit dem Kopfhörer konnte ich sehr gut die Wahlergebnisse empfangen, sie niederschreiben und dann in die Brauerei „Zur Post“ bringen. Sollte sich damals schon eine unbewußte, unterschwellige Verbindung von Post und Politik in meiner Jungenseele gebildet haben? Auf jeden Fall trafen hier Rundfunktechnik, praktische Kommunikation und Post aufeinander und zwar in einer Stimmung fröhlicher Toleranz.

---

[1] Demoskopische Wahlprognosen gerieten erst mit der berühmten Gallup-Umfrage zur amerikanischen Präsidentschaftswahl 1948 ins öffentliche Bewußtsein.

Ich hatte auch mal Ergebnisse, bei denen der Zentrumskandidat Marx an der Spitze lag. Da war es dann in der Gaststätte, in der ungefähr dreißig bis vierzig Leute versammelt waren, genau umgekehrt: Mein Vater mit seinen Anhängern jubelte über das positive Ergebnis und es gab eine Runde für den Sieg von Marx.

Die katholischen Gebiete stimmten überwiegend für Marx, während sich die evangelischen Gebiete sehr stark für Hindenburg entschieden. Im Laufe der Nacht zeichnete sich ab, daß Hindenburg, wenn auch nur mit einem kleinen Vorsprung, in Führung lag. Am nächsten Tag war es dann Gewißheit: Man hatte Hindenburg zum Reichspräsidenten gewählt. Von seiten der Marx-Anhänger wurde das nicht als ein Unglück für Deutschland angesehen, man fand sich damit ab, zumal Hindenburg charakterlich keinesfalls negativ bewertet wurde. Gegen Ende der Weimarer Zeit wußten aber nicht nur die Anhänger von Marx, sondern auch eine Vielzahl der Anhänger Hindenburgs, was es bedeutet hatte, einen Nichtpolitiker in diese Funktion zu wählen, die nach der Reichsverfassung von Weimar über die größten politischen Machtbefugnisse verfügte.

Mein Firmpate

Der Apotheker Sturm war vom Erfolg Hindenburgs bei der Reichspräsidentenwahl 1925 so begeistert, daß er für den Glücksboten Richard etwas Gutes tun wollte. Er war während seines Studiums Angehöriger einer schlagenden Verbindung. Davon zeugten auch einige Schmisse auf seiner Wange. Außerdem war er alles andere als ein Kirchgänger. Dennoch hatte er meinem Vater angeboten, er wolle gerne für den Richard bei der Firmung Pate sein, denn dieser habe ja die Erfolgsergebnisse von der Hindenburg-Wahl in die Brauerei gebracht und sich damit Verdienste erworben, die auch belohnt werden sollten. Es kam der Tag der Firmung. Der Bischof von Eichstätt nahm die Firmung in der Stadtpfarrkirche vor. Üblich ist es, daß der Pate mit dem Firmling in die Kirche geht und dann bei der Firmungszermonie die Hand auflegt. Nun merkte mein Firmpate Sturm, daß die Firmlinge nach dem Alphabet in die Bänke eingewiesen waren, dadurch war ich mit dem Buchstaben S ziemlich weit hinten. Er sagte zu mir: „Richard, ich gehe mal schnell weg, aber bis du dran kommst, bin ich wieder da." Wo ging er hin? In die Brauerei „Zur Post" und hat sich dort ein paar Biere zur Brust genommen. Mit Sicherheit waren ein paar Schnäpse dabei. Die Firmung lief nun wie vorgesehen, es waren nur noch wenige Firmlinge vor mir und mein Pate war immer noch nicht da. Es gab auch Firmlinge, die keinen Paten hatten. Für die wurde ein Pate bereitgestellt, der dann die Hand auflegte – man nannte ihn „Arme-Leute-Pate." Jetzt kam ich bald an die Reihe. Plötzlich keuchte einer hinter mir. Mein Pate war korpulent, und da er sich beeilen mußte, um mir noch rechtzeitig die Hand auflegen zu können, kam er keuchend eiligen Schrittes angehastet. Es waren nicht nur ein paar Bierchen, er hatte anscheinend sehr kräftig den stärkeren Getränken zugesprochen. Wenn er aber weiterhin so geatmet hätte, wie noch kurz zuvor, dann hätte der Bischof sicherlich gesagt: „Hier ist nicht der Heilige Geist von oben herunter gekommen, sondern der Weingeist." Es ging einigermaßen gut.

Es war üblich, daß die Paten, die es sich leisten konnten, dem Firmling eine Uhr schenkten. Von meinem Paten bekam ich eine silberne Sprungdeckeluhr geschenkt. Im übrigen hat sich der begeisterte Anhänger Hindenburgs, mein Pate Apotheker Sturm, Mitte der dreißiger Jahre sehr negativ über Hindenburg geäußert. Zu meinem Vater sagte er: „Du hast recht gehabt, wir haben uns getäuscht."

Die lebensgefährliche Geschichte mit dem Sperber

Eines Tages brachte mein Bruder Georg einen Sperber mit nach Hause, der sich den rechten Flügel gebrochen hatte. Da der Sperber in

In einem Korb trug die Großmutter (rechts) Sohn Georg, Stücklens Vater, nach Heideck. Die Eltern: Georg und Mathilde, geb. Bach.

Sachsen 15 Mittweida-Rochlitz-Flöha 299
Ev. 97 st
Wb 39592 (37118) gew 36124 (33855) S 21250 (18301) N 7406 (8595) F 4103 K 3362 (6943) Vertr 67 k wK o N 74 S 77 N 78 S 84 N 90 S 98 N* 03 S

Daniel Stücklen (155)
(Sozialdemokrat)

Redakteur, Dresden. Geb. 30./4. 69 Nürnberg (freirel.), ebd. Volksschulbesuch 75/82 u. Lehre als Feingoldschläger, 82/85 Reisen im In- und Auslande, 90 Werkführer in Budapest, 91/93

Mein Onkel Daniel, Reichstagsabgeordneter.

Eine Kindheit in der Zeit nach dem Ersten Weltkrieg.

Meine Eltern mit den vier Jungen: Hans, Georg, Otto, Richard. Hinter dem Vater die Frau von Hans.

Rechts das Elternhaus in Heidecks Zentrum.

Sohn Hans-Peter mit Scotch-Terrier Ergo und dem großen Neufundländer Grisli, der lernen soll, die Zeitung zu apportieren.

Hans sorgte fürs Essen. Mitten im Krieg: 1943 Hochzeit in Heideck mit Ruth Geissler.

In meiner Rolle als Großvater mit Tochter Rosemarie und Baby Martin.

Seltene Augenblicke für Spitzenpolitiker: Inmitten der Familie mit Schwiegersohn Dr. Klaus Kupka, Tochter Rosemarie und Sohn Hans-Peter. Mit den Enkeln Martin und Thomas die stolze Oma Ruth.

unserer Gegend ein seltener Greifvogel war, wollten wir ihn gesundpflegen.

Meine Brüder und ich bauten aus Maschendraht einen provisorischen Käfig, so groß, daß sich der Sperber gut darin bewegen konnte. Ich war mit Feuereifer bei der Sache und wollte ihn so lange pflegen helfen, bis er wieder in die freie Natur entlassen werden konnte.

Nun mußte ja dieser Sperber auch gefüttert werden. Was fraß denn so ein großer Vogel? Mäuse, Frösche und was er sonst noch erhaschen konnte, auch kleine Vögel. Wir bemühten uns, Fleisch von der Freibank zu bekommen, das für den menschlichen Verzehr nicht freigegeben werden durfte. Darüber hinaus fingen wir Mäuse und Frösche und schossen auch Spatzen. Wenn ich das heute erwähne, so weiß ich, daß es viele Menschen verurteilen werden, arme Spatzen abzuschießen. In meiner Jugendzeit waren die Spatzen noch im wahrsten Sinne des Wortes vogelfrei. Mein Vater hatte meinem Bruder Hans ein Luftgewehr geschenkt, das ich aber auch mitbenutzen durfte. So hatte ich, und vor allem mein Bruder Otto, des öfteren Ausschau gehalten, wo ein Spatz erlegt werden könnte, den wir dann dem Sperber zum Fraße gaben.

Auf der Suche nach einem Spatzen kamen wir einmal ans Kloster und gingen durch den Gemüse- und Obstgarten. Der Garten war von einem Metallzaun mit Spitzen umgeben. Mein Bruder Otto kam tatsächlich zu Schuß. Der Spatz fiel in den anderen Teil des Gartens. Ich sollte über den Zaun klettern, ihn zu holen. Als ich auf halber Höhe war, rutschte ich aus und der scharfe, spitze Eisenstab drang in meinen Bauch ein, aber nicht direkt in den Magen, sondern zwischen Haut und Magen, ungefähr 10 cm tief. Ich konnte mich nicht selbst befreien und habe nach meinem Bruder gerufen. Der kam auch und merkte zum Glück sofort, daß ich am Eisenspieß hing. Er zog mich nicht weg, sondern hob mich hoch. Das war mein Glück, denn sonst hätte ich wahrscheinlich Verletzungen davongetragen, die tödlich hätten sein können. Behutsam führte er mich nach Hause und der Arzt, Dr. Ackermann, wurde gerufen. Der kam auch sofort, und meinte, er müsse diese Wunde mit Jod auspinseln. Es wäre aber sehr schmerzhaft. Mein Vater, der mit dabei war, neigte sich über mich und sagte: „Richard, kralle dich an meinem Nacken fest und beiße fest auf die Zähne." Das tat ich dann auch, denn die Schmerzen waren groß. Die Prozedur wurde im Endergebnis erfolgreich abgeschlossen. Mein Vater, der mit Schmeicheleien oder mit Erweisen besonderer Zuneigung sehr sparsam umging, bewies mir in diesem Augenblick, daß er ein Herz und ein Gefühl für mich hatte. Das habe ich ihm immer gedankt und nie vergessen.

Während meines Aufenthaltes im Krankenbett bekam ich viel Besuch, nicht nur von meinen Schulkameraden, auch von den Nachbarn, denn es hatte sich schnell herumgesprochen, welches Mißgeschick mir widerfahren war. Besonders beeindruckt hat mich der Besuch der Prinzessin Maria und des Erbprinzen Josef aus dem Fürstenhaus Öttingen Spielberg. Die Prinzessin war eine ausgesprochen hübsche junge Dame, die leider im 22. Lebensjahr an spinaler Kinderlähmung starb. Mit Prinz Josef habe ich manch schöne Stunde im nahen Schloß Kreuth verbracht. Er wurde ein Opfer der Hitlerschen Machtpolitik und fiel als Leutnant an der Ostfront.

Die Pfarrerslehre

Ich war ein guter Schüler, ohne mich besonders anstrengen zu müssen. Nur eine Schülerin, die Luise Hueber, war in der Note „Betragen" besser als ich. Kein Wunder bei meinen Lausbubenstreichen! Mit zehn Jahren war ich in den Kreis der Ministranten aufgenommen worden. Die Ministranten hatten als erste Aufgabe die Pflicht, die lateinischen Meßgebete zu lernen, um sie dann im Gottesdienst auswendig sprechen zu können. In der österlichen Zeit wurden die Ministranten vom jeweiligen Stadtpfarrer in den lateinischen Gebeten abgehört. Bei dieser Gelegenheit verteilte er auch Noten. Stadtpfarrer Bengl stellte immer wieder fest: „Der Richard kann die Gebete alle auswendig und ohne Fehler aufsagen." Diese Übung in Latein sollte auch ausschlaggebend sein für das, was von mir noch erwartet wurde.

Der Rektor der Volksschule, Oberlehrer Kölz, ein ausgezeichneter Lehrer, hatte festgestellt, daß ich von allen Schülern des jeweiligen Jahrgangs die besten Noten erhalten hatte. Er setzte sich mit meinem Vater in Verbindung und regte an, er solle sein Einverständnis geben und mich studieren lassen. Da aber zu dieser Zeit schon mein Bruder Otto zum Studium in der Lehrerbildungsstätte in Eichstätt im Internat war, sah mein Vater aus finanziellen Gründen keine Möglichkeit, auch noch den zweiten Sohn zum Studium nach Eichstätt zu geben.

Oberlehrer Kölz hatte sich nicht damit zufrieden gegeben und hat Stadtpfarrer Bengl gebeten, er solle ihn zu meinem Vater begleiten und ihm vorschlagen, Richard solle Pfarrer werden. Die Kosten für das Internat würde dann der Bischof übernehmen. Sie machten den Vorschlag, ich solle für die ersten drei Jahre des Gymnasiums zu Hause soweit vorbereitet werden, daß ich dann in die vierte Klasse eintreten könnte. Pfarrer Bengl sagte: „Der Richard soll sich erklären, Priester zu werden. Allerdings braucht er sich dazu erst endgültig vor der ersten Weihe zu entscheiden. Das ist lange nach Abschluß des Gymnasiums. Ich bin bereit", so sagte Stadtpfarrer Bengl, „ihm den Lateinunterricht zu geben. Ich weiß ja, wie schnell und gut er Latein zu lernen in der Lage ist". Oberlehrer Kölz versprach: „In den anderen Fächern, ob das in Deutsch, Rechnen oder Geographie usw. ist, werde ich ihm noch einiges beibringen, und im übrigen wird sein Bruder Otto in den großen Ferien in Heideck sein, der wird ihm auch helfen, damit er in das Gymnasium in Eichstätt aufgenommen werden kann."

Mein Vater war mit diesem Vorschlag einverstanden. Ich hatte nur Ja zu sagen, denn eine eigenständige Entscheidung wurde mir zu dieser Zeit nicht zugestanden. Sehr glücklich darüber war meine Mutter. Wir waren ja vier Buben und sie als sehr religiöse Frau war der Meinung, daß einer von den vier Buben doch Pfarrer werden sollte. Meinen Bruder Hans, den Zweitältesten, brauchte mein Vater in der Werkstatt. Der sollte einmal den Betrieb übernehmen, und so fiel er als Kandidat für ein Priesterstudium aus. Ich bin nach wie vor der Meinung, daß Hans der Geeignetste gewesen wäre. In mir steckte die Veranlagung zu einem unverbesserlichen Lausbuben. Deshalb war ich sehr überrascht, daß man ausgerechnet mich als geeignet ansah, Priester zu werden. Nach diesem Beschluß hatte ich fast jeden Tag nach Schulschluß Lateinunterricht bei Stadtpfarrer Bengl. Auch die anderen Fächer, insbesondere das Rechnen, das mit Algebra begann, machten mir keine Schwierigkeiten. Im Gegenteil, ich lernte mit Begeisterung und konnte auch später in meinem Ingenieurstudium noch sehr gut davon profitieren.

Die Auferstehung

In der katholischen Pfarrgemeinde Heideck entfernte man am Gründonnerstag das große Altarbild. In die Leere hinein wurde mit Hilfe von Kulissen eine Szenerie erzeugt, die das Grab Jesu darstellen sollte. Um das Grab mystischer erscheinen zu lassen, waren an den Kulissen Halterungen angebracht, auf denen mit Wasser gefüllte Glaskugeln angebracht waren, die von hinten beleuchtet wurden. Die Wasserkugeln waren mit Farbzusätzen sehr wirkungsvoll abgestimmt. Dieses stilisierte Grab blieb bis zum Karsamstagabend bestehen. Bei der Auferstehungsfeier wurde die Beleuchtung hinter den Kugeln langsam zurückgenommen. Dies war von der Regie her sehr gut ausgedacht.

Um 18 Uhr am Karsamstag fand die Auferstehungsfeier mit einer besonderen Liturgie statt. Bei dem Gesang „Christus ist erstanden", der dreimal wiederholt wurde, sollte mit einem Zugmechanismus eine Christusfigur hochgezogen werden und zwar so, daß beim ersten Anruf ungefähr ein Drittel der Christusfigur zu sehen war. Beim zweiten die

Hälfte und beim dritten Anruf – jeweils immer einen Ton höher – mußte der ganze Christus mit der Auferstehungsfahne sichtbar sein. Im Anschluß daran wurde die Christusfigur von einem Strahler hell erleuchtet. Um nun diesen Mechanismus zeitgerecht in Gang zu setzen, wurde ein Ministrant dafür bestimmt. Für den Karsamstag 1928 wurde mir diese Ehre zuteil.

Ich wurde hinter dem Altar postiert und sollte den Christus, wie abgesprochen, mit einem Seilzug in Stufen hochziehen. Stimmte der Pfarrer am Altar an: „Christus ist erstanden", sollte die Holzfigur 20 bis 30 cm zu sehen sein. Aber sie kam nicht, weil ich gepennt hatte. Nun kam die zweite Ankündigung – einen Ton höher – „Christus ist erstanden". Aber der Christus erschien immer noch nicht. Da schrie der Mesner: „Wo bleibt denn der Christus?" Bei der dritten Ankündigung: „Christus ist erstanden" war ich aus meiner geistigen Abwesenheit erwacht und hatte mit einem Ruck am Flaschenzug die Christusfigur hochgezogen. Da riß das Seil und Christus sauste an einer Gleitschiene wieder abwärts. Die ganze Auferstehungsfeier fiel ins Wasser, und wer war schuld? Der Richard, der Lausbub.

Nach dem Gottesdienst ohrfeigte mich der Mesner. Der Stadtpfarrer kam anschließend zu meinem Vater und erklärte ihm, mit dem Pfarrer werden sei es nun vorbei. Mein Vater, der die Auferstehungsfeier miterlebt hatte, ergriff für mich Partei und sagte: „Herr Stadtpfarrer, Sie haben's doch selbst gesehen, daß das Seil gerissen ist, da konnte doch der Richard nichts dafür!" Er versprach, ein Drahtseil zu stiften, damit so etwas nicht mehr vorkommen könne.

Der Stadtpfarrer, der ja auch mein Lateinlehrer war, ließ Gnade walten und so konnte ich meine „Pfarrerlehre" fortsetzen. Nachdem der Pfarrer gegangen war, kam von meinem Vater eine Strafpredigt mit Handbegleitung. Ich dachte mir: „Schade, daß der Stadtpfarrer Bengl, mein Lateinlehrer, nachgegeben hat."

Der Schuß vom Kirchturm

Mein Vater war ein tüchtiger Handwerksmeister und ein vielgesuchter Helfer, wenn es galt, mechanische Gegenstände wie Standuhren, automatisches Spielzeug und vieles andere wieder in Gang zu bringen. Unter seiner Aufsicht wurde die große Kirchturmuhr gewartet. Dazu gehörte es, die Gewichte des Uhrwerks und des Schlagwerks regelmäßig aufzuziehen. Wenn ich zu Hause war, hatte ich diese Aufgabe zu übernehmen. Aus diesem Grund kam ich öfter in den Uhrenbereich des Kirchturms. Da unser Sperber Futter brauchte, nahm ich das Luftgewehr mit, in der Hoffnung, vom Guckfenster des Turmes aus einen Spatzen schießen zu können. Leider war weit und breit keiner zu sehen. Aber das kleine Fensterchen im Nachbarhaus, dem Haus meines Lateinlehrers, zog mich magisch an. Mein jugendlicher Leichtsinn übermannte mich und so habe ich vom Turmfenster auf das gegenüberliegende Fensterchen geschossen. Natürlich ahnte ich, daß dies das Toilettenfenster des Lateinlehrers war, aber ich wußte nicht, daß er gerade auf dem „Thron" saß.

Nach dieser Untat brachte ich mein Luftgewehr wieder an seinen Platz in unserem Gartenhaus. Ich gebe zu, ein schlechtes Gewissen hatte ich schon nach diesem Fensterschuß. Ich war gerade dabei, eine neue Lektion in Latein anzufangen, als ich plötzlich meinen Vater nach mir rufen hörte. Mir schwante nichts Gutes. Da stand mein Lateinlehrer, noch vom heiligen Zorn erfüllt, und rief: „Herr Bürgermeister, der Richard wird nie Priester, er hätte mich heute beinahe erschossen!" Dramatisch schilderte er den Vorgang und setzte dann den für mich erlösenden Satz hinzu: „Von mir bekommt er keine Lateinstunde mehr!" Mein Vater entschuldigte sich bei Hochwürden und sagte zu mir: „Aus ist es mit dem Studieren, du wirst Schlosser!" Diese Lektion beschloß er mit einigen kräftigen Ohrfeigen – das war damals noch nicht strafbar.

Der Wunsch meiner Mutter, einen Priester unter ihren vier Buben zu haben, ging also nicht in Erfüllung. Die Welt hatte gesiegt, die Kirche hatte das Nachsehen.

Heute kommt der Kardinal

Diese Episode habe ich in Euerwang, einem Ort in meinem Wahlkreis, anläßlich einer Primizfeier, dies ist das erste Meßopfer eines neu geweihten Priesters, zum Besten gegeben. Unter den vielen hundert Gästen war auch der Bischof von Eichstätt, Alois Brehm. Nach dem Meßopfer fand das Mittagsmahl in einem eigens dafür aufgestellten Zelt statt. Nach der Suppe kam die Tischrede. Ich war der Meinung, schon aufgrund des kirchlichen Anlasses müßte der Bischof die Rede halten. Er bestand jedoch darauf, daß ich sie halten solle, denn ich könne doch so schön reden. Was blieb mir anderes übrig, ich mußte ran. Nach meinen, dem festlichen Anlaß entsprechenden Eingangsworten, wollte ich die ernste Stimmung etwas auflockern und bemerkte zum Bischof gewandt, der mir gegenüber saß, daß ich auch Priester hätte werden sollen. Es sei aber gründlich schief gegangen. Der Bischof fragte in freundlichem Ton: „Was haben Sie denn da angestellt?" Daraufhin erzählte ich das Vorkommnis bei der Auferstehungsfeier. Meine Schilderung wurde von großer Heiterkeit begleitet. Sichtbar vergnügt hat auch der Bischof meine Erzählung aufgenommen. Ich fügte dann etwas lax hinzu: „Wenn ich Priester geworden wäre, Herr Bischof, hätten Sie einen ernstzunehmenden Konkurrenten in der Bewerbung um den Stuhl des heiligen Willibald bekommen." Darauf der Bischof spontan: „Nein, Sie wären nicht Bischof, Sie wären Kardinal geworden." Seit dieser Zeit, sagten die Leute oft, wenn ich politische Versammlungen in dieser Gegend abhielt: „Heute kommt der Kardinal."

Die Handwerkslehre: Ein halber Schlosser, ein ganzer Elektriker

Die Strafversetzung zum Schlosserlehrling empfand ich anfangs als Befreiung. Ich betone anfangs, denn schon nach wenigen Wochen spürte ich, wie mir der Wind um die Ohren pfiff. Nicht nur der Wind, auch andere vergingen sich an diesen empfindlichen Teilen meines Körpers. Dennoch möchte ich auch diese Zeit, einschließlich der Ohrfeigen, nicht missen. Die Ausbildung war streng, aber abwechslungsreich. In einem ländlichen Betrieb, wie dem meines Vaters, wurden eine ganze Reihe artverwandter Gewerke durchgeführt. Mein größtes Erlebnis war, als der rundliche Kirchturm, ein sogenannter Zwiebelturm, wie man ihn häufig in Altbayern antrifft, mit Kupferblech abgedeckt wurde. Bei dieser Arbeit bewunderte ich das Können meines Vaters und meines Bruders Hans. Die Einblechung war eine meisterliche Arbeit.

Ein fremder Schlosser

Es ist mir noch lebhaft in Erinnerung wie es war, wenn ein fremder Schlosser in der Werkstatt um Arbeit vorsprach. Es war die Zeit, in der es schon Millionen Arbeitslose gab. Viele von ihnen gingen auf die Wanderschaft. Wir nannten sie „Ohne-böse-Absicht-Handwerksburschen.“ Wenn solch ein Arbeitsuchender um Arbeit nachfragte, spielte sich das so ab: Der Fremde grüßte mit dem Tagesgruß und stellte sich vor: „Ein fremder Schlosser spricht um Arbeit zu.“ Dann fragte mein Vater: „Ein fremder Schlosser?“ War er ein Geselle, so antwortete er: „Ein Stück davon.“ Hatte mein Vater Arbeit für ihn, so konnte er zugreifen, manchmal einen Tag lang, wenn er sehr tüchtig war, auch länger. Auf jeden Fall gab es Essen und, falls er gut gearbeitet hatte, eine entsprechende Entlohnung.

Nach knapp zwei Jahren habe ich den Handwerkszweig gewechselt und bei meinem ältesten Bruder, der Elektromeister war, eine Lehre begonnen. Mein Bruder hatte in der elterlichen Werkstatt einen abgegrenzten Teil für seinen Bereich. Für den Transport von Mensch und Ware stand ein Auto der Marke „Hanomag“, im Volksmund „Kommißbrot“ genannt, zur Verfügung. Mein Bruder Hans lästerte: „Zwei Kilo Blech, ein Kilo Lack und fertig ist der Hanomag.“

Die Gesellenprüfung legte ich vor der Elektroinnung Schwabach-Roth-Hilpoltstein mit Erfolg ab. Im theoretischen Teil hatte ich aufgrund meiner Kenntnisse in Algebra eine Eins, im praktischen Teil eine Zwei. Drei Jahre blieb ich noch im Betrieb meines Bruders und verdiente gutes Geld. Da ich im Elternhaus nichts abliefern mußte, konnte ich einiges sparen. In diesen Jahren habe ich den finanziellen Grundstock für mein Berufsziel, Ingenieur zu werden, gelegt.

„Bewirb Dich, Du mußt ja nicht ewig bei der Post bleiben"

Mein Berufsziel, Ingenieur zu werden, setzte eine gute handwerkliche Ausbildung voraus. Doch bald fühlte ich mich schikaniert, so empfand ich es, denn anstelle von familiärem Entgegenkommen wurde ich sehr hart angefaßt. Es hieß immer: „Mach das und das, stell' dich nicht so an. Du bist doch nicht in einer Lateinstunde" und so fort.

Dies erzählte ich meiner Mutter, die mich immer in Schutz nahm. Sicherlich hatte sie meinem Vater und auch meinem Bruder Hans von meinem Unbehagen, um das beschönigt auszudrücken, berichtet. Nach meinem Eindruck hat es nichts geholfen. Im Gegenteil, nun wurde ich noch als Muttersöhnchen verspottet.

Eines Tages machte mich meine Mutter auf eine Stellenanzeige der Post aufmerksam. Sie suchten Nachwuchskräfte als Jungboten. Mittlere Reife war nicht Voraussetzung. Besonders gute Volksschüler konnten sich nach Vorlage des letzten Klassenzeugnisses ebenfalls bewerben. Obwohl das nicht meinem Berufsziel entsprach, meinte meine Mutter: „Bewirb Dich, du mußt ja nicht ewig bei der Post bleiben." Ich sah eine Möglichkeit, aus einer mir unerträglich scheinenden Situation herauszukommen, nachdem meine berufliche Ausbildung mit der Gesellenprüfung vorläufig abgeschlossen war. Meine Mutter empfahl, meinen Vater vorerst nicht einzuweihen.

Zur Vorstellung beim Postamt Roth waren einige Voraussetzungen zu erfüllen. Zunächst mußte ich meine Einstellungsbewerbung schreiben. Die Zulassung zur Eignungsfeststellung kam überraschend schnell. Die erforderlichen Unterlagen wie Geburtsurkunde, Schulzeugnis und handgeschriebenen Lebenslauf mußte ich mitbringen.

Ich fuhr mit dem Fahrrad zum festgesetzten Termin nach Roth, das 20 km von Heideck entfernt ist, um mich beim Postamtmann Vogt, dem Vorsteher des Postamtes, zu melden.

Herr Vogt ließ mich eine halbe Stunde im Flur warten, bis er mich schließlich in sein Büro rief. Er kam gleich zur Sache, wies mir einen Platz am Tisch an mit der Bemerkung: „Hier haben Sie Papier und Schreibzeug.“ – Seine erste Frage war: „Warum wollen Sie zur Post?“ Meine Antwort: „Weil ich bei der Post eine Lebensaufgabe sehe. Meine Mutter hat mir diesen Weg empfohlen.“ Diese Antwort genügte ihm anscheinend, denn er sagte: „Also fangen wir an.“

Gute geographische Kenntnisse waren damals bei der Post eine wichtige Voraussetzung, denn es gab noch keine Postleitzahlen; und kein Prophet hätte uns damals vorhersagen können, daß ich sie einst einführen würde: urbi et orbi particulari!

Als erstes mußte ich die Bahnhöfe der Eisenbahnstrecke von Greding bis zum Hauptbahnhof Roth aufsagen. Das war eigentlich für mich kein Problem. Nur einen Bahnhof hatte ich übersehen, das war der Bahnhof Lohgarten-Roth. Seine Bemerkung dazu: „Dieser Bahnhof ist für die Stadt Roth sehr wichtig. Wenn Sie wieder einmal nach Nürnberg fahren, dann sollten Sie aufpassen, daß Sie nicht in Lohgarten-Roth aussteigen, denn erst danach kommt der Hauptbahnhof Roth.“ Dann wollte Herr Vogt noch wissen, an welchem Fluß Roth und an welchem Nürnberg liege. Auch diese Fragen konnte ich zufriedenstellend beantworten. Eine weitere Frage lautete: „Zu welcher Reichspostdirektion gehört das Postamt Heideck, Ihr Heimatpostamt?“ Ich wußte, daß es die Reichspostdirektion Nürnberg war. Nun kam Rechnen an die Reihe. Er gab mir eine Kettenrechenaufgabe, in der die vier Grundrechnungsarten gemischt waren. Er sagte: „Rechnen Sie das im Kopf aus und sagen Sie mir das Ergebnis. Ich schaue auf die Uhr, wie lange Sie brauchen.“ Ich löste diese Aufgaben ohne Schwierigkeit und

in kurzer Zeit. Mit dem Ergebnis war er zufrieden und meinte: „Sehr gut." Als nächstes kam ein Rechtscheibdiktat. Ich habe den Text noch in Erinnerung, denn er hatte eine schicksalhafte Bedeutung für mich. Er lautete: „Ihre Mutter gibt ein Weihnachtspaket mit Weihnachtsplätzchen beim Postamt in Heideck auf." Ob es an Prüfungsnervosität oder an der Aussprache von Herrn Vogt lag, daß ich die Buchstaben „P" und „B" verwechselte, kann ich heute nicht mehr sagen. Es sei wie es sei. Herr Vogt ließ sich meine Aufzeichnungen geben und meinte: „Im Rechnen sind Sie gut, aber Rechtschreiben müssen Sie noch üben. Wenn Sie soweit sind, dann kommen Sie wieder."
Als mich Adenauer 1957 ins Bundeskabinett berief, sollte ich Verkehrsminister werden. Ich habe ihn davon überzeugt, daß ich lieber Postminister werden möchte, und Adenauer hat zustimmt. Es ist nicht allzu ernst zu nehmen, wenn ich sage, daß auch „Seiteneinsteiger" brauchbar sind.

Besuch jenes Reichstags mit der alten Kuppel: Berlin 1929

In den 20er Jahren war das Bankennetz in den ländlichen Gebieten noch nicht flächendeckend. Statt dessen waren die sogenannten Raiffeisen-Spar- und Darlehensvereine weit verbreitet. Einen solchen Verein gab es auch für Heideck und Umgebung, mit Sitz in Heideck.

Durch den betrügerischen Konkurs eines leichtfertigen Unternehmers waren die Genossen dieses Raiffeisenvereins in außerordentlich große Bedrängnis gekommen. Die Mitglieder mußten uneingeschränkt mit ihrem Hab und Gut für die Genossenschaft haften. Bei den Mitgliedern handelte es sich um kleine Landwirte, Arbeiter und Handwerker, deshalb war das Defizit der Genossenschaft, das die Mitglieder abtragen mußten, zum größten Teil existenzgefährdend hoch.

In ihrer Bedrängnis baten die Mitglieder der Genossenschaft meinen Vater, den Bürgermeister der Stadt Heideck, sich dafür einzusetzen, ob nicht wenigstens ein Teil der durch Betrug und Urkundenfälschung entstandenen Verluste durch höhere Instanzen abgedeckt werden könnte. Sie hatten sich mit diesem Anliegen an zwei kompetente Personen gewandt. Einmal an meinen Vater, von dem sie wußten, daß sein Bruder Mitglied des Reichstages war und dort dem Haushaltsausschuß angehörte. Zum anderen war es der aus der kleinen Gemeinde Schloßberg stammende, hoch angesehene und sehr einflußreiche Domprobst Dr. Dr. Georg Wohlmuth, von dem man sich ebenfalls Hilfe versprach.

Domprobst Wohlmuth war Vorsitzender der Landtagsfraktion der Bayerischen Volkspartei, hatte in dieser Eigenschaft natürlich auch Verbindung zu der Reichstagsfraktion der Bayerischen Volkspartei und dadurch Kontakt zu Persönlichkeiten des Zentrums. Als mein Vater mit seinem Bruder Verbindung aufnahm, bestätigte ihm dieser, im Haushalt des Reichstages gebe es einen Hilfsfonds für in Not geratene landwirtschaftliche Betriebe. Leider, so meinte er, werde dieser Hilfsfonds sehr mißbräuchlich von den Großjunkern und großbäuerlichen Unternehmen Ostpreußens in Anspruch genommen. Dafür war dieser Fonds nicht ausschließlich geschaffen worden. Mein Onkel Daniel Stücklen war bereit, sich für einen Zuschuß für die unverschuldet in Not geratenen Mitglieder des Raiffeisen-Spar- und Darlehensvereins einzusetzen.

Er machte den Vorschlag: Mein Vater solle sich auch mit einem Vertreter der Bayerischen Volkspartei bzw. des Zentrums in Verbindung setzen und ihn um Unterstützung bitten. Wenn SPD, Zentrum und Bayerische Volkspartei sich gemeinsam für das Anliegen verwendeten, habe er Hoffnung, eine erhebliche Linderung des Schadens zu erreichen. Nach diesem Vorschlag meines Onkels wurde auch verfahren. Mein Vater hatte sich mit Dr. Wohlmuth in Verbindung gesetzt. Auch der war einverstanden, mit nach Berlin zu fahren und dort Kontakt mit dem Zentrum aufzunehmen. So wurde in einer sehr sinnvollen Weise mehrgleisig verfahren: Mein Vater apellierte über seinen Bruder an den Haushaltsausschuß des Reichstages und anderseits Domprobst Wohlmuth über den Prälaten Kas vom Zentrum. Anhand der Unterlagen wurden Ursache und Höhe dieses Schadens festgestellt. Man suchte nach einer Lösung, wie man den kleinen Leuten, die wirklich unschuldig an den finanziellen Verlusten waren, ihre Existenz erhalten könnte.

Die Bemühungen der beiden Bittsteller, die des Domprobstes und meines Vaters, waren dank der Unterstützung der Mitglieder der SPD, des Zentrums und der Bayerischen Volkspartei im Haushaltsausschuß des Reichstages sehr erfolgreich. Mit den genehmigten Hilfen in Höhe von 340.000 RM und der noch zu erwartenden 340.000 RM aus einem bayerischen Hilfsprogramm konnten die größten Härten gemildert werden.

Sicher mußten die Raiffeisenmitglieder noch lange Zeit für ihre von ihnen nicht verschuldeten Verluste zahlen. Darunter war auch mein Vater, der mit zwei Wechseln gebürgt hatte. Diese beiden Wechsel waren auf je 1.000 RM ausgestellt. Der Betrüger, der das Desaster verschuldete, hatte diese Summe, die als je „Eintausend“ in Buchstaben geschrieben war, in „Zehntausend“ gefälscht, so daß mein Vater mit 20.000 RM Haftung bei diesem betrügerischen Unternehmen zahlungspflichtig wurde.

Ich weiß aus vielen Erzählungen, daß mein Vater, der ein schuldenfreies Anwesen hatte, Hypotheken aufnehmen mußte, um den Zahlungsverpflichtungen nachzukommen, sonst wäre sein Haus versteigert worden. Das war eine bittere Pille, nicht nur für meinen Vater, sondern auch für die ganze Familie und nicht zuletzt für mich, der ich ja von allen Seiten der Lehrerschaft als „außerordentlich befähigt“ anerkannt wurde, aber wegen des fehlenden Geldes nicht studieren konnte.

Der Hilfsaktion hatte ich es zu verdanken, daß mein Vater 1929 nach Berlin reiste und mich mitnahm, um meine Verwandten in Berlin zu besuchen. Es war meine erste Reise nach Berlin. Meine Verwandten dagegen verlebten jedes Jahr einen Teil ihres Sommerurlaubs mit ihren beiden Söhnen bei uns in Heideck. Für mich war es eine kleine Weltreise.

Wir fuhren mit dem Zug über Leipzig. In Berlin wurden wir von Onkel Daniel bereits erwartet. Der Domprobst Wohlmuth wurde über Vermittlung von Prälat Kas in einem Kloster untergebracht. Mein Onkel hatte ein sehr praktisch ausgestattetes Haus, in der Augustastraße im Bezirk Steglitz. Da nur ein Fremdenzimmer vorhanden war, wurde für mich in der Bibliothek ein Bett zurechtgemacht. Nach dem Abendessen habe ich mich dorthin zurückgezogen.

Die Protokolle von Weimar haben es mir angetan

Zum Schlafen war es noch zu früh. Die Bücher in den Regalen faszinierten mich mehr als das Bett. Lesen war schon immer eine meiner Leidenschaften. Ich nahm einen Band aus dem Regal, von denen es mehrere in der gleichen Ausstattung gab. Anfangs blätterte ich nur herum, begann dann aber mit zunehmendem Interesse darin zu lesen.

Es waren die gebundenen Stenographischen Berichte über die Verhandlungen zur Beratung einer neuen Reichsverfassung im Jahr 1919. Die Nationalversammlung hatte nicht in Berlin getagt, weil dort die Unruhen zu groß waren und ein ungestörtes Arbeiten für die Mitglieder des Verfassungsorgans nicht möglich gewesen wäre. Deshalb war die Verfassungsgebende Nationalversammlung von Berlin erst nach Dresden und dann nach Weimar ausgewichen. Dort wurde die Verfassung für die erste demokratische Republik im Deutschen Reiche erarbeitet und verabschiedet.

Für mich waren diese Berichte sehr, sehr interessant. Bis weit in die Nacht hinein las ich darin. An eine Reihe der darin enthaltenen Namen konnte ich mich noch aufgrund der Unterhaltungen meines Vaters mit seinem Bruder Daniel während dessen Urlaubs bei uns in Heideck erinnern. Noch nie habe ich mich in den darauffolgenden Tagen so früh von dem gemütlichen Beisammensein nach dem Abendessen verabschiedet wie damals. Meine Ausrede war, ich sei von den vielen Eindrücken des Tages sehr müde. Der wahre Grund war aber, ich wollte viel in den interessanten Büchern über die Beratungen in der Nationalversammlung lesen.

Den Lücken der Reichsverfassung auf der Spur

Dieser Berlin-Besuch war für mich ein Schlüsselerlebnis. Ich bezeichne es deshalb so, weil ich anschließend viel über die Weimarer Republik las und lernte. Ich kann heute mit Fug und Recht sagen: Mir ist bewußt, was zum Untergang der ersten deutschen Republik führte.

Nachdem ich im Bundestag unser Grundgesetz kennengelernt hatte, konnte ich im Rückblick deutlicher erkennen, wo die Lücken und Schwächen dieser Reichsverfassung lagen. Wenn ich an die Literatur über Weimar denke, möchte ich ein Standardwerk – es gibt natürlich sehr viele Bücher über die Weimarer Republik – jedem empfehlen, das Buch von Otto Braun „Von Weimar zu Hitler“ zu lesen. Otto Braun hat dieses Buch während seiner Emigration in der Schweiz geschrieben. Es ist im Jahr 1942 dort erschienen.

Paul Löbe trifft einen Nachfolger und keiner bemerkt es

Der Besuch im Reichstag war auch für meinen Vater, der schon öfter den Reichstag hatte besuchen können, ein Erlebnis. Besonders aber für mich, da ich zum ersten Mal mit dabei sein durfte. Imponierend war schon das riesige Gebäude mit der Inschrift „Dem Deutschen Volke“, eindrucksvoll die große Treppe, die zum Haupteingang führte. Wir gingen aber durch einen Seiteneingang. „Der Haupteingang ist zwar geöffnet, wir Abgeordnete gehen aber durch einen Seiteneingang zu den Räumen des Reichstages. Der ist für die beleibteren und älteren Herren der bequemere Weg“, erklärte uns mein Onkel.

Als wir im Wandelgang in Richtung Restaurant unterwegs waren, hatten wir eine Begegnung mit einem Herrn mittlerer Größe. Mein Onkel und dieser Herr begrüßten sich sehr freundschaftlich und redeten sich mit den Vornamen an. Mein Vater und ich wurden vorgestellt und mein Onkel sagte: „Das ist Herr Reichstagspräsident Paul Löbe.“ Ich konnte zwar mit dem Namen Löbe nichts Konkretes verbinden, dachte mir aber, es müsse sich um ein „Großes Tier“ handeln. Diese Begegnung habe ich als etwas Besonderes in Erinnerung behalten. Sie wurde wieder lebendig, als ich Paul Löbe als Abgeordneter im 1. Deutschen Bundestag erlebte. Paul Löbe hatte als Alterspräsident den Bundestag am 7. September 1949 eröffnet.

„Hier sitzen die braunen Horden"

Onkel Daniel zeigte uns den Plenarsaal des Reichstages und seinen Sitzplatz in den Reihen der Sozialdemokratischen Fraktion. Auf die andere Seite zeigend, meinte er: „Hier sitzen ‚die braunen Horden' es sind zwar nur wenige, aber Krach machen sie für hundert."

Der Besuch des Reichstages und die Bekanntschaft mit den „Stenographischen Berichten über die Nationalversammlung" haben mein politisches Bewußtsein in einer Weise geprägt, von der ich heute sagen kann, daß sie auch mein politisches Handeln in der Zeit bestimmten, in der ich selbst zum Handelnden in der Politik wurde.

Es gibt heute das Wort: „Berlin darf nicht Weimar werden." Was damit gemeint ist, ist für mich unmittelbar verständlich. Es dürfen nicht wieder so entscheidende politische Fehler gemacht werden, wie sie in der Weimarer Republik auch deshalb möglich waren, weil in der so idealistisch angelegten deutschen Reichsverfassung von 1919 nicht berücksichtigt worden war, daß im politischen Leben nicht immer die Sonne scheint. Diese Verfassung war für eine normale, gute, ungestörte Zeit angelegt. Aber als Wolken aufkamen, Gewitterstörungen in der politischen Großwetterlage eintraten, versagten die guten Instrumente der Verfassung. Daran ist letztlich diese Demokratie zugrunde gegangen. Der Untergang der Demokratie des Zweiten Reiches nahm durch die Ernennung Hitlers zum Reichskanzler am 30. Januar 1933 seinen Anfang. Ich brauche gar nicht dramatisch zu werden, wenn ich feststelle, was dem deutschen Volk, Europa und der Welt erspart geblieben wäre, wenn es diesen mit den Vollmachten des Ermächtigungsgesetzes ausgestatteten geistig wirren Verbrecher nicht gegeben hätte, der ohne Rücksicht und ohne jede Menschlichkeit alles seinem Machtwillen unterworfen hat. Eigentlich eine Lehre für alle Zeiten!

Wenn es nicht ein leeres Schlagwort sein soll, so müssen die Verantwortlichen von heute aus den Fehlern der Republik von Weimar die richtigen Konsequenzen ziehen.

Die Demokratie in der Krise

Die Not der Arbeitslosen

Der Bankenkrach 1929 in den USA hatte mit seinen Folgen auch nach Europa übergegriffen. Die Arbeitslosigkeit stieg verhängnisvoll an. Sie erreichte 1930/32 die Grenze von 7 Millionen Arbeitslosen. Die soziale Absicherung war völlig unzureichend und führte zur Verelendung großer Bevölkerungskreise.

Ich habe die Not der Arbeitslosen hautnah erlebt. Jeden Tag gegen Abend standen manchmal mehr als zehn wandernde Arbeitslose vor meinem Elternhaus, das gleichzeitig der Wohnsitz des Bürgermeisters war, und wollten für die Nacht Unterkunft von der Stadt. Die Gemeinden hatten die Pflicht, je nach Größe, eine Mindestzahl von Betten für Unterkunft bereitzuhalten.

Die Stadt Heideck hatte die Auflage, vier Betten bereitzustellen. Aber was waren vier Betten, wenn zehn Menschen um Übernachtung nachsuchten. Wenn mein Vater den Wartenden sagen mußte: „Die Betten reichen nicht aus“, dann ging ein Protest los, der beängstigend war. Wenn er empfahl, in die Nachbargemeinde auszuweichen, zeigten sie ihm das zerrissene Schuhwerk und die Blasen an den Füßen. Sie waren schon 30 bis 40 km gelaufen und konnten einfach nicht mehr weiter. Mein Vater suchte immer nach einer Lösung. Die vier am stärksten Geschundenen bekamen die Betten, von den anderen mußten die Jüngeren in die Nachbargemeinden und der Rest mußte sich mit aufgeschüttetem Stroh in der Scheune der Gaststätte „Zum Löwen“ begnügen.

Die Atmosphäre des politischen Lebens wurde durch die rücksichtslose Agitation der radikalen Kräfte – von rechts die Nazis, von links die Kommunisten, – dermaßen aufgeheizt, daß es zu brutalen Auseinandersetzungen kommen mußte.

Das Verhängnis begann mit der Wahl Hindenburgs

Die Weimarer Mehrheit im Reichstag, SPD, Zentrum, Bayerische Volkspartei und die Deutsche Demokratische Partei war hoffnungslos zerstritten und handlungsunfähig.

Der letzte Kanzler, Heinrich Brüning, regierte mit Hilfe des Notstandsparagraphen 48 mehr schlecht als recht. Die Reichskanzler von Papen und Schleicher, zwei Intriganten, schafften keine Wende zum Guten. Im Gegenteil, sie wurden zu Steigbügelhaltern für die braune Diktatur.

Reichspräsident von Hindenburg hatte nicht mehr den Überblick, um so zu handeln, wie es nötig gewesen wäre, um das Reich vom Untergang zu retten. Hintermänner waren von Papen und Schleicher. Das Verhängnis begann schon 1925 bei der Wahl Hindenburgs zum Reichspräsidenten nach Friedrich Eberts Tod. Der Reichspräsident wurde unmittelbar, d.h. durch das Volk gewählt. Mit der Volkswahl von 1925 wurde nicht nach Eignung für dieses Amt gefragt, sondern die ordensgeschmückte Marschallbrust siegte.

Das Plebiszit hat sich nicht bewährt. Ohne die plebiszitäre Entscheidung wäre Hindenburg 1925 nie Reichspräsident geworden. Was wäre uns alles erspart geblieben? Der Parlamentarische Rat hat bei der Beratung des Grundgesetzes auf plebiszitäre Entscheidungen auf Bundesebene deshalb bewußt verzichtet.

Bereit zum Kampf um die Demokratie

Es geht um Sein oder Nichtsein

Die innenpolitischen Auseinandersetzungen wurden 1931/32 immer häßlicher und brutaler. Es verging kaum ein Wochenende, an dem es nicht zu Schlägereien kam. Auch innerhalb der nationalsozialistischen Organisation randalierten einzelne SA-Gruppen. Eine führte der Neustädter SA-Führer Stegmann und eine andere führte der häßlichste Nazi, den ich erlebt habe, der Gauleiter Streicher an. Er war der Herausgeber des Judenhetzblattes „Der Stürmer." Nach dem Kriege wurde er im Kriegsverbrecherprozeß von Nürnberg zum Tode verurteilt.

Mein Vater beteiligte sich nicht an den körperlichen Auseinandersetzungen, war aber häufig der Anlaß, weil er Woche für Woche in seinen Versammlungen der Bayerischen Volkspartei die Nazis angriff und verurteilte. An meinen Brüdern, Georg, Hans und Otto – ich war noch zu jung – übten sie Rache. Diese Nazi-Gruppen kamen meist aus anderen Orten wie Thalmässing und Hilpoltstein.

Meine Brüder standen nicht allein in diesem Kampf. Sie hatten Verstärkung durch die Angehörigen der „Eisernen Front" mit ihrem Symbol: Die drei Pfeile. Zur „Eisernen Front" zählten hauptsächlich die Mitglieder des Reichsbanners und teilweise auch Mitglieder der Bayernwacht. Die Bayernwacht war gewissermaßen eine junge militante Mannschaft der Bayerischen Volkspartei.

In bescheidenem Umfang habe ich im Kampf gegen die Nazis mitgewirkt. Es gab zum Beispiel kleine Klebestreifen mit dem Aufdruck: „Schlagt Hitler, den Gendarmen samt Hauptmann Röhm, den Warmen" oder „Gleiche Brüder, gleiche Kappen – Adolf Hitler, Franz von Papen." Sie hatte ich überall wo es nur ging aufgeklebt.

Eine gefährliche Vorsorge

Weil mein Vater eine Revolution der Nazis und der Kommunisten befürchtete, wollte er gerüstet sein, denn er war überzeugt, die Gewerkschaften würden zum Kampf aufrufen. Die Waffen hierfür stammten unter anderem von einem ehemaligen Revierförster namens Deger aus Heideck. Herr Deger war 1918/1919 Angehöriger eines vaterländischen Verbandes, der Heimwehr, unter Führung eines Forstrates Escherich aus München. Die Waffen dienten zur Niederwerfung des Aufstandes sowjet-orientierter Kräfte. Nach Beendigung der Kämpfe in München wurden sie zum Teil an die Teilnehmer zum Verbleib verteilt. Eine andere Quelle der Waffenlieferung war der Leiter des Fränkischen Überlandwerkes, Bezirk Weißenburg.

Diese Waffen bestanden aus einem wassergekühlten Maschinengewehr und einer Kiste schußbereiter Munitionsgurte, drei Karabinern aus dem Ersten Weltkrieg, viel Munition und einer Maschinenpistole.

Die Waffen, die teilweise angerostet waren, mußten einsatzfähig gemacht werden. Dies geschah in meinem Elternhaus, in der Wohnung meines Bruders Georg. Mein Bruder war mit 18 Jahren noch zum Militär eingezogen worden. Er war von den Teilnehmern, die sich an der Bewaffnung beteiligen wollten, der einzige ehemalige Soldat. Einige Teilnehmer dieser Aktion, an die ich mich noch erinnere, waren Max Miehling, Xaver Hofer, Georg Troll, Mitglieder der SPD. Außer ihnen nahmen meine drei Brüder, mein Cousin Georg Höfner und ich teil.

Mein Vater glaubte an eine Revolution, aber er hatte die Hoffnung, daß die Gewerkschaften, die doch überwiegend SPD-Anhänger waren, diesem Aufstand durch einen Generalstreik eine Ende bereiten würden, so wie sie den Kapputsch zerschlagen hatten.

Die ausgeschriebenen Wahlen zum Reichstag vom 5. März 1933 waren bereits durch den Reichsrundfunksender unter Goebbels einer einseitigen Beeinflussung ausgesetzt.

Die Revolution fand nicht statt. Ohne ernsthafte Gegenwehr wurde die Demokratie zu Grabe getragen. Herr von Hindenburg hatte Hitler die Machtergreifung auf legalem Weg ermöglicht.

Nach der Reichstagswahl vom 5. März 1933, die keine Revision des 30. Januar 1933 gebracht hatte, wurden unsere Waffen im Gewölbe der Stadtpfarrkirche versteckt. Das Deckengewölbe spannt sich von der einen zur anderen Seitenmauer. An der Stelle, an der das Gewölbe aufsitzt, ist ein nicht einsehbarer toter Winkel. Darin wurden die Waffen versteckt und sie liegen vermutlich noch heute dort.

Wie kam es zur Hausdurchsuchung?

Der Scharführer der SA, Georg Brunner, und der mit der Nazi-Partei sympathisierende Georg Bäumler jun. hatten mich eines Tages zu einem Spaziergang in die Nachbargemeinde Selingstadt eingeladen. Der Zweck war, mich für die Partei bzw. für die Hitler-Jugend zu gewinnen.

Bei diesem Spaziergang muß ich eine leichtfertige Bemerkung gemacht haben. Ungefähr so: „So leicht hättet ihr (gemeint war die SA) unser Haus nicht stürmen können. Wir hätten euch schon empfangen.“ So oder ähnlich könnte ich mich geäußert haben.

Aus dieser Bemerkung, auf die sie zunächst nicht eingingen, könnten sie geschlossen haben, die Stücklens hätten Waffen im Haus. Unser Verdacht, daß aus diesem Kreis meine Bemerkung an den SA-Sturmbannführer Stamm aus Thalmässing weitergeleitet wurde und der dann den Durchsuchungsbefehl für unser Haus beantragte, scheint damit erwiesen. Mein Vater erhielt diese Information von seinem Schützenbruder, Gendarmerie-Kommissar Staufer, der bei der Hausdurchsuchung pflichtgemäß dabei sein mußte.

Es war derselbe Herr Stamm, der Anfang April 1933 meinen Vater als Bürgermeister abgesetzt hatte. Wiederum der gleiche Herr Stamm bat bei seiner Entnazifizierung meinen Vater vergeblich, ihn zu entlasten; seine Begründung: er habe ja meinen Vater human behandelt.

Zurück zur Schilderung der Hausdurchsuchung: Die SA trat mit einem Trupp von ungefähr zehn Mann zur Durchsuchungsaktion an. Sie stammten alle nicht aus Heideck. Die drei Eingänge unseres Hauses waren von je zwei SA-Männern besetzt. Im Inneren des Hauses hausten sie wie die Vandalen. Schränke wurden aufgebrochen, der Zwischenboden im Dachgeschoß herausgerissen, die Kleiderschränke durchwühlt und ähnliches mehr. Das Ergebnis war kläglich. Außer zwei Zimmerstutzen und meinem Luftgewehr hat man nichts gefunden. Die Aktion „Hausdurchsuchung" hatte sich schnell in Heideck herumgesprochen. Eine kleine Schar von Schaulustigen hatte sich gegenüber dem Marktplatz-Ausgang angesammelt. Sie waren überzeugt, es würden Waffen gefunden werden. Sie äußerten, das wurde uns glaubhaft übermittelt: „Gleich werden sie den ehemaligen Bürgermeister in Fesseln abführen." Als nichts geschah, war die Enttäuschung groß.

Vater im April 1933 als Bürgermeister abgesetzt und im Mai 1945 wieder eingesetzt

Die Reichstagswahlen am 5. März 1933 ergaben in Heideck eine Zweidrittelmehrheit der Stimmen für die Bayerische Volkspartei. Das interessierte die braunen Machthaber nicht. Im April 1933 kam der SA-Sturmbannführer Sprang aus Thalmässing und setzte meinen Vater ab. Das vollzog sich vor den Augen der ganzen Familie, denn wir waren gerade beim Essen.

Sie passen nicht mehr in unsere Zeit

In voller Kriegsbemalung kam er ins Haus, klopfte zwar noch an, aber als er im Wohnzimmer stand, sagte er ohne Umschweife zu meinem Vater: „Herr Bürgermeister, Sie sind abgesetzt." Mein Vater fragte: „Wieso, warum, was habe ich mir zuschulden kommen lassen?" Daraufhin erklärte er kurz und bündig: „Sie passen nicht mehr in unsere Zeit." Damit war die Bürgermeistertätigkeit beendet. Das hatte sich innerhalb kurzer Zeit bei den Bürgerinnen und Bürgern der Stadt Heideck schnell herumgesprochen.

Gegen Abend kam ein Kreis von Treuen, ergänzt durch eine kleine Gruppe ehemaliger Reichsbannerleute aus Weißenburg und brachte meinem Vater Sympathiekundgebungen zum Zeichen ihrer Freundschaft dar. Wie mir mein Bruder Otto sagte, waren in diesem Kreis der Sympathisanten auch eine ganze Reihe von ehemaligen SPD-Mitgliedern, die sich zu dieser Zeit schon überwiegend aus dem aktiven politischen Handeln zurückziehen mußten. Sie stimmten das Arbeiterlied „Brüder, zur Sonne, zur Freiheit" an. Eine ergreifende Stunde, die ich nicht vergesse.

Seit seiner Absetzung als Bürgermeister hatte sich mein Vater vom öffentlichen Leben ganz zurückgezogen. Er bekleidete nur noch den Vorsitz des Schützenvereins Concordia Heideck, den er schon seit mehr als 30 Jahren geführt hatte.

Sein Nachfolger als Bürgermeister wurde der Kaufmann Josef Wechsler, von dem man bisher nicht gewußt hatte, daß er ein „Brauner" war. Mit dem Bürgermeisterwechsel wurde auch der alte Stadtrat abgelöst und durch der neuen Zeit genehme Personen ersetzt.

Einige Tage nach der Treuekundgebung vor unserem Haus wurde mein Vater noch vor Sonnenaufgang durch seinen Jugendfreund, den Gendarmeriekommissar Staufer, auf Weisung der NS-Kreisleitung in das acht Kilometer entfernte Gefängnis nach Hilpoltstein überstellt. Die Verhaftung nannte man Schutzhaft. Wer sollte vor wem geschützt werden?

Herr „Stucklen", Sie sind wieder Bürgermeister

Als die Amerikaner 1945 Heideck eingenommen hatten, kam ein amerikanischer Offizier zu meinem Vater. Er habe sich durchgefragt, wo der frühere, vor der NS-Zeit amtierende Bürgermeister wohne. Dieser Offizier erklärte: „Herr Bürgermeister Stucklen, Sie sind wieder Bürgermeister. Nehmen Sie Besitz von den Schlüsseln des Rathauses. Sie sind ab sofort für diese Stadt verantwortlich." Im Zuge der Wiedereinsetzung als Bürgermeister wurde auch der alte Stadtrat von vor 1933 wieder berufen. Und dieser Stadtrat hat dann einstimmig meinen Vater als Bürgermeister bestätigt.

Alle Versuche, meinen Vater für die NSDAP zu ködern waren gescheitert und mußten scheitern, denn er war ganz eindeutig ein unversöhnlicher und kompromißloser Gegner dieses Regimes.

Mein Vater ließ mich auch nicht zur Hitler-Jugend, obwohl alle meine Mitschüler dabei waren. Man hatte mich von meinen Klassenkameraden getrennt. Meine Mutter fühlte, wie ich unter der Trennung von meinen Kameraden litt. Sie setzte bei meinem Vater den Beitritt zur Hitler-Jugend durch.

Mein Vater begleitete seine Zustimmung mit den Worten: „Mit diesen braunen ‚Fetzen'– gemeint war das braune Hemd – kommt er nicht an meinen Tisch."

Nach dem Arbeitsdienst nahm ich nur noch einige Male an den Zusammenkünften teil. Dann war Schluß.

Die Motorsportschule

Mein Ziel war und blieb, ein Ingenieurstudium möglichst bald beginnen und abschließen zu können.

Da ich gesundheitlich in bester Verfassung war, kamen Arbeits- und Wehrdienst unausweichlich auf mich zu. Um diese gesetzlichen Verpflichtungen möglichst rasch hinter mich zu bringen, meldete ich mich zur Ableistung meiner Wehrpflicht. Mir wurde gesagt, wenn ich für eine motorisierte Einheit gemustert würde, könnte ich bereits vor der Einberufung, ohne eigene Kosten, die Kraftfahrzeugführerscheine erwerben. Ich müßte an einem Lehrgang einer Motorsportschule teilnehmen.

Ich habe dieses Angebot wahrgenommen und bin im Mai 1935 für sechs Wochen in die Motorsportschule nach Regensburg einberufen worden. Diese vormilitärische Einrichtung unterstand dem Chef des Ausbildungswesens. Die Ausbilder waren „Zwölfender" der Reichswehr. Es handelte sich ohne Zweifel um eine getarnte vormilitärische Einrichtung. Mir war dies damals gleichgültig, Hauptsache, ich konnte ohne eigene Kosten die Führerscheine I, II und III machen. Für die Unterbringung der Lehrgangsteilnehmer stand eine stillgelegte Zukkerfabrik zur Verfügung. Die Teilnehmer wurden mit einer olivgrünen Uniform eingekleidet. Neben dem Fahrunterricht standen auch Exerzieren und Geländeübungen auf dem Dienstplan. Zum Beispiel wurden Kartenlesen, Umgang mit dem Kompaß und Zielansprache geübt.

Der Lehrgang in Regensburg hatte überwiegend zivilen Charakter: ohne Waffen. Es gab auch keine Waffenkunde oder ähnliches. Dieser Lehrgang hat mir, da ich ein erfolgreicher Leistungssportler war, einen Riesenspaß gemacht. Denn welcher junge Mensch hätte nicht Freude gehabt, auf einer 400er BMW mit Kardanantrieb üben zu können. Oder in einem Dreiachser Henschel die engen Straßen von Regensburg unfallfrei zu befahren, auch über die Steinerne Brücke, dieses imposante Bauwerk aus der Romanik, dem 12. Jahrhundert. Es war die einzige Brücke, die in Regensburg über die Donau führte. Sie wurde von dem allgemeinen Straßenverkehr, einer Straßenbahnlinie und Kraftfahrzeugen aller Art, einschließlich Pferdefuhrwerken aus der ländlichen Umgebung benutzt. Man mußte schon ein guter Fahrschüler sein, um ohne Schaden auf die andere Donauseite zu kommen. Wer den Führerschein Klasse II bestanden hatte, bekam automatisch auch den Führerschein Klasse III, weil keine Personenwagen zur Übung vorhanden waren.

Mit einer 400er BMW um den Exerzierplatz

Eine kleine Episode will ich noch nachtragen: Ich war zum Exerzieren eingeteilt. Da aber ein Teilnehmer, der für die Motorradprüfung vorgesehen war, erkrankte, fragte der Spieß, wer Motorrad fahren könne, man wolle die Fahrzeugkapazität voll ausschöpfen. Ich meldete mich und kam zum Zuge. Der Fahrlehrer übergab mir das Motorrad, jenes BMW-Modell, das ich schon beschrieben habe und sagte: „Fahren Sie entlang des Exerzierplatzes (es waren ungefähr 300 m), drehen Sie um und halten Sie bei mir." Es war für mich kein Problem. Da kam er auf mich zu und sagte: „Ich müßte Sie einsperren lassen, denn Sie sind ein Schwarzfahrer." Ich merkte am Ton und Ausdruck, daß es scherzhaft gemeint war. Nach dieser erfolgreichen Fahrprobe heuerte mich der Fahrlehrer für sich an. Ich mußte ihn bei den Übungsfahrten auf einem Motorrad mit Beiwagen chauffieren.

Dieser Lehrgang war die letzte Einrichtung des Dritten Reiches, die mir Spaß gemacht hat.

Der Arbeitsdienst

Am 1. April 1936 wurde ich zum Arbeitsdienst nach Schirgiswalde in der Lausitz einberufen. Die Unterkunft war außerordentlich primitiv. Eine ausgediente Webfabrik war notdürftig zu einer Arbeitslagerunterkunft umgestaltet worden. Ich will nicht die einzelnen Unzulänglichkeiten aufzählen. Nur ein Beispiel: Der Schlafsaal bestand aus ungefähr 120 eisernen Etagenbetten mit Strohsack-Unterlagen. Alles andere hatte sich diesem Niveau angepaßt. Der Dienst verlief etwa folgendermaßen: 5.30 Uhr Wecken, Frühsport, Toilette schön kalt, Frühstück mit Kaffee aus der Malzfabrik, Brot, etwas Butter und Marmelade. 6.45 Uhr Abmarsch zur Baustelle, Dauer 45 Minuten. Es sollte ein Teich ausgehoben werden, angeblich ein Feuerschutzteich. Insider wußten es besser: Aus dem Feuerschutzteich sollte in Wirklichkeit ein Karpfenteich für den Kreisleiter werden. Die Arbeitszeit betrug täglich 6 Stunden, in der Woche also 30 Stunden, zuzüglich An- und Abmarsch. Als Lohn erhielten wir pro Tag 25 Reichspfennige, alle 10 Tage 2.50 Reichsmark.

Am sechsten Tag der Woche stand Revierreinigung auf dem Dienstplan. Wer sportlich tauglich war, bemühte sich stattdessen um die Teilnahme am Sport.

Dadurch, daß ich mich für den Sport anstatt für das Reinigen des Reviers entschieden hatte, nahm mein Leben einen nicht vorhersehbaren, ja schicksalhaften Verlauf.

Die Handballmannschaft des Standortes Schirgiswalde mußte gegen die Arbeitsdienstabteilung aus dem Standort Zittau antreten. Es ging um die Gaumeisterschaft. Da Fußball im Arbeitsdienst wegen zu großer Verletzungsanfälligkeit verboten war, hatte ich, soweit ich einen Mannschaftssport betreiben wollte, nur die Alternative, mich der Gruppe der Handballspieler anzuschließen. Nach einem Probespiel innerhalb der eigenen Abteilung Schirgiswalde wurde ich für gut befunden und zu dem Ausscheidungsspiel als Mittelstürmer eingesetzt. Das Spiel fand als Feldhandball auf einem gut gepflegten Rasenplatz statt. Bei diesem Spiel erlitt ich, ohne Schuld des Spielgegners, einen schweren Unfall: Ein leichter Nieselregen hatte den Rasen rutschig gemacht. Ein Gegenspieler sprang ungefähr zur gleichen Zeit wie ich nach dem Ball. Er rutschte aus und landete mit seinem vollen Körpergewicht seitlich an meinem Knie. Mein Schulkamerad, Otto Schneck, der bei der gleichen Arbeitsdienstabteilung dem Spiel zusah, hörte das Krachen. Er fürchtete, daß an dem Knie nichts ganz geblieben sein konnte.

Ein herbeigerufener Zivilarzt, der nach ungefähr zwei Stunden kam, punktierte das inzwischen mit Blut vollgelaufene Knie und wies mich in das Vertragskrankenhaus nach Zittau ein. Ich wurde sofort geröntgt. Der dortige Arzt für Unfallchirurgie stellte fest: Schwere Meniskusverletzung mit Kapsel- und Bänderriß.

Dieser Schicksalsschlag im Jahr 1936 hat den Weg zu meinem Lebensziel, Ingenieur zu werden, zeitlich entscheidend verändert. Ich mußte mich jetzt auf Krankenschein von unserem Hausarzt behandeln lassen. Die Schwellungen waren nach einigen Wochen soweit zurückgegangen, daß ich mit Hilfe von Bandagen etwas besser gehen konnte. Zurück blieb ein Schlottergelenk mit Schubladensyndrom, das heißt, der Unterschenkel konnte gegen den Oberschenkel verschoben werden. Trotzdem mußte ich am 1.10.1936 beim motorisierten Schützenregiment I in Meiningen einrücken.
Am zweiten Tag fand die Einstellungsuntersuchung statt. Der untersuchende Arzt sagte: „Sie dürfen wieder nach Hause fahren, mit dieser Verletzung können wir Sie nicht brauchen.“ Mit dem Vermerk „Kriegsuntauglich“ fuhr ich zurück nach Heideck.

Mein Verein: Die erfolgreiche Elf:
Fußballverein TSV Heideck im Jahre 1950.

Ehrenurkunde

Stücklen Richard, Heideck

war in den Bezirkssportwettkämpfen 1932 in Thalmässing

1. Sieger im Dreikampf mit 78½ Punkten. Ortskl. A, Altersst

Thalmässing, den 25. September 1932.

gez.

Sieger im Dreikampf:
Darauf bin ich noch heute sehr stol

Die zwei von der Post:
Olympiasieger Georg Thoma
am 30. März 1960
bei „seinem“ Minister.

Mein großes Herz für den Sport:
Empfang für Bundestrainer
Sepp Herberger anläßlich seines
60. Geburtstags.

Ein Vorteil der großen Politik: Man trifft die wichtigsten Leute: Franz Beckenbauer, Helmuth Schön, Max Schmeling, Fritz Walter, Sepp Herberger.

Als Monteur Geld für das Studium verdient

Mit einer Einberufung zur Wehrmacht brauchte ich in absehbarer Zeit nicht mehr zu rechnen. Zwei Entscheidungen waren daher sofort fällig. Zum einen mußte ich mich intensiv auf mein Studium an einer Fachhochschule vorbereiten und mich bewerben. Ich beteiligte mich am Fernunterricht an der Ingenieurschule in Meiningen. Zum anderen brauchte ich Geld, denn ich hatte den Ehrgeiz, mein Studium aus eigener Kraft zu bestreiten. Eine Monteurstelle bekam ich schnell.

Am 1. Juli 1937 trat ich bei der Firma Nowack in Gilching bei München als Monteur ein. Die Stelle war schon deshalb für mich günstig, weil ich die gesamten Planungsaufgaben übertragen bekam, was bedeutete, daß ich mein lädiertes Knie weitgehend schonen konnte.

Trotz aller Schonung haben sich dennoch erhebliche Schmerzen bei relativ geringen Belastungen eingestellt. Ich wurde in die Universitätsklinik München eingewiesen. In der Chirurgie war ich in besten Händen. Prof. Magnus war für Meniskusoperationen bekannt und berühmt! Die Operation wurde in München durchgeführt, allerdings nicht von Prof. Magnus, sondern von seinem Oberarzt. Nach einem dreiwöchigen Aufenthalt in der Klinik blieb ich einige Zeit zur Nachkur in Heideck.

Als ich glaubte, daß es wieder einigermaßen ginge, trat ich im Oktober 1937 eine Montagestelle im Betrieb Holst in Estebrügge in der Nähe von Hamburg an. Als mir in einem anderen Betrieb eine überwiegend planerische Stelle angeboten wurde, gab ich Anfang 1939 schweren Herzens die Stelle bei der Firma Holst in Estebrügge auf und fing bei der Firma Elektro-Dietrich in Mulda-Randeck im Erzgebirge an. Am 1. April 1939 kam ich aus der Großstadt-Atmosphäre in die Beschaulichkeit des Erzgebirges, allerdings mit dem hoch einzuschätzenden Vorteil, daß ich mich noch intensiver auf mein Studium vorbereiten konnte.

Mein Studium begann am 1. April 1939 an der Ingenieurakademie Mittweida.

Die Zeit des Zweiten Weltkrieges

Studium und Kriegsdienst

Die Aufnahmeprüfung an der Ingenieurakademie hatte ich mit Bravour bestanden. Ich war aber keine vier Wochen im Studium, da wurde ich bereits vom Kreiswehrersatzamt in Döbeln benachrichtigt, ich müsse mich zur Untersuchung bei einer Nachrichtenabteilung in Glauchau bei Chemnitz melden. Der Stabsarzt schickte mich wieder weg mit der Bemerkung: „Können wir nicht brauchen, lassen Sie das Knie ausheilen."

Ein halbes Jahr später im 2. Semester bekam ich erneut eine Einberufung zu einer Landesschützeneinheit in Freiberg. Das Ergebnis der Untersuchung: „Für den Kriegsdienst untauglich."

Damit hatte ich die Voraussetzung zur Fortsetzung meines Studiums erfüllt. Ich konnte das 3. Semester mit Erfolg abschließen.

Als ich gerade das 4. Semester begonnen hatte, kam erneut eine Einberufung zu einer Einheit, deren Standort nicht in der Nähe von Freiberg, sondern weit ab in Stargard in Pommern lag.

Im Transport von Freiberg nach Stargard waren ungefähr 100 Mann zusammengefaßt, alles ältere Jahrgänge, die für den Kriegsdienst nicht mehr tauglich waren. Ich war der Jüngste.

Der Spieß in Stargard, ein wohlbeleibter Zwölfender aus Reichswehrzeiten, fischte mich aus diesem „Haufen" heraus und fragte, ob ich Schreibmaschine schreiben könne. Als ich die Frage bejahte, sagte er: „Melden Sie sich morgen auf der Schreibstube." Am nächsten Tag mußte ich mich dann in der Schreibstube melden. Er sagte zu mir: „Nimm hier Platz, du wirst schreiben, was ich dir sage." Er sprach mich gleich mit „Du" an und das nächste, was er fragte war, ob ich Skat spielen könne. Ich sagte: „Nein, das kann ich nicht." Er aber meinte: „Das werde ich Dir beibringen.“ Und so hat er mich unter seine Fittiche genommen.

Der Kompaniechef war ein Reservehauptmann namens Jonas. Im Zivilberuf war er Landwirtschaftsingenieur und hatte an einer Landwirtschaftsschule in Schleswig-Holstein über die Anwendung moderner Technik in der Landwirtschaft gelehrt. Er hat sich sofort bei mir erkundigt, wieso ich in meinem jugendlichen Alter bei den Landesschützen gelandet sei. Ich nannte ihm den Grund und fügte hinzu, daß ich noch studiere und gern mein Ingenieurstudium zu Ende bringen möchte. Er hat ohne Umschweife zugesagt, mein Gesuch um Beurlaubung für die Fortsetzung des Studiums zu unterstützen. Von Anfang an herrschte ein ausgezeichnetes Betriebsklima.

Das Lazarett von Stargard war die Hölle

Trotz meines Dienstes nur am Schreibtisch habe ich mir bei einem falschen Tritt das Knie ausgerenkt. Am nächsten Tag hatte ich einen Bluterguß und beachtliche Schmerzen. Daraufhin wurde ich in das Lazarett Stargrad eingeliefert.

Auf Anordnung des Oberstabsarztes Naumann wurde mein Knie geröntgt. Anhand des Röntgenbildes stellte er fest, daß ich eine schwere Meniskusverletzung hätte. Er war fest entschlossen, mein Knie zu operieren. Als die Visite vorüber war und der Oberstabsarzt bereits den Operationstermin mitgeteilt hatte, kam der Assistenzarzt, ein Münchner namens Imhoff, zu mir. Er sagte: „Herr Stücklen, lassen Sie sich nicht von dem operieren, der kann gerade mal einen Bruch oder einen Blinddarm, aber kein Knie operieren.“ Ich fragte ihn, ob ich die Operation verweigern könne und er sagte mir, daß ich das könnte. Auch während des Krieges war es möglich, daß ein Soldat die Operation verweigern konnte. Er teilte mir den Paragraphen der Heeresdienstordnung mit, den ich angeben sollte.

Als am nächsten Tag die Visite kam, sagte der Oberstabsarzt zu mir: „Sie kommen am Donnerstag dran!“ Daraufhin erklärte ich ihm unter Nennung des Paragraphen der Heeresdienstverordnung: „Herr Oberstabsarzt, ich lasse mich nicht operieren.“ Ja, da war was los! Er schrie: „Sie Feigling, Sie Drückeberger...“, und so ging es weiter. Alles, was man einem Menschen an Beleidigungen an den Kopf werfen konnte, hat er herausgeschrieen. Er hat mich auf die übelste Weise beschimpft, obwohl ich nichts anderes getan hatte, als von meinem Recht Gebrauch zu machen. Außerdem sagte er: „Wir brauchen jeden Soldaten für den Endsieg des Führers.“

Aufgrund meiner Weigerung wandte er sich an das Ärztekollegium des Standortes Stargrad und beantragte die Zwangsoperation mit der Begründung, nach der Operation sei ich wieder kriegsdienstverwendungsfähig. Mein Einspruch wurde aufgehoben. Bei der nächsten Visite kam er mit der Verfügung zur Pflichtoperation. Er schmiß mir diesen Bescheid auf das Bett, ohne ein Wort zu sagen. So wurde ich zur Zwangsoperation verurteilt. An den Folgen dieser verkorksten Operation leide ich noch heute. Diese Tortur, die ich da mitmachen mußte, habe ich in meinem ganzen Leben nie vergessen!

Schließlich kam der Augenblick des ersten Gehversuches, und der mißglückte. Ich brach zusammen. Die Stabilität des Knies war nicht vorhanden. Der Oberstabsarzt mußte mir ein Attest ausstellen, daß ich nicht mehr „kriegsdienstverwendungsfähig“ war und verfügte meine Entlassung aus der Wehrmacht. Dagegen hatte ich natürlich keine Einwendungen. Bevor ich mich verabschiedete, ging ich noch in das Zimmer des Oberstabsarztes Naumann und sagte: „Herr Oberstabsarzt, Sie haben es fertig gebracht, daß ich aus der Wehrmacht entlassen werde. Dafür möchte ich Ihnen danken.“ Ich fuhr fort: „Jetzt müssen Sie sich einen anderen Soldaten suchen, der den Endsieg des Führers herbeiführt!“ Dann machte ich kehrt und ging. Herr Naumann hat nicht reagiert, hat mich auch nicht zurückgerufen. Ich war froh, diesem Operationsbesessenen entflohen zu sein. Im übrigen wurde ich im Laufe der Jahre noch dreimal an dem selben Knie operiert. Zur Zeit stehe ich vor der Frage, ob ich mir ein künstliches Kniegelenk einsetzen lassen soll.

Durch diesen langen Lazarettaufenhalt hatte ich das ganz wichtige 5. Semester total versäumt. Ich mußte nun mit Hochdruck von neuem beginnen. Nach bestandenem 5. Semester habe ich dann im 6. Semester meine Abschlußprüfung gemacht, meine Klausuren geschrieben und bestanden! Als ich mit den anderen Kommilitonen nach einer Woche schriftlicher Prüfungen zur mündlichen Prüfung antrat, wurde ich als Erster aufgerufen. Der Vorsitzende der Prüfungskommission fragte mich, ob ich meine Gesamtnote von 1,6 auf 1,5 verbessern wolle? Wenn ja, müßten wir mit der mündlichen Prüfung beginnen. Ich bedankte mich für das Angebot, bat aber um Verständnis, wenn ich mich mit der Note 1,6 zufrieden gäbe. Der Vorsitzende erhob sich, händigte mir das Diplom aus und sagte zu mir: „Ich gratuliere Ihnen, Herr Kollege." Ein wunderbarer Augenblick! Nach so vielen Strapazen und Schikanen ist es doch noch zu einem „Happy-End" gekommen. Ich hatte mein Ziel im Beruf erreicht. Zwar war ich für mein ganzes Leben durch das desolate Knie stark beeinträchtigt, dafür brauchte ich aber nicht mehr den Endsieg des Führers sicherzustellen. So hat eben jede Medaille ihre zwei Seiten.

Abschied aus der Wehrmacht und Dienstverpflichtung

Von einem orthopädischen Handwerksmeister wurde mir eine Ganzmanschette, vom Oberschenkel bis einschließlich Knöchelgelenk verpaßt. Diese Manschette gab dem Knie einen festeren Halt. Sie wirkte wie eine Hülle, zwar lästig, aber eben nötig.

Bei meiner Stammeinheit, die in Freiberg beheimatet war, lieferte ich meine Uniform ab. Beim Rechnungsführer erhielt ich noch das mir zustehende Entlassungsgeld von 50 RM, dazu ein Hemd, eine Unterhose, ein Paar Socken und ein Taschentuch. Insgesamt war ich etwas mehr als drei Jahre Angehöriger der Wehrmacht. Nach meinem Geschmack viel zu lange.

Mein erster Weg führte mich zu meiner Braut, Ruth Geißler, die bei ihren Eltern in Lichtenberg im Erzgebirge wohnte. Am 4. Dezember 1943 haben wir in meiner Heimatstadt Heideck geheiratet. Die Sonderzuteilung aus Anlaß der Hochzeit war so gering, daß mein Bruder Hans sich anbot, das Hochzeitsessen in Heideck auszurichten. Mein Bruder war mit einer Müllerstochter verheiratet. Ihr Vater hatte daher beste Beziehungen zur ländlichen Kundschaft und damit auch zu den Genüssen, die nicht im vollen Umfang von der gesetzlichen Erzeugererfassung registriert waren. Das war der Grund, weshalb wir in meiner Heimatstadt Heideck geheiratet haben. Nach der Hochzeit hatten wir das Glück, daß uns in Lichtenberg eine Wohnung zugeteilt wurde; zwar klein, aber für ein kinderloses Ehepaar ausreichend.

Meine Entlassungspapiere gingen an das zuständige Arbeitsamt in Freiberg. Von dort wurde ich als Ingenieur zur Hydra in Freiberg in Sachsen dienstverpflichtet. Unsere Wohnung in Lichtenberg war von Freiberg 17 Kilometer entfernt und es gab eine gute Zugverbindung.

Nach dem Ingenieurstudium – Hydra

Die Firma Hydra, eine Tochter der AEG, stellte Kondensatoren verschiedenster Art her: Rohr-, Block- und Elektrolytkondensatoren. Im Betrieb war überwiegend weibliches Personal beschäftigt. Von den 800 Beschäftigten waren 650 Frauen, darunter auch 20 weibliche Arbeitskräfte aus der Tschechoslowakei.

Mir wurde eine Abteilung zugewiesen, die insgesamt 250 Beschäftigte hatte. Als ich diese Abteilung übernahm, sagte mir schon mein Werkmeister Grünauer, daß die tschechische Gruppe am besten und zuverlässigsten arbeite.

Nach einigen Monaten kam die tschechoslowakische Sprecherin auf mich zu, ich bemerkte sofort, daß sie etwas Besonderes auf dem Herzen hatte. Sie fragte mich, ob sie mich in einer privaten Angelegenheit sprechen dürfte. „Aber selbstverständlich! Was haben Sie denn auf dem Herzen?" „Herr Ingenieur", sagte sie, „ich möchte mich im Namen meiner Kolleginnen bedanken, daß Sie, wenn Sie morgens in unsere Abteilung kommen, nicht mit ‚Heil Hitler', sondern mit ‚Guten Morgen' grüßen."

Das hat mich doch sehr nachdenklich gemacht. Denn was muß in den Köpfen dieser tschechischen Mitarbeiterinnen vor sich gegangen sein, daß sie diesen Hitler-Gruß so schmerzlich empfunden haben! Wenn man genauer nachdenkt, kann man dies auch begreifen und verstehen: ihr Land war überfallen worden. Sie waren nach Sachsen verpflichtet worden. Auch wenn es ihnen hier einigermaßen gut ging, so waren sie doch in einem fremden Land und unter fremder Herrschaft beschäftigt. Ich habe diese Begegnung meinem Oberingenieur Tümmel berichtet. Der guckte mich an und sagte: „Eigentlich haben Sie recht. Wer verpflichtet uns denn, daß wir im Betrieb unsere Mitarbeiter mit ‚Heil Hitler' grüßen müssen. Mir paßt das auch nicht. Ich bin

Ihnen dankbar, daß Sie mir das mitgeteilt haben.“ Nach diesem Gespräch war mir klar geworden, daß Herr Tümmel nicht zu denjenigen gehörte, die glaubten, sie müßten mit dem Braunhemd ins Bett gehen und mit ausgestrecktem Arm aufwachen. Er war, obwohl Parteimitglied, keinesfalls ein Fanatiker und zu diesem Zeitpunkt längst einer, der mit klarem Menschenverstand erkannt hatte, daß dieser unselige Krieg bereits verloren war.

Herr Tümmel und ich waren in einem Großraumbüro untergebracht. Nach diesem Gespräch herrschte ein ganz anderes Klima. Man konnte sich offen ins Gesicht sehen und es ging dann soweit, daß wir wissen wollten, wie das Ausland unsere Situation sah. Wir konstruierten zwei Rundfunkgeräte so, daß das eine immer auf Musik und das andere auf Nachrichten eingestellt war. Selbstverständlich mußten wir sehr vorsichtig sein, denn der Betriebsobmann, der auch gleichzeitig die Arbeitsfront in unserem Betrieb vertrat, war ein ganz ekelhafter Kerl, dem wir alles zutrauten, nur nichts Gutes. Zu den Eingeweihten gesellten sich bald zwei Werkmeister. Einer aus meiner Abteilung, Herr Grünauer, und Herr Schönlebe aus einer anderen Abteilung.

Mein Werkmeister, Herr Grünauer, stammte aus Niederbayern, aus Passau, und war von seinem ganzen Temperament und Charakter her ein typischer Bayer, aufrecht, fleißig und geradeaus. Er wurde, weil er ein Verhältnis mit einer Tschechin hatte, eines Tages von der Gestapo abgeholt und in das Gefängnis von Freiberg eingeliefert. Den Grund habe ich bei einer Vorsprache von der Gefängnisleitung in Erfahrung bringen können. Ich habe dann die Betriebsleitung, die Herren Haberstroh und Blümel, gebeten, sie sollten bei den zuständigen NS-Stellen mit allem Nachdruck die Freilassung von Grünauer beantragen, denn die Produktion könne ansonsten die Pflichtauflagen nicht erfüllen. Ich war überzeugt, sie haben sich auch in diesem Sinne eingesetzt, aber ohne Erfolg.

Mich beunruhigte die Verhaftung Grünauers ungemein. Unter dem Vorwand, ich müsse Herrn Grünauer befragen, wo der Silberdraht, eine ganze Rolle von ungefähr 6 kg, die ich nicht finden konnte, im Betrieb aufbewahrt sei, suchte ich um Besuchserlaubnis nach. Mit diesem Trick kam ich – es war um den 10. April 1945 – zum Erfolg. Ich wurde in Begleitung eines Gefängniswärters zu Grünauer geführt. Da ich ihn von dem bevorstehenden Ende des Krieges informieren wollte, habe ich auf einen Zettel, von ungefähr 5 x 5 cm, den ich auf die Innenfläche meiner linken Hand mit Klebstoff fixiert hatte, folgendes geschrieben: „Aushalten, der Krieg ist bald vorbei!" Es hat sich dann im einzelnen so abgespielt: Der Gefängniswärter, der nicht von der Gestapo war, was ich an seiner „allgemeinen Dienstkleidung" erkannte, blieb an der geöffneten Zellentür stehen. Ich sprach beschwörend auf Grünauer ein, hielt dabei die Handflächen so, daß er das Geschriebene lesen konnte. An seinem Gerichtsausdruck sah ich, er hatte die Botschaft gelesen und verstanden. Er sagte noch, er hoffe, daß er bald wieder im Werk sein würde. Als der Krieg immer näher kam, wir hörten schon von weitem die Abschüsse der Panzer, haben wir am 29. April 1945 allen Betriebsangehörigen frei gegeben und ihnen mitgeteilt, daß sie nach Hause gehen könnten. Sobald die Arbeit fortgesetzt werden würde, würden wir sie verständigen. Unter diesen freigegebenen Mitarbeitern war auch meine tschechische Gruppe, die sich vollzählig per Handschlag von mir verabschiedet hat. Sie konnten mit dem Zug von Freiberg aus über Bienenmühle das Erzgebirge überqueren und in die Tschechoslowakei fahren. Da die Zugverbindung in diesem Gebiet noch funktionierte, waren sie schon sehr bald wieder in ihrer Heimat. An diesem Tag ahnte ich noch nicht, wie bald und unter welchen Umständen ich wieder in das Werk zurückkommen sollte.

Das Kriegsende

Die Flucht vor der Roten Armee

Am 3. Mai 1945 kam mein Studienfreund Herbert Lange, nachdem er sich von der Wehrmacht abgesetzt hatte, zu uns nach Lichtenberg. Zuerst wollte er im Haus seiner Eltern, die eine Eier- und Käse-Großhandlung in Freiberg führten, wohnen. Auf deren Anraten sollte er aber nicht dort bleiben, denn er war ja Wehrmachtsflüchtling. Er sollte woanders unterkommen. Da gab es natürlich nur einen Weg, wo er Zuflucht suchen und finden konnte, und das war unsere Wohnung in Lichtenberg. Selbstverständlich haben wir Herbert Lange bei uns aufgenommen. Tagsüber blieb er bei uns und nachts schlief er bei meinen Schwiegereltern, die nur ein paar Schritte von unserer Wohnung entfernt wohnten. Wenn es dunkel war, schlich er zu seiner Schlafstelle, am frühen Morgen kam er dann wieder zu uns.

Eines Tages, es war sehr früh am Tag, ging die Tür auf und ein schwer bewaffneter Soldat trat ein. Die Mütze hatte er über die Ohren gezogen, ein knöchellanger Mantel schlackerte um seinen Leib, Handgranaten hingen am Koppel und das Gewehr hatte er umgehängt. Beim Anblick dieses verwahrlosten Menschen glaubte Herbert Lange, es sei ein Russe und verschwand blitzschnell unter dem Sofa. Als ich den vermeintlichen Russen mit einem freudigen Schrei begrüßte, kam Herbert wieder aus seinem Versteck hervor. Wäre es ein Russe gewesen, hätte ihm das Versteck ohnehin nichts genutzt. Der Fremde war mein Freund Ernst Margonday, der direkt von der Front kam. Als Siebenbürgener war er in einer Siebenbürgener-Division eingesetzt worden. Seine Einheit wurde von den Russen seit Wochen gejagt. Auf der Höhe von Freiberg bat er seinen Kompaniechef um einen Kurzurlaub. Als Begründung gab er an, daß er seinen in der Nähe wohnenden Studienfreund besuchen wolle, um bei ihm eine Botschaft für seine Eltern zu hinterlassen. Der Kompaniechef hatte ein Einsehen, und Ernst konnte sich zu diesem Kurzurlaub ein Fahrrad organisieren. Er versorgte sich mit der nötigen Verpflegung und etwas mehr. Dann machte er sich auf den Weg nach Lichtenberg. Drei Tage und Nächte hatte er kaum geschlafen, denn die Russen saßen seiner Einheit im Nacken. Entsprechend war auch der Zustand, in dem er sich befand: verwildert, halb verhungert und müde bis zum Umfallen. Eine einfache Kartoffelsuppe, die ihm meine Frau kochte, war seit Tagen die erste warme Mahlzeit. Kaum hatte er den Löffel weggelegt, fiel er fast vom Stuhl, so müde war er. Wir legten ihn auf das Sofa und er schlief sofort ein. Erst am nächsten Morgen gegen 10 Uhr wurde er wieder wach. Nachdem er sich einigermaßen erholt hatte, legten wir den Fluchtplan fest, denn wir waren entschlossen, vor den Russen zu flüchten.

Anhand einer Straßenkarte und durch die Auswertung der „feindlichen“ Rundfunksender erfuhren wir den Frontverlauf. Die allgemeine Himmelsrichtung ergab sich zwangsläufig. Wir mußten erst mal nach Osten, in Richtung Sudetenland. Von da aus nach Süden, nach Karlsbad. Von dort aus wollten wir versuchen, die bayerische Grenze zu erreichen. Tage vorher hatten Herbert Lange und ich die Fahrräder flottgemacht. Auch das Fahrrad meiner Frau bekam einen Gepäckträger, um das Nötigste mitnehmen zu können. Wir wußten, daß wir viel Glück brauchten, wenn wir Bayern, meinen Heimatort und mein Elternhaus in Heideck gesund und wohlbehalten erreichen wollten. Der Abmarsch begann mit einem dramatischen, tränenreichen Abschied. Meine Frau war das einzige Kind meiner Schwiegereltern, sie hingen sehr aneinander. Meine Schwiegermutter wollte unter allen Umständen verhindern, daß ihre Tochter Ruth ein solch ungewisses Wagnis einging. Allerdings wußten meine Schwiegereltern auch, daß die Chance, in Bayern gut anzukommen, größer war als die Ungewißheit, was geschehen könnte, wenn die russischen Truppen kämen. Deshalb hatten sie schweren Herzens unserer Flucht zugestimmt.

Unsere Verpflegung bestand aus Brot, Speck, Fett und Käse. Außerdem haben wir etwas Wäsche mitgenommen. Wir haben uns keiner Illusion hingegeben, daß wir schon in einer Woche Bayern erreichen würden. Zehn Tage hatten wir einkalkuliert, und als wir dann in Heideck ankamen, hatte sich bestätigt, daß unsere Kalkulation richtig war. Aber diese zehn Tage auf der Flucht, neben zurück fliehenden deutschen Soldaten aus dem Protektorat, waren dramatisch und nicht ohne ernsthafte Zwischenfälle.

Am ersten Tag kamen wir in Teplitz Schönau an; einem schönen Ort, den wir von Lichtenberg aus, besonders wegen des Theater-Cafés, früher öfter besucht hatten.

Ernst hatte sich inzwischen auch die Uniform ausgezogen und war nun in Zivil. In weiser Voraussicht hatte er einen Anzug bei mir in Lichtenberg deponiert, vielleicht schon vorausahnend, daß er ihn einmal in einer sehr kritischen Situation gebrauchen könnte.

Unsere erste Nacht wollten wir am Stadtrand von Brüx verbringen. Wir sprachen willkürlich in einem x-beliebigen Haus mit der Bitte um Übernachtung vor. Schon beim ersten Anfragen hatten wir Glück und damit mehr Erfolg als einst Maria und Josef in Bethlehem. Allerdings machten uns die Bewohner darauf aufmerksam, daß wir uns von der Kreisleitung eine Genehmigung einholen müßten. Ohne eine solche Genehmigung bekämen die Herbergsleute, eine ältere Dame mit einer erwachsenen Tochter, Schwierigkeiten.

So machten Ernst und ich uns auf den Weg zur örtlichen Parteileitung. Dort angekommen, wurden wir zum Kreisleiter geschickt. Dieser Herr, der uns in voller brauner Kriegsbemalung gegenüberstand, erklärte uns, daß Brüx verteidigt werden würde und forderte uns auf, an dieser Verteidigung teilzunehmen.

Geistesgegenwärtig erklärte ich ihm, daß wir selbstverständlich an der Verteidigung teilnehmen würden. Er solle aber dafür Verständnis haben, daß wir noch unsere Kameraden, die in der Unterkunft auf uns warteten, herbeiholen würden. Dieser Einfaltspinsel und Held der letzten Stunde hat uns das abgenommen. Wir sind so schnell wie es ging zurück in die Unterkunft gelaufen, haben die Fahrräder herausgeholt und nichts wie fort in Richtung Süden, nach Kommotau. Nach ein paar Kilometern haben wir in einer Scheune übernachtet.

Im Morgengrauen ging es wieder auf die Räder. Wir fuhren weiter in Richtung Süden. Die deutsche Wehrmacht war in vollem Rückzug in Richtung amerikanisch besetzte Zone. Bei den Lkw hielten wir uns mit der einen Hand an den Planken des Lkws fest; mit der anderen mußte das Fahrrad gelenkt werden. Wir waren so ein größeres Stück schneller vorangekommen, als wir geglaubt hatten. Meine Frau hatte sich an einem vor uns fahrenden Lkw angehängt und so die Spitze unserer Viererkolonne eingenommen. Das war richtig, denn wenn wir uns nicht mehr an einem Lkw hätten festhalten können, wären wir auseinandergerissen worden. Wir hatten daher immer Sichtverbindung zu meiner Frau, zumal sie der schwächste Teil in unserer Scheune Vierergruppe war. Nach vielen Kilometern mußte meine Frau am Straßenrand, der nicht befestigt war, in eine Spurrille gekommen sein. Das Rad schlitterte, und meine Frau stürzte kopfüber in den Straßengraben. Im Nu waren wir bei ihr. Ich fürchtete, sie könnte sich eine Gehirnerschütterung zugezogen haben. Gott sei Dank ging es ohne ernste Verletzung ab. Vorsichtshalber fuhren wir nicht weiter, sondern suchten in einer kleinen Feldscheune Zuflucht, um ganz sicher zu sein, daß der Sturz wirklich keine ernsten Folgen hatte.

Die Feldscheune wird von Kugeln durchsiebt

In dieser Scheune blieben wir über Nacht, um dann, wenn es ging, möglichst früh am nächsten Tag unsere Fahrt wieder fortzusetzen. Plötzlich, in den ersten Morgenstunden, durchbohrten Geschosse die Bretterwand unserer Scheune. Auf Kommando drückten wir uns flach auf den Boden. – Was war geschehen? – Waren das schon die Russen? – Nein, das waren Soldaten der zurückflutenden Wehrmacht. Sie haben ihre Magazine leer geschossen. Wahrscheinlich aus Freude über das nahe Ende dieses verfluchten Krieges. Eine andere Verwendung für ihre Munition hatten sie nicht mehr vorgesehen. Zum Glück haben wir die Befreiungsschüsse gut überstanden.

Amerikaner weisen die Flüchtlinge zurück

Tatsächlich erholte sich meine Frau soweit, daß wir wieder weiterfahren konnten. Wir hatten die Absicht, uns erneut an einen Lkw zu hängen. Das gelang deshalb nicht mehr lange, weil eine Militärstreife uns von der Straße wies. Wir mußten auf einen Nebenweg ausweichen. Am Abend erreichten wir ein Dorf an der Demarkationslinie, die Grenze zu den Amerikanern. Einerseits freuten wir uns, daß wir den Russen entkommen waren, andererseits aber standen wir vor einer sehr kritischen Situation. Die Amerikaner ließen niemanden die Demarkationslinie passieren. Wir wurden zurückgewiesen und sollten uns in einem Auffanglager, das in der Nähe errichtet wurde, melden. Dieses Lager war noch im Aufbau. Die Amerikaner waren dabei, es mit einem Stacheldraht einzuzäunen. Wir waren überraschend in das Lager hineingeschlittert und wußten nicht, wie wir wieder herauskommen sollten.

Wachen waren nicht aufgestellt, es fuhren aber immer Jeeps die Grenzen ab. Wir konnten genau beobachten, wie lange es dauerte, bis der nächste Jeep wieder an unseren Standort kam. Gestoppt waren es vier Minuten. Diese Zeit stand uns zur Verfügung, um aus dem Lager auszubrechen und auf die andere Straßenseite zu kommen, die von den Amerikanern nicht mehr eingesehen werden konnte. Wir mußten über eine kleine Böschung kriechen. Also nichts wie rüber! Als wir drüben auf der anderen Seite waren, stellte ich fest, daß ich in der Eile meinen Tornister vergessen hatte. Er enthielt noch einen Teil unserer Verpflegung. Ich war fest entschlossen, wieder zurück in das halbfertige Lager zu laufen, um meinen Tornister zu holen.

Ein Spähtruppunternehmen war unvermeidlich

Meine Frau wollte mich unbedingt überreden, das nicht zu tun und sagte: „Wir kommen doch mit dem, was wir noch haben, zurecht." Trotz dieser Warnung bin ich zurück ins Lager, habe meinen Tornister geschnappt und aufgepaßt, wann der Jeep kam. Als dieser wieder mal ca. 100 Meter vorbei war, bin ich gesprungen und über die Böschung zu den anderen gekrochen.

Nach Kartenlage waren wir der Meinung, wir seien jetzt im Niemandsland. Die Russen waren für uns keine Gefahr mehr. Nun mußten wir nur noch feststellen, wo wir uns befanden. Eine genaue Ortsbestimmung war uns im Augenblick nicht möglich und so sollte einer von uns als Späher die Umgebung auskundschaften. Er mußte feststellen, wo die Amerikaner seien, wo Gefahr bestünde und wo es weiter nach Bayern gehe. Außerdem sollte er erkunden, wo sich ein einigermaßen ungefährlicher Weg in Richtung unseres Zieles befinde.

Herbert Lange hatte sich sofort freiwillig gemeldet. Er zog also los, kam nach gut zwei Stunden freudestrahlend zurück und erklärte uns: „Wir brauchen nur den Waldweg weiterzufahren, dabei berühren wir keine Straße. Wenn wir aus dem Wald herauskommen, sehen wir einen Einödhof, der allerdings noch zwei Kilometer von der deutschen Reichsgrenze entfernt liegt. Ich habe schon mit dem Hofbesitzer gesprochen, der ist einverstanden, daß wir bei ihm Quartier beziehen."

Herbert Lange meinte, das sei auch schon deshalb zu empfehlen, weil unsere Fahrräder überholt werden müßten. Er habe festgestellt, daß genügend Fahrräder herumlägen. Wir könnten ohne Schwierigkeiten unsere Räder wieder komplett fahrtüchtig machen. Also auf, nun geht's vorwärts! Der Einödbauer hieß Langhans. Er nahm uns tatsächlich herzlich auf, bot meiner Frau und mir die Schlafstube an, er wollte dann in der Wohnstube übernachten. Er sei sowieso allein, denn seine Frau sei schon vor einigen Tagen nach Bayern zu Verwandten gefahren. Es war ein Glücksumstand, den wir uns nicht hatten träumen lassen. Herbert und Ernst blieben über Nacht in der Scheune. Zuvor aber haben sie die Fahrräder wieder topfit gemacht. Spät abends trafen noch eine ganze Reihe anderer Flüchtlinge ein. Sie kamen aus dem Sudetengau oder waren auf dem Weg von irgendwoher nach irgendwohin. Am nächsten Morgen gab es für uns frische Milch. Der Bauer konnte sie nicht absetzen, denn die Sammelstellen funktionierten nicht mehr. Wir bezahlten ihn reichlich dafür, allerdings mit Reichsmark, die für ihn auch nicht mehr viel wert waren. Dann fuhren wir wohlgelaunt in Richtung bayerische Grenze weiter und hatten sie nach einigen Kilometern tatsächlich erreicht. Ich erkannte die Grenze am Grenzstein, weil dort die Insignien „KB", „Königreich Bayern", angebracht waren. Vor lauter Freude habe ich um diesen Sandstein einen richtigen Veitstanz aufgeführt.

Nochmals von den Amerikanern zurückgetrieben

Anschließend ging es weiter durch eine Waldschneise. Als wir da herauskamen, erlebten wir eine böse Überraschung, denn wir liefen einer amerikanischen Streife direkt in die Arme. Ein Amerikaner beschimpfte uns in übelster Weise und schrie: „Nazischweine, Nazischweine, zurück, zurück!" Es blieb uns nichts anderes übrig, wir mußten zurück zum Einödhof. Dort hatten wir uns wohl gefühlt. Vor allen Dingen aber waren wir weder den Amerikanern noch irgendwelchen uns unfreundlich gesonnenen Menschen begegnet. Auf Umwegen kamen wir dann, entlang der bayerischen Grenze, in einem kleinen Ort namens Mähring an. Weil sich dort einige finstere Gestalten herumtrieben, habe ich dafür gesorgt, daß meine Frau in einem kleinen bescheidenen Häuschen bei einer Familie übernachten konnte. Ernst, Herbert und ich haben dann in einer Scheune übernachtet. Die Fahrräder wurden mit auf den Dachboden genommen und morgens, beim ersten Hahnenschrei, es war kurz nach vier Uhr, sind wir leise die Treppe hinuntergestiegen, haben meine Frau abgeholt und dann mit Erleichterung den Ort verlassen. Als wir wenige Kilometer gefahren waren, stießen wir auf eine neue amerikanische Streife. Sie hielt uns an und machte uns klar, daß wir erst ab sechs Uhr weiterfahren könnten, denn bis dahin sei Ausgangssperre. Die Amerikaner waren nicht nur korrekt, sondern sogar sehr freundlich. Sie haben uns Zigaretten angeboten und meine Frau bekam Schokolade.

Unsere Erfahrung mit diesen Amerikanern ließ die Erkenntnis zu: Es gibt auch unter den Amerikanern solche und solche!

Um sechs Uhr stiegen wir wieder auf die Fahrräder. Trotz aller Strapazen und angesichts der noch vor uns liegenden Strecke von nahezu 250 Kilometern waren wir frohen Mutes. Vor Weiden haben wir in einem ländlichen Gasthaus übernachtet. Es gab ein bescheidenes Abendessen ohne Marken[2]. Es hat wie ein Festessen geschmeckt.

Zwei Übernachtungen noch, und wenn nicht noch etwas schief ginge, wären wir in drei oder vier Tagen am Ziel. Die Ortschaften und auch die größeren Städte, wie Weiden und Amberg, waren, soweit wir das vom Fahrrad aus feststellen konnten, ohne größere Kriegsschäden. Nur in Neumarkt erschraken wir, als wir in der Altstadt die großen Bombenschäden sahen. Unverständlich, wie eine relativ kleine Stadt

[2] Lebensmittelkarten gab es in Deutschland vom Beginn des Krieges an. Sie wurden in den drei Westzonen mit der Währungsreform, für die sowjetische Zone endgültig erst am 28. Mai 1958 abgeschafft.

so stark zerbombt werden konnte. Die bange Frage drängte sich auf: Wie würden wir wohl Heideck antreffen?

Die frohe Botschaft der Luise Köppel

Am 16. Mai, am Spätnachmittag, kamen wir schwer strapaziert und völlig erschöpft in Heideck an. Am Ortseingang kam uns schon Frau Luise Köppel entgegen, erkannte mich und rief freudestrahlend aus: „Richard, dein Vater ist wieder Bürgermeister!" Im Elternhaus angekommen, war die Freude riesengroß. Viele Freudentränen sind geflossen. „Nun, kommt nur rein", rief meine Mutter. Natürlich meinte sie uns alle vier. „Erst wird gegessen und dann müßt ihr erzählen." Während wir erzählten, machte meine Mutter ihre berühmten Pfannkuchen mit Preiselbeeren. Es waren die besten Pfannkuchen meines Lebens.

Mein Vater ahnte natürlich, was ich als erstes wissen wollte, und sagte: „Schorsch (mein ältester Bruder) ist vorzeitig wegen seines Kropfleidens aus der Wehrmacht entlassen worden und geht seinen Geschäften nach. Hans (mein zweitältester Bruder) ist zwar mit Malaria nach Hause gekommen, es geht ihm aber schon besser. Otto (mein drittältester Bruder) war zuletzt im Raum Nürnberg bei der Flak eingesetzt. Er ist gesund und lebt mit seiner Familie in Spalt. Mutter und ich sind den Umständen entsprechend wohlauf und glücklich. Wir danken dem Herrgott, daß diese schreckliche Zeit zu Ende ist!"

Nach zehn Tagen gab es endlich wieder warmes Wasser und eine Dusche. Das hat uns gut getan. Abends mußten wir natürlich ganz genau erzählen, wie unsere Flucht verlaufen war und wie es drüben aussieht, denn sie hatten lange, lange Zeit keine zuverlässige Nachricht mehr erhalten.

Nun ging es darum, für meine beiden Freunde, Ernst Margonday und Herbert Lange, eine Unterkunft zu besorgen. Aber das war kein Problem: Ernst wurde in dem Schloßgut Kreuth untergebracht und Herbert in der Brauerei „Zur Post." So waren beide zumindest für die Anfangszeit wohl versorgt.

Es galt, sich entsprechend den Umständen einzurichten und nützlich zu machen. Ich arbeitete sporadisch im Betrieb meines Vaters und meines Bruders mit. Vor allem habe ich die Buchführung dieser beiden Betriebe übernommen, die während des Krieges doch sehr stark gelitten hatten. Ernst Margonday, der aus Siebenbürgen stammte, hatte keine Möglichkeit, zumindest zu dieser Zeit, in die Heimat zurückzukehren. Er arbeitete in dem Schloßgut Kreuth, nicht nur in der Landwirtschaft, sondern reparierte auch die zahlreich vorhandenen Geräte, die zum Teil sehr reparaturbedürftig waren. Der enge Kontakt zwischen uns blieb erhalten, wir trafen uns häufig, zumindest regelmäßig über das Wochenende. Herbert Lange war in der Brauerei untergebracht, machte sich dort nützlich, verließ dann aber Heideck in Richtung Freiberg in Sachsen. Das dürfte ungefähr Anfang Juni 1945 gewesen sein. Ernst Margonday lernte in Schloß Kreuth seine Frau kennen, trat als Ingenieur bei Siemens ein und lebt heute in Erlangen. Herbert Lange ist verheiratet und hat nach Erreichen der Altersgrenze als Chef des TÜV von Hannover in Mühlheim seinen Alterssitz genommen.

Der erlösende Brief aus Lichtenberg

Meine Frau war in ernster Sorge um ihre Eltern. Durch einen Soldaten, der schon in Zivil auf dem Wege vom Osten nach Hause war, erhielten wir einen schriftlichen Bericht meines Schwiegervaters. Der Inhalt löste naturgemäß eine große Freude aus. Meinen Schwiegereltern war weder beim Einmarsch der Russen noch danach etwas geschehen. Dagegen war die Wohnung, die wir am 6. Mai 1945 verlassen hatten, für einige Tage von Russen besetzt gewesen. Als sie die Wohnung wieder verlassen hatten, sah sie entsprechend aus. Das, was mich am meisten betrübt hat, war die Tatsache, daß sie unseren Ofen mit allem Brennbaren, das sie fanden, beschickt hatten; darunter waren leider auch unsere Fotoalben mit vielen schönen Erinnerungen. Zum Glück hatte ich einige Alben zuvor bei meinen Eltern in Heideck deponiert.

Mit der amerikanischen Besatzungsmacht leben

Nach der abenteuerlichen Flucht waren meine Frau und ich nun in Freiheit und wurden im elterlichen Haus herzlich aufgenommen. Zuerst richteten wir uns in der alten und neuen Heimat soweit es ging ein. Zurück konnten wir im Augenblick keinesfalls. Wir mußten uns also hier umsehen, um zumindest über die schwierigste Zeit eines Neubeginns hinwegzukommen.

Mein Vater und mein zweitältester Bruder Hans betrieben eine Schlosserei, mein ältester Bruder Georg hatte einen Elektroinstallationsbetrieb. In diesen Betrieben betätigte ich mich, denn ich hatte ja in meinem Leben Arbeiten gelernt. Arbeiten konnten wir leider nur soviel, wie Material vorhanden war.

Bewerbung in Weißenburg 1945

Mein Vater hatte erfahren, daß die Stadt Weißenburg einen Leiter für die Städtischen Betriebe suche. Auf Grund meiner beruflichen Ausbildung, vor allem aber durch meinen erfolgreichen Abschluß als Ingenieur für Elektrotechnik hatte ich die Voraussetzung, um Leiter eines städtischen Werkes zu werden. Meine Frau und ich fuhren mit dem Fahrrad von Heideck nach Weißenburg. Ich bewarb mich bei dem von den Amerikanern eingesetzten Oberbürgermeister Traber. Leider war die Bewerbung ohne Erfolg, weil, so teilte mir Herr Traber mit, die Stelle schon vergeben sei. Schade! Wir hatten nun Zeit, und die nutzte ich, um meiner Frau die ehemalige Reichsstadt Weißenburg zu zeigen. Sie war hellauf begeistert von den vielen historischen Gebäuden, der Karmeliter-Kirche – heute Kulturzentrum – der Andreaskirche, dem Rathaus und dem eindrucksvollen Ellinger Tor sowie dem Römerbrunnen und dem Bergwald-Theater – der schönsten Naturbühne Deutschlands –, daß sie spontan sagte: „In dieser Stadt möchte ich wohnen." Dieser Wunsch sollte einige Jahre später tatsächlich in Erfüllung gehen.

Es begann mit ganz strengen Regeln der Amerikaner

Die amerikanische Besatzungsmacht hatte strenge Verordnungen erlassen: z.B. abends ab 19 Uhr kein Aufenthalt mehr auf den Straßen und Plätzen bis morgens 7 Uhr. Das erste, was mein Vater als Bürgermeister einer ländlich geprägten Stadt bei den örtlichen Besatzungstruppen erreichte, war, die Ausgangsbegrenzung von 19 Uhr auf 21 Uhr zu verschieben und morgens bereits ab 6 Uhr zu beenden. Er erreichte das mit der Begründung, daß es ja sehr viele landwirtschaftliche Anwesen gab, kleine Landwirte, die nur dann in der Lage wären, rechtzeitig Saat und Ernte einzubringen, wenn sie auch die nötige Zeit zur Bestellung des Feldes hätten. Die landwirtschaftliche Produktion sei für uns lebensnotwendig, denn sie sicherte die Ernährung unserer Bevölkerung.

Eigentlich war Fraternisierung verboten

Die Amerikaner hatten generell persönlichen Kontakt zu Deutschen verboten. Weil mein Vater eine Amtsperson war und auch für die Sicherheit der stationierten US-Truppen verantwortlich war, haben Begegnungen stattgefunden. Wie mein Vater allerdings die Sicherheit der US-Truppen in Heideck hätte sicherstellen können, konnte ihm niemand erklären. Das Fraternisierungsverbot brachen US-Soldaten selbst. Sie konnten mit dem Wort „Fräulein" sehr schnell umgehen. Das erste Kind eines Besatzungssoldaten dunkler Hautfarbe brachte die ehemalige BDM-Führerin in Heideck zur Welt. Der kleine John war bald der Liebling der ganzen Stadt Heideck.

Die amerikanische Militärregierung hatte die alte Staatsmacht abgelöst. Gegolten hat nur, was von den Amerikanern erlaubt und verordnet wurde. Besonders streng war das Verbot von Waffen. Alle Waffen mußten bei den Besatzungstruppen, die im Rathaus in Heideck einquartiert waren, abgegeben werden. Dies galt auch für Jäger und Forstbeamte. Natürlich wußten wir, daß Waffen zurückgehalten und vergraben wurden. Für die Menschen, die man mit Waffen angetroffen hätte, war unter entsprechenden Umständen die Todesstrafe vorgesehen.

Der Aufforderung zur Waffenabgabe ist auch der Stadtpfarrer Gloß nachgekommen, indem er den Mesner beauftragte, die drei französischen Gewehre, die noch mit Bajonetten ausgestattet waren und für das Requiem für die Kriegsteilnehmer als Pyramide vor der Tumba aufgestellt wurden, abzuliefern. Diese Gewehre stammten aus dem Krieg von 1870/71. Die amerikanischen Besatzungstruppen hatten mit diesem alten Zeug nichts anzufangen gewußt. Sie haben sie deshalb auf dem Dachboden des Rathauses abgelegt. Dies sollte aber ein sehr betrübliches Nachspiel haben. Ich komme noch darauf zurück.

Die Gräfin Montgelas

Um bei den Amerikanern etwas zu erreichen, mußte man fest und sicher auftreten und natürlich sollte man sich gut mit ihnen in Englisch verständigen können. Da ich der Meinung war, mein Englisch sei nicht so gut, um eine präzise Unterhaltung mit den Amerikanern führen zu können, hatte ich mich nach jemandem umgesehen, der gut in Englisch war. Dabei bin ich auf die Gräfin Montgelas, die in Heideck einquartiert war, aufmerksam gemacht geworden. Ihr Mann war im April 1945, wenige Tage vor dem Einmarsch der Amerikaner in Nürnberg standrechtlich erschossen worden. Er hatte in einer Karikatur den Ortsgruppenleiter auf dem Fahrrad dargestellt, der in der Kolonialschutztruppe gedient und dort den rechten Unterarm verloren hatte. Wenn er auf dem Fahrrad fuhr und den rechten Arm zum Hitlergruß hochstreckte, so hing der halbe leere Ärmel nach unten. Dies hatte der Graf in einer Zeichnung festgehalten und darunter geschrieben „Heil Schickelgruber." Allein diese Zeichnung in einem Schulheft, das der Gestapo zugespielt wurde, hat ausgereicht, einen Menschen zu ermorden. Graf Montgelas hinterließ seine Frau und eine einjährige Tochter.

Ich habe die Verbindung zur Gräfin aufgenommen und gefragt, ob sie bereit wäre, sich als Dolmetscherin zur Verfügung zu stellen. Sie war sofort bereit. Wir verstanden uns von Anfang an ausgezeichnet. Nun hatte ich eine sehr kluge, gut Englisch sprechende Begleiterin.

Hausdurchsuchung – Verhaftung meines Vaters

Im September 1945 sperrten amerikanische Kampfeinheiten gegen 5 Uhr morgens den Marktplatz in Heideck ab. Die Ausgänge waren mit schußbereiten Maschinengewehren, die auf Jeeps montiert waren, abgesperrt. Nach Absicherung des Marktplatzbereiches schwärmten eine Reihe von US-Soldaten aus, um die vorher ausgewählten Häuser zu durchsuchen.

In unseren Wohnräumen hatten sie, da wir noch mit Kohle heizten, selbst die Ofenrohre abmontiert und kontrolliert. Die Bewohner in den zu durchsuchenden Häusern wurden aus dem Schlaf gerissen. Nur als die US-Soldaten in den Vorraum unseres Schlafzimmers kamen, stand meine Frau noch im Nachthemd da. Der Soldat machte sofort kehrt und verließ ohne Durchsuchung den Vorraum. Durch diesen Vorfall blieb unser Schlafzimmer von der Durchsuchungsaktion verschont. Aber gerade in diesem Vorraum hatte ich in einem alten Schrank drei Kanister amerikanisches Benzin, rotgefärbt, versteckt. Dic hatte ich bei einem Tauschgeschäft mit einem US-Soldaten besorgt. Das ging so vor sich: Amerikaner gibt Zucker, ich tausche Zucker in der Brennerei gegen Schnaps, Amerikaner gibt für den Schnaps Benzin.

Ob diese Durchsuchungsaktion der Amerikaner auf Eigeninitiative oder aufgrund einer Denunziation stattgefunden hat, blieb bis heute unbekannt. Das Rat- und Schulhaus wurde ebenfalls durchsucht. Auf dem Rathausboden fanden sie schließlich die drei französischen Gewehre, die zum Teil schon stark verrostet waren. Diese Gewehre waren der Anlaß, um den Verantwortlichen des Rathausbereichs, meinen Vater als Bürgermeister, in Haft zu nehmen. Zusammen mit einem Gastwirt, bei dem mehrere Kilo Kaffee gefunden wurden, transportierten sie meinen Vater und den Gastwirt im US-Lkw ab. Sie wurden zur US-Militär-Regierung nach Hilpoltstein gebracht. Noch am gleichen Tage bin ich mit der Gräfin Montgelas in Hilpoltstein bei der Militärregierung vorstellig geworden und habe mich nach dem Grund der Verhaftung meines Vaters erkundigt. Der amerikanische Captain erklärte uns, daß auf dem Dachboden des Rathauses Waffen gefunden worden seien und dafür sei der Bürgermeister verantwortlich. Deshalb haben sie ihn in Gewahrsam genommen. Auf die Frage, was nun weiter geschehe, erklärte er, daß ein entsprechendes Protokoll und eine Anzeige an die Zentralmilitärregierung für den Regierungsbezirk Mittelfranken nach Ansbach gehen würde. Da aber keine Fluchtgefahr bestand, konnten wir meinen Vater wieder mitnehmen. Nach einigen Wochen war ein Verhandlungstermin in Ansbach angesetzt. Die Anklage lautete: „Unerlaubter Waffenbesitz, Vergehen gegen das Waffenbesitzverbotsgesetz." Die Gräfin und ich fuhren mit meinem Vater zur Gerichtsverhandlung, und dort spielte sich folgendes ab:
Auf dem Verhandlungstisch lagen die besagten drei Gewehre. Es waren die stark verrosteten französischen Vorderlader aus dem Krieg von 1870/71. Zum Verhandlungsbeginn mußte ein Sachverständiger der amerikanischen Armee erläutern, ob mit diesen Waffen noch geschossen werden könne. Der Waffensachverständige der US-Armee erklär-

te: „Wenn die Waffen entrostet werden, der Lauf mit Schießpulver gefüllt, festgestampft, anschließend eine Kugel in den Lauf eingeführt, eine Zündkapsel aufgesetzt und der Schlagbolzen entsichert würde, dann kann man schießen.“ Nach kurzer Beratung verkündete der Militärrichter folgendes Urteil: „Sechs Monate Haft wegen unerlaubten Waffenbesitzes!“

Unser Anwalt legte sofort Berufung ein und erreichte die Aussetzung der Strafe. Ich habe meinen Vater bewundert, wie ruhig er bei der ganzen Komödie blieb. Erst im Juli 1947 wurde dieses Urteil aufgehoben.

Der Kommandant bei der Militärregierung in Hilpoltstein, er war Truppenoffizier, wurde von einem Angehörigen des US-Außenministeriums abgelöst. Der Nachfolger trug den Titel eines Reserveoffiziers, Captain. Sein Familienname ließ seine deutsche Abstammung erkennen, er hieß schlicht und einfach Braun, englisch Brown. Mit Captain Brown begann eine neue Ära in den Beziehungen zwischen Amerikanern und Deutschen, ich füge hinzu: sehr erfreulich!

Sein Anliegen war es, die Deutschen, insbesondere die Jugend, für den Wert der Demokratie zu begeistern. Er veranstaltete Diskussionen mit Jugendlichen aus allen Parteien. Sie kamen letztlich in großen Scharen, auch wegen der belegten Kekse, die es bei den Veranstaltungen gab. Alkoholfreie Getränke waren ebenfalls begehrt, besonders Coca Cola.

Es dürfte wohl die fünfte Diskussionsveranstaltung gewesen sein, als ich mein politisches Wissen über die Ära der Weimarer Republik anbringen konnte. Besondere Beachtung fand die Darstellung der Ursachen des Untergangs dieser Republik. Mr. Brown war von dieser

Veranstaltung begeistert. Er sagte mir eine erfolgreiche Laufbahn als Politiker voraus. Nach einer dieser Veranstaltungen berichtete ich Mr. Brown über die Verhandlung meines Vaters vor dem Militärgericht in Ansbach. Er versprach mir, sich um den Fall zu kümmern. Am 24. Juli 1947 meldete er sich zu einem Besuch bei meinem Vater an. Mein Vater und die ganze Familie glaubte, er komme, um meinem Vater, der an diesem Tage Geburtstag hatte, zu gratulieren. Das war auch so. Er brachte aber auch ein Geschenk mit, denn er überreichte meinem Vater ein Dokument vom Militärgericht Ansbach und verkündete mit seinem schon ganz guten Deutsch: „Das Urteil des Militärgerichts Ansbach ist aufhoben." Mit großer Freude und einer Flasche Sekt wurde die schönste Geburtstagsfeier meines Vaters begangen.

Die Wasserprobe

Die guten Beziehungen zu der US-Besatzungsmacht in Heideck, besonders unter Mr. Brown, habe ich mir für eine Fahrgelegenheit nach Fürstenried bei München zunutze gemacht.

Zum Verständnis folgendes: Günter Lange, der Bruder meines Studienkollegen Herbert Lange, kam nach der Entlassung aus der Wehrmacht auf dem Weg nach Freiberg bei meinen Eltern vorbei und übergab eine Bescheinigung zur Abholung einer versiegelten Kiste, die beim Bürgermeister von Fürstenried stand. Die Kiste enthalte eine Schreibmaschine und Büromaterial. Nur, wie sollte ich an die Kiste kommen?

Der Ortskommandant der in Heideck stationierten US-Streitkräfte kam zu meinem Vater und wollte Gewißheit haben, ob das Trinkwasser auch einwandfrei sei. Wir hatten aber kein Gerät, um die Güteklasse zu messen; allerdings konnten wir sie bei den Wasserwirtschaftsämtern nach Ablieferung einer Probe feststellen lassen.

Da kam mir der etwas unseriöse Gedanke: Ich schlage dem Ortsbefehlshaber der Heidecker US-Truppen vor, er solle mir einen Jeep zur Verfügung stellen, dann kann ich in München die erforderlichen Messungen vornehmen lassen – in Wirklichkeit wollte ich die Kiste mit der Schreibmaschine in Fürstenried abholen. Der Ortsbefehlshaber war sofort mit meinem Vorschlag einverstanden. Gräfin Montgelas hat den ganzen Vorgang gedolmetscht, wahrscheinlich hat auch ihr Charme zur raschen Zusage beigetragen. Ich habe sie gebeten, mich auf diesem Unternehmen zu begleiten. Wir hatten uns warm angezogen, denn die Jeeps fuhren meist mit einem offenen Verdeck, besonders, wenn es nicht regnete.

Wie unsere Küchle, nur der mittlere Teil fehlt

Um die Ernsthaftigkeit zu unterstreichen, hatte ich auch eine Wasserprobe mitgenommen, um sie prüfen zu lassen. Die Gräfin saß vorn und war so durch die Windschutzscheibe etwas geschützt. Sie konnte sich mit dem Fahrer fließend englisch unterhalten. Ich saß hinten und der Fahrtwind pfiff mir um die Ohren. Aber das war mir die Schreibmaschine wert.

Auf der Höhe von Ingolstadt hielt der Fahrer an einer Snackbar an und lud uns beide ein, mitzukommen. Es gab ein in heißem Fett gebackenes Gebäck, ähnlich wie unsere Küchle, nur der dünne mittlere Teil fehlte. Trotzdem schmeckte es ausgezeichnet. Dazu gab es Kaffee sowie andere alkoholfreie Getränke. Es war ein sehr angenehmer Aufenthalt.

Einmal mußten wir die Autobahn verlassen, denn die Pfaffenhofener Brücke lag noch in Trümmern. Gegen 11 Uhr waren wir in Fürstenried. Nachdem wir uns durch das zerbombte München durchgefragt hatten, fanden wir auch das Haus. Wir trafen den Hausherrn an, der uns ohne Zögern die Kiste herausgab, nachdem er den Berechtigungsschein an sich genommen hatte. Er bemerkte, daß er froh sei, die Kiste los zu sein, denn er wollte mit dem Wehrmachtsgut keine Scherereien haben. Anscheinend hatte der US-Soldat auf ihn einen großen Eindruck gemacht. Der Bürgermeister legte keinen Wert auf das Öffnen der Kiste und der US-Soldat auch nicht.

Die Rückreise verlief reibungslos, wieder mit einer Unterbrechung in einer Snackbar. Unser Fahrer gab uns beiden dann zusätzlich je eine in Cellophan verpackte Wegzehrung mit.

Bevor wir in Heideck abgefahren waren, hatte ich meinen Bruder Hans gebeten, er möge nach Weißenburg zum Wasserwirtschaftsamt fahren, um die Probe des Heidecker Wassers prüfen zu lassen.

Bei unserer Rückkehr lag das schriftliche Gutachten des Wasserwirtschaftsamtes Weißenburg vor. Das Ergebnis war in Deutsch abgefaßt, deshalb hat die Gräfin den Text in Englisch daruntergeschrieben.

Neben einigen Zahlen und Prozentangaben lautete das Ergebnis: „Die geprüfte Probe ist ohne Gefährdung, auch ungekocht, genießbar." Ich habe mich beim Fahrer und beim Standortoffizier bedankt. Er war zufrieden und wir auch.

Ich gestehe offen, ich hatte keine Gewissensbisse, aber manchmal schon ein bißchen Angst.

Die Parteigründung am 23.11.1945

Mein Vater erhielt im August 1945 ein Schreiben, nur mit der Stempelunterschrift „Fritz Schäffer.“ Der Brief enthielt die Aufforderung, Persönlichkeiten zu gewinnen mit dem Ziel, eine Partei auf christlicher, überkonfessioneller Grundlage zu gründen. Auf diese Weise richtete Fritz Schäffer einen Ruf an Gleichgesinnte aus der ehemaligen Bayerischen Volkspartei. Das Schreiben war die Folge einer Ankündigung der amerikanischen Militärregierung in München, trotz schwerwiegender Bedenken Parteien wieder zuzulassen.

Mein Vater war als Mandats- und Funktionsträger der Bayerischen Volkspartei vor 1933 weit über die Stadt Heideck hinaus in den angrenzenden Landkreisen und im Bezirk Mittelfranken bekannt. Als er so nebenbei zu mir sagte: „Na, Richard, da müssen wir halt noch mal antreten“, bat ich ihn um Verständnis, daß ich nach meinem hart erarbeiteten Ingenieurexamen und der bereits nach nur kurzer Berufstätigkeit erreichten Abteilungsleiterposition in die Industrie zurückkehren wolle. Die großen Konzerne müßten die Trümmer wieder beiseite räumen. Meinen Papieren nach gehörte ich immer noch zur AEG.

Darauf wurde mein Vater sehr ernst. Für mich war das ein ganz entscheidender Augenblick. Denn er antwortete: „Ich bin über 70 Jahre und wenn dieses Trümmerfeld – wir hatten Nürnberg vor Augen – und die Kriegsschäden im allgemeinen beseitigt werden sollen, wenn wieder ein normales Leben mit einiger Aussicht auf eine lebenswerte Zukunft gestaltet werden soll, dann könnt Ihr dies nicht den 70- und 80jährigen überlassen, dann muß die Kriegsgeneration antreten, denn es ist Eure Zukunft.“

Ich kannte meinen Vater und wußte, was es bedeutet, wenn er so ernst mit mir sprach. Er fragte mich eindringlich: „Richard, machst du mit?" Daraufhin habe ich zugesagt. Es gab noch einen anderen Grund, warum ich meinen Vater nicht im Stich lassen wollte und konnte: Er hatte keinen Führerschein. Wenn er intensiv die Gründung einer neuen

Partei organisieren wollte, mußte er ein Fahrzeug und einen Fahrer haben. Auch deshalb stimmte ich zu.

Wir sollten eine neue Partei organisieren, hatten aber keine Unterlagen, kein Programm und schon gar keinen Namen dafür. Als mögliche künftige Namen wurden in einem weiteren Schreiben genannt: Bayerische Volkspartei, Christliche Partei, Christliche Volkspartei, Christliche Landesbewegung, Bayerischer Volksbund und andere. Der Name Christlich Soziale Union war zumindest Mitte August 1945 bei den Vorschlägen noch nicht dabei. Es gab kaum schriftliche Informationen. Aber es gab den einen oder anderen persönlichen Kontakt. So soll sich ein Dr. Josef Müller aus München wegen des Aufbaus einer christlichen Partei auf überkonfessioneller Grundlage mit dem früheren Arbeitsminister Adam Stegerwald aus der Weimarer Zeit in Rothenburg getroffen haben. Bei diesem Treffen wurde der neue Parteiname: „Christlich Soziale Union" geboren.

Dieser Name wurde dann bei den ersten Zusammenkünften in München bestätigt. Schon bei der ersten Zusammenkunft konnte man die Führungsmannschaft der neuen Partei erkennen.

Führungsmannschaft der CSU zeichnet sich ab

Es waren, soweit ich es noch in Erinnerung habe: Oberbürgermeister Karl Scharnagel, Dr. Josef Müller, Alois Hundhammer, Fritz Schäffer, der Stadtpfarrer Muhler von München und der evangelische Dekan Langenfaß.

Als wir das erfuhren, konnten wir im Landkreis Hilpoltstein die Parteigründung vorbereiten.

Die Zusammensetzung der Führungsmannschaft ließ ganz klar erkennen: auf die Überkonfessionalität wurde großer Wert gelegt. Damit waren viele meiner Bedenken ausgeräumt. Mein Vater, mein Bruder Otto und ich waren uns einig, daß auf der Einladung zur Gründungsversammlung der Christlich Sozialen Union an der Spitze der katholische Stadtpfarrer Gloß von Heideck und der evangelische Dekan Bayer von Hilpoltstein stehen sollten. Beide hatten ihr Einverständnis erklärt. Mein Vater war vor 1933 Vorsitzender der Bürgermeistervereinigung im Landkreis Hilpoltstein gewesen. Die meisten Bürgermeister wurden im April 1933 durch NS-treue-Bürgermeister ersetzt. Jetzt war es umgekehrt. Die Besatzungsmacht hat diese Bürgermeister durch Nicht-Parteigenossen abgelöst. An sie richtete mein Vater die Aufforderung, für die Gründungsversammlung einer überkonfessionellen Partei auf christlicher Grundlage zu werben. Mitunterzeichner waren die bereits erwähnten Stadtpfarrer Gloß und Dekan Bayer. Der Termin war der 23. November 1945 und der Versammlungsort die Gastwirtschaft Gregor Loy in Hilpoltstein. Als wir vormittags 11 Uhr in dieser Gaststätte ankamen, war der Raum brechend voll. Es waren ungefähr 100 Personen anwesend, darunter auch die beiden Geistlichen.

Von 96 Gästen haben sich 95 in die Liste der Gründungsmitglieder eingetragen

Auf Wunsch meines Vaters eröffnete Stadtpfarrer Gloß auch im Namen des Dekans Bayer die Versammlung. Er rief die Anwesenden auf, an der Gründung einer überkonfessionellen christlichen Partei mitzuwirken. Mein Vater ergänzte diese Ausführungen, indem er besonders hervorhob, was wir erlebt hatten, was es bedeutet, wenn eine Partei ohne Gottbezogenheit Politik macht. „Wir Christen müssen uns nicht nur vor den Menschen verantworten, sondern auch vor Gott.“

Der Herr Stadtpfarrer Gloß forderte die Anwesenden auf, wer Mitglied der CSU werden wollte, sollte sich in die ausliegenden Listen eintragen und zwar mit Vor- und Zunamen und Postanschrift. Von den 96 Anwesenden haben sich außer einem alle als Mitglieder eingetragen. Sie galten als Gründungsmitglieder der CSU im Landkreis Hilpoltstein. Diese Feststellung wurde mit großem Beifall bedacht. Stadtpfarrer Gloß bat um Vorschläge für die Position des Kreisvorsitzenden. Dekan Bayer schlug meinen Vater vor. Weitere Vorschläge wurden nicht gemacht. Auf eine schriftliche Abstimmung wurde verzichtet. Per Akklamation wurde mein Vater einstimmig zum Vorsitzenden gewählt. Er bedankte sich und übernahm die Leitung der Versammlung.

Als vorläufige Mitglieder des Beirates wurden durch Zuruf benannt: Innozenz Plank, Heideck, Fritz Guthmann, Titting, Xaver Bösl, Titting, Karl Kornberger, Hilpoltstein, Rudolf Gebhardt, Allersberg, Christian Lederer, Thalmässing, Paul Winter, Alfershausen, Georg Loy, Hilpoltstein, Gregor Abt, Erbenried.

Als Mitgliedsbeitrag wurde je Mitglied 1 RM monatlich festgelegt.

Damit war die Gründung der Christlich Sozialen Union im Landkreis Hilpoltstein vollzogen. Die organisatorische Arbeit konnte beginnen.

Das Gründungsprotokoll liegt bei der Landesleitung der CSU bzw. bei der Hanns-Seidel-Stiftung in München.

Nach der Gründungsversammlung, so hatte es die Militärregierung vorgeschrieben, mußten für zehn Bürger blütenweiße Fragebogen bei der Militärregierung eingereicht werden. Dabei hatte ich viel Mühe, der Militärregierung klarzumachen, daß ein früheres Mitglied des

Reichsbundes für Leibesübungen noch lange kein Nazi war. Die Fragebögen wurden dann an eine Dienststelle der Militärregierung nach München weitergeleitet. Nach ungefähr 14 Tagen waren sie geprüft und wenn alles in Ordnung war, wurden sie mit dem O.K. versehen. Der Lizenzierung der Christlich Sozialen Union im Landkreis Hilpoltstein stand nun nichts mehr im Wege.

Bevor mir der zuständige Vertreter der Besatzungsmacht in Hilpoltstein die Lizenzurkunde aushändigte, hatte er noch rumgemäkelt und gefragt: „Sagen Sie mir mal ganz ehrlich, wie viele alte Nazis haben Sie wieder in diese Partei aufgenommen?“ Worauf ich ihm erklärte, er solle keine Vorwürfe erheben, die er nicht beweisen könne. Wir hätten selbstverständlich nicht von allen Mitgliedern schon einen Fragebogen. Aber wenn es sich herausstellen sollte, daß sich jemand, der sich bei der CSU eingeschrieben hat, im Dritten Reich etwas hatte zuschulden kommen lassen, dann würden wir ihn aus der Partei wieder ausschließen.

Zu den Besprechungen mit der Militärregierung hat mich immer die Gräfin Montgelas begleitet.

Die Lizenzierung war damit abgeschlossen. Von diesem Augenblick an hat sich der Chef der Militärregierung, sein Name war Mr. Person, ganz manierlich und freundschaftlich benommen, was vorher nicht der Fall war.

Wie soll es in Bayern und Deutschland weitergehen?

Die Menschen wollten wissen: „Wie soll es in Bayern und Deutschland weitergehen?“ Die Versammlungen waren aber auch deshalb gut besucht, weil die ländliche Bevölkerung in den Monaten von November bis einschließlich Februar nicht ihre Felder bestellen mußte, also Zeit hatte, sich um die Politik zu kümmern. Es war sehr schwer, die Anwesenden für eine Mitgliedschaft in der CSU zu gewinnen. Das hatte zwei Ursachen: Es bestand eine große Scheu vor einer Parteimitgliedschaft, denn die Entnazifizierung war im Gang und es wurden viele an den Pranger gestellt, die nichts weiter gewesen waren als nur Mitläufer dieser Nazi-Partei und die keine persönliche Schuld auf sich geladen hatten.

Erfolgreiche Entwicklung

Es war besonders in den evangelischen Gemeinden schwierig, überzeugend darzulegen, daß die CSU nicht eine Fortsetzung der alten katholischen Bayerischen Volkspartei sei, sondern eine neue Partei auf überkonfessioneller Grundlage, bei völliger Gleichberechtigung der Mitglieder. Die CSU bekennt sich zur parlamentarischen Demokratie.

Die Kernsätze der Reden meines Vaters

Die Kernsätze der Reden meines Vaters waren unter anderem, daß er die Versicherung abgeben konnte, daß diese demokratische Partei – die CSU – ein Ziel an die oberste Stelle gesetzt hat, nämlich den Frieden zu sichern und einen Krieg mit all seinen Verbrechen für alle Zeiten zu verhindern. An diesem Werk der friedlichen Entwicklung eines demokratischen Deutschlands sollten die Bürgerinnen und Bürger unseres Landes mitwirken.

Unsere Versammlungen waren sehr erfolgreich, denn bereits im März 1946 hatten wir von 82 Gemeinden des Landkreises Hilpoltstein in 51 Gemeinden CSU-Ortsgruppen gegründet und insgesamt 1.800 Mitglieder karteimäßig erfaßt. Der Kreisverband der CSU im Landkreis Hilpoltstein war, wie die Statistik nachträglich auswies, der stärkste Kreisverband in ganz Bayern.

„Kannst Du nicht weiterreden?"

Es dürfte ungefähr die zehnte Versammlung gewesen sein, die in der Großgemeinde Titting auf dem Jura stattfand, da bemerkte ich, daß nach wenigen Sätzen meinem Vater die Stimme immer mehr versagte und er immer leiser sprach. Es kam auch schon der eine oder andere Ruf aus den hinteren Reihe: „lauter!" Mein Vater hatte eine Erkältung und war heiser. In diesem Augenblick sah er hilfesuchend auf mich, als wollte er sagen: „Na, jetzt erlöse mich!" Er hat dann seine Rede kurz unterbrochen und zu mir gesagt: „Richard, kannst du nicht weiterreden, du siehst doch, ich kann nicht mehr, du weißt doch auch, was zu sagen ist." Daraufhin bin ich aufgestanden, habe die Rede meines Vaters fortgesetzt und aufgrund meines jugendlichen Alters temperamentvoller gehalten als er. Mein Vater war durch die Belastungen im Dritten Reich, die er erfahren hatte, gesundheitlich nicht mehr so widerstandsfähig. Die Versammlung lief ganz ausgezeichnet, ich bekam stürmischen Beifall. Das war die Geburtsstunde meiner politischen Laufbahn.

Bald kam auch eine einflußreiche Persönlichkeit zur CSU. Es war der Brauereibesitzer Dr. Dr. Bernreuther, Mitglied der Synode, hoch angesehen und blitzgescheit. Er war für den Aufbau der CSU eine große Hilfe.

Seit der Versammlung in Titting, auf der ich meine erste Rede gehalten hatte, mußte ich jeden Abend auch eine selbständige Versammlung abhalten.

Unser erster großer Erfolg: die Kommunalwahl 1946

Im Frühjahr 1946 begannen wir mit den Vorbereitungen zur ersten Kommunalwahl. Wir waren in unserem Landkreis unglaublich stark und haben einen Riesenwahlerfolg erzielt. Von den 26 Kreistagsmitgliedern stellte die CSU 23, die SPD 2 Mitglieder und die Wiederaufbauvereinigung (WAV), einer von Alfred Loritz gegründeten Partei, 1 Mitglied.[3]

Aufgrund dieser Erfolge war man nicht nur im Bezirksverband Mittelfranken auf den Kreisverband Hilpoltstein aufmerksam geworden, sondern auch die vorläufige Landesleitung in München nahm zur Kenntnis, daß sich im Landkreis Hilpoltstein eine starke politische Position gebildet hatte. Mein Vater wurde in die Führungsgremien der CSU gewählt.

Weil er oftmals aus gesundheitlichen Gründen pausieren mußte und an Parteiveranstaltungen nicht teilnehmen konnte, vertrat ich ihn. Obwohl ich kein Delegierter war, wußten alle: „Der Richard macht ohnehin alles in Hilpoltstein."

[3] Alfred Loritz war Minister für Entnazifizierung in der Regierung unter Hans Ehard

Reinfall bei der Wahl des Landrates Oktober 1946

Eine ganze Reihe Mitbürger, besonders Dr. Dr. Georg Bernreuther, waren der Meinung, ich sollte das Amt des Landrats übernehmen. Ich habe mir das aber nicht zugetraut, denn ich war bislang davon ausgegangen, ein Landrat müsse Jurist sein. Inzwischen bin ich eines besseren belehrt worden, denn auch ein Nichtjurist und Nichtakademiker kann Landrat werden. Es gibt eine Reihe von hervorragenden Landräten, die nicht Juristen sind. Ich denke dabei besonders an Georg Ehnes oder Georg Rosenbauer. Aber 1946 war mir das nicht bewußt.

Nun ging es auf die Suche nach einem Landrat mit einem „weißen Fragebogen", bei dem auch sonst keinerlei Beanstandungen von der Militärregierung zu erwarten waren.

Ich hatte bei der ersten Landesversammlung der CSU 1946 Franz Josef Strauß kennengelernt. Mir war bekannt, daß er stellvertretender Landrat in Schongau war. Sein Auftreten auf der Landesversammlung hatte mir außerordentlich imponiert. Er lehnte leider ab, weil er erwartete, in Kürze in Schongau Landrat zu werden.

Ich war also erneut auf der Suche nach einem Landrat. Der Landrat des Kreises Weißenburg, Dr. Fritz Staudinger, der auch gleichzeitig Kreisvorsitzender der CSU im Landkreis Weißenburg war, hatte mir, nachdem ich ihn angesprochen hatte, ob ihm ein geeigneter Bewerber bekannt wäre, mitgeteilt: „Ja, wir haben einen sehr tüchtigen Mitarbeiter in der CSU, den Dr. Jeßberger. Ich halte ihn durchaus für fähig, die Aufgaben eines Landrats zu bewältigen." Ich habe mich mit Herrn Dr. Jeßberger in Verbindung gesetzt. Er war auch sofort bereit. Auf die Frage, wie denn sein Fragebogen aussähe, antwortete er: „Da können Sie ohne Sorge sein, er ist nicht nur weiß, sondern ich war zwei Jahre wegen politischer Vergehen zu einer Zuchthausstrafe verurteilt." Ich

überbrachte den Mitgliedern der CSU-Kreistagsfraktion diese Mitteilung und bekam sofort ihre Zustimmung.
Wenn ich der Meinung sei, daß dieser Dr. Jeßberger der geeignete Mann sei, hätten sie keinerlei Bedenken. Und da wir mit 23 Mandaten die absolute Mehrheit im Kreistag hatten, sei das mit der Abstimmung kein Problem. Der Fehler, den ich gemacht hatte, war ohne Zweifel der, daß ich Dr. Jeßberger nicht aufgefordert habe, sich dem Kreistag vorzustellen. Ich stand aber sehr unter Zeitdruck, denn die Militärregierung hatte schon gedroht, sie wolle einen kommissarischen Landrat einsetzen. Das wollten wir unter allen Umständen vermeiden. Auf meinen Vorschlag hin, mein Vater hatte mir diese Aufgabe übertragen, kam es zur Abstimmung über Dr. Jeßberger als Landrat des Landkreises Hilpoltstein. Er wurde mit allen Stimmen der CSU gewählt.

Dr. Jeßberger brachte mir den Fragebogen und ich stellte fest: er war tatsächlich blütenweiß. Natürlich war ich hochzufrieden, fuhr sofort mit der Gräfin Montgelas zur Militärregierung, gab die Ergebnisse der Wahl zum Landrat bekannt und legte gleichzeitig den Fragebogen vor. Da sagte der Kommandant: „Na, ein bissel Nazi?“ Ich sagte: „Gar nix Nazi, sondern ein politisch Verfolgter.“ Er bemerkte: „Jawohl, sehr gut, wir werden den Fragebogen zur Prüfung nach München schicken und Sie bekommen, sobald der Fragebogen zurück ist, Bescheid.“

Kriminell statt politisch verfolgt

Nach ungefähr 14 Tagen ließ mich der Kommandeur, Mr. Person, nach Hilpoltstein zur Militärregierung kommen und fragte mich im Beisein der Gräfin.

Mr. Person: „Wen haben Sie denn da zum Landrat gewählt?“

Stücklen: „Dr. Jeßberger, einen geeigneten Mann und politisch Verfolgten.“

Mr. Person: „Nichts Verfolgter, er war Pfarrer in der Diözese Meinigen und wurde wegen Sittlichkeitsvergehens an minderjährigen Mädchen zu zwei Jahren Zuchthaus verurteilt“, und fügte schadenfroh hinzu: „Da sind Sie aber ganz schön reingefallen!“

Ich war wie vom Blitz getroffen.

Stücklen: „So ein Betrüger.“

Mr. Person: „Vergessen Sie ihn, um den werden wir uns kümmern, denn Dr. Jeßberger hat den Fragebogen gefälscht und damit Urkundenfälschung begangen.“

Peinlich war es mir allemal. Nach diesem Reinfall war mir nicht ganz wohl in meiner Haut, denn wie sollte ich es der Fraktion sagen?

Ich bin sofort mit einer Verzichtserklärung zu Dr. Jeßberger nach Weißenburg gefahren und habe ihm laut und deutlich zu verstehen gegeben: „Herr Jeßberger, Sie sind ein Gauner, Urkundenfälscher. Sie haben einen ganz gemeinen und miesen Charakter. Sie haben uns, die CSU im Landkreis Hilpoltstein, in eine blamable Situation hineinmanövriert. Hier habe ich die Verzichtserklärung. Bitte unterschreiben Sie.“ Er hat unterschrieben, ich bin zur Kreistagsfraktion gefahren und habe den Sachverhalt erklärt und mitgeteilt, daß ich bereits die Verzichtserklärung habe und damit sei die Episode Jeßberger abgeschlossen. Selbstverständlich entschuldigte ich mich vor der Kreistagsfraktion und wies darauf hin, daß ich mich eben auf die Empfehlung des Landrats von Weißenburg und Kreistagsvorsitzenden der CSU, Herrn Dr. Fritz Staudinger, verlassen hatte. Die Kreistagsfraktion war, als ich ihr die unterschriebene Verzichtserklärung vorzeigen konnte, beruhigt. Sie war aber auch froh, daß ich dieses Debakel so schnell bereinigt hatte.

Nun ging ich erneut auf Suche und wurde sehr schnell fündig. Es wurde uns ein Dr. Reichold empfohlen. Er war Verwaltungs-Jurist und vor dem Krieg in der Kreisverwaltung Bad Tölz als Beamter tätig gewesen. Meiner Bitte, er möge sich dem Kreistag vorstellen, kam er gern nach. Dr. Reichold machte einen ausgezeichneten Eindruck. Auf die unvermeidliche Frage: „Wie sieht Ihr Fragebogen aus?“ legte er dem Kreistag seinen Fragebogen vor, der bereits von der Militärregierung Bad Tölz überprüft worden war und das O.K. hatte. Leider machte er mich schon kurz nach der Wahl darauf aufmerksam, es könnte durchaus sein, dass er nicht allzu lange Landrat in Hilpoltstein sein würde. Er sei in Bad Tölz zu Hause und wenn da der Landrat, der schon sehr alt sei, zurücktreten sollte und die Tölzer Parteifreunde der CSU ihn haben wollten, dann müsse er um Verständnis bitten, wenn er Bad Tölz vorziehen würde. „Ach du liebe Zeit“, dachte ich mir, „geht das schon wieder los?“

Tatsächlich, Anfang 1948 kam er zu mir, er war ein sehr sympathischer Mensch, allgemein beliebt und erklärte mir: „Ich habe die Aufforderung bekommen, mich als Landrat in Bad Tölz zu bewerben. Und da die CSU dort ja auch die absolute Mehrheit hat und es von ihr so einstimmig gewünscht worden ist, gibt es jetzt keinen Zweifel, daß ich dort Landrat werde.“ Er bitte um Verständnis, er würde es aber auch der Kreistagsfraktion persönlich mitteilen und sei überzeugt, daß er für seine Entscheidung Verständnis finden werde.

Eine Empfehlung meines Zahnarztes

Ein neuer Landrat war diesmal schnell gefunden. Ein Zahnarzt aus Hilpoltstein hatte mir beiläufig erzählt: „Wenn Sie wieder einmal einen Landrat brauchen, ich hätte einen sehr guten Mann für Sie. Zur Zeit ist er juristischer Beamter im Landratsamt Schwabach. Er heißt

Dr. Hans Engelhard.“ Ich habe mir diesen Namen gemerkt. Als nun durch den Weggang von Dr. Reichold die Stelle des Landrats frei wurde, habe ich mich an den Vorschlag meines befreundeten Zahnarztes erinnert. Wir trafen uns im Hause des Buchbinders Robert Schmidt, einem Gründungsmitglied der CSU in Hilpoltstein. Es stellte sich heraus, dass wir uns schon bei einer CSU-Tagung in Nürnberg begegnet waren. Engelhard war bereit zu kandidieren. Über die Verhältnisse im Landkreis brauchte ich ihn nicht besonders zu unterrichten, denn Schwabach grenzt an den Landkreis Hilpoltstein. Auf einer Sondersitzung des Kreistages Hilpoltstein wurde nach einer eindrucksvollen Vorstellung Dr. Hans Engelhard mit 25 Ja-Stimmen und einer Enthaltung zum Landrat gewählt. Die Einreichung des Fragebogens hatte sich mehr oder weniger erübrigt, denn die Militärregierung von Schwabach hatte das O.K. gegeben.

Diesen Landrat hatten wir allerdings auch nur sieben Jahre. Auf meine Empfehlung wurde er im Bundesministerium für Atomfragen bei Franz Josef Strauß eingestellt. Danach holten wir einen ortsbekannten Rechtsanwalt aus Roth, der aus Freystadt, in der Nähe von Hilpoltstein gebürtig war, mit einem guten Namen und einer guten Reputation, Dr. Ignaz Greiner. Er war es bis zu seinem Tod im Jahre 1978.

Zur Geburt unseres ersten Kindes nach Lichtenberg

Meine Frau wurde 1946 schwanger. Sie wollte unbedingt unser Kind bei ihren Eltern in Lichtenberg zur Welt bringen. Aufgrund meiner Erfahrungen während meines Aufenthaltes in der sowjetischen Besatzungszone, hatte ich unter zwei Voraussetzungen keine Bedenken: Erstens mußten wir Interzonenpässe haben. Das klappte auf legale Weise, denn meine Frau und ich hatten uns rechtzeitig die erforderlichen Papiere besorgt. Zum anderen brauchten wir ein intaktes Auto. Da mein Vater als Mitglied der Verfassungsgebenden Landesversammlung auf sein Auto angewiesen war, lieh ich bei einem guten Bekannten einen Wagen. Wir organisierten Benzin für die Hinfahrt, und drüben bekamen wir Benzin für die Rückfahrt von Herbert Lange, der nach seiner Rückkehr bei der Liberal-Demokratischen Partei Deutschlands, LDPD, politisch sehr aktiv war. Über die Liste der Liberal Demokratischen Partei wurde er zum Bürgermeister von Freiberg gewählt. Aber nicht für lange Zeit, dann wurde er wieder abgesetzt, weil er nicht so wollte, wie es die Besatzungsmacht wünschte.

Die Fahrt von Heideck im März 1947 verlief dank der einwandfreien Papiere ohne Komplikationen. Hinter Hof passierten wir die Zonengrenze. Das Auto wurde zwar gründlich untersucht, auch die Papiere wurden einer strengen Prüfung unterzogen; da wir aber eine Bescheinigung vorweisen konnten, die einen dauernden Wohnsitz bei meinen Schwiegereltern in der Sowjetzone bestätigte, ging letztlich alles glatt. Über Chemnitz und das Vogtland fuhren wir weiter nach Freiberg. Meine Frau und ich kamen, mit einem Zwischenaufenthalt bei der Familie Lange, bei der wir mit Proviant und Benzin bestens versorgt wurden, gut in Lichtenberg an.

Ich wußte meine Frau bei ihren Eltern in guter Obhut und habe am nächsten Tag die Stempel für die Rückreise besorgt.

In dieser Zeit hatte ich das parteipolitische Leben in der sowjetischen Besatzungszone kennengelernt. Die SPD und die KPD waren zu einer Einheitspartei zusammengeführt worden.[4] Als ich in Freiberg in Sachsen den ehemaligen SPD-, jetzt SED-Chef der Kreisdienststelle fragte, ob die Vereinigung freiwillig geschehen sei, sagte er mir: „So ganz freiwillig war es nicht. Es ist vollzogen worden, was längst überfällig war.“ Die Vereinigung der zwei Arbeiterparteien, die sich in der Vergangenheit bis aufs Messer bekämpft hatten, war der Wunsch seit hundert Jahren. Natürlich haben die Russen dabei nachgeholfen. Der SED-Chef kannte übrigens meinen Onkel Daniel, der Jahrzehnte den Wahlkreis Chemnitz für die SPD im Reichstag vertreten hatte. Dies war wohl auch der Grund, warum er mich als „Genosse“ ansprach.

Rosemarie geboren

Am 30. Mai 1947 wurde unsere Tochter Rosemarie im Kreiskrankenhaus in Freiberg geboren. Es war eine komplizierte Geburt, dennoch ging letztlich alles gut, und die kleine Rosemarie und auch meine Frau waren gesund.

Demontage des Hydra-Werks und zweite Flucht

Als ich 1947 meine Frau und unsere Tochter Rosemarie in Lichtenberg abholte, besuchte ich noch das Hydra-Werk, um Abschied von Werkmeister Grünauer und Herrn Schönlebe zu nehmen. Just an diesem Tag haben sowjetische Truppen das Werk besetzt. Es sollte demontiert und in die Sowjetunion transportiert werden. Der leitende sowjetische Oberst verpflichtete Grünauer, Schönlebe und mich, das Werk mit Unterstützung sowjetischer Techniker in der Sowjetunion wieder aufzubauen. Danach, so wurde uns zugesichert, könnten wir

[4] Die Zulassung von Parteien und Gewerkschaften erfolgte in der SBZ durch den SMAD-Befehl Nr. 2 vom 10.6.1945. Gründung der KPD 11.6.45, der SPD 15.6.45, der LDPD 5.7.45. Am 19./20.4.1946 Zwangszusammenschluß von SPD und KPD zur SED.

wieder nach Deutschland zurückkehren. Es würde uns in der UdSSR gut gehen, denn wir zählten ja zur Intelligenzia. Wir mußten unsere Anschrift hinterlassen, aber keiner hatte die Absicht, das ausgeplünderte Werk in der UdSSR wieder aufzubauen. Die Parole lautete: Nur schnell weg!

Nach Abschluß der Demontage waren wir – meine Frau, Rosemarie und Ernst Margonday – mit dem für eine erneute Flucht vorbereiteten Interzonenpaß aus dem Reich der Roten Armee verschwunden.

Die Heimreise verlief wie die Hinreise; den Interzonenpaß ordnungsgemäß gestempelt, trafen wir wohlbehalten wieder in Heideck ein. Mein Stützpunkt in der Sowjetzone, Herbert Lange, hat in jeder erdenklichen Weise bestens die Rückführungsaktion unterstützt. Bei dieser Fahrt hat uns mein Freund Ernst Margonday begleitet. Als Gepäck hatten wir etwas Wäsche und meine Fachbücher.

Grenzwechsel – Wildwechsel – Weltenwechsel

Auf das Kinderbett, in dem schon meine Frau geschlafen hatte, wollte sie nicht verzichten. Die Matratze brachten wir gerade noch im Kofferraum neben anderem Kleinkram unter. Das Bettgestell mußte ich allerdings durchsägen, um die Teile einzeln zu verstauen. Herbert gab uns noch eine Flasche Schnaps mit. Er meinte, die könnte Wunder wirken. Tatsächlich begann am Grenzübergang bei Hof ein russischer Grenzer uns zu filzen, vor allem wollte er, daß das Fahrzeug entladen werden sollte. Als ich ihm aber die Flasche Schnaps in die Hand drückte, war alles „karascho." Die Weiterfahrt verlief an zwei Stellen noch gefährlich, zumindest sehr problematisch. Bei der US-Kontrolle hatten wir keinerlei Schwierigkeiten, im Gegenteil, ein GI schenkte meiner Frau Schokoladc für das Baby.

Kurz hinter Hof hatten wir eine Reifenpanne. Es war etwas mühsam, den Reservereifen aus dem Gewühl des Kofferraumes herauszuholen und den defekten Reifen wieder unterzubringen. Zum Glück hatte ich den Wagenheber und das notwendige Werkzeug mitgenommen.

Soweit ging dann alles gut, bis wir kurz hinter Hilpoltstein, 5 km vor Heideck, unserem Zielort, erneut eine Reifenpanne hatten. Ich beschloß, auf dem defekten Reifen bis nach Hause weiterzufahren. Ich hatte auch keine andere Wahl, denn der Reservereifen war ja auch platt. In holpriger Fahrt erreichten wir dann, von allen Ängsten befreit, das Ziel unserer Reise.

Junge Union in Bayern

Im Januar 1947 hatte der vorläufige Landesvorsitzende der CSU, Dr. Josef Müller, der inzwischen auch bei uns schon mit seinem Spitznamen „Ochsensepp“ bekannt war, zur Gründungsversammlung der Jungen Union nach München eingeladen.

Die Mitglieder der Jungen Union durften nicht älter als 40 Jahre sein und brauchten nicht unbedingt Mitglied der CSU zu sein. Die Junge Union sollte dennoch ein festgefügter Bestandteil der Parteisatzung werden. Das hatte der Landesparteitag zu beschließen.

Wir von der Jungen Union waren somit in die CSU fest eingebunden. Wir waren weder ein loser Verein noch ein wilder Haufen. Die Junge Union war ein belebendes Element und daher „Salz und Pfeffer“ im politischen Menü der CSU.

Das Parlament der Jungen Union

In vielen Landkreisen Bayerns wurde neben der CSU die Junge Union als „die junge Garde der Union“ gegründet und aufgefordert, sich auf Landesebene zusammenzuschließen, was auch geschah. Heinz-Horst Haunhorst, er war Dolmetscher bei der amerikanischen Militärregierung in München, wurde beauftragt, eine geeignete Organisationsform der Jungen Union auf Landesebene zu finden und zwar in Abstimmung mit dem Landesvorsitzenden Dr. Müller. Das Ergebnis war das „Parlament der Jungen Union.“

Die Mitglieder dieses Parlamentes hatten, mit ausdrücklicher Zustimmung der politischen Abteilung der Militärregierung das Recht, sich als „Abgeordnete des Parlamentes der Jungen Union“ zu bezeichnen. Sie erhielten einen entsprechenden Ausweis, in dem auf der Rückseite in englischer Sprache vermerkt war: Die Besatzungsmacht wird gebeten, den „Abgeordneten des Parlamentes der Jungen Union“ zu unterstützen.

Ursprung führender Politikerinnen und Politiker

Die Form der Diskussion, ohne Gängelei der „alten“ Parteifreunde, hat eine großartige Entwicklung genommen. Zur Berichterstattung baten bzw. bestellten wir die Parteiführung, Staatsminister, Experten und andere mehr. Aus diesem „Parlament der Jungen Union“ sind eine ganze Anzahl von führenden Politikern hervorgegangen.

Die Namen aufzuzählen, wie viele ehemalige Mitglieder des Parlaments der Jungen Union führende Positionen in unserer Parlamentarischen Demokratie in Bayern und im Bund eingenommen haben, würde zu weit führen, weil es zu viele sind. So will ich mich mit Namen auf die Landesvorsitzenden und Ministerpräsidenten beschränken: Franz Josef Strauß, Otto Schedel, Max Streibl, Edmund Stoiber, Theo Waigel. Dazu noch eine Reihe von Ministern in Land und Bund, zum Beispiel der Bundesbauminister Oscar Schneider, der ebenso wie ich aus Heideck stammt. Unsere Heimatstadt ist damit – soweit ich weiß – die einzige kleine Stadt mit kaum mehr als 1.000 Einwohnern, die zwei Bundesminister hervorgebracht hat. Auch eine größere Zahl von Staatssekretären und Parlamentspräsidenten, ein Bundestagspräsident sowie eine große Zahl von Landtags- und Bundestagsabgeordneten begannen ihre Karriere in der Jungen Union. Die Zahl der Landräte, Bürgermeister, Oberbürgermeister sei ergänzend erwähnt. Außerdem die vielen Mandatsträger in den Bezirken, Kreisen und Kommunen.

Mit dieser Darstellung wollte ich auf die Bedeutung der Organisation der Jungen Union hinweisen.

Der richtungsweisende Zusammenschluß zwischen der Jungen Union der CSU und der Jungen Union der CDU fand auf dem unvergeßlichen Deutschlandtag in Königstein vom 17. bis 21.7.1947 statt.

Als Gastredner waren gekommen: der Parteivorsitzende der CDU, Dr. Konrad Adenauer und der Parteivorsitzende der CSU, Dr. Josef Müller, genannt „Ochsensepp“, sowie am letzten Tag noch Prof. Dr. Ludwig Erhard. Daran konnte man erkennen, welche Bedeutung die Jungen Union hatte und welches Ansehen sie genoß.

Sie war eine wirklichkeitsnahe Junge Union

Wir haben uns in der Jungen Union auch sehr um praktische Dinge gekümmert, wie z.B. bessere Versorgung der Bevölkerung mit Lebensmitteln. Wir setzten uns dafür ein, daß Privaterzeuger, wenn sie ihre Schweine mit dem Hausabfall oder durch Anpflanzen von Kartoffeln oder Frischfutter fütterten, bevorzugt mit Fleisch bedient wurden. 50% konnten sie zum Eigenverbrauch behalten, und 50% stellten sie dem freien Markt zur Verfügung.

Außerdem waren wir bemüht, die Kohle- bzw. die Brennstoffversorgung, die ja gerade in den Jahren 1946/48 noch sehr angespannt war, zu verbessern.

Es war eine Selbstverständlichkeit, daß wir uns sehr darum bemühten, die Politik in den Kreis- und Bezirksverbänden der CSU aktiv mit zu gestalten. Ich habe erlebt, wie hochrangige amerikanische Offiziere gesagt haben, es sei hoffnungsvoll für die junge deutsche Demokratie, daß sich die jungen Menschen in so großer Zahl um die Politik kümmerten und versuchten, die parlamentarischen Prinzipien der Demokratie in ihrer Wirkungsweise zu üben, um sie dann auch in der Praxis richtig einsetzen zu können. Dieser Jugend kann man Vertrauen schenken. Auch andere Parteien haben ihre jungen Mitglieder zu eigenen Organisationen zusammengefaßt: die SPD – die Jungsozialisten; die FDP– die Jungdemokraten.

Erste Landesversammlung der CSU am 22.3.1946 in Bamberg

Nachdem die CSU-Kreisverbände in allen Landkreisen gebildet und die nächst höheren Stufen der Organisation, wie Bezirksverbände und Landesverband, gegründet und organisatorisch erfaßt worden waren, trat die CSU als neue Partei auf Landesebene mit allem Nachdruck in Erscheinung.

Der Ordnungsruf eines jungen Delegierten

Die erste Landesversammlung der CSU fand am 22. März 1946 in Bamberg statt. Diese Landesversammlung wird keiner vergessen, der an ihr teilgenommen hat. Es kam zu widerlichen und abstoßenden Auseinandersetzungen, die bis tief ins Persönliche gingen. Mitten in diesem Zerwürfnis kam die Stunde eines jungen Delegierten, der aufstand und erklärte, er sei nicht in diese CSU eingetreten, um die alten persönlichen Kämpfe zwischen den Delegierten zu erleben wie sie sich in dieser unerfreulichen Weise beschimpften: „Wir Jungen haben kein Verständnis dafür. Wir sind bereit, uns in der Sache auseinanderzusetzen, und das mit aller Deutlichkeit. Aber die alten Grabenkämpfe aus der Weimarer Zeit, diese Auseinandersetzungen zu einem Dauerzustand innerhalb der CSU zu machen, ist für uns unerträglich."

Dieser Redner bekam tosenden Beifall, und wer war es? Es war Franz Josef Strauß! Damit war er für die CSU ein Begriff geworden. Wir haben miterleben können, in welcher Weise er in der deutschen Politik führend geworden ist.

Die erste gemeinsame Fraktion von CDU und CSU ist nicht erst im Deutschen Bundestag begründet worden, sondern bereits im Wirtschaftsrat der Union in Frankfurt/Main. Diese Geschlossenheit hat es auch ermöglicht, Ludwig Erhard als Wirtschaftsdirektor durchzusetzen, jenen Ludwig Erhard, der dann mit der US-Besatzungsmacht die Währungsreform durchführte und die Soziale Marktwirtschaft verkündete. Sie ist bis heute unbestritten die Wirtschaftsverfassung der Bundesrepublik Deutschland. Sie und der Fleiß unserer Menschen in allen Schichten waren die Voraussetzung, um uns aus dem Trümmerfeld Deutschland wieder zu einem lebenswerten Gemeinwesen zu führen.

Am Anfang war der Parlamentarische Rat

1948 wird das Grundgesetz beraten und beschlossen

Im Spätsommer des Jahres 1948 wurde der Parlamentarische Rat auf Weisung der westlichen Besatzungsmächte in Bonn eingesetzt. Die Mitglieder des Parlamentarischen Rates wurden per Beschluß der einzelnen Länderparlamente nach ihrer Stärke bestimmt. Unter den Mitgliedern aus Bayern war u.a. auch der Vorsitzende der Mittelfränkischen CSU Karl Sigmund Mayr.

Am 23. Mai 1949 hat der Parlamentarische Rat seine Beratungen abgeschlossen und den Text des Grundgesetzes den Landesparlamenten zur Zustimmung zugeleitet. Mit Ausnahme Bayerns haben alle Landesparlamente mehrheitlich der neuen Verfassung zugestimmt. Daß Bayern nicht zugestimmt hat, lag daran, daß in einer Reihe von Artikeln die Finanzen zwischen dem Bund und den einzelnen Ländern nicht ausreichend und deutlich genug dargestellt und einige Paragraphen, die den Finanzausgleich zwischen Bund und Ländern regelten, für Bayern nicht zufriedenstellend waren. Die Ablehnung habe ich persönlich sehr bedauert. In der gleichen Sitzung hat sich aber die Bayerische Staatsregierung unter Dr. Hans Ehard und mit großer Zustimmung des Bayerischen Landtags, mit Ausnahme der Bayernpartei, zum Grundgesetz bekannt.

„Das in Bonn verabschiedete Grundgesetz ist in allen seinen Artikeln auch für Bayern verbindlich.“ Mit Verkündigung des Grundgesetzes war die Voraussetzung zur Wahl eines Bundesparlamentes gegeben. Zwar sprach man noch nicht über den genauen Zeitpunkt, aber es sollte im Herbst des Jahres 1949 sein. Die CSU, wie auch die anderen Parteien, war damit aufgefordert, alle Vorkehrungen für die Wahl zum 1. Deutschen Bundestag zu treffen.

Die Wahl zum ersten deutschen Bundestag

Das Wahlgesetz wurde zwar im Parlamentarischen Rat als reines Verhältniswahlrecht, aber ohne Sperrklausel beschlossen, allerdings mit zwei Stimmen. Eine für den Stimmkreiskandidaten, die andere für die Liste. Die direkt gewählten Kandidaten wurden von der Liste abgezogen. Das Wahlgesetz ist nicht Bestandteil des Grundgesetzes. Es kann daher mit einfacher Mehrheit geändert werden. Nun konnten die zugelassenen Parteien mit der Aufstellung der Kandidaten beginnen. Als Tag der Wahl wurde der 14. August 1949 festgesetzt. Für die Vorbereitungszeit war es sehr knapp.

Der Wahlkreis Weißenburg setzte sich aus folgenden Land- bzw. Stadtkreisen zusammen: Weißenburg, Eichstätt, Hilpoltstein, sowie Gunzenhausen. Jeder Kreis bzw. Stadt konnte einen Kandidaten vorschlagen. Von Eichstätt wurde Dr. Richard Jaeger, von Gunzenhausen Dr. Richard Zöller benannt. Der Kreisvorsitzende von Weißenburg-Stadt und – Land, Landrat Dr. Staudinger, hatte mit Unterstützung der Vorstandsmitglieder Karl Michel, Christian Schmoll, Hubert Hadert-hauer, Rudi Wüst und Franz Raab empfohlen, den Kandidaten des Kreisverbandes Hilpoltstein, Richard Stücklen, zu unterstützen. Die Kreisversammlung von Weißenburg hatte sich einstimmig dem Vorschlag angeschlossen. Für den stellvertretenden Kreisvorsitzenden Dr. Dr. Georg Bernreuther waren die vorgeschlagenen Kandidaten nicht akzeptabel. Beide waren zwar Juristen, aber gleichzeitig auch Beamte. Er war der Meinung, beim Aufbau der Bundesrepublik seien nicht die Juristen in erster Linie gefragt, denn davon gäbe es im Parlament sicher genug. Wir brauchten Leute mit wirtschaftlicher Erfahrung. Und deshalb würde er es begrüßen, wenn Richard Stücklen bereit wäre, als Kandidat zur Verfügung zu stehen.

Daraufhin habe ich meine Bereitschaft, für den Bundestag zu kandidieren, erklärt. Die Kreisversammlung Hilpoltstein wählte mich in geheimer Wahl mit großer Mehrheit zu ihrem Kandidaten. So wurde ich als Dritter in die Aufstellungsrunde mit einbezogen. Bei der Abstimmung bekam ich von den drei Kandidaten die meisten Stimmen.

Dr. Richard Jaeger fiel bei diesem ersten Wahlgang heraus. Somit standen Dr. Richard Zöller und ich zur Abstimmung. Bei dieser Abstimmung bekam ich die Zweidrittelmehrheit, und damit war ich der Kandidat für die Wahl in den 1. Deutschen Bundestag im Wahlkreis Weißenburg.

Da aber die amerikanische Militärregierung die Heimatvertriebenen-Wahlkreise, wie sie von der Bayerischen Staatsregierung vorgesehen waren, verboten hatte, mußten die Wahlkreise neu eingeteilt werden. Bei der Neueinteilung kam der Landkreis Dinkelsbühl zum Stimmkreis Weißenburg. Aber in Dinkelsbühl war bereits ein Kandidat aufgestellt und gewählt worden, ein bäuerlicher Vertreter, Fritz Bauereisen. Er war auch Mitglied der Landessynode der evangelischen Kirche. Im Stimmkreis Weißenburg, Hilpoltstein, Eichstätt und Gunzenhausen war ich bereits aufgestellt. Nun mußte eine Entscheidung getroffen werden, wer von uns beiden Kandidat für den vergrößerten Stimmkreis werden sollte. Das war eine sehr schwierige Prozedur.

Für die Stichwahl trafen sich die Delegierten aus dem Wahlkreis der Kreisverbände Eichstätt, Dinkelsbühl, Gunzenhausen, Hilpoltstein und Weißenburg in der Gaststätte „Zum Römischen Kaiser“ in Ellingen. Hier sollte die Entscheidung für die Kandidatur zur Bundestagswahl 1949 getroffen werden. Da dort keine Einigung zustande kam, mußte das nächst höhere Parteiorgan entscheiden.

Das war die Delegiertenversammlung des Bezirksverbandes in Mittelfranken. Der Vorsitzende des Bezirksverbandes war Karl Sigmund Mayr, ebenfalls Mitglied der Landessynode der evangelischen Kirche in Bayern. Er hat diese Delegiertenversammlung für ganz Mittelfranken nach Nürnberg eingeladen. Eine dramatische Kandidatenaufstellung folgte. Es stimmten nicht nur die Delegierten des Stimmkreises Dinkelsbühl, Gunzenhausen, Eichstätt, Hilpoltstein und Weißenburg ab, sondern die Delegierten aller Kreisverbände in ganz Mittelfranken, insgesamt 104 Delegierte.

Während wir immer noch darüber diskutierten, wer der Kandidat werden sollte, kam Werner Dollinger zu mir, der dann später in den Bundestag gewählt und dort Vorsitzender der Landesgruppe und Bundesminister wurde, und sagte: „Herr Stücklen, das ist unanständig, was der Pfarrer Kreußel von Dinkelsbühl hier unternimmt. Er läuft von Mann zu Mann und von Frau zu Frau, von denen er weiß, daß sie evangelisch sind, und flüstert ihnen zu: ‚Evangelisch wählen, evangelisch wählen!' Das ist eine Schweinerei, denn wir haben uns als überkonfessionelle und gleichberechtigte Christen in dieser Partei zusammengefunden und deshalb kann man nicht so einseitig vorgehen." Diese Entwicklung ging mir auch gegen den Strich. Darum sagte ich zu meinem Bruder Otto, der neben mir saß: „Otto, ich bin doch nicht darauf angewiesen, Kandidat und Mitglied des Bundestages zu werden. Ich habe einen ordentlichen Beruf gelernt und ihn schon mit Erfolg ausgeübt. Nach der Währungsreform werden wir den Aufbau des zerbombten Teils der noch brachliegenden Industrie erleben. Und dazu braucht man Ingenieure. Von der AEG habe ich die Zusicherung erhalten, daß ich wieder eingestellt werden kann, sobald ich dazu bereit bin." Darauf sagte er: „Ja, wenn du nicht willst, zwingen möchte ich dich nicht, denn ich halte dieses Vorgehen auch für unwürdig." Daraufhin habe ich mich beim Vorsitzenden der Bezirksversammlung, Karl Sigmund Mayr, zu Wort gemeldet. Kurz darauf hat Fritz Bauereisen ebenfalls ums Wort gebeten. Da Karl Sigmund Mayr Fritz Bauereisen den Vorzug geben wollte, erteilte er ihm, entgegen der Geschäftsordnung, zuerst das Wort. Fritz Bauereisen erklärte: „Ich verzichte auf die Kandidatur zu Gunsten von Richard Stücklen." Damit war meine Wortmeldung überflüssig, denn ich hätte umgekehrt das gleiche gesagt, nämlich, daß ich meine Kandidatur zugunsten von Fritz Bauereisen zurücknehmen wollte. Doch nun war ich alleiniger Kandidat für die Abstimmung und bekam 93 von insgesamt 104 Stimmen. Der Rest der Stimmen war ungültig. Damit war ich unter großer Zustimmung der Bezirksversammlung zum Kandidaten für den Deutschen Bundestag im Stimmkreis Weißenburg aufgestellt worden.

Der Wahlkampf 1949

Mit der Verabschiedung des Grundgesetzes am 23. Mai 1949 trat auch das Wahlgesetz für die Bundestagswahlen zum 1. Deutschen Bundestag in Kraft. Dieses Wahlgesetz hatte keine Sperrklausel, auf das jeweilige Bundesland bezogen. Das bedeutete: drei Direktmandate oder 5% der Stimmen im Bundesland. Eine einheitliche Sperrklausel gab es 1949 für die ganze Bundesrepublik noch nicht. Sie wurde erst 1953 beschlossen. Die Auszählung der Stimmen und die Verteilung der Mandate erfolgte nach dem Verhältniswahlrecht. Dabei wurden die im Wahlkreis gewonnenen Mandate von der Landesliste abgezogen. Wenn die Zahl der in den Wahlkreisen gewählten Kandidaten größer war, als es die Berechnung im Verhältniswahlrecht ergeben hatte, so blieben diese Mandate als Überhangmandate bestehen.

Ein Wahlkampf in der Erntezeit

Die Wahlwerbung, genannt auch Wahlkampf, konnte also frühestens Mitte Juni beginnen. Die Vorbereitungszeit für die Wahl am 14. August 1949 fiel mitten in die Sommerzeit. In den ländlichen Gebieten war die Ernte in vollem Gange, so daß die Wahlversammlungen in diesen Gebieten nur an Sonntagen stattfinden konnten. Anders war es in den Städten, da konnte man auch an den Wochentagen, insbesondere am Freitag, mit einem guten Besuch der Versammlungen rechnen.

Die Sorgen der Heimatvertriebenen anhören

Da die Heimatvertriebenen noch nicht wieder vollständig eingegliedert und zum größten Teil in Notunterkünften untergebracht waren, stellte dieser Personenkreis bei den Versammlungen meist die Mehrheit dar. Das bedeutete, daß die vielen Sorgen, die diese Heimatvertriebenen hatten, bei den Versammlungen an den jeweiligen Kandidaten herangetragen wurden. Die Probleme der Heimatvertriebenen waren sehr vielschichtig und eine gute Informationsquelle für den Kandidaten. Er wußte dadurch, wenn er gewählt wird, welche Aufgaben auf ihn im Bundestag zukommen. Durch meinen Vater, der dem Bayerischen Landtag angehörte, waren mir auch viele Sorgen dieses Personenkreises bekannt.

Wenn das Wohl einer Familie vom Fahrrad abhängt

Nach einer Versammlung sprach mich ein Mann in den mittleren Jahren an und sagte, er komme aus der Finanzverwaltung und könne sofort beim Finanzamt in Hilpoltstein anfangen. Herr Bock, so hieß dieser Mann, wohnte in Kaldorf. Das liegt auf dem Weg zwischen Titting, Eichstätt und Greding. Da es weder eine Bahn noch eine Omnibusverbindung gab, brauchte er ein Fahrrad. Dann könnte er die zwölf Kilometer von Kaldorf mit dem Fahrrad nach Greding fahren. Von Greding gibt es eine Bahnverbindung nach Hilpoltstein. Am Abend dann wieder umgekehrt nach Hause.

Ich hatte noch mein Fahrrad, das ich auf der Flucht von Lichtenberg nach Heideck benutzt hatte und nicht mehr brauchte. Deshalb war es für mich eine Selbstverständlichkeit, es ihm anzubieten. Er holte es sich bei mir in Heideck ab und bedankte sich mit Tränen in den Augen. Nun hatte er eine Stelle und konnte seine Familie auf ordentliche Weise ernähren. Der weite Anfahrtweg war ihm nicht zuviel.

Ein weiteres Beispiel: Der Flüchtlingskommissar des Landkreises Hilpoltstein bat mich, ich sollte ihm bei der Einquartierung einer Familie aus Schlesien behilflich sein. Es handelte sich um ein Ehepaar mit zwei Töchtern. Vorgesehen war ein Pfarrhaus im ländlichen Gebiet. Die Haushälterin des Pfarrers war strikt gegen die Aufnahme dieser Familie. Ich habe dann mit dem Pfarrer gesprochen, ihm die

Situation erläutert und auch mit Nachdruck auf seine christliche Pflicht, Menschen in Not zu helfen, hingewiesen. Nach einigem Zögern konnte ich ihn überzeugen und zwar gegen den Willen seiner Haushälterin. Er war bereit, zwei Zimmer seiner Sechs-Zimmer-Wohnung im Pfarrhaus für diese schlesischen Flüchtlinge zur Verfügung zu stellen. Wie das Schicksal so spielt, die jüngere Tochter bekam eine Stellung im Schloß Kreuth bei dem Grafen Schaffgotsch. Mein Freund Ernst Margonday, mit dem meine Frau und ich und noch ein Kollege nach Heideck mit dem Fahrrad geflüchtet waren, hat sie kennengelernt und sie sind ein glückliches Paar geworden.

So könnte ich noch eine Reihe von kleinen Hilfen während meiner Wahlvorbereitung für den 14. August 1949 für in Not geratene Menschen aufzählen. Dies hat sich herumgesprochen und so hatte ich auch einen größeren Zulauf von Heimatvertriebenen. Sie haben mir ihre persönlichen Sorgen vorgetragen und waren schon zufrieden, wenn sie fühlten, wenn der helfen kann, dann hilft er. Diese Hilfsbereitschaft habe ich auch als Abgeordneter versucht beizubehalten. Es müssen besondere Gründe gewesen sein, daß ich in diesem Wahlkreis von 1949 bis 1990 jeweils mit großer Mehrheit in den Bundestag gewählt worden bin. Den Hilfe suchenden Menschen helfen zu können, war für mich eine große Genugtuung.

Es ging entscheidend um die Wirtschaftspolitik

Die Wirtschaftspolitik stand im Mittelpunkt der Wahlauseinandersetzungen. Es ging um zwei grundsätzlich verschiedene Wirtschaftsordnungen. Die einen kämpften für die sozialistische Verstaatlichung und Planwirtschaft, und wir von der CDU und CSU waren überzeugt, daß nur die Soziale Marktwirtschaft den größtmöglichen Anreiz für eine erfolgreiche Wirtschaftsentwicklung geben würde. Ludwig Erhard, der als Bundeswirtschaftsminister nach dem 14. August 1949 im Bundeskabinett Adenauer vorgesehen war, hatte diese Soziale Marktwirtschaft bereits im Wirtschaftsrat in Frankfurt 1948 eingeführt. Wir haben sie konsequent angewandt und wie die Entwicklung gezeigt hat, ist sie erfolgreich bis heute und auch für die Zukunft.

Das Werben im Wahlkreis

Der Wahlkreis Weißenburg bestand aus Weißenburg-Stadt und -Land, dem Landkreis Eichstätt-Stadt und -Land, Hilpoltstein, Gunzenhausen, und Dinkelsbühl. Es waren über 400 Gemeinden zu betreuen. Das konnte ein Mann nicht allein bewältigen. Deshalb haben wir für jeden Landkreis ein Rednerteam zusammengestellt. Da die CSU die Landräte stellte, konnte sich der Landrat mit zwei bis drei dafür geeigneten politischen Freunden in seinem eigenen Landkreis gut darum kümmern. Der Kreisvorsitzende Dr. Fritz Staudinger und Landrat Dr. Hofmann von Weißenburg wurden unterstützt von Johannes Krüger, Franz Grüll und Günter Häffner. Dem Landrat Dr. Küßwetter von Dinkelsbühl standen der Kreisvorsitzende Ballheimer, der Pfarrer Kräusel und der Landtagsabgeordnete Bachmann zur Seite.

In Eichstätt bestand kein Mangel an aktiven Mitarbeitern. Landrat Pappenberger und seine Mitarbeiter Schmidramsl, Götz, Hutter und Schön waren ein unschlagbares Team.

Für Gunzenhausen gehörten dem Team an: Lechner, Hilpert, Riedel und Friedrich.

In Hilpoltstein waren für Versammlungen eingeteilt: Landrat Dr. Greiner mit Toni Seitz, Benno Eckert und mein Bruder Otto.

Als Nothelfer bei evtl. Ausfällen stand mein Wahlkreisgeschäftsführer Hans-Georg Klauss, späterer Landrat von Gunzenhausen, zur Verfügung.

Selbstverständlich habe ich mich bei der Betreuung der ländlichen Kreise mit eingesetzt, aber den Schwerpunkt auf die größeren Städte verlegt. Das waren Weißenburg, Ellingen, Pappenheim, Pleinfeld, Treuchtlingen, Gunzenhausen, Eichstätt, Hilpoltstein, Allersberg, Greding, Thalmässing und Dinkelsbühl. Die Versammlungen in diesen Städten waren auch ausgezeichnet besucht. In Dinkelsbühl war das historische Haus „Die Schranne" überfüllt. Es waren mehr als 600 Menschen zur Versammlung gekommen. Ähnlich war es in den vorgenannten Städten.

Eine kleine Episode will ich am Ende meiner Schilderung des Wahlkampfes, der natürlich facettenreich war und auch nicht ohne Widerspruch des politischen Gegners blieb, berichten.

Meine erste Rede als Kandidat für den Stimmkreis Weißenburg sollte ich, wie verabredet, im „Römischen Kaiser", einer historischen Gaststätte der Stadt Ellingen halten. Dafür habe ich mich gut vorbereitet. Da meine Frau gut stenographieren und maschineschreiben konnte, habe ich meine Rede meiner Frau diktiert. Nachträglich habe ich die Rede noch etwas verändert, unterstrichen und sie, wie ich meinte, in eine Kollegmappe gelegt. Meine Frau hat mich zu dieser ersten Versammlung begleitet. Der sehr schön ausgestattete Saal im „Römischen Kaiser" in Ellingen war gut besucht. Bürgermeister Morgott stellte mich mit folgenden Worten vor: „Dies ist unser Kandidat, der unsere Interessen im Deutschen Bundestag vertreten soll. Er ist noch jung, Ingenieur und war in der Wirtschaft tätig. Dies würde meiner Meinung nach nicht ausreichen, ihn schon zu wählen. Aber ich kann Ihnen sagen, ich kenne seinen Vater seit vielen Jahren. Er ist ein charaktervoller, hervorragender Mensch. Und so wie der alte Stücklen, so wird auch der junge einmal seine Aufgaben wahrnehmen. Deshalb empfehle ich Ihnen, wählen Sie am 14. August Richard Stücklen."

Der Bürgermeister überließ mir dann das Wort. Ich bedankte mich für die freundliche Begrüßung, griff in meine Kollegmappe, um mein

Redemanuskript herauszunehmen, und siehe da, es war nicht da. In der Eile oder vielleicht auch in der Aufregung vor der ersten Wahlversammlung, hatte ich es zu Hause liegengelassen. Meine Frau merkte auch sofort, welches Mißgeschick mir passiert war und wurde blaß im Gesicht. Mir blieb gar nichts anderes übrig als nun frei zu sprechen. Und so kam es, daß ich meine erste Rede, die ich in diesem Wahlkampf gehalten habe, frei sprechen mußte und es war eine meiner besten Reden des gesamten Wahlkampfes. Das war für mich zugleich der Beweis, daß eine freie Rede besser beim Publikum ankommt als eine noch so schön formulierte vorgelesene. Allerdings hat mich meine Frau nie wieder zu einer Versammlung begleitet.

Die letzte Rede vor der Wahl habe ich stets in Heideck gehalten

Meine letzte Rede vor dem Wahltag habe ich am 13. August 1949 in meiner Heimatgemeinde, der Stadt Heideck gehalten. Der Versammlungssaal war überfüllt. Es war ein Heimspiel, wie man zu sagen pflegt. Meine Heidecker Landsleute waren natürlich stolz, daß einer aus ihren Reihen für eine so hohe Aufgabe zur Wahl stand. Die Versammlung in Heideck am Tag vor der Wahl wurde zu einer Tradition. In den elf Legislaturperioden, in denen ich für den Deutschen Bundestag kandidierte, habe ich jeweils am Abend vor der Wahl in Heideck gesprochen. Denn der Besuch und der Zuspruch, den ich in dieser Versammlung jeweils erfahren habe, war ein Dank für die anstrengenden Wochen im Wahlkampf und ein Gradmesser für den Ausgang der Wahl. Auch als ich die hohen Ämter des Bundesministers, Vizepräsidenten und Präsidenten des Deutschen Bundestages bekleidete, habe ich die Verbundenheit mit meiner Heimatstadt so gehalten wie am Anfang meiner politischen Laufbahn. Es wurden 41 Jahre daraus.

Der Wahltag begann für viele Wähler mit dem Besuch des Gottesdienstes. Wer unmittelbar danach wählen wollte, mußte sich schon in eine Schlange einreihen. Der Andrang war sehr groß. Dies war ein sicheres Zeichen für eine hohe Wahlbeteiligung. Die Wahlbevölkerung hatte die Demokratie angenommen. Ein gutes Zeichen!

Tatsächlich haben 87,5% der Bürgerinnen und Bürger ohne Wahlpflicht, aus reiner Freiwilligkeit und Verantwortung an der Wahl zum 1. Deutschen Bundestag teilgenommen.
Kurz vor 22 Uhr rief mich der Wahlleiter an und sagte: „Ich gebe dir das vorläufige amtliche Ergebnis der Auszählungen der Stimmen für die Bundestagswahl bekannt: Du liegst mit 43,5% vorn, dein Gegner von der SPD hat 28% und der Rest liegt unter ferner liefen.“ Er hat mir gratuliert und mich eingeladen, ich möchte doch auf einen Sprung nach Weißenburg kommen, damit wir ein Glas Sekt auf den Sieg trinken könnten. Er habe die anderen Kreisvorsitzenden verständigt, die sicherlich auch kommen werden. Daraufhin hatten wir eine gute und fröhliche Stunde, in der wir uns über den Erfolg gefreut haben. Ich fuhr dann zurück nach Heideck, denn dort war fast die ganze Stadt auf den Beinen. Als ich in die Gastwirtschaft „Wurm“ kam, war der Raum längst überfüllt. Ein anderer Teil der Bevölkerung war in der Gastwirtschaft „Zur Rose“. Alle warteten auf mich. Es war ein Jubel, eine Freude über das Ergebnis, besonders auch bei der Bevölkerung der Stadt Heideck, die mich mit 76% gewählt hatte. Zum Abschluß meines Besuches in Heideck kam Frau Elisabeth Ring, die Gattin unseres Arztes auf mich zu und sagte: „Gell’, wir brauchen zu dir doch nicht Herr Abgeordneter sagen? Du bist und bleibst doch unser Richard.“ Und so blieb es auch.

Nach der Bundestagswahl 1949

Als ich 1949 in den Deutschen Bundestag gewählt worden war, ließ ich meine Schwiegereltern mit dem Flugzeug über Berlin-Tempelhof nachkommen. Ich wollte nicht, daß sie eventuell Repressalien ausgesetzt würden. Sie zogen zu uns in mein Elternhaus in Heideck. Nach meiner Wahl im Stimmkreis Weißenburg bestand nun die Möglichkeit, wenn eine passende Wohnung bereit stünde, von Heideck nach Weißenburg zu ziehen.

Meine Frau und ich mußten bis 1952 Geduld haben, bis die Voraussetzungen für einen Umzug gegeben waren. Der Zufall kam uns entgegen. Der Brauereibesitzer Dr. Bernreuther hatte das Haus von der Druckerei Rascher in der Nürnberger Straße käuflich erworben. Da es leerstand, bot er es mir als Wohnhaus zur Miete an. Es war groß genug, um auch meine Schwiegereltern bei uns aufzunehmen. Nach einer gründlichen Überholung stand dem Umzug von Heideck nach Weißenburg nichts mehr im Wege. Nicht nur die Schönheit Weißenburgs hatte es uns angetan, günstig war auch noch die zentrale Lage im Wahlkreis und die günstige Entfernung zum Eisenbahnknotenpunkt Treuchtlingen. 1952 wurden wir Bürger dieser geschichtsträchtigen ehemaligen freien Reichsstadt. Zum Einzug in unser neues Heim erhielten wir vom Oberbürgermeister Thumshirn und vom Landrat Dr. Staudinger Blumengrüße. Wir fühlen uns in dieser Stadt wohl. Nun sind es bald 50 Jahre, daß wir in Weißenburg wohnen.

Eine besondere Ehre wurde mir zuteil, als am 4. Juli 1986 der Stadtrat der Großen Kreisstadt Weißenburg in Bayern auf Antrag des Oberbürgermeisters Reinhard Schwirzer einstimmig beschlossen hat, dem ehemaligen Bundestagspräsidenten und Bundesminister a.D. Richard Stücklen das *Ehrenbürgerrecht* zu verleihen. Aus dem Weißenburger Tagblatt vom 5. Juli 1986 entnehme ich: „In einer Festlichkeit, deren würdiger Rahmen der Bedeutung des Ereignisses entsprach, wurde Richard Stücklen in einer Sondersitzung des Stadtrates von OB Reinhard Schwirzer der *Ehrenbürgerbrief* überreicht. Mit dem Ehrenbürgerrecht dankt die Stadt Weißenburg für die Verdienste, die sich Richard Stücklen um die Große Kreisstadt erworben hat."

In meiner Eigenschaft als Bundestagsabgeordneter hatte ich hohe und höchste Persönlichkeiten zu Besuch. Alle, ohne Ausnahme, haben sich über die schöne mittelalterliche Stadt lobend und anerkennend geäußert. Besonders aber schwärmten sie vom Ellinger Tor. Ich wollte schon lange das Ellinger Tor auf einer Briefmarke haben. Aber wie sollte ich das anstellen? Als Minister hätte ich das anordnen können. Das hätte aber zu Berufungen anderer Städte führen können. Zur Herausgabe von Briefmarken stand ein Kunstbeirat zur Beratung an meiner Seite. Ich machte den Vorschlag: eine Serie von Sondermarken mit Motiven „Deutsche Bauwerke aus zwölf Jahrhunderten" vorzubereiten. Bei der Auswahl habe ich ein bißchen nachgeholfen und unter anderem auch das Ellinger Tor vorgeschlagen, und gleichzeitig ein Foto des Tores unterbreitet. Der Kunstbeirat hat, ohne daß ich ihn überreden mußte, sofort zugestimmt. Es kam auf diese Weise nachstehende Serie zustande: Wallpavillon im Dresdner Zwinger; Schloß Tegel (Berlin); Torhalle Lorch (Hessen); Burg Trifels (Pfalz); Schloßtor Ellwangen; Treptower Tor (Neubrandenburg); Osthofener Tor (Soest); Ellinger Tor (Weißenburg). Diese Briefmarken-Sonderserie wurde in den sehr kritischen Fachzeitschriften als gelungen beurteilt. Ich habe von keiner Seite Kritik erhalten.

Jetzt folgen einige der vielen Anekdoten, die ich bei meinen Versammlungen erlebt habe.

Ein begeisterter Anhänger der CSU wird störend

Bei Versammlungen erlebt ein Politiker nicht immer freundliche Zustimmung, ganz im Gegenteil. Zum einen kommt es auf das Thema an und zum anderen, zu welchem Zeitpunkt die Versammlung stattfindet. Ist sie an einem Abend, noch dazu an einem Samstag – für meine norddeutschen Landsleute: ich meine den Sonnabend –, so muß man darauf gefaßt sein, daß im Laufe des Tages dem Alkohol zugesprochen wurde. Oder, was unter Umständen noch wesentlich stärkere Reaktionen in der Versammlung haben kann: wenn an diesem Nachmittag der Heimatverein beim Fußballspiel verloren hat.
Störungen in den Versammlungen kann es mancherlei Art geben. Von einer will ich berichten. Es war in einer Gemeinde meines Wahlkreises von ungefähr 600 Einwohnern, ein im allgemeinen recht friedlicher Ort, mit einem Wahlergebnis für mich von nahezu 70%. Dazu eine gut geführte CSU-Organisation. Mit meinem politischen Bericht aus dem Bundestag habe ich begonnen. Schon nach fünf Minuten ruft einer aus der zweiten Reihe laut vernehmlich: „Bravo, bravo" und klatscht wie verrückt in die Hände. Ich habe meine Rede unterbrochen und ihm mit kurzem Kopfnicken meine Referenz erwiesen. Allerdings faßte er es anders auf als ich es meinte. Nach jedem Satz kam seine lautstarke Zustimmung.

Mit dieser Beifallsorgie eines Einzelnen kann man einen Redner nicht nur aus dem Konzept, sondern auch aus der Ruhe bringen. Zu der Zeit war ich schon ein versammlungserfahrener Redner. Ich habe den Versammlungsleiter, der bereits unruhig und nervös auf seinem Stuhl saß nicht gebeten, daß er für Ordnung sorgen solle. Nein, ich habe es mit einer List versucht: Nachdem „mein begeisterter Zuhörer" wieder meine Ausführung mit lebhaftem Beifall begleitet hatte, habe ich meine Rede wiederum unterbrochen und ihn angesprochen. Ich dankte ihm für seine stürmische Zuneigung, fügte aber hinzu: „Auf die Dauer stört das", und machte ihm folgenden Vorschlag: Da ich seine Sympathie anerkennen möchte, bekommt er von mir eine Maß Bier spendiert. Allerdings müsse er sie beim anderen Wirt trinken. Er nahm ohne Zögern mein Angebot an, steckte die fünf Mark ein und verließ unter dem Beifall der Zuhörer den Saal.

Ich konnte nun in aller Ruhe meine Ausführungen fortsetzen.

Es mögen wohl zwanzig oder dreißig Minuten vergangen sein, da erschien derselbige wieder in der Eingangstür und begann das Spiel aufs neue. Ich rief ihm zu, er hätte doch von mir eine Maß Bier bekommen mit seiner Zusage, er würde sie beim andern Wirt trinken. Seine Reaktion: Er habe die Maß schon beim andern Wirt „gesoffen." Damit war ich mit meinem Latein am Ende und mit meiner Rede auch.

Die Perücke mußte für die verführerische Werbung leiden

In einer Diskussion meldete sich eine gutaussehende Dame, die während meiner Rede schon erkennbar unruhig war. Nach meinen Ausführungen meldete sie sich unverzüglich zu Wort. In ihrem Diskussionsbeitrag beschwerte sie sich über die verführerische Werbung. Ich konterte und meinte, jeder könnte sich der Werbung entziehen und einfach nicht kaufen. Auch sie könnte z.B. auf den Lippenstift und weitere Kosmetika verzichten.

Da griff sie sich an den Kopf, riß ihre Perücke herunter und knallte sie wutentbrannt auf den Tisch mit der Bemerkung: „Auf die kann ich auch noch verzichten."

Ich entschuldigte mich und bemerkte, an ihre Haare wollte ich nicht gehen.

Als die Perücke herunter war, war ich der Überzeugung, die Werbung hatte recht, als sie diese Dame zum Perückenkauf verführte. Mit Perücke sah sie entschieden besser aus.

Die Geburtsstunde der Landesgruppe der CSU am 17. August 1949 im Maximilianeum in München

Drei Tage nach der Bundestagswahl am 14. August 1949 kam vom Landeswahlausschuß die offizielle Mitteilung, daß ich in den Deutschen Bundestag gewählt worden war. Daraufhin planten meine Frau und ich einen Kurzurlaub in Meran. Dieser fiel allerdings ins Wasser, denn unmittelbar nach der amtlichen Mitteilung bekam ich die Einladung zur konstituierenden Sitzung der Landesgruppe der CSU-Abgeordneten. Eingeladen hatte Fritz Schäffer und zwar in den Bayerischen Landtag. Die CSU-Abgeordneten waren alle vollzählig dieser Einladung gefolgt. Nachdem Fritz Schäffer uns begrüßt und in einer alten Tradition der Bayerischen Volkspartei allen Mitgliedern das kollegiale Du angeboten hatte, machte er den Vorschlag, die Abgeordneten möchten sich persönlich vorstellen, denn nur die wenigsten kannten sich bereits. Ich kannte Franz Josef Strauß, Emil Kemmer und besonders Dr. Michael Horlacher, den ich in der Zeit, als mein Vater Mitglied des Bayerischen Landtags war, kennengelernt hatte. Vergessen darf ich natürlich nicht meine Gegenkandidaten bei der Nominierung: das waren Dr. Richard Jaeger und Fritz Bauereisen.

Während dieser Prozedur des Kennenlernens hat mich der in Bamberg gewählte Abgeordnete Emil Kemmer angesprochen und mir erzählt, daß zwei Omnibusse aus Nürnberg, von der Katholischen Jugend organisiert, nach Bamberg kamen und dort mit dem Wahlberechtigungsschein ihre Stimme abgaben. So wurde er mit nur 40 Stimmen Mehrheit gegenüber seinem Gegenkandidaten als Abgeordneter gewählt. Das verdanke er dieser Aktion.

Der Fürst bin ich – meine Vorname ist Ernst

Inzwischen ging die Vorstellung der Abgeordneten weiter. Da ich durch das Gespräch abgelenkt war, hörte ich nur den Namen Fürst. Deshalb fragte ich meinen Nachbarn zur Rechten: „Wer ist denn der Fürst?“ Er sagte: „Der Fürst bin ich“. Und ergänzte noch: „Mein Vorname ist Ernst.“ Darauf sagte ich: „Und ich heiße Richard.“ Nun wollte ich wissen, ob Fürst der Familienname sei oder ob er ein richtiger Fürst sei. Ich fragte ihn: „Bist du wirklich ein Fürst?“ Er sagte: „Ja, aber ein armer.“ Es war Fürst Fugger von Glött. Diese Bekanntschaft, die damit begann, hat sich hervorragend in der gesamten Zeit, in der er dem Deutschen Bundestag angehörte, und auch danach, bewährt.

Aus gesundheitlichen Gründen hat Fürst Fugger für die 2. Legislaturperiode nicht mehr kandidiert. Ich habe es sehr bedauert, denn er war ein ruhiger und besonnener Kollege. Zudem hatte er eine harte, leidgeprüfte Vergangenheit hinter sich. Fürst Fugger gehörte der Widerstandsgruppe mit Eugen Gerstenmeier, dem Kreissauer Kreis, an und war nur knapp dem Tode am Galgen durch den Blutrichter Freisler entkommen.

Er hat nach jeder Legislaturperiode sein Schloß im bayerischen Kirchheim für die Herbstklausurtagung zur Verfügung gestellt. Diese Tagung war der Vorläufer der späteren Zusammenkünfte der Hanns-Seidel-Stiftung in Wildbad Kreuth. Wir mußten die Probleme, die in der kommenden Wahlperiode anstanden, gründlich diskutieren, damit wir entsprechend reagieren konnten, wenn der Parlamentsbetrieb wieder begann. Es waren sehr harmonische Tagungen, die wir mit dem Gastgeber gemeinsam dort verbringen konnten. In Erinnerung ist mir nach wie vor dieser wunderbare Saal mit der Zedernholzdecke. Der Saal hatte nur einen Nachteil, die Heizung bestand aus einem offenen Kamin, der natürlich diesen großen Raum nicht vollständig erwärmen konnte. Diese Unzulänglichkeit haben wir gerne in Kauf genommen.

Zurück zur ersten konstituierenden Sitzung im Bayerischen Landtag. Wir hatten per Akklamation unseren Kollegen Fritz Schäffer zum Vorsitzenden gewählt mit der Maßgabe, daß, falls er Minister im Bundeskabinett werden sollte, Strauß die Landesgruppe der CSU weiterführen müsse. So ist es auch geschehen.

Franz Josef Strauß hat dann eine vorläufige Analyse der Wahl gegeben. Er beurteilte den Wahlausgang als miserabel gegenüber den Ergebnissen, die die CSU bei den Landtagswahlen und den Kommunalwahlen errungen hatte. Wir hatten einen Verlust von beinahe 50% durch den Einbruch der Bayernpartei in das Wählerpotential der CSU.

Ergebnis der Wahl vom 14. August 1949:

CSU 29,2% (24 Abgeordnete),
SPD 22,8% (18 Abgeordnete),
FDP 8,5% (7 Abgeordnete),
Bayernpartei 20,9% (17 Abgeordnete),
WAV 14,4% (12 Abgeordnete).

Unser großer Gegner, die Bayernpartei

Die Stimmen, die die Bayernpartei erhalten hatte, waren ohne jeden Zweifel von potentiellen Wählern der CSU. Es ging also darum, diese wieder für die CSU zurück zu gewinnen. Unser großer Gegner war die Bayernpartei.

Der Erfolg der Bayernpartei war im altbayerischen Raum, das ist Oberbayern mit der Landeshauptstadt München und Niederbayern, geradezu dramatisch. In diesem altbayerischen Raum konnten wir nur drei Abgeordnete stellen: in Passau war es Fritz Schäffer, in Weilheim Franz Josef Strauß und in Landsberg Richard Jäger. Die übrigen 21 Abgeordneten waren alle im Wahlkreis direkt gewählt worden und zwar in Schwaben, im fränkischem Raum und vor allen Dingen in Unterfranken.

Die SPD war stark in den Großstädten wie München, Nürnberg, Fürth und Bayreuth vertreten. Die Bayernpartei hat zwar im nichtaltbayerischen Raum, also im fränkischen und schwäbischen Raum weniger Stimmen erhalten als im altbayerischen Raum, trotzdem war Strauß mit dem Ergebnis in den fränkischen Bereichen deshalb nicht zufrieden, weil es der Bayernpartei auch da gelungen war, einen Prozentsatz zu erreichen, den wir ursprünglich nicht für möglich gehalten hatten.

Generalsekretär Strauß kündigte einen Strategieplan an, mit dem die verlorengegangenen Stimmen der CSU wieder zurückgewonnen werden sollten. Er machte, da er auch schon dem Wirtschaftsrat in Frankfurt angehörte, den Vorschlag für eine enge Zusammenarbeit mit CDU/CSU und FDP. Sie hatte sich im Wirtschaftsrat bewährt. Denn ohne eine enge Tuchfühlung mit der FDP und insbesondere mit den Arbeitnehmervertretern innerhalb der CDU, den Sozialausschußmitgliedern, wäre es nicht gelungen, die Neubesetzung der Stelle des Direktors für Wirtschaft mit Ludwig Erhard durchzusetzen. Diese Stelle wurde nach dem Ausscheiden von Johannes Semmler wegen seiner berühmt-berüchtigten „Hühnerfutterrede“ [5] in Erlangen frei. Die CSU hatte zwei Möglichkeiten: entweder für den Schöpfer der Sozialen Marktwirtschaft zu votieren und auf die Besetzung des Landwirtschaftsdirektors zu verzichten, oder es zuzulassen, daß der Linkssozialist Willi Agartz Direktor für Wirtschaft wird. Die CSU hat sich zusammen mit der CDU, der FDP und der Deutschen Partei für Ludwig Erhard entschieden.

Dr. Josef Baumgartner ist daraufhin aus der CSU aus- und der Bayernpartei beigetreten. Er wurde deren Vorsitzender. Mit Baumgartner hat die Bayernpartei einen gewaltigen Auftrieb bekommen.

Die Fraktionsgemeinschaft mit der CDU beschlossen

Auf Vorschlag von Franz Josef Strauß sollten sich die Abgeordneten der CSU nunmehr „Landesgruppe der CSU“ nennen. Dieser Vorschlag wurde einstimmig angenommen. Ein anschließender Antrag lautete:

---

[5] Im Prinzip beruhte diese von der amerikanischen Militärmacht übel vermerkte Rede auf einem Übersetzungsfehler: Die Amerikaner hatten gefragt, welches Getreide die Deutschen wünschten. Von den Deutschen war „Korn“ gefordert worden, das bedeutet im Englischen jedoch Mais. Und Mais kam dann in Mengen. Damit konnten die Bäcker nichts anfangen. Semmler sprach deshalb von Hühnerfutter.

Die „Landesgruppe der CSU“ schließt sich mit den Abgeordneten der CDU zu einer gemeinsamen Fraktion zusammen, die dann den Namen: „Fraktionsgemeinschaft der CDU/CSU“ trägt. Auch dieser Vorschlag wurde einstimmig angenommen. Ergänzt wurde dieser Beschluß noch dadurch, daß die Zusammenarbeit der CDU/CSU in der gemeinsamen Fraktion schriftlich vereinbart werden sollte.

Die CSU trat im Wahlkampf für die Soziale Marktwirtschaft ein. Es ist daher gar nicht verwunderlich, daß die Landesgruppe der CSU durch einen einstimmigen Beschluß feststellte, sie trete nur einer Koalition bei, in der die Voraussetzung gegeben sei, die Soziale Marktwirtschaft durchzuführen. Mit diesem Beschluß war die Entscheidung getroffen worden, daß die CSU-Landesgruppe sich nur dann mit der CDU zur gemeinsamen Fraktion verbindet, wenn die Soziale Marktwirtschaft, wie sie von Ludwig Erhard vertreten wurde, Grundlage der Wirtschaftspolitik ist. Aufgrund dieser Feststellung ergaben sich weitere Beschlüsse, die konsequenterweise zwei Voraussetzungen haben mußten:

1. Die CSU tritt für eine kleine Koalition, das heißt, für eine Koalition CDU/CSU, FDP und wenn nötig, auch Deutsche Partei, ein.

Der Beschluß wurde noch ergänzt:

2. Die CSU wird sich an der Regierung nur beteiligen, wenn die Bayernpartei nicht mit in die Regierung einbezogen wird.

Auch dieser Vorschlag wurde nach mehreren Wortmeldungen akzeptiert.

Diese Beschlüsse waren für die Verhandlungspartner der CSU bei der Vorbereitung einer kleinen Koalition verbindlich.

Als nächstes war ein Termin für die Konstituierung einer gemeinsamen Fraktion in Bonn vorgesehen, voraussichtlich sollte das der 1. September 1949 sein.

Beratung mit den CDU-Landesfürsten im Hause Adenauers in Rhöndorf am 21. August 1949

Vorentscheidung zur Bildung der ersten Bundesregierung

Adenauer war noch mit dem Aufbau der CDU-Organisation in Nordrhein-Westfalen beschäftigt. Er war als Vorsitzender dieses größten Landesverbandes vorgesehen. Er hatte die Ministerpräsidenten, die der CDU/CSU angehörten, sowie die Landesvorsitzenden der CDU und CSU zu einem Gespräch nach Rhöndorf eingeladen.

Der Landesvorsitzende der CSU war nicht mehr Josef Müller, sondern Hans Ehard, Ministerpräsident von Bayern. Hans Ehard nahm an der Zusammenkunft nicht teil, für ihn kamen Dr. Michael Horlacher, der stellv. Landesvorsitzende, und Franz Josef Strauß, Generalsekretär der CSU. In der Rhöndorfer Besprechung ging es darum, welche Koalition gebildet werden sollte: die kleine Koalition oder die große Koalition.

Die große Koalition bedeutete: CDU, evtl. CSU, und SPD, die kleine Koalition: CDU/CSU, FDP, Deutsche Partei.

Bei den Gesprächsteilnehmern bestand eine sehr große Neigung zur großen Koalition. Man war der Meinung, das Elend könne nicht nur mit der Sozialen Marktwirtschaft behoben werden, denn man werde auf sozialistische Elemente nicht verzichten können.

Wir sind nicht für eine Planwirtschaft angetreten

Adenauer wollte unter keinen Umständen eine große Koalition, mit der Begründung: „Wir sind für die Soziale Marktwirtschaft mit Prof. Dr. Ludwig Erhard und nicht für eine Planwirtschaft, eine Staatswirtschaft oder eine sozialistische Wirtschaft angetreten." Deshalb könne er sich keinesfalls mit einer Entscheidung für eine große Koalition abfinden. Adenauer fragte den Vertreter der CSU, Franz Josef Strauß, weil Dr. Horlacher noch nicht eingetroffen war: „Wie steht die CSU dazu?" Strauß gab zur Antwort: „Wir sind erklärte Anhänger der Sozialen Marktwirtschaft." Dann hat er die verbindliche Erklärung für die CSU abgegeben: „Wenn die CDU mit der SPD zusammengeht, muß sie auf die Soziale Marktwirtschaft verzichten. Zumindest wird die Soziale Marktwirtschaft so verwässert, daß sie weder sozialistisch noch marktwirtschaftlich ist und das kann zu keinem guten Erfolg führen." Strauß erklärte dann verbindlich weiter, daß die CSU die Fraktionsgemeinschaft mit der CDU nicht eingehen werde, wenn die CDU mit der SPD koaliert. Adenauer hat sofort begriffen, daß das eine entscheidende Einstellung der CSU war und eine maßgebliche Wirkung auf die Koalitionsbildung haben würde. Er sagte: „Meine Herren, Sie sehen, wenn wir zusammengehen wollen, CDU und CSU, und um jeden Bruderzwist zu vermeiden, müssen wir die kleine Koalition bilden, mit dem ganz erklärten Ziel, die Soziale Marktwirtschaft durchzusetzen." Damit waren die Stimmen für die große Koalition weitgehend ausgeschaltet und die Weichen für die kleine Koalition gestellt. So ist auch verfahren worden. Es wurde eine kleine Koalition gebildet, mit den Eckpunkten: Konrad Adenauer als Bundeskanzler, Ludwig Erhard als Wirtschaftsminister, Fritz Schäffer als Finanzminister. Das war die Kernmannschaft der ersten Regierung im 1. Deutschen Bundestag, die von Adenauer gebildet wurde.

Die FDP sollte mit Professor Dr. Theodor Heuss den Bundespräsidenten stellen.

In Strümpfen nach Bonn

Auf dem Wege zur ersten Fraktionssitzung

In der ersten Wahlperiode fuhr ich in der Regel sonntags mit dem Schnellzug ab Bahnhof Treuchtlingen nach Bonn. Mein Bruder Hans fuhr mich mit dem Auto zur Schnellzugstation. In Treuchtlingen stiegen noch zwei weitere Abgeordnete zu. Der eine war der Bayernpartei-Abgeordnete Fürst Öttingen Wallerstein. Selbstverständlich fuhr Seine Durchlaucht im Schlafwagen. Er war stets von einem Diener begleitet, der seine Reisekoffer in das Fürsten-Abteil brachte. Der zweite war mein Freund aus der Landesgruppe der CSU-Abgeordnete Fritz Bauereisen. Da wir erster Klasse fuhren, die nur schwach besetzt war, suchten wir uns ein leeres Abteil. Zu dieser Zeit trug man noch Aktentaschen statt der heute üblichen „Diplomatenköfferchen". Meine Frau hatte mir ein Kopfkissen genäht, das in die Aktentasche paßte. Mein Freund Bauereisen war für die Nacht ähnlich ausgerüstet. Wir legten uns dann der Länge nach auf die Polstersitze. Kontrolliert wurden wir selten, denn die Schaffner kannten uns und wußten, daß wir Fahrtkarten besaßen. Es dauerte nicht lange, da fing Fritz Bauereisen furchtbar an zu schnarchen. Wenn es mir zuviel und zu laut wurde, nahm ich meine Sachen, Aktentasche, Mantel und Schuhe und zog in ein anderes leeres Abteil. Einmal, ich lag schon in Schlafposition, kam ein amerikanischer Soldat herein und legte sich auf die andere Sitzreihe. Bald merkte ich, ein idealer Schlafgenosse war er nicht, denn auch er schnarchte, wenn auch wesentlich leiser. Das hätte ich noch ertragen. Aber das, was mich viel mehr störte war, wenn er seinen Atem ausstieß, kam ein Schwall von Knoblauchgeruch mit immenser Intensität zu mir herüber. Ich bin sehr empfindlich gegen den Geruch von Knoblauch. Kurz nach Würzburg habe ich erneut das Abteil gewechselt. Nun war ich endlich allein und konnte ohne Störung meine Nachtruhe genießen. Ungefähr fünf Minuten vor Bonn hörte ich schon die Durchsage: „Nächste Station Bundeshauptstadt Bonn.“ Beim zweiten Wechsel des Abteils hatte ich meine Schuhe nicht mitgenommen. Ich machte mich zurecht und wollte sie aus dem anderen Abteil holen. Da stellte ich fest, der Ami war verschwunden und meine Schuhe auch. Auch das Durchsuchen des Abteils von Bauereisen blieb ohne Erfolg. Inzwischen war der Zug in Bonn eingelaufen. Es blieb mir nichts anderes übrig, ich mußte auf Strümpfen in die Bahnhofsgaststätte flüchten. Dort suchte ich mir einen Eckplatz, bestellte ein Frühstück und wartete die Ladenöffnungszeiten ab. Während ich so in Strümpfen dasaß, hatte ich das Gefühl, die anderen Gäste schauten dauernd auf meine unbeschuhten Füße. Ich wartete geduldig, denn ich hatte ja keine andere Wahl, bis das Schuhgeschäft in der Poststraße öffnete. Um dahin zu gelangen, mußte ich den Bahnhofsvorplatz ohne Schuhe überqueren. Die Verkäuferin bemerkte sofort mein Dilemma.

Ich war glücklich, als ich die passenden Schuhe bekam und wieder komplett angezogen war.

Das Abhandenkommen der Schuhe erklärte ich mir so: Der Amerikaner hat vielleicht beim Verlassen des Abteils die herrenlosen Schuhe unter dem Sitz stehen sehen und sie im Bahnhofsfundbüro abgegeben.

Die Moral von der Geschichte: Auch das Bahnfahren bei Nacht hat seine Tücken!

Fraktionssitzung am 1. September in Bonn

Am 1. September 1949 traten die gewählten Abgeordneten der CDU und CSU für die erste Legislaturperiode des Deutschen Bundestages zu einer konstituierenden Sitzung im „Bürgerverein" in Bonn zusammen. Der Bürgerverein war das einzige Gesellschaftshaus, das einen entsprechend intakten Saal zur Verfügung stellen konnte, denn die Kriegsschäden waren zu dieser Zeit noch lange nicht behoben.

Ohne daß eine Wahl stattgefunden hatte, übernahm Konrad Adenauer, der Vorsitzende der CDU in der britischen Besatzungszone, den Vorsitz. Er begrüßte die anwesenden Abgeordneten und die Abgeordneten der bayerischen CSU besonders herzlich. Sie hatten auf ihrer ersten Sitzung beschlossen, mit der CDU eine gemeinsame, die CDU/CSU-Fraktion zu bilden, dies hatte Adenauer unter Beifall der Versammlung bekanntgegeben. Auf den Namensaufruf der einzelnen Mitglieder wurde verzichtet. Dies könne zu einem späteren Zeitpunkt, vor Beginn der Arbeit im Parlament, nachgeholt werden.

Dieser ersten gemeinsamen Sitzung der CDU/CSU-Fraktion war die Rhöndorfer Konferenz vorausgegangen. Auf ihr waren die Minister der CDU/CSU aus den Ländern der amerikanischen, britischen und französischen Besatzungszone zusammengekommen, dazu die Landesvorsitzenden.

Adenauer berichtete von dieser Konferenz: Man sei 1949 in der Hauptsache mit wirtschaftlichen Argumenten in den Wahlkampf gegangen. Bei der Wahl im August 1949 sei es in erster Linie um das Wirtschaftssystem gegangen.

Wie solle die Wirtschaftsordnung in der neuen Bundesrepublik aussehen? Sozialismus, Planwirtschaft oder Marktwirtschaft?

Die CDU/CSU habe sich im Wahlkampf sehr stark für die von Prof. Dr. Ludwig Erhard verkündete Soziale Marktwirtschaft eingesetzt. Wer sich für sie entscheide, könne nicht gleichzeitig auch für Planwirtschaft oder Sozialismus sein. Das, was einmal im Ahlener Programm der CDU verkündet worden sei, sei längst durch die Düsseldorfer Leitsätze korrigiert worden. Wenn es zu einer großen Koalition käme, würde die Soziale Marktwirtschaft mit Sicherheit nicht mit notwendiger Klarheit zum Zuge kommen. Es würde ein verhängnisvolles Mischsystem erfunden werden. Ein solches System könne dem Aufbau der Wirtschaft nur hinderlich sein.
Deshalb waren die Vertreter, die die kleine Koalition befürworteten, der Meinung: „Wir müssen die kleine Koalition auch aus diesen wirtschaftlichen Überlegungen herbeiführen."

Der junge Freund von der CSU sorgt für Klarheit

Der Streit ging lange hin und her. Bevor aber eine Abstimmung durchgeführt wurde, hatte Konrad Adenauer Franz Josef Strauß gefragt: „Wir wollen doch einmal den jungen Freund von der CSU fragen, welche Meinung er zur Koalitionsfrage hat?" Strauß, wie es die Landesgruppe der CSU in München bereits beschlossen hatte, trat für die kleine Koalition ein und zwar mit der ausdrücklichen Feststellung: Sollte es zu einer großen Koalition kommen, also CDU mit der SPD, so würde die CSU nicht in die Fraktionsgemeinschaft eintreten. Es war ein eindeutiges Votum für die kleine Koalition mit CDU/CSU, FDP und DP.

Als Franz Josef Strauß für die CSU diese Erklärung abgegeben hatte, griff Adenauer sofort diese Darstellung auf und stellte fest: „Also, meine Herren, wenn wir mit der CDU/CSU eine gemeinsame Fraktion bilden wollen, müssen wir die kleine Koalition bilden."

Die große Mehrheit entschied sich durch starken Beifall für die kleine Koalition. Für weitere personelle Entscheidungen sollte eine kleine Kommission, bestehend aus Mitgliedern der CDU und CSU, berufen werden. Das Ergebnis sollte dann auf einer weiteren Sitzung der Gesamtfraktion bekanntgegeben werden. Die Frage der nächsten gemeinsamen Fraktionssitzung wurde noch offengehalten. Der Termin sollte von dieser kleinen Kommission entschieden werden. Die Abgeordneten würden rechtzeitig Bescheid gekommen.

Adenauer wünschte den Abgeordneten, daß sie sich in Bonn häuslich gut einrichten sollten. Er verabschiedete sich mit dem Dank, daß sie sich der Mühe unterzogen hätten, zu dieser gemeinsamen Sitzung nach Bonn zu kommen.

Auf Zimmersuche in Bonn

Die Abgeordneten, die aus Gebieten wie Bayern, Hessen, Schleswig-Holstein oder Niedersachsen kamen, waren sehr dankbar, daß sie die Möglichkeit bekommen hatten, sich um eine Bleibe zu kümmern. Einige Kollegen der CSU haben sich dann mit Michael Horlacher verabredet, der sich im „Hotel Jagdfeld“ auf dem Bonner Talweg bereits einquartiert hatte. Der Kollege Bauereisen, der in meinem Nachbarwahlkreis gewählt worden war, ging mit mir zur Verwaltung des Bundestages. Dort war eine provisorische Auskunftsstelle eingerichtet worden, die Anschriften von Privatleuten, die Abgeordnete aufnehmen wollten, zur Verfügung stellten.

So begann für Bauereisen und für mich das, was ich schon als Student erlebt habe, nach einer Unterkunft zu suchen. Als Studenten sagten wir: „Eine Bude suchen.“ Bauereisen, der älter als ich und sehr korpulent war, tat sich etwas schwerer als ich. Er wollte nicht allein auf Wohnungssuche gehen und hat gebeten, ob es nicht möglich wäre, ein Quartier für uns beide bei einer Familie zu suchen. Wir wurden auch fündig und konnten bei der Eisenbahnerfamilie Brauer in der Argelanderstraße im 1. Stock je ein Zimmer mieten. Bauereisen hat mir aus Dankbarkeit, daß ich mich bereit erklärt habe, mit ihm eine gemeinsame Unterkunft zu beziehen, bei der Auswahl des Raumes den Vortritt gegeben. Ich habe dann den Raum genommen, bei dem wenigstens ein Waschbecken, wenn auch nur mit kaltem Wasser, vorhanden war. Für mich war es ein ausreichend möbliertes Zimmer. Vor allen Dingen, was sehr wichtig war, es hatte eine Zentralheizung! Auch das Zimmer von Fritz Bauereisen war ähnlich ausgestattet und ebenfalls mit einer Zentralheizung versehen. Nur mußte er für die morgendliche Toilette das Bad der Familie Brauer benutzen. Damit war er aber einverstanden. Er hatte auch gleich eine Absprache getroffen, daß er auch bei der Familie Frühstück bekommen konnte. Ich habe mich in dieser Frage nicht festgelegt, weil ich noch nicht wußte, wie es sich im allgemeinen weiterentwickeln würde.

Übernachtet haben wir an diesem Tag noch im Hotel Jagdfeld, in dem sich, wie ich schon sagte, Dr. Michael Horlacher, einquartiert hatte. Horlacher war der ehemalige Präsident des Bayerischen Landtags und vor 1933 Abgeordneter der Bayerischen Volkspartei im Deutschen Reichstag. An diesem Abend wurde empfohlen, das Hotel Jagdfeld zu einem Teffpunkt für die CSU-Abgeordneten zu machen. Im Nebenzimmer des Hotels waren wir unter uns. Diese Treffen bekamen auch einen Namen: „Horlacher hält Hof.“

Ein Blick in die „Interne Stube der Landesgruppe der CSU" – Späße und Anekdoten

Horlacher hält Hof

Nach einem arbeitsreichen Tag, der sich von 8 Uhr morgens bis in den Abend hinein nur um Politik drehte, sehnte man sich nach etwas Abwechslung. Wir gingen zum Horlacher. Wer war Horlacher? – Horlacher wurde im April 1933 verhaftet und in Dachau in das Konzentrationslager eingeliefert. Zum Glück ist er aus dieser Hölle, wenn auch angeschlagen, wieder nach Hause gekommen. 1945 hat er an der Gründung und dann beim Aufbau der Christlich-Sozialen Union mitgewirkt.

Michael Horlacher hat uns am Abend des ersten Tages, den wir in Bonn verbrachten, zu einem gemütlichen Beisammensein in das Hotel eingeladen und uns viel aus seiner Abgeordnetenzeit berichtet. Gerade die Zeit vor der Machtübernahme bis zum Ermächtigungsgesetz habe ich mit großem Interesse verfolgt. Wenn ein Zeitzeuge berichtet, hört sich manches anders an, als man es in Büchern oder von dritter Seite erfahren kann. Aus diesem Abend wurde die feste Einrichtung: „Horlacher hält Hof."

Bei solchen Veranstaltungen im geschlossenen Kreis galt die ungezwungene Unterhaltung, aber auch die Diskretion, soweit man sie bei Zusammenkünften von mehr als zwei Personen erwarten darf. In diesem Kreis berichteten die Abgeordneten über Ereignisse, die sich in ihrem Wahlkreis zugetragen hatten, aber auch über Erlebnisse aus ihrer Jugendzeit. Dabei stellte sich heraus, daß wir eine ganze Reihe von „Originalen" besaßen, die in die graue Welt der Politik kräftige Farbtupfer zu setzen wußten. Auch Franz Josef Strauß gehörte häufig zu diesem Kreis.

Abgeordneter Franz Xaver Unertl

Ich beginne mit einem niederbayerischen „Urvieh", dem Unertl. Er war in seiner Jugend unter anderem Gehilfe eines Viehhändlers. Seine Aufgabe bestand darin, nach dem Handel die Tiere, meist Ochsen, in den Stall des Käufers zu treiben.

Eines Tages sollten ein oder zwei Mastochsen in der Landwirtschaft eines Klosters gekauft werden. Der Viehhändler wußte von früheren Einkäufen, daß der Prior den Preis mit dem Händler aushandelte. Dabei wurde um jeden Pfennig gefeilscht. Bei dem Handelsvorgang zwischen dem gottesfürchtigen Ordensmann und dem Händler sollte der Franzl einen Rosenkranz aus der Tasche fallen lassen. Daraufhin wollte dann der Viehhändler bemerken: „Franzl, dir ist der Rosenkranz aus der Tasche gefallen." Das Geschäft verlief wie beabsichtigt. Der Prior war von der Tatsache überrascht, daß so ein junger Bursche so fromm war und den heiligen Rosenkranz bei sich trug. Was beim Nachgeben des Preises seinen zählbaren Ausdruck fand. Selbstverständlich zugunsten des Viehhändlers. Nach glaubhafter Versicherung hat Unertl dafür ein beachtliches Trinkgeld bekommen.

Diese Geschichte gab Unertl in einer seiner Versammlungen zum besten.

Worauf ein Versammlungsteilnehmer sich entrüstet äußerte:
„Herr Abgeordneter, mit dem heiligen Rosenkranz kann man doch keinen solchen Unfug treiben." Darauf Unertl: „Regen Sie sich doch nicht so auf. Der Rosenkranz war ja gar nicht geweiht." Schlagfertig war er und hatte die Lacher auf seiner Seite.

Abgeordneter Karl Kahn

Karl Kahn war schon in den 1. Bundestag 1949 im Wahlkreis Burg Lengenfeld in der Oberpfalz gewählt worden. Nach dem Studium hatte er sich in jungen Jahren politisch in der Bayerischen Volkspartei betätigt.

Kahn war immer gut gekleidet, die Stoffe meist im Grauton gehalten. Das Sonderliche an ihm waren seine Schuhe. Von der Grundfarbe her schwarz mit seitlich weißen Ledereinsätzen. Im Herbst und Winter hatte er zum Schutz gegen die Kälte graue Gamaschen übergezogen. Von diesen Gamaschen hatte er seinen Spitznamen: „Gamaschen-Kahn." Namensgeber war natürlich Franz Xaver Unertl, nicht nur in diesem Fall.

Abgeordneter Karl Wieninger

Unser Kollege Karl Wieninger war ein Widerstandskämpfer der Münchener Freiheitsbewegung, von denen manche im Kampf gegen Hitler in den Tod gingen, wie die Geschwister Scholl, die ebenfalls dieser Widerstandsgruppe wie Wieninger angehörten.

Karl Wieninger, Inhaber eines Haushaltswarengeschäftes, hatte auch in seinem Sortiment die damals noch üblichen Nachtgeschirre, die im französischen „Pot chambre" genannt werden. Schon hatte er den Spitznamen „Pot Chambre Karl." Aber er nahm es nicht übel.

Abgeordneter Georg Lang

Der kreuzbrave Sozialpolitiker Georg Lang war Angestellter bei der Stadt München und Leiter des Referats „Hundemarken.“ Er hatte natürlich seine interne Bezeichnung weg. Wir nannten ihn „Hundsmarkl Schorsch.“

Nun zurück zu Karl Kahn:

Er berichtete uns, wie er seine Versammlungen organisierte. Da er weder Auto noch Führerschein besaß, war er darauf angewiesen, von einem Parteifreund mit dessen Wagen zur Festlegung seiner Versammlungstermine gefahren zu werden, die er immer für einen Monat im voraus festzulegen pflegte. Für viele war es eine Ehre, den eleganten, weltoffenen Abgeordneten Kahn fahren zu dürfen.

In dem Ort, an dem die Versammlungen stattfinden sollten, suchte er den Ortsgeistlichen auf. Die Pfarrköchin bekam als erstes einen 10-Mark-Schein in die Hand gedrückt, denn sie sorgte für ein gutes Klima im Pfarrhof. Der Geistliche war in der Regel sehr erfreut, wenn der Abgeordnete kam, der auch noch Vizepräsident des Eingaben- und Beschwerdeausschusses war. Kahn vergaß nicht zu betonen, daß es für den Geistlichen eine Ehre sei, wenn er ihn besuchte. Am vereinbarten Termin fuhr Kahn am Portal der Kirche vor, wurde dort vom Ortsgeistlichen empfangen und zu dem mit einem roten Tuch ausgeschlagenen Gebetsstuhl begleitet. Der Abgeordnete vergaß während des Ganges zum Betstuhl nicht, sich wohlwollend nach allen Seiten gütig zu verneigen. Bei Beginn der Predigt wurde der Abgeordnete gebührend begrüßt und am Schluß vergaß der Pfarrer nicht zu erwähnen, daß nach dem Gottesdienst eine Versammlung mit dem Abgeordneten im Gasthof „Zum roten Ochsen“ stattfindet. Von dieser Praxis mußte wohl der Bischof von Regensburg erfahren haben, der daraufhin für die 2. Wahlperiode diese einseitige Bevorzugung einer Partei und eines Abgeordneten verboten hat.

Abgeordneter Hermann Höcherl

1953 wurde Hermann Höcherl im Wahlkreis Regensburg in den Bundestag gewählt. Er war ein belebendes Element in der Landesgruppe der CSU, gescheit, spitzfindig und ein großes Schlitzohr. Er hatte eine Sprechweise, die der des Wiener Schauspielers Hans Moser ähnlich war. Deshalb hatte er unter uns die Bezeichnung „unser Moser“ oder auch „Schnuferl.“ Er war für die Landesgruppe eine wesentliche Bereicherung, da er vielseitig verwendbar und stets gut gelaunt war. Ich habe ihn für den Landesgruppen-Vorstand vorgeschlagen, was auch die Zustimmung der Mitglieder der Landesgruppe fand.

1961 berief Bundeskanzler Adenauer Hermann Höcherl zum Bundesinnenminister.

1962 hat er die „Spiegelaffäre“ trotz seines Bekenntnisses, er könne nicht immer mit dem Grundgesetz unterm Arm herumlaufen, überstanden. „Manches“, so meinte er bei anderer Gelegenheit, „ist am Rande der Legalität.“ Das hat ihm nicht geschadet. Selbst die „Befragung“ von Franz Josef Strauß nicht. (Darüber im Kapitel „Spielgelaffäre“).

Es war bekannt, daß Höcherl in abendlicher Gesellschaft gern mal ein Gläschen, dann und wann auch eines zuviel getrunken hat. Das muß am Vorabend der Eröffnung der „Grünen Woche“ 1965 durch den Bundespräsidenten Heinrich Lübke auch so gewesen sein. Jedenfalls mußte der Bundespräsident 20 Minuten auf den zuständigen Landwirtschaftsminister Höcherl warten, um die „Grüne Woche“ eröffnen zu können. Das sollte noch ein Nachspiel haben.

Bei der Regierungsbildung 1965 für das zweiten Bundeskabinett Erhard kam Höcherl hilfesuchend zu mir mit der Bitte, ich solle mit dem Bundespräsidenten Lübke reden, denn der wolle seine Berufung zum

Minister nicht unterschreiben. Selbstverständlich war ich zur Vermittlung bereit.

Bei meinem Gespräch mit dem Bundespräsidenten führte dieser folgende Gründe für seine Weigerung an.

Erstens wären da die Vorkommnisse bei der Eröffnung der „Grünen Woche", zu der Höcherl nicht nur zu spät, sondern auch in einem ganz unmöglichen Anzug gekommen sei.

Zweitens sei er erst vorige Woche in Brüssel schwankend in ein Flugzeug eingestiegen und habe dort noch einiges getrunken, so daß er bei der Ankunft kaum noch gehen konnte.

Jetzt war ich gefordert. „Herr Bundespräsident, Sie wissen, daß Hermann Höcherl vor einem halben Jahr eine schwere Magenoperation, bei der zwei Drittel seines Magens entfernt wurden, hinter sich gebracht hat. Das hat zur Folge, daß jede Menge Alkohol bei dem noch verbliebenen Magen wie ein dreifaches Quantum wirkt. Außerdem hat der Alkohol im Flugzeug eine mehrfache Wirkung." Ich muß das sehr dramatisch geschildert haben, denn Lübke sagte: „Na gut, da will ich Gnade vor Recht gelten lassen." Ob Lübke das mit der Wirkung des Alkohols geglaubt hat, weiß ich nicht. Auf jeden Fall hat er die Urkunde unterschrieben.

Hermann Höcherl ist 1976 aus dem Bundestag ausgeschieden und einer Rechtsanwaltkanzlei mit zwei Anwälten beigetreten. Die Kanzleitafel wurde mit seinem Namen ergänzt. Am Tag darauf war ein Streifen darüber geklebt mit dem Aufdruck „Drei Halunken." Seine zwei Kollegen wollten den Streifen beseitigen lassen. Höcherl war strikt dagegen, denn der Streifen sei die beste Reklame.

Hermann Höcherl mußte abermals in die Klinik nach Regensburg. Ich besuchte ihn am Krankenbett und brachte eine Flasche französischen Rotwein, den er so liebte, mit. Auf die Frage, „Darfst du ihn auch trinken?“ war seine Antwort vielsagend: „Ich darf alles trinken.“ Er fügte hinzu: „In wenigen Wochen geht es zu Ende“, und halb scherzend sagte er: „die Leber ist pampel gesund, nur die Bauspeicheldrüse macht nicht mehr mit.“ In diesem Zustand fragte ich ihn: „Hermann, darf ich noch eine Frage stellen? Du brauchst nicht darauf zu antworten, wenn du nicht willst“. Er sagte: „Stell’ sie.“ „Hermann, hast du bei dem konstruktiven Mißtrauensvotum Barzel gewählt?“ Seine Antwort: „Mit einem Bauch voller Unbehagen habe ich ihn gewählt.“

Eine Woche später ging ein guter Freund von mir, von uns, von vielen, die ihn kannten. Er ging den Weg, den wir alle einmal gehen müssen.

Strauß und Nickel im Nahkampf

Ich habe ja schon erwähnt, daß Franz Josef Strauß gelegentlich zum Kreis um Horlacher kam, schon deshalb, weil er mit Horlacher, der Stellvertretender Parteivorsitzender war, auch Dienstliches zu besprechen hatte.

Im allgemeinen ging es in dieser Runde friedlich zu. Es wurde viel gelacht und auch gespottet, aber keiner nahm etwas übel. Wenn Strauß kam, wurde schon etwas Besonderes erwartet. Das traf auch jetzt fast programmgemäß ein.

Während er sich mit Horlacher unterhielt, fiel ein nicht nur in Bayern bekanntes Sprichwort: „Die dümmsten Bauern haben die größten Kartoffeln."

Da sprang der Abgeordnete Nickel auf, stürzte sich auf Strauß mit lauten Rufen: „Von dir, du Akademiker (er sprach das falsch aus, nämlich ‚Akademigger') laß ich mich nicht beleidigen." Nun muß man wissen, der Abgeordnete Nickel war ein erfolgreicher Züchter von Saatkartoffeln und war dafür mit dem Ehrentitel Ökonomierat vom König persönlich ausgezeichnet worden.

Bei dem Scharmützel wollte der Ober, in diesem Hotel wurde noch im Frack serviert, den Streit schlichten. Da ließ Strauß den aufgebrachten Kollegen Nickel los, griff sich den Ober und warf ihn zur Nebenzimmertüre hinaus. Das war zwar nicht sehr freundlich, hatte aber den Vorteil, daß die beiden Kampfhähne von einander getrennt waren. Horlacher nahm sich den Kollegen Nickel an die Brust und versicherte ihm, er sei doch mit diesem Sprichwort persönlich überhaupt nicht gemeint. Die Beruhigung hatte bei Nickel Erfolg und auch Strauß sah ein, daß es sich nicht lohnt mit dem Kollegen Nickel zu streiten.

Nun bemerkte Strauß, daß er sich jetzt um den Ober kümmern müßte. Der Ober aber tauchte an diesem Abend nicht mehr auf, denn er wollte nicht noch einmal hinausgeworfen werden und war bereits nach Hause gegangen. Am Zimmerschlüssel für das Horlacher-Zimmer hatte er die Nachricht hinterlassen: „Bitte Hotelzugang absperren und Abrechnung morgen."

Am folgenden Tag sprach ich mit dem Ober und entschuldigte den Hinauswurf. Im Namen von Strauß habe ich ihm 50 D-Mark gegeben und ihm dringend geraten, sich künftig nicht mehr als Schlichter zu betätigen.

Bei unserem nächsten Beisammensein wurden Strauß und ebenso Nickel zu je einem Bocksbeutel Wein verurteilt. Das Urteil wurde ohne Murren angenommen.

Ähnliche Vorfälle hat es in diesem Kreis nie wieder gegeben.

Der Reinfall

Der Abgeordnete Horlacher hat von seiner ersten Kandidatur folgende Episode erzählt.

Nach einer Versammlung in einem Niederbayerischen Landkreis äußerte in der anschliessenden Diskussion ein Versammlungsteilnehmer: „Herr Kandidat, Sie haben zwar sehr schön gesprochen, aber versprochen haben Sie uns nichts. Ihr Gegenkandidat vom Bayerischen Bauernbund hat uns dagegen eine neue Brücke versprochen."

Darauf habe er, so Horlacher, gekontert: „Ich verspreche euch auch eine neue Brücke." Da kam aus dem Kreis der Versammlungsteilnehmer der Ruf, „wir haben ja gar keinen Fluß." Daraufhin ergänzte er: „Den Fluß verspreche ich euch auch."

Horlacher schloß: „Meine Glaubwürdigkeit hat darunter sehr gelitten. Dieser Vorfall war mir eine Lehre für mein ganzes politisches Leben."

Versprich nichts, was du nicht halten kannst.

Die Namensgebung eines neuen Gemeinwesens

Im Zuge der kommunalen Gebietsreform sollten auch die bisher selbständigen Gemeinden Leerstetten und Schwand zu einer Gemeinde zusammengelegt werden. Daraufhin brach der reinste Volksaufstand los. Nicht so sehr wegen der Zusammenlegung, das sah man notgedrungen ein, aber wie sollte die neue Gemeinde heißen? Doppelnamen wurden grundsätzlich nicht genehmigt. Leerstetten/Schwand war daher nicht möglich. Die Bewohner der beiden Gemeinden kamen sich fürchterlich in die Haare. Meine Parteifreunde von beiden Gemeinden riefen mich um Hilfe. Ich sollte die zerstrittenen Gemeinden zusamenführen und zwar unter einem Namen. Diese Aufgabe schien unlösbar. Die Schwander führten ins Feld, daß sie die weit ältere Gemeinde seien.

Die Leerstetter konnten darlegen, daß sie um 100 Einwohner größer seien als Schwand. Also müsse die neue Gemeinde Leerstetten heißen.

Wenn es nicht gelänge, die Emotionen zurückzudrängen und an die Stelle den Verstand zu setzen, dann wäre alles sinnlos gewesen.

Ich hatte die Idee, die beiden Ortsnamen miteinander zu verbinden. Mir schwebte vor, die neue Gemeinde „Schwanstetten“ zu nennen. Nach einer Rücksprache mit dem Regierungspräsidenten von Mosch, der mit viel Bedenken letztlich aber doch zustimmte, glaubte ich das Ei des Columbus gefunden zu haben. Mit diesem Vorschlag habe ich in beiden Gemeinden, zwar widerwillig aber doch eine Einigung erreicht. Schwanstetten ist die einzige Gemeinde in Bayern, die auf diese Art ihre Ortsbezeichnung erhielt.

Nun hatten wir zwar den Namen, aber wo sollte das Rathaus stehen? Hier wurde relativ bald ein vernünftiger Weg gefunden. Ein neues Rathaus sollte in der Mitte der ehemals selbständigen Gemeinden gebaut werden. Vor dem neuen Rathaus wurde ein kleiner Teich angelegt und ein Paar Schwäne eingesetzt. Inzwischen entstand um das Rathaus eine kleine Siedlung.

Die Namengebung war gelungen und wurde nach einer entsprechenden Eingewöhnungszeit auch angenommen. Darauf bin ich heute noch stolz.

Ein Abgeordneter beißt sich in den Hintern

Mein Vater, der nach 1945 Mitglied im 1. Bayerischen Landtag war, erzählte mir eine Geschichte, die ich zunächst nur mit großem Vorbehalt für glaubhaft hielt.

Folgendes soll sich zugetragen haben: Ein Abgeordneter der CSU-Fraktion, älterer Jahrgang, hatte Schwierigkeiten mit dem Sitz seiner oberen Zahnprothese. Es kam schon mal vor, so erzählte mein Vater, daß er beim Sprechen dieses Stück nur mühsam unter Kontrolle halten konnte. Nun war er eines Tages als Redner im Plenum vorgesehen. Aus Angst, er könnte mit seinem Gebiß Schwierigkeiten bekommen, legte er die Prothese, bevor er zum Rednerpult ging, auf seinem Stuhl ab.

Im 1. Landtag 1945/1946 gab es noch keine Klappstühle, sondern nur ganz einfache Sitzgelegenheiten mit einer glatten Sitzfläche. Als der Abgeordnete mit seinen Ausführungen zu Ende war und auf seinen Platz zurückkehrte, setzte er sich mit einem lauten „Au“ auf seine Prothese.

Schnell hatte sich dieser Vorfall in der Fraktion herumgesprochen. Wer solches Pech hat, braucht sich um den Spott nicht zu sorgen.

Würde heute so etwas geschehen, käme er in das Guinness-Buch der Rekorde, weil er der einzige Abgeordnete ist, dem es gelungen ist, sich in seinen Hintern zu beißen. Eine ähnliche Begebenheit hätte sich beinahe im Deutschen Bundestag wiederholt.

Der Bundestagsabgeordnete Dr. Michael Horlacher, ein außerordentlich beliebter Kollege mit einem allseits geschätzten Unterhaltungswert, hatte auch seine liebe Not mit der oberen Zahnprothese. Wenn er im kleinen Kreis im Kammerton mit uns sprach, konnte er die Situation beherrschen, obwohl wir auch da das unruhige Klappern in seinem Gaumenbereich hörten. Problematisch wurde es, wenn er im Plenum sprechen mußte. Horlacher war nicht nur ein guter, sondern auch ein leidenschaftlicher Redner. Bei einer seiner Reden bemerkte ich, wie er immer wieder nach der Prothese schnappte und sie soweit es ging zurückdrückte. Plötzlich wurde es ihm anscheinend zu unangenehm. Er holte sein Taschentuch heraus und im Nu war die Prothese im Taschentuch und dann beides in der Rocktasche verschwunden. So konnte er seine Rede ohne weitere Komplikation zu Ende bringen.

Nach dieser eigenen Beobachtung war ich ohne Vorbehalt bereit, die Schilderung meines Vaters, ein Abgeordneter des Bayerischen Landtages habe sich in den Hintern gebissen, als Tatsache zu akzeptieren.

Einladung bei Kronprinz Ruprecht

Als eines Abends der Abgeordnete Nickel nicht anwesend war, erzählte ich von einer Einladung beim Kronprinzen Ruprecht.

Nach Bildung der Bundesregierung haben die Regierungen der Bundesländer Bevollmächtigte zur Bundesregierung, zum Bundesrat und zum Bundestag nach Bonn entsandt.

Einer dieser Bevollmächtigten war der aus Bayern kommende Staatsrat Johann Rattenhuber. Er war unter zwei Gesichtspunkten eine besonders interessante Persönlichkeit. Erstens, Staatsrat wurde in Bayern nur, wer ein Einser-Examen in der Juristerei abgelegt und sich in der Folgezeit in ganz besonderer Weise als befähigt erwiesen hatte. Es gab in Bayern vier Staatsräte: Wilhelm Högner, Fritz Schäffer, Johann Rattenhuber und Gebhard Seelos.

Der zweite Gesichtspunkt war rein politisch. Rattenhuber war Landwirtschaftsminister in der Revolutionsregierung des Kurt Eisner. Trotzdem verfügte er über gute Verbindungen zum Hause Wittelsbach und hier ganz besonders zum Kronprinzen Ruprecht.

Im Mai 1950 bekamen sieben Abgeordnete aus der Landesgruppe der CSU im Bundestag eine Einladung zu einem Besuch beim Kronprinzen Ruprecht in Leutstetten. Wir fühlten uns, die wir auf Veranlassung des Bevollmächtigten Bayerns beim Bund, Staatsrat Rattenhuber, benannt worden waren, sehr geschmeichelt. Es war eine besondere Ehre. Leutstetten liegt in der Nähe von Starnberg und ist ein Schloß ländlichen Zuschnitts, in der Prachtentfaltung keinesfalls mit Schlössern wie Neuschwanstein, Linderhof oder Herrenchiemsee vergleichbar.

Im Schloß mußten wir zunächst in einem Vorraum, der mit alten Waffen und einigen Bildern von Wittelsbacher Ahnen ausgestattet war, etwas warten. Dann führte uns ein Diener, der auf seiner Livree das Wittelsbacher Wappen führte und blütenweiße Handschuhe trug, in den angrenzenden Raum, der bereits für eine Kaffeetafel gedeckt war.

Über der gedeckten Tafel hing ein großer, aus Hirschgeweihen hergestellter Kronleuchter, ein besonderes Schmuckstück. Auch hier befanden sich Bilder ehemals regierender Wittelsbacher. Dann erschien Kronprinz Ruprecht, eine stattliche Männergestalt, mindestens 1,90 m groß, mit sonnengebräunter Gesichtsfarbe und schlohweißem Haar. Er trug einen Trachtenanzug, den insbesondere die Adeligen im altbayerischen Raum gern tragen und bat uns, Platz zu nehmen.

Da bemerkte ich, daß neben ihm ein Platz frei blieb. Ich dachte, da komme noch ein Kollege, aber nein, dieser leere Stuhl hatte einen besonderen Zweck: Kronprinz Ruprecht würde alle Abgeordneten, so wie sie gerade in der Reihe saßen, bitten, an seiner Seite Platz zu nehmen. Dann begann er individuell ein Gespräch mit jedem einzelnen Abgeordneten zu führen. Er fragte nach Namen, Beruf und woher er komme.

Ich schildere das Gespräch mit dem Abgeordneten Christoph Nickel, weil es dabei fast zu einem Eklat gekommen wäre.

Der Abgeordnete Nickel war ein jähzorniger Mann. Wenn ihn einer ein wenig schräg anredete, lief er gleich rot an, wurde furchtbar böse und war schnell beleidigt. Als er nun beim Kronprinzen saß, dachte ich mir, hoffentlich geht das alles gut. Und siehe da, schon war der Ansatz da, wo der Abgeordnete Nickel eigentlich aus der Haut fahren würde. Was war geschehen? Der Kronprinz sagte zu ihm, als er erfahren hatte, daß er aus Roßlaß in der Oberpfalz stammte: „Ja, da muß ich Ihnen eine nette Geschichte erzählen. Da kommt ein Oberpfälzer zum Beichten in die Kirche. Im Beichtstuhl schweigt und schweigt er. Da sagt der Beichtvater: ‚Fangens halt an!‘ Der Oberpfälzer schweigt immer noch. Da sagt der Priester: ‚Haben Sie denn keine Sünden?‘ Darauf die Antwort: ‚Ich bin ein Oberpfälzer.‘ Der Beichtvater soll dann gesagt haben: ‚Aber das ist doch keine Sünde, aber eine Schande!‘“

Nun, wie sich das so abgespielt hatte, wurde mir bange, denn ich bekam Angst, er würde ausflippen und ginge dem Kronprinzen an die Wäsche. Nickel hat weder handgreiflich noch mit einem Wutanfall reagiert, aber er bekam einen roten Kopf wie eine überreife Erdbeere. Der Kronprinz sagte ihm noch ein paar nette Worte: Er freue sich natürlich, daß die Landwirtschaft durch solch tüchtige Leute im Parlament vertreten sei. Und so kam es doch noch zu einem versöhnlichen Abschluß. Aber Nickel konnte das nicht verkraften und erzählte hinterher noch: „Wenn das nicht der Kronprinz gewesen wäre, dann wäre ich ihm an die Gurgel gesprungen. Wie der feine Herr von den Oberpfälzern als Schande spricht, ist beleidigend. Wir Oberpfälzer sind doch die Königstreuesten gewesen! Natürlich sind wir keine reichen Leute, aber ehrlich und fleißig.“

Aus meiner Postministerzeit kann ich bestätigen: ohne die Oberpfälzer Aushilfskräfte wäre der Weihnachtsversand im Paketdienst bei der Post zusammengebrochen. Der Bauer-Versand sowie die Firma Grundig und das Versandhaus Quelle wären auf den Paketen sitzengeblieben.

Nun kam ich an die Reihe. Nachdem ich mich vorgestellt hatte und der Kronprinz sich über die wesentlichen Punkte hatte unterrichten lassen, schloß er dann mit der Feststellung: „Sie kommen demnach aus Mittelfranken.“ „Ja, Königliche Hoheit“, entgegnete ich, so wie Herr Rattenhuber empfohlen hatte, den Kronprinzen anzureden. „Ja, da muß ich Ihnen eine nette Geschichte erzählen.“ Auweh, dachte ich mir, was wird wohl jetzt kommen?

„Eines Tages, es war Sommer, im Schloß Kreuth bei Heideck ist es da besonders schön, habe ich mich entschlossen, meinen seit langer Zeit versprochenen Besuch zu machen. Schon meine Vorfahren, wenn sie mit der Eisenbahn in das nördliche Bayern gefahren sind (er meinte insbesondere König Ludwig I, der nach Bad Brückenau zu Lola Montez fuhr – davon hat er begreiflicherweise nicht gesprochen), haben in Ellingen oder bei der Station Pleinfeld Halt gemacht, weil es in der dortigen Bahnhofsgaststätte sehr gute fränkische saure Bratwürste gab. Ich glaube, die Einheimischen sagen dazu...", ich ergänzte: „Saure Zipfl."

„Im Sommer 1929 fuhr ich, zusammen mit meiner Begleitung, per Bahn bis nach Pleinfeld und habe dort die guten Bratwürste gegessen. Inzwischen war der Kutscher Johann mit dem Vierspänner gekommen, um uns abzuholen. So eineinhalb Stunden werden wir gebraucht haben, bis wir an der Straßenmündung, die zum Schloß Kreuth führt, ankamen. Rechts geht es über eine Brücke nach Heideck, links geht es zum Schloß. Die Heidecker Bevölkerung hatte sich dort zahlreich zur Begrüßung versammelt, und plötzlich wurde unter der Brücke ein Böller abgeschossen. Das hat natürlich einen furchtbaren Widerhall gegeben. Die Pferde scheuten. Der Kutscher Johann konnte sie gerade noch zügeln. Sie haben sich wieder beruhigt und es ging ohne Schwierigkeiten weiter."

Soweit erzählte er. Und dann sagte er, „Wissen Sie, das muß doch ein seltener Trottel gewesen sein, der unter der Brücke mit einem Böller schießt. Der hätte doch wissen müssen, daß die Pferde durchgehen, denn Kutschpferde sind doch keine Kriegspferde, sondern friedliche Pferde aus unserem Stall."

Ich blieb stumm, denn der, den Seine Königliche Hoheit als Trottel bezeichnet hatte, war mein Bruder Hans! Das habe ich ihm natürlich nicht gesagt.

Kronprinz Ruprecht erzählte dann weiter: „Die Fahrt zum Schloß ging reibungslos.“ Jetzt unterbrach ich ihn und sagte: „Königliche Hoheit, und dann sind Sie am Portal des Schlosses nicht nur vom Fürsten Öttingen und seiner Familie begrüßt worden, sondern auch vom Bürgermeister der Stadt Heideck.“ Ja, das wisse er noch. Ich hatte den Eindruck, daß er das tatsächlich noch wußte. „Und dieser Bürgermeister, der Ihnen den Gruß der Stadt Heideck entboten hat, das war mein Vater.“ „Das ist aber schön, daß Sie mich daran erinnern“, sagte er. Ich erzählte weiter: „Dann war da ein kleiner Bub, der hat Ihnen ein Gedicht aufgesagt und der war ich.“ Na, Seine Königliche Hoheit hätte mich beinahe umarmt. Man merkte, daß sich der Kronprinz darüber freute und er bat mich, einen Gruß an meinen Vater auszurichten. Auch für mich war das Gespräch eine schöne Erinnerung. Mein Bruder Hans hat den „Trottel“ verkraftet.

Kronprinz Ruprecht hatte noch einige allgemeine Probleme angesprochen und sich sehr anerkennend über die Entwicklung in Bayern und Deutschland geäußert. Er sprach von Deutschland und meinte selbstverständlich die Bundesrepublik.

Wir waren über zweieinhalb Stunden zu Besuch in Leutstetten. Dieser Besuch bleibt uns noch lange in Erinnerung.

Schloß Kreuth ist inzwischen verkauft und zum Teil zu einem Seniorenheim umgewidmet worden. Ein Stück Heimat erinnert nun nicht mehr an meine sorglose Jugend.

Die Parlamentsarbeit 1949

Nach der Bundestagswahl am 14. August 1949, noch bevor die personelle Entscheidung für das Amt des Bundespräsidenten und des Bundeskanzlers gefallen war, hat sich die Fraktion der CDU/CSU konstituiert und dabei die erforderlichen Wahlen durchgeführt, damit die Fraktion durch gewählte Vertreter repräsentativ an den Koalitionsverhandlungen teilnehmen konnte.

Der Vorschlag der Kommission:

1. Entscheidung für eine kleine Koalition, bestehend aus CDU/CSU, FDP (in Baden-Württemberg LPD) und der DP (Deutsche Partei).

2. Personelle Vorschläge:
als Bundespräsidenten Prof. Dr. Theodor Heuß (FDP),
als Bundeskanzler Dr. Konrad Adenauer (CDU),
als Bundeswirtschaftsminister Prof. Dr. Ludwig Erhard,
als Bundesfinanzminister Dr. Fritz Schäffer (CSU),
als Bundesverkehrsminister Dr. Hans-Christoph Seebohm.

3. Als Bundestagspräsident Dr. Erich Köhler (CDU).

4. Als CDU/CSU-Fraktionsvorsitzenden Dr. Heinrich von Brentano (CDU), und zum ersten Stellvertreter Franz-Josef Strauß (CSU).

Diese Vorschläge wurden in der CDU/CSU-Fraktion mit großer Mehrheit angenommen.

Bei der Wahl des Bundesratspräsidenten gab es großen Ärger, weil nicht der mit Adenauer und der CDU vereinbarte Bayerische Ministerpräsident Dr. Hans Ehard, sondern der Ministerpräsident von Nordrhein-Westfalen, Karl Arnold, zum Präsidenten des Bundesrates gewählt wurde.

Nach einer interfraktionellen Vereinbarung wurden die Ausschüsse nach der Organisation der Bundesregierung festgelegt. Es gibt einen Ausschuß, der nach dem Grundgesetz verbindlich zu bilden ist, das ist der Ausschuß für Auswärtige Angelegenheiten. Nachdem, wenn auch etwas mühsam, endlich doch verbindlich, die Zahl der Mitglieder der einzelnen Ausschüsse entsprechend den Fraktionsstärken festgelegt worden war, konnte die Landesgruppe der CSU an die Besetzung ihres Anteils an den Ausschüssen gehen.

Die Aufgaben der anstehenden Parlamentsarbeit werden verteilt

Franz Josef Strauß lud mich noch vor der ersten Sitzung des Bundestages zu einem Abendessen in den „Salvator“ in der Sürst in Bonn ein. Bei einem bayerischen Essen machte er mir den Vorschlag, ich solle die organisatorischen Aufgaben der Landesgruppe übernehmen und auch im Ältestenrat dafür sorgen, daß bei Debatten, bei denen mehrere Redner einer Fraktion vorgesehen sind, mindestens der zweite Redner der CDU/CSU-Fraktion, ein Abgeordneter aus der CSU-Landesgruppe sein sollte. In diesem Zusammenhang erklärte sich Strauß bereit, die großen Debatten selbst zu übernehmen.

Ich ging nun an die Ausführung meiner Aufgaben. Die Aufteilung der Büroräume auf die einzelnen Abgeordneten machte keine Schwierigkeiten. Der Grund dafür war sehr einfach: Es gab sie nicht! Nur die Ausschußvorsitzenden bekamen einen Raum, bei größeren Ausschüssen war noch ein Vorzimmer für das Sekretariat vorgesehen. Bei den kleineren Ausschüssen teilten sich der Ausschußvorsitzende und die Sekretärin ein Büro.

Für die Arbeitsunterlagen der übrigen Abgeordneten waren Stahlschränke in den Fluren aufgestellt. Jedem Abgeordneten wurde ein Fach mit einer Nummer und einem Sicherheitsschlüssel zugewiesen. Das Fach war ungefähr 35 x 35 cm groß und diente zur Ablage der in den Ausschüssen oder im Bundestag anfallenden Schriftstücke und Drucksachen. Strauß selbst hatte ein Büro, ein Vorzimmer sowie einen zusätzlichen Raum, der für einen persönlichen Referenten vorgesehen war.

Im Vorzimmer arbeitete seine Sekretärin, Frau Ermelinde Bauer, die schon in seiner Zeit als Landrat von Schongau für ihn tätig gewesen war. Nach einigen Wochen holte Strauß auch seinen Wahlkreismitarbeiter Karl Donat nach Bonn. Die beiden waren die einzigen Hilfsorgane der CSU-Landesgruppe. Mit zunehmendem Arbeitsanfall in der Landesgruppe und ihrer Ausschüsse war es erforderlich, das Personal um zwei juristisch ausgebildete Mitarbeiter zu ergänzen. Es war uns gelungen, die Herren Dr. Hans Merkel und Dr. Hans Stelzl für diese Aufgabe zu gewinnen.

Dr. Merkel war in meiner Zeit als Bundestagspräsident Leiter des Präsidialbüros und Dr. Stelzel wurde mein Persönlicher Referent. Frau Ingrid Dölling, die mit der Kassenverwaltung beauftragt war, wechselte dann ebenfalls in das Präsidialbüro.

Für alle Abgeordneten war ein Schreibbüro eingerichtet. Wenn ein Abgeordneter die Absicht hatte, einen Brief zu schreiben, mußte er sich an die Vorsteherin dieses Schreibbüros, Elisabeth Pieper, wenden. Für 420 Abgeordnete standen acht Schreibkräfte zur Verfügung! Man mußte sich in diesem Schreibbüro erst einmal anmelden. Dann wurde man in eine Warteliste eingetragen. Es war keine Seltenheit, daß man bis zu acht Tagen oder mehr warten mußte, bis eine Schreibkraft zur Verfügung stand.

Da meine Frau Schreibmaschine und Stenographie beherrschte, habe ich meine schriftlichen Arbeiten über das Wochenende mit nach Hause genommen und sie dort erledigt.

Im Laufe der 1. Legislaturperiode wurde diese völlig unzulängliche Situation des Schreibbüros bereits etwas verbessert. Ab der 2. und 3. Legislaturperiode standen dann ausreichend Schreibkräfte und Büros zur Verfügung.

Der Wirtschaftsausschuß hart umkämpft

Nach langen, heißen und heftigen Diskussionen kam eine sachgemäße, natürlich nicht allen Wünschen entsprechende, aber ausgewogene Liste für die Ausschußbesetzung zustande. Für den wichtigen Wirtschaftsausschuß war, im Hinblick auf die beginnende Aufbauphase im Rahmen der Sozialen Marktwirtschaft, der Andrang besonders groß. Da sich neun CSU-Abgeordnete für den Wirtschaftsausschuß beworben hatten, waren mehrere geheime schriftliche Abstimmungen erforderlich. Dabei spielte die Überlegung in diesem Ausschuß eine große Rolle, wie in ihm die Gewichte zwischen Groß-, Mittel und Kleinbetrieben verteilt waren. Es ließ sich eindeutig feststellen, daß der Mittelstand nicht seiner Bedeutung entsprechend berücksichtigt worden war. Aus dieser Überlegung wurde ich für den Ausschuß vorgesehen. Mein Stellvertreter war Dr. Josef Oesterle.

Inzwischen haben die Fraktionen für ihren Teil der parlamentarischen Arbeit eine eigene Institution gegründet, nämlich die sehr einflußreichen Parlamentarischen Geschäftsführer. Als solcher war ich neben meiner Ausschußarbeit für die Landesgruppe tätig. Alle Fraktionsvorsitzenden wissen diese Einrichtung zu schätzen und möchten sie nicht mehr missen.

Zu meinen Aufgaben gehörte es unter anderem, für eine ausreichende Präsenz bei den Plenarsitzungen zu sorgen. Ich wußte, daß nicht alle Abgeordneten im Plenarsaal anwesend sein konnten. Deshalb hatte ich die Landesgruppe der CSU in vier Gruppen aufgeteilt und einen aus jeder Gruppe, es war in der Regel der jüngste Kollege, gebeten, für eine ausreichende Präsenz besorgt zu sein.

Die CSU-Landesgruppe gewann an Ansehen

Die Landesgruppe ging mit gestärktem Ansehen aus der 1. Legislaturperiode hervor. Sie errang durch ihre Geschlossenheit beachtliches Ansehen und Einfluß in Fraktion und Parlament, was auch in der Öffentlichkeit zur Kenntnis genommen wurde. Ihr Einfluß war größer, als sie nach der Zahl ihrer Abgeordneten erwarten konnte.

Die Landesgruppe hat sich als eine berechenbare Größe in unserer jungen parlamentarischen Demokratie etabliert. Auf sie war Verlaß. Das hohe Ansehen der Landesgruppe ist in erster Linie von der politischen Persönlichkeit des Franz Josef Strauß mit geprägt worden.

Mit Befriedigung kann ich sagen, wir hatten nur einen Abgeordneten in der Landesgruppe, der nicht kooperativ war. Es gab kein Problem, über das er nicht meckerte und sich querlegte. Es war der Abgeordnete Bodensteiner, Landrat von Tirschenreuth. Er ist 1952 aus der CSU aus- und der Heinemann-Partei, der Gesamtdeutschen Volkspartei, beigetreten und wurde dort Generalsekretär. Dies erfuhr ich vom heutigen Bundespräsidenten Rau. Nach 1953 hat man nichts mehr von ihm gehört. Er war ein Produkt der Nachkriegswirren.

Schaffung einer neuen Handwerksordnung

Schon nach wenigen Wochen der Zugehörigkeit zum Wirtschaftsausschuß wurde ich von der Fraktion der CDU/CSU beauftragt, die Federführung bei der Neufassung der Handwerksordnung zu übernehmen. Die amerikanische Besatzungsmacht hatte die Absicht, die bestehende Ausbildungsordnung, Stichwort: Lehrling, Geselle und Meister, ersatzlos abzuschaffen. Dem mußte entgegengewirkt werden. Es war erwiesen: Das Handwerk stellte den Hauptteil an gut ausgebildeten Facharbeitern, die das Rückgrat des Aufbaus unserer zerstörten Wirtschaft bildete. Diesen Ausbildungsstand wollten wir uns von der US-Besatzungsmacht nicht verwässern oder gar verbieten lassen.

In Zusammenarbeit mit den Spitzen des Deutschen Handwerks, besonders intensiv mit dem Bayerischen Handwerkstag, konnte nach kurzer Zeit ein umfassendes Gesetz zur Schaffung einer neuen Handwerksordnung erstellt werden. Der Wirtschaftsausschuß, dem dieses Gesetz federführend zur Beratung vom Deutschen Bundestag überwiesen wurde, klammerte die Behandlung dieses Gesetzes wegen Überlastung aus bereits laufendenden Beratungen aus. Er bildete eine Sonderkommission, als deren Vorsitzender ich bestellt wurde. Nach 54 Sitzungen der Kommission und nach der Absegnung durch den Wirtschaftsausschuß wurde das neue, umfassende Gesetz für das Deutsche Handwerk mit allen Stimmen (ohne die Kommunisten) verabschiedet.

Das altbewährte Duale System, praktische Ausbildung durch die Berufsschule ergänzt, wurde fest verankert. Das leistungsfähige Handwerk ist das Rückgrat der Sozialen Marktwirtschaft. Wer die Handwerksordnung bis zur Unkenntlichkeit aushöhlt, zerstört einen entscheidenden Pfeiler unserer Marktwirtschaft.

Stolz bin ich auf die von den Innungen in einer Feierstunde mir verliehene Auszeichnung: Vater der Handwerksordnung.

Die Landesgruppe der CSU nach der Bundestagswahl 1953

Die Wahl zum 2. Deutschen Bundestag am 6. September 1953 erfolgte mit einem geänderten Wahlgesetz. Um die Zersplitterung im Parlament soweit als möglich zu verhindern, konnten nur die Parteien Mandate im Bundestag erwerben, die entweder drei Direktmandate oder mindestens 5 Prozent der Stimmen in der Bundesrepublik erreicht hatten. Aus der Erfahrung der Weimarer Zeit, in der es im Reichstag 16 und mehr Parteien und dazu einzelne Gruppen gegeben hatte, war eine Sperrklausel gerechtfertigt. Die Folge war, es fielen eine Reihe von Parteien, die in der 1. Legislaturperiode im Deutschen Bundestag vertreten waren, der Fünf-Prozent-Klausel zum Opfer. Darunter auch die Bayernpartei, die Wirtschaftliche Aufbauvereinigung (WAV), das Zentrum, die Kommunistische Partei und vor allem die Splittergruppen im rechten Lager, die Sozialistische Reichspartei und ähnliche Gruppierungen.

Bei der Wahl 1953 ging es nicht mehr entscheidend um die Soziale Marktwirtschaft. Die Soziale Marktwirtschaft hatte sich sichtbar und für jeden erkennbar als erfolgreich erwiesen. Es ging hauptsächlich um die Beteiligung der Bundesrepublik an der europäischen Verteidigung. Aufgrund der Weltsituation und der weiterhin sichtbaren Rüstungsanstrengungen der Sowjetunion sowie des kommunistischen Vormarsches in Asien haben die Wähler in der Bundesrepublik Deutschland erkennen lassen, daß eine Verhinderung kriegerischer Auseinandersetzungen in Europa nur durch den Schutz der Vereinigten Staaten unter der Beteiligung der westlichen Mächte wie Frankreich und England und der Bundesrepublik Deutschland möglich ist.

Das Wahlergebnis in Bayern

Die CSU gewann 52 Mandate, darunter 24 Mandate in den Wahlkreisen und 28 über die Landesliste. Die SPD erreichte in Bayern 25 Mandate, darunter drei Direktmandate. Die FDP mußte sich mit 8 Mandaten begnügen. Darunter waren 2 Direktmandate, die aber hauptsächlich durch Wahlabsprachen mit der CSU erreicht werden konnten. Die CSU hat vor allen Dingen im altbayerischen Raum, Oberbayern und Niederbayern, die 1949 verlorenen Direktmandate alle wieder zurückgewinnen können. Aufgrund dieses Wahlergebnisses war die Ausgangsposition für die Regierungsbildung und die Arbeit im 2. Deutschen Bundestag für die Landesgruppe der CSU natürlich wesentlich verbessert.

Die Landesgruppe der CSU hat sich in der Klausurtagung im Schloß des Fürsten Fugger von Glött, wie auch im 1. Deutschen Bundestag, erneut dafür ausgesprochen, mit der CDU eine gemeinsame Fraktion zu bilden. Es gab keinen Zweifel darüber, daß für die 2. Wahlperiode wieder Konrad Adenauer Bundeskanzler und Ludwig Erhard Wirtschaftsminister sowie für die CSU Fritz Schäffer Finanzminister sein sollten.

Wer führt die Landesgruppe, wenn Strauß ins Kabinett berufen wird?

Bevor die Verhandlungen über die Regierungsbildung offiziell geführt wurden, hat mich Franz Josef Strauß zu einem Gespräch in seine Wohnung in Bonn eingeladen. Bei diesem Gespräch war auch Bankdirektor Elsen, der mit Franz Josef Strauß gemeinsam im Wirtschaftsrat in Frankfurt war, anwesend. Strauß ging bei diesem Gespräch davon aus, daß er in das zweite Kabinett Adenauers berufen wird. In diesem Fall würde er mich als seinen Nachfolger in der Landesgruppe vorschlagen. Gegen diesen Vorschlag hatte ich insofern meine Bedenken, als ich von den 52 CSU-Abgeordneten, die in den 2. Deutschen Bundestag gewählt wurden, der Jüngste war. Ich begründete meine Bedenken auch damit, daß es eine Reihe Mitglieder in der Landesgruppe mit reichen politischen Erfahrungen gab, wie z.B. Dr. Michael Horlacher, früheres Mitglied des Reichstages. Außerdem war er, bevor er in den Bundestag gewählt wurde, Präsident des Bayerischen Landtages gewesen. Ich erwähnte auch Hugo Karpf aus Aschaffenburg, ebenfalls ein früheres Mitglied des Reichstages. Darüber hinaus hatten eine ganze Reihe anderer Mitglieder bedeutende Funktionen in Politik und Verwaltung. Dr. Richard Jaeger war Oberbürgermeister der Stadt Eichstätt, Dr. Josef Oesterle Stellvertretender Generalsekretär der ehemaligen Bayerischen Volkspartei. Zur Landesgruppe gehörte auch das Mitglied des Parlamentarischen Rates, Dr. Josef Ferdinand Kleindienst. Weitere Abgeordnete unserer Landesgruppe gab es, die einen berechtigten Anspruch auf die Führung der Landesgruppe erheben konnten, insbesondere dann, wenn das jüngste Mitglied der Landesgruppe vorgeschlagen werden sollte. Wir haben diese Frage nun ausführlich diskutiert und auch Elsen, ein erfahrener Mann nicht nur in der Wirtschaft, sondern auch im politischen Leben, hatte sich meinen Bedenken angeschlossen. Er meinte, man sollte lieber eine Übergangslösung finden, um dann später mit mehr Sicherheit den Vorschlag von Strauß in der Landesgruppe durchsetzen zu können. Auch Strauß hat sich diesen Bedenken nicht völlig verschlossen, meinte aber, es komme sehr darauf an, welches Ressort er im neuen Kabinett übertragen bekommen wird. Wenn er Verteidigungsminister werde, was sein Wunsch war, dann komme eine Doppelfunktion – Verteidigungsminister und Vorsitzender der Landesgruppe – überhaupt nicht in Frage. Ganz davon abgesehen, muß grundsätzlich darauf hingewiesen werden, daß nach unserem parlamentarischen Verständnis ein Minister, der die Exekutive vertritt, nicht auf Dauer gleichzeitig Vorsitzender einer legislativen Gruppierung sein kann.

Ich schlug Strauß vor, wir sollten erst einmal die Ergebnisse der Gespräche über die Regierungsbildung abwarten, um dann konkret entscheiden zu können, wie weiter in der Landesgruppe verfahren werden soll. Ich meinte, daß Dr. Richard Jaeger oder Dr. Michael Horlacher als Nachfolger für Strauß bestens geeignet wären. Strauß war aber von beiden nicht sehr begeistert.

Bundeskanzler Adenauer hatte die Absicht, die Koalition, die 1949 eine erfolgreiche Arbeit geleistet hatte, auch für die neue Legislaturperiode fortzusetzen. In dieser Frage gab es auch weder von der CDU/CSU noch von den bisherigen Koalitionsparteien FDP und Deutsche Partei gegenteilige Vorstellungen.

Aus dieser gesicherten Position hat Bundeskanzler Adenauer die Vorsitzenden der bisherigen Koalitionsparteien zu einem Gespräch in den sogenannten „Roten Salon“ im kleinen Hochhaus des Deutschen Bundestages eingeladen. Strauß bat mich, ihn zu begleiten. Ich war dafür, daß auch Dr. Michael Horlacher mitkommen sollte, der als erfahrener Mann die Wortführung übernehmen könnte, wenn sich Strauß aus der Situation heraus nicht an diesem Gespräch beteiligen könne. So ist es auch geschehen.

Vom Arzt als bundeskanzlertauglich erklärt

Bundeskanzler Adenauer eröffnete das Gespräch mit der Bemerkung, er stehe als Bundeskanzler für die 2. Legislaturperiode zur Verfügung. Er könne mit gutem Gewissen diese Aufgabe weiterhin übernehmen, denn sein Arzt habe ihm bestätigt, daß er in einer guten gesundheitlichen Verfassung und weiterhin in dem Umfang belastbar sei, in dem es ein Bundeskanzler sein müsse, um seine Aufgaben verrichten zu können.

Von den bisherigen Koalitionsparteien waren anwesend: von der CDU/CSU Heinrich von Brentano und Heinrich Krone, seitens der FDP Dr. Erich Mende und von der Deutschen Partei nahm Dr. Christoph Seebohm teil. Die Landesgruppe der CSU war, wie bereits gesagt, durch Strauß, Horlacher und mich vertreten. Alle waren sich über die Fortsetzung der Koalition wie bisher einig. Dem Bundeskanzler war natürlich nicht verborgen geblieben, daß Franz Josef Strauß gern Verteidigungsminister werden wollte. Der Kanzler wollte von vornherein diese Frage geklärt haben und teilte mit: Er werde an Theo Blank im Amt der Verteidigung festhalten. Er erwähnte auch, daß keinerlei Bedenken gegen den Finanzminister Fritz Schäffer bestünden, nur im Postministerium werde er eine Veränderung vornehmen, denn Hans Schuberth habe kein politisches Gespür. Er hatte durch Entscheidungen unmittelbar vor der Wahl die Regierung in Schwierigkeiten gebracht. Die Besetzung des Postministeriums blieb daher offen.

Der Kanzler bat die Landesgruppe der CSU um einen geeigneten Vorschlag. Er hätte es gern gesehen, wenn von der Landesgruppe der Bezirksvorsitzende und stellvertretende Landesvorsitzenden der CSU Karl-Sigmund Mayr aus Fürth vorgeschlagen worden wäre. Dagegen aber hatte Strauß ernsthafte Bedenken, weil er den Verdacht hatte, daß Karl-Sigmund Mayr, der mit Bundeskanzler Adenauer aus der Zeit des Parlamentarischen Rates eng verbunden war, Adenauer aus den vertraulichen Sitzungen des Parteipräsidiums informierte. Diese Frage wurde jedoch in dem Kreis und zu diesem Zeitpunkt nicht weiter erörtert. Die Frage nach der Verwendung von Strauß in dem Kabinett der 2. Legislaturperiode brauchte gar nicht erst gestellt zu werden, denn der Bundeskanzler gab seinen Entschluß bekannt. Er wolle für jede Partei, die in der Koalition vertreten ist, einen Minister als Verbindungsmann zu den Koalitionsparteien und -fraktionen ernennen. Der Vorschlag des Kanzlers sah so aus: Für die CDU/CSU Dr. Robert Tillmanns, ein Berliner Abgeordneter, und da die CDU/CSU aus zwei Parteien besteht, dazu noch Franz Josef Strauß als Sonderminister. Ich sah Strauß an und merkte, wie wenig begeistert er von diesem Vorschlag war. Er hätte am liebsten abgelehnt. Ich habe ihn aber durch entsprechende geflüsterte Bemerkungen davor zurückhalten können und so blieb dieser Vorschlag des Bundeskanzlers unverändert aufrecht erhalten.

Für die FDP benannte Erich Mende als Sonderminister den Abgeordneten Hermann Schäfer. Er war im 1. Bundestag Vizepräsident. Warum Dr. Mende statt Dr. Dehler die FDP vertrat, ist mir erst später klargeworden.
Hans-Christoph Seebohm schlug für die Deutsche Partei Hans-Joachim von Merkatz vor.

Adenauer integriert die Heimatvertriebenen

Nun machte der Bundeskanzler noch eine wichtige Bemerkung: Er sei der Meinung, die Vertriebenen, die sich zu einer eigenen Partei zusammengeschlossen hatten, dem Bund der Heimatvertriebenen und Entrechteten (BHE), seien auch in die Koalition aufzunehmen. Als Verbindungsmann des Kabinetts zur Fraktion des BHE hätte er gern Waldemar Kraft berufen. Auch für diesen Vorschlag gab es keine gegenteiligen Einwendungen.

Nun stand es fest, Franz Josef Strauß wurde nicht mit dem Verteidigungsministerium betraut. Er sollte als Bundesminister für besondere Aufgaben die CSU vertreten. In diesem Fall war es durchaus denkbar, daß Strauß für eine vorübergehende Zeit die Landesgruppe weiterführte. Die Landesgruppe der CSU war auch mit dieser Übergangsregelung einverstanden, auch mit dem Vorschlag von Strauß, ich solle sein Stellvertreter sein. Am 20. Juni 1954 lud Werner Dollinger den Vorstand der Landesgruppe in sein Haus nach Neustadt an der Aisch zu einer Sitzung ein. Bei dieser Sitzung wurde die Frage der Führung der Landesgruppe von Mitgliedern des Vorstandes erneut aufgeworfen. Strauß war zwar bereit, unter Umständen noch eine Zeitlang diese Aufgabe wahrzunehmen, meinte aber, es würde sich bestimmt die Situation ergeben, daß Richard Stücklen bei Gesprächen in der Koalition und beim Bundeskanzler ohne Rücksicht auf die Treuepflicht eines Ministers offener und vermutlich auch erfolgreicher die Verhandlungen führen könnte.

Ich werde Geschäftsführender Vorsitzender der Landesgruppe

Der Vorstand der Landesgruppe der CSU hat daraufhin auch beschlossen, daß ich als Geschäftsführender Vorsitzender der Landesgruppe künftig die Verhandlungen für die CSU führen soll. Dieser Vorschlag wurde auch von der Landesgruppe der CSU mit großer Zustimmung aufgenommen.

Von dieser Zeit an war ich der offizielle Gesprächspartner der Landesgruppe der CSU gegenüber dem Bundeskanzler und bei Koalitionsgesprächen.

Die Landesgruppe der CSU war aufgefordert, für den vakanten Post- und Fernmeldebereich einen geeigneten Vorschlag zu machen. Ich habe bereits darauf hingewiesen, daß Strauß unter gar keinen Umständen bereit war, Karl-Sigmund Mayr vorzuschlagen. Die Landesgruppe hat sich eingehend mit der Nachfolge des ausgeschiedenen Postministers Schuberth befaßt. Es wurden zwei Bewerber zur Abstimmung gestellt. Ein Vorschlag kam von Richard Jäger und mir: Dr. Küßwetter, Landrat von Dinkelsbühl. Den anderen Vorschlag machte Strauß: Prof. Siegfried Balke, ein erfahrener Wirtschaftsfachmann der Industrie. Bei Personalentscheidungen war allgemein vorgesehen, in geheimer und schriftlicher Abstimmung zu entscheiden. Das Ergebnis war: Prof. Balke bekam die Mehrheit. Er wurde daraufhin von der Landesgruppe dem Bundeskanzler zur Berufung als Bundesminister für das Post- und Fernmeldewesen vorgeschlagen. Adenauer akzeptierte diesen Vorschlag, und der Bundespräsident ernannte Prof. Balke zum Bundesminister für das Post- und Fernmeldewesen. Damit war das 2. Kabinett Adenauer vollständig.

Ein Sohn wird uns geboren

Der 17. Juni 1953 erschütterte das innenpolitische Gefüge der Deutschen Demokratischen Republik. Ursache war, die Regierung der DDR erhöhte die Arbeitsnormen bei gleicher Bezahlung. Diese Maßnahme führte zum Aufstand gegen die Staatsgewalt, nicht nur in Ostberlin, sondern im ganzen Land. In vielen Städten der sowjetisch besetzten Zone schlossen sich Tausende dem Aufstand an. Er weitete sich mit der Forderung nach freien Wahlen aus. Dieser Aufstand wurde von den sowjetischen Streitkräften unter rücksichtslosem Einsatz von Panzern niedergeschlagen.

Meine Frau und ich waren froh, daß wir rechtzeitig ihre Eltern, meine Schwiegereltern, aus der Sowjetischen Besatzungszone heraus geholt hatten. Wir haben die Eltern in unserem Haus erst in Heideck und dann in Weißenburg untergebracht.

In dieser turbulenten Zeit, am 17. Juli 1954, wurde unser Sohn Hans-Peter im Krankenhaus in Treuchtlingen geboren. Über diesen neuen Erdenbürger haben wir uns sehr gefreut. Mit Tochter Rosemarie waren wir eine komplette Familie. Meine Schwiegermutter „schmiss" den Haushalt, meine Frau stand mir zur Seite, mein Schwiegervater betreute den Garten und den Neufundländer. Er hieß „Grisly" und war, wie seine weiteren Nachfolger, ein gewaltiges Tier. Alles in allem, es war eine glückliche Zeit.

Reise in die USA

Der Verbindungsmann der Amerikanischen Botschaft zu den Mitgliedern des Deutschen Bundestages war außerordentlich bemüht, mit den jüngeren Abgeordneten Gespräche zu führen, um von ihnen zu erfahren, wie weit die Demokratie in der Bundesrepublik Deutschland verankert ist. In maßgeblichen amerikanischen Dienststellen sorgte man sich, ob nicht doch ein Rest der Vergangenheit, von 1933 bis 1945, zustimmend in Erinnerung geblieben sein könnte. So hat denn Mr. Jonathan Dean mit der amerikanischen Amtsbezeichnung „Foreign Service Officer" junge Bundestagsabgeordnete unter 40 Jahren aus den vier demokratischen Parteien des Deutschen Bundestages zu regelmäßigen Gesprächen eingeladen. Es waren jeweils ungefähr 10 Abgeordnete. Man lernte sich besser kennen, als es im Parlamentsalltag möglich gewesen wäre. Als ständige Gäste haben teilgenommen: Ernst Majonica, Kurt Schmücker und ich von der CDU/CSU, weiter die Abgeordneten Schmidt (Gellersen) und ab 1953 Karl Wienand von der SPD und Dr. Mende von der FDP.

Im Mai 1954 lud mich Mr. Jonathan Dean, im Auftrag des „The Foreign Service of the United States of America" zu einem Besuch in die Vereinigten Staaten in der Zeit vom 15. August bis 3. Oktober 1954 ein. Eingeladen wurden auch die Abgeordneten Dr. Hermann Kopf (in Vertretung von Ernst Majonica) und Karl Wienand (SPD) sowie Dr. Erich Mende.

Alle Vorbereitungen, wie gültiger Reisepaß und die erforderlichen Impfungen, wurden wunschgemäß erledigt. Zu unserer Überraschung sollten wir nicht mit dem Flugzeug, sondern per Schiff mit „United States Lines" reisen. Zur Schiffslinie gehörten die Schiffe, „America" und die „United States." Die Kosten übernahm das US-Außenministerium.

Am 15. August 1954 um 14.30 Uhr legten wir mit der „America“ in Bremerhaven ab. Die vier Abgeordneten wurden in einer geräumigen Vierer-Kabine 1. Klasse (U 93 Upperdeck/Außendeck) untergebracht. Die Fahrt ging bei ruhigem Gewässer an Helgoland vorbei, zum englischen Hafen Southampton. Dort gingen wir an Land. Die Bombenschäden waren dort noch weithin sichtbar. Die alte Hafenstadt war stark beschädigt worden. Wir legten gegen 22 Uhr wieder ab und liefen am anderen Morgen gegen 7.00 Uhr in den Hafen von Le Havre ein. Dort Landgang, auch Kriegszerstörung, die aber zum Teil durch neue moderne Bauten beseitigt worden war. Die Küste und der Strand sehr reizvoll. Um 15.00 Uhr ging es weiter nach Irland. Weil das Wasser nicht die erforderliche Tiefe hatte, konnte die „America“ nicht in den Hafen von Cobh einlaufen.

Auf dem Schiff ein unbeschreiblicher Luxus, überall das Feinste vom Feinen. Uns vier, die wir noch nicht lange von unserer Notzeit entfernt waren , kam dies alles wie ein Märchen vor. Das Essen, vom Frühstück, Mittag- bis zum Abendessen, einfach sagenhaft! Von Cobh ging es hinaus in den Atlantischen Ozean. Nach wie vor ruhiges Gewässer, und von Seekrankheit keine Spur. Wir begannen das Schiff zu entdecken, von unten nach oben. Für Unterhaltung war reichlich gesorgt. Bingo, Shovelboard, Ping-Pong, Kleingolf, Ringtennis und natürlich der Swimmingpool. Literatur zur Vorbereitung auf den USA-Aufenthalt war in mehreren Sprachen vorhanden. Viele nette Leute lernten wir kennen.

Der Wortlaut meines Tagebucheintrages: „Die ehemaligen Deutschen jüdischen Glaubens sind vom heutigen Deutschland sehr beeindruckt. Sie sprechen vom billigsten Reiseland in Europa. Gute Verpflegung, schöne Zimmer und freundliche Behandlung. Ehemalige Juden ohne Hass – neues Vertrauen. Kinder müssen deutsch lernen, Hausmädchen auch. Am Abend des 20. August großes Abendessen, Abendkleider, oho!“

An meinem Geburtstag morgens besuchte ich eine christliche Morgenfeier. Die „Belegschaft von U 93“ hatte mir zu meinem Geburtstag gratuliert, ich war 38 Jahre alt geworden. Die „Besatzung der U 91“, vier reizende junge Damen, Schülerinnen einer High School, hatten „Happy birthday“ angestimmt. Kabinentüren öffneten sich, sofort sangen die Mitfahrenden mit.

Erster starkcr Wellengang, Schiff schaukelt reichlich, Seekranke. Am Morgen ist die See wieder ruhiger. Schließen Freundschaft mit Familie Grießheim. Inzwischen sind die Uhren um vier Stunden vorgestellt worden. Wir werden in das Einwanderungsbüro bestellt und erleben eine nicht erwartete Überraschung. Wir wurden befragt: „Waren oder sind sie jemals bei der KPD oder einer ihrer Gliederungen gewesen?“ Als die Antwort ein entschiedenes Nein war, wurde die Einreise in die USA genehmigt und der Pass abgestempelt.

USA kommen in Sicht. Am 23. August 1954 herrliches Wetter, wir nähern uns der Küste. Reger Schiffsverkehr. Eindrucksvoller Augenblick: Wir fahren an der Freiheitsstatue vorbei.

Um 13.00 Uhr ist das Festland in Sicht – Einfahrt in den Hafen von New York. Ein gewaltiger Eindruck: Kriegsschiffe, Flugzeugträger, eingemottete Schiffe, am Horizont die Wolkenkratzer.

Um 15.00 Uhr Anlandung, Empfang durch den Generalkonsul und Beamte des United States Departments. Nach dem unvermeidbaren Gedränge beim Gepäck und Zoll bringen uns bereitstehende Autos in unser Stammquartier „Hotel Woodstock“ an der 43rd Street. In Doppelzimmern untergebracht, 35° Celsius. Der Abschied von der „America“ fällt uns schwer.

Abends Bummel über den Broadway. Unvorstellbare Lichterflut, Geschäfts- und Vergnügungsstraße New Yorks. Ladenschlusszeiten gibt es nicht. Viele Tanzlokale, Nachtclubs, Imbisshallen, viele Dinge,

Ein persischer Staatsbesuch: Es gibt auch sehr schöne Augenblicke im Politikerleben so z.B. ein Gespräch mit Kaiserin Soraya. In der Anekdote steht, wie Chefdolmetscher Weber meinen Kopf rettete. (247 f)

Als Vorsitzender der CSU-Landesgruppe im Plenum des Deutschen Bundestages.

Zwei Bundesminister, die es mit vielen aufnehmen konnten: Hermann Höcherl und ich.

Ein historisches Bild: Klausurtagung der CSU-Landesgruppe bei Fürst Fugger von Glött im Schloß Kirchheim.

die für uns Europäer neu sind. Große Sprünge konnten wir nicht machen. Der Wechselkurs war für uns eine Katastrophe – 1 Dollar = 4,20 DM. Am Broadway Menschen aus aller Welt. Unser Begleiter, Herr Schwaz, ein ausgewanderter polnischer Jude aus Warschau, läßt uns nicht aus den Augen. Er blieb die ganze Reise bei uns.

Politische Höhepunkte der Reise waren zum Beispiel Besprechungen mit der Deutschland-Abteilung im States Department unter Teilnahme von Mr. Leien, Kidd, Kellermann, Reinstein und einigen uns Unbekannten. Die Gesprächsthemen waren:

1. Europäische Verteidigungs-Gemeinschaft (EVG).
   Wenn europäische Verteidigung an Frankreich scheitert, dann andere Lösung. Mende hält NATO für erforderlich. Kopf und ich halten an der EVG fest, schon wegen der europäischen Integration. NATO ultima ratio.

2. Souveränität
   Ich frage: sind die USA bereit, erstreckt sie sich auch auf die Wehrhoheit?
   Antwort: „Ja, ein bißchen Souveränität gibt es ebenso wenig wie ein bißchen Schwangerschaft."
   Wird auch Frankreich mitmachen, denn eine Sonderregelung für die französische Zone wäre nicht annehmbar. Antwort: Die USA glauben, Ja. Es könnte für Deutschland ein Modus der Rüstungsbeschränkung gefunden werden. Dieser Vorschlag sollte von Deutschland kommen.

3. Neutralisierung Deutschlands
   Auf die Frage, ob um den Preis einer Neutralisierung Deutschlands mit Russland eine Einigung über die Wiedervereinigung erzielt werden soll, meinte Mr. Kidd, jetzt noch nicht. Er korrigierte sich und sagte, es sei ein Versprecher von ihm gewesen: Er meine „niemals."
   Übereinstimmung auch mit dem Vertreter der SPD.

4. Vierer-Konferenz
   Kopf, Mende und ich: Im derzeitigen Augenblick von vornherein erfolglos. Es müssen neue Grundlagen der Verhandlung gegeben sein. SPD-Vertreter glaubt, bei der letzten Berlin-Konferenz seien nicht alle Möglichkeiten ausgeschöpft worden. Nach der Genfer Konferenz böten sich neue Aussichten. Übereinkommen über einen Sicherheitspakt, der Ost und West entspricht. Es darf keine Neutralisierung geben.

5. Besprechung mit der Europäischen Forschungsabteilung. Vorsitz Mr. Scarman, Teilnehmer: Mr. Kirchheimer u.a.

Und da war der Besuch im Pentagon: 1954 waren die USA in Asien militärisch verwickelt. Obwohl es noch keine Satelliten gab, war das Pentagon bestens über die militärische Strategie der UdSSR informiert. Bei diesem internen Gespräch wurden wir ausdrücklich auf die strenge Geheimhaltung hingewiesen.

Wir besichtigten Gedenkstätten und Sehenswürdigkeiten aus der Geschichte der USA. So das Landhaus Washingtons, des 1. Präsidenten der USA 1786 in Mount Warren. Heldenfriedhof mit Ehrenmal des Unbekannten Soldaten: „Hier ruht ein tapferer amerikanischer Soldat, den nur Gott kannte."

Eine Diskussion über Deutschland war von Vertretern der Regierung und der außenpolitischen Clubs aus allen Staaten der USA besucht. Herr Kellermann von der Deutschland-Abteilung hielt den Einleitungsvortrag. Im ganzen gesehen sehr positiv, vor allen Dingen für Adenauer. Zeigt auf Gefahren: NS-Parteigenossen, Schaukelpolitik Ost-West. Bejaht die EVG und europäische Integrationspolitik. In der Diskussion: Was geschieht, wenn Adenauer nicht mehr da ist? Wer wird sein Nachfolger? Wird Deutschland auch dann noch zum Westen stehen? Wir antworten eindeutig mit Ja! Auch SPD.

Es gab kontroverse Stimmen, so der Vortrag des Emigranten Dr. Cohn, Wien, jetzt Washington. Er warnte vor der deutschen Gefahr, besonders wegen des weit verbreiteten Preußengeistes. Ein Preußenhasser, besonders wegen Bismarck, stellt den Uniformfimmel heraus, den Obrigkeitsglauben, also Untertanengeist. Was die Regierung macht ist richtig, sie muß es ja wissen. Bei Adenauer hat er keine Bedenken. Scharfe Diskussion: Wir wollen kein Preußen mehr. Mende etwas anderer Meinung.

Es gab eine Unterredung mit Gewerkschaften CIO. Gewerkschaften handeln individueller, auf einzelne Branchen abgestimmt, z.B. bei Ford, Buick, usw. Lehnen Prinzip des Mitbestimmungsrechtes ab, bejahen EVG, nehmen also zu großen politischen Fragen Stellung, sind aber nicht bereit, politische Fragen mit Streikandrohung zu beeinflussen.

Wahlkampf auf amerikanisch: Besuch bei den Parteien, Vorwahl für den Senat. Abstimmungslokale, Abstimmungsmaschinen. Denver mäßiges Programm. Riesiger Rummel, viel Farbe und wenig Substanz.

Zeitungsinterview, Fernsehen, Sendung gut wiedergegeben. Auf Film aufgenommen.

Mittagessen mit Abgeordneten des Repräsentantenhauses des Staates Washington. Immer wieder Lob für Adenauer. Was kommt, wenn EVG abgelehnt wird? Abends Einladung beim Konsul. Gutes Essen und bayerisches Bier. Konsul aus Augsburg, seine Frau aus Nürnberg. Zwei amerikanische Familien kamen hinzu, sehr gute Unterhaltung.

Fahrt in den Nationalpark. Nach dem Frühstück Abfahrt in die Black Hills, schwarzen Berge. Dort das weltberühmte Naturmonument der vier Präsidenten der USA: Washington, Lincoln, Roosevelt und Jefferson. Mittagessen: Krebse. Partien wie am Königssee. Heiße Schwefelquellen von 45° Wärme.

Zum Abendessen gab es in einer Blockhütte ein Büffelsteak. Das Fleisch war geschmacklich sehr gut, aber zäh wie Leder. Mende bemühte sich, ein Stück von dem Steak abzusäbeln. Das gelang auch nach längerem Bemühen. Zur allgemeinen Heiterkeit sprang das abgeschnittene Stück Flcisch dcr ihm gegenübersitzenden Dame ins Dekolleté. Peinlich, Peinlich! Und das muß dem Etepetete-Erich passieren. War es Absicht, weil er hoffte, er würde aufgefordert, das Stück Fleisch wieder aus dem Ausschnitt herauszuholen? Aber nein, diese Gunst blieb ihm versagt.

22. September 1954 Besuch im Militärlager Fort Lewis. Mit Militärauto von einem Hauptmann, der in deutscher Kriegsgefangenschaft war, abgeholt. Von General Schwarz empfangen, er war drei Jahre in Nürnberg und kennt viele Leute, die ich auch kenne. Vortrag über das Lager. 44. Division der 6. Armee. Teilnahme an einem Artillerie-Übungsschiessen mit 15,5 cm Feldhaubitzen. Besichtigung der Flugzeughallen.

28. September 1954 Besuch beim Bürgermeister von Oakland. Anschließend Unterredung mit dem Vorsitzenden der Republikanischen Senatsfraktion Knowland über eine Stunde. Auslandsvermögen, neue Gesetzgebung nach den Wahlen, für Deutschland positiv. Sonstige wirtschaftliche Beschränkungen erledigen sich mit der Verleihung der Souveränität. USA werden in Europa bleiben, auch wenn Frankreich nicht mitmacht. Die Zeit der Kompromisse ist vorbei. Formosa. Teilung eines Landes keine Lösung, ein schlechter Kompromiß, niemals mehr! Einigung mit Rußland auf der Basis Freigabe von der Ostzone und der Satelliten Tschechei, Polen, Ungarn, Bulgarien. Dafür Nichtangriffspakt mit Rußland. Fragen von Knowland: „Was machen die Neutralisten in Deutschland?“ 600.000 Stimmen von 23 Mio. Know-

land machte einen sehr guten und zielbewußten Eindruck. Dieser Mann fackelt nicht lange.

Nachmittags in der Universität Kalifornien, Berkeley. Besuch der Atomforschungsstätten, Zyklotron und Betatron. Große Kontrollen, eigener Ausweis. Die Anlage ist „streng geheim" eingestuft.

In der Filmfabrik

Pressekonferenz. Besuch bei der Filmwirtschaft, herzlich aufgenommen. Wunderbares Hotel „Beverly Hills", eines der besten der USA. Besuch bei Metro Goldwin Mayer. Aufgebaute Filmkulissen, Dörfer und Städte aus Europa, ein Stück Paris, ein Stück Westerntown aus den USA. Nur die Vorderfront sieht wie echt aus. Es wird unglaublich viel mit Tricks und Fassade gearbeitet. Einladung zum Essen in der Geisterstadt. Vier Filmschauspieler nehmen teil, darunter Grace Kelly. (Sie hat später den Fürsten von Monaco geheiratet.)

2. Oktober 1954 Abstecher nach Mexiko:
Mexiko wirkt wie eine aufgewühlte Stadt. Alles hastet und hetzt. Sehr eindrucksvoll der große Platz im Herzen der Stadt, der im Viereck angelegt und mit Bäumen umgeben ist. Die Kathedrale und der Präsidentenpalast liegen sich gegenüber. Abends trifft man sich dort bei typisch mexikanischer Musik, überwiegend Streichinstrumente und Trompeten.

Nach Besichtigung einiger Sehenswürdigkeiten wurde ich am nächsten Tag zu einer Audienz beim Staatspräsidenten Ruiz Cortines empfangen. Schließlich noch der Besuch der Kultstätten der Azteken, der Ureinwohner, in der Nähe der Hauptstadt.

Das beendete auch meinen Amerikabesuch. Es ging zurück nach dem alten Europa.

4. Oktober 1954 Einschiffung auf das Flaggschiff „United States" der „United States Lines." Es kann nicht in Bremerhaven anlegen, denn das Wasser hat nicht die erforderliche Tiefe. Über Le Havre und Paris zurück nach Deutschland.

Diese Aufzeichnungen sind meinem Tagebuch entnommen und sind vor mehr als 50 Jahren entstanden. Wer sie liest, wird aus heutiger Sicht kaum mehr alles nachvollziehen können.

Markante Diskussionspunkte der politischen Gespräche 1954 in den USA

Ich nenne noch einmal markante Schwerpunkte, die fast in jeder Diskussion angesprochen wurden:

1. Wird die EVG (Europäische Verteidigungsgemeinschaft) an Frankreich scheitern? Wenn Ja, was wird aus der Verteidigungsbereitschaft Europas? Die USA sind bereit Europa zu schützen, wenn die Staaten Europas sich angemessen beteiligen.

2. Adenauer genießt hohes Ansehen: Wer kommt danach?
   Die USA befürchten eine Schaukelpolitik mit unkalkulierbaren Konsequenzen.

3. Während die USA nach dem Krieg abgerüstet haben, zeigen alle Erkenntnisse auf eine weitere Aufrüstung der Sowjetunion hin. Die UdSSR ist eine latente Bedrohung.

4. Das Ansehen Deutschlands, kaum einer sprach von der „Bundesrepublik", ist insgesamt sehr hoch. Adenauer hat ohne Zweifel den entscheidenden Anteil an dieser Einstellung der amerikanischen Bevölkerung. Ich mache die Einschränkung: Unsere Wertung beschränkt sich auf den Personenkreis, der mit uns diskutierte.

5. Überraschend für uns war die Tatsache, wie sich ehemalige Juden geäußert haben, ohne Haß, dafür mit viel Zuneigung. Besonders bei jenen Juden auf dem Schiff, die nach einem Besuch in der alten Heimat mit uns gesprochen haben. Wir konnten aus zeitlichen Gründen nur zu einem geringen Teil die Einladungen annehmen.

Zusammenfassend stelle ich im Jahr 2000 fest:
Die Erlebnisse mit den Menschen und dem Land der Vereinigten Staaten von Amerika haben bis zum heutigen Tage auf mich einen tiefen Eindruck gemacht. Die Erfahrungen aus dieser Reise waren für meine politische Arbeit im Deutschen Bundestag sehr wertvoll.

Ich danke Dr. Jonathan Dean und dem Foreign Service of the United States of America für die Einladung und die liebenswürdige Betreuung im „Land der unbegrenzten Möglichkeiten."

Einladung der Landesgruppe der CSU zu Bundeskanzler Adenauer in den Park des Kanzlers Mai 1955

Ab 1954 hatte ich den Auftrag der CSU-Landesgruppe, die Gespräche mit dem Fraktionsvorsitzenden, dem Bundeskanzler und der Koalition zu führen.

Bei den Gesprächen innerhalb der Koalition ging es in der Regel sehr ruhig und sachlich zu. Nicht das laute Wort, sondern das Argument und die Rücksichtnahme gegenüber den Gesprächspartnern führte insgesamt zu einer guten Atmosphäre. Daß es bei Koalitionsgesprächen in der Sache auch sehr gegensätzliche Grundauffassungen gegeben hatte und vermutlich auch immer geben wird, ist bei der Verschiedenheit der Parteiziele des jeweiligen Koalitionspartners natürlich. Entscheidend ist, ob man trotz der unterschiedlichen Ausgangspositionen letztendlich zu einem Kompromiß kommt, ohne dabei seine eigenen Grundsätze außer Acht zu lassen. Der Kompromiß in einer Koalition, in der mehrere Parteien zusammenwirken, ist ein Grundelement und unverzichtbar für das Funktionieren einer parlamentarischen Demokratie.

In den häufigen Gesprächen hatte sich zwischen den Gesprächspartnern ein Vertrauensverhältnis gebildet, das sich im Laufe der Zeit mehr und mehr vertiefte.

Der vielfach verbreiteten Ansicht, der Bundeskanzler habe keine andere Meinung gekannt als die seine und nur diese habe er gelten lassen, muß ich aus vielen Begegnungen widersprechen. Bundeskanzler Adenauer war durchaus bereit, andere Überlegungen in seine Entscheidungen mit einzubeziehen.

Bei einem der vielen Gespräche mit Bundeskanzler Adenauer schlug ich vor, die Landesgruppe der CSU in seinen Garten einzuladen. Ich fügte hinzu: „Es wäre nicht nur für die Mitglieder der Landesgruppe eine große Ehre, sondern es wäre auch für Sie interessant, die einzelnen Abgeordneten kennenzulernen." Der Kanzler hat sofort zugestimmt und meinte, ich sollte mit Staatssekretär Globke einen Termin vereinbaren. Wir wurden im Mai 1955 eingeladen.

Adenauer hat sehr ausgiebig mit den Abgeordneten gesprochen. Politisch aktuell war einmal mehr die europäische Integration und zum anderen die Entwicklung mit Frankreich. Der Schlüssel zur Weiterentwicklung in Europa lag in einem guten Verhältnis zu Frankreich.

Die Staatsmänner können zwar Verträge abschließen, wenn sie aber Bestand haben sollen, müssen sie von den Menschen der jeweiligen Nationen mit Leben ausgefüllt werden. In der Vorstellung vom „Europa der Vaterländer" ist ein ganz wichtiger Grundsatz angesprochen. Die einzelnen Staaten müssen ihre Identität so lange erhalten, bis Europa zu einer neuen Identität geworden und die einzelnen Staaten über die Grenzen hinaus zu einer Einheit zusammengewachsen sind.

Das ist eine Aufgabe von Jahrzehnten, vielleicht sogar eines ganzen Jahrhunderts. Aber es sollte das Ziel sein!

Diese Gesprächsthemen haben die Abgeordneten sehr interessiert. Sie waren erfreut, auf unkomplizierte Weise mit dem Kanzler reden zu können. Die Mitglieder der Landesgruppe waren für diese Einladung dankbar.

Da ist noch ein Tisch frei, da setzen wir uns hin

Ganz unverhofft nahm mich Adenauer zur Seite und sagte: „Herr Stücklen, da ist noch ein Tisch frei, setzen wir uns hin. Ich möchte

Ihnen mal einige Gedanken vortragen, die allerdings noch nicht reif sind, um öffentlich behandelt zu werden." Adenauer begann: „Ich mach' mir große Sorgen um unseren Koalitionspartner FDP, denn ich habe den Eindruck, die FDP driftet von uns weg. Daran ist im wesentlichen nicht die Politik, die wir gemeinsam machen, schuld, sondern der persönliche Einfluß des neuen Vorsitzenden der FDP, des Dr. Thomas Dehler." Ich gab ihm recht, denn ich hatte den gleichen Eindruck gewonnen und dies nicht nur aus den letzten Koalitionsgesprächen, sondern vor allem dadurch, wie sich Dr. Dehler in der Öffentlichkeit äußerte. Ich fragte ihn:
„Herr Bundeskanzler, warum haben Sie Dr. Dehler nicht mehr zum Justizminister berufen? Denn solange er das war, hat er Sie über den Schellenkönig gelobt. Kollege Emil Kemmer hat mir von einer Versammlung berichtet, auf der Dr. Dehler Sie wegen eines gehässigen Zwischenrufes nicht nur verteidigt hat, sondern er soll dem Zwischenrufer geantwortet haben: ‚Was Sie da äußern, ist unverantwortlich. Adenauer ist ein Mann, der uns von Gott gesandt worden ist.' Herr Kemmer ist hier, wir brauchen ihn nur zu fragen. Wahrscheinlich wurden Dehlers Erwartungen, nach der Wahl wieder seine Aufgabe als Justizminister fortsetzen zu können, bitter enttäuscht, weil er durch einen anderen Kollegen aus seiner Fraktion ersetzt worden ist."

Auf diese Vorhaltung erklärte mir der Bundeskanzler: „Dehler war während seiner Tätigkeit als Justizminister sehr leicht geneigt, Kritik zu üben, wo es gar nicht angebracht war. Er überlegte sich nicht, wer sich da betroffen fühlte und welche Reaktionen sie auslösen könnte. So hat Dr. Dehler unter anderem ein Urteil des Bundesverfassungsgerichts öffentlich kritisiert. Diese Kritik haben die Richter des Bundesverfassungsgerichts als eine schwerwiegende Entgleisung empfunden, denn der Justizminister hat zwar keinen Einfluß auf die Entscheidungen des Bundesverfassungsgerichtes, er hat aber die formale Aufsicht über das Gericht. Der Präsident des Bundesverfassungsgerichts und die Richterkollegen waren maßlos aufgebracht, als sie hörten, Dehler solle wieder Justizminister werden. Dr. Höpker-Aschoff (FDP) war

Präsident des Bundesverfassungsgerichtes. Er ist beim Bundespräsidenten Prof. Theodor Heuss vorstellig geworden und hat ihn gebeten, er möge doch auf Dehler einwirken, sich für seine Entgleisung öffentlich zu entschuldigen. Der Bundespräsident soll es auch versucht haben, aber ohne Erfolg. Dr. Höpker-Aschoff erwartete vom Bundespräsidenten, falls Dr. Dehler erneut als Justizminister vorgeschlagen würde, ihn nicht zu ernennen.“

„Im Grundgesetz Artikel 64 heißt es: ...der Bundeskanzler schlägt vor – der Bundespräsident ernennt und entläßt“. Es hatte auch bisher keine Diskussion darüber gegeben. Jetzt war die Frage: Muß der Bundespräsident ernennen, oder kann er sich einer Ernennung widersetzen? Ein Verfassungsstreit stand an. Bundespräsident Prof. Theodor Heuss hat aus diesem Grund ein Gespräch mit mir vorgeschlagen und mich gebeten, wir sollten unter allen Umständen diesen Verfassungsstreit vermeiden. Ein solcher Streit wäre auch in der Öffentlichkeit schädlich. Das Verfassungsgericht müßte sich dann auf jeden Fall mit dieser strittigen Frage befassen, ob der Bundespräsident die Ernennungsurkunde unterschreiben muß oder das verweigern darf. Diesen Streit müssen wir verhindern. Ich habe dem Vorschlag zugestimmt, denn ich sah ein, genau wie der Bundespräsident, daß es nicht zu einem Verfassungsstreit kommen durfte. Deshalb habe ich Dehler nicht mehr als Justizminister berufen, sondern ein anderes Mitglied der FDP-Fraktion, Fritz Neumayer, den auch seine Fraktion vorgeschlagen hat, wurde zum neuen Justizminister ernannt. Nach dessen Ernennung hat sich Dehlers Zuneigung und Verehrung mir gegenüber ins Gegenteil verwandelt.“

Ich bedankte mich für diese Information. Die Abneigung Dehlers gegenüber Adenauer nahm immer mehr zu. In verstärktem Maße wurde dies auch in der Öffentlichkeit erkennbar.

Die CSU bundesweit etablieren?

Nun zum eigentlichen Grund des Gespräches: Adenauer äußerte Bedenken, nach den nächsten Wahlen habe die CDU/CSU außer einer schwankenden FDP keinen anderen Koalitionspartner. Er meinte dazu, es bestünde die Gefahr, die Deutsche Partei und der Bund der Heimatvertriebenen und Entrechteten (BHE) könnten an der Fünf-Prozent-Klausel scheitern. Eine absolute Mehrheit für die CDU/CSU hielt Adenauer für sehr unwahrscheinlich. Deshalb müßten rechtzeitig Überlegungen angestellt werden, wie eine Fortsetzung der Regierungarbeit gesichert werden kann, unter Umständen auch ohne die FDP.

Ich fragte Bundeskanzler Adenauer nach seinen Vorstellungen. Daraufhin rückte er mit seinen Vorstellungen heraus: „Die CSU trat doch einmal im Saarland, bei der Saarabstimmung über die bayerischen Grenzen hinaus und gründete dort die CSU. Es wäre zu überlegen, ob es nicht gut wäre, eine solche Ausweitung der CSU, natürlich mit dem Einverständnis der CDU, verbunden mit möglichen Absprachen in den Wahlkreisen, einen solchen Schritt zu wagen? Ich denke dabei an die Länder Niedersachsen und Schleswig-Holstein. Die Deutsche Partei, die ohnedies weitgehend mit der Politik der CSU übereinstimmt, denken Sie an Hans-Joachim von Merkatz, Heinrich Hellwege und Dr. Hans-Christoph Seebohm. Diese Politiker sollte man in die zu gründende CSU mit übernehmen. Mit dieser Formation, mit Absprachen in den Wahlkreisen, würde wohl eine Mehrheit für eine Regierungsbildung 1957 erreicht werden können." Darauf sagte ich: „Herr Bundeskanzler, diese Frage einer vierten Partei ist ja schon bei der Gründung der CSU behandelt worden und wurde abgelehnt. Die CSU an der Saar war ein Notbehelf und von vornherein zeitlich begrenzt. Inzwischen gab es zwar immer mal solche Überlegungen, sie waren aber nur von kurzer Dauer. Mit der vierten Partei ist es wie mit dem Seeungeheuer von Loch Ness: Es kommt und verschwindet, keiner hat es jemals gesehen. Zur Zeit wäre es auch schwer, eine solche Entscheidung der Öffentlichkeit verständlich zu machen. Wir haben gegenseitig keine Auseinandersetzungen, warum sollten wir der CDU Konkurrenz machen? Nicht einmal einen Streit haben wir!“ Daraufhin erwiderte Adenauer so ganz froh und heiter: „Dann machen wir Streit.“

Zum Schluß des Gespräches fragte ich ihn, ob ich darüber mit Franz Josef Strauß sprechen könne. Darauf entgegnete er mir: „Nein, sprechen Sie jetzt noch nicht darüber. Wir warten erst einmal ab. Ich komme in dieser Frage wieder auf Sie zu und dann können wir auch Franz Josef Strauß mit einbeziehen.“ Er ist nicht darauf zurückgekommen, über diese Frage wurde nicht mehr gesprochen.

Bevor wir wieder zu den anderen Tischen zurückgingen, bat mich Adenauer noch, ihm einen Beitrag zu seiner Rede auf dem CSU-Parteitag in München zu liefern. In diesen Entwurf hatte ich einige kräftige Bemerkungen zur Bayernpartei eingebaut, denn die Bayernpartei war eine echte Konkurrenz in Bayern und machte uns viel zu schaffen. Allerdings wartete ich auf dem Parteitag bei seiner Rede vergebens auf diese Passage. Sie kam nicht, denn Adenauer wollte sich die Bayernpartei als Nothelfer erhalten. Er hatte ohnehin schon mal mit dem Gedanken gespielt, diese Partei mit in die Regierung einzubeziehen. Dagegen haben wir uns ganz energisch und erfolgreich gewehrt. Das Gespräch zeigt zweierlei: Einmal das gute Vertrauensverhältnis Adenauers zur Landesgruppe und auch zu mir. Er wußte, daß er sich auf beide verlassen konnte.

Zum anderen hat er nicht aus den Augen verloren, daß es auch Möglichkeiten auszuschöpfen gab – selbstverständlich auf legale Weise –, um die Mehrheitsverhältnisse im Sinne der heutigen Politik sicherzustellen. Adenauer war ein zuverlässiger Verbündeter, aber auch ein machtbewußter Politiker. Dieses Vertrauensverhältnis hat sich in den folgenden Jahren noch weiter verfestigt. Sein Vertrauen zu mir hat seinen sichtbaren Ausdruck 1957 in der Berufung zum Bundesminister in sein Kabinett gefunden, obwohl ich 1956 ihm gegenüber einen Fauxpas begangen hatte.

Adenauer und ich kehrten wieder zu den Abgeordneten zurück. Im Verlauf des Abends fragte ein Abgeordneter, ob er einen Witz erzählen dürfe, was Adenauer gestattete. Der Abgeordnete erzählte nun einen etwas zweideutigen Witz. Bevor er allerdings damit zu Ende war, stand Adenauer, ohne ein Wort zu sagen, auf und ging an einen anderen Tisch.

Als Franz Josef Strauß, der nicht an der Einladung teilgenommen hatte, erfuhr, daß ich ein längeres Vier-Augen-Gespräch mit Adenauer, abseits der anderen CSU-Abgeordneten, geführt hatte, sprach er mich darauf an und fragte: „Über was habt ihr denn gesprochen? Um was ging es denn?“ Ich antwortete ihm: „Wir haben uns über die allgemeine Lage, besonders aber über die kritische Situation in der Koalition unterhalten.“ Das war mein ganzer Kommentar über das Gespräch mit Adenauer.

Schäffer in Ostberlin im Juni 1955

Am 11. Juni 1955, 11 Uhr, ließ mich Bundeskanzler Adenauer zu sich kommen und es ergab sich dieser Dialog:

Bundeskanzler: „Wissen Sie, wo sich Herr Schäffer zur Zeit aufhält?"

Ich: „Nein, ich vermute, wenn er nicht mehr im Finanzministerium ist, dann ist er sicher schon nach Bayern unterwegs."

Bundeskanzler: „Nein, Herr Schäffer ist nicht im Finanzministerium und auch nicht auf dem Weg nach Bayern. Er ist auf dem Weg in die DDR."

Ich, erschrocken: „Um Gottes willen, hat Herr Schäffer die Absicht, die Fronten zu wechseln?"

Bundeskanzler: „Das gerade nicht; Herr Schäffer hat auf meine Frage, was das zu bedeuten habe, erklärt: Er habe über einen verläßlichen Mittelsmann Verbindung zu Vinzenz Müller, General der Volksarmee, und dieser habe eine direkte Verbindung zu Botschafter Puschkin. Es ist ein Gespräch mit dem Botschafter vorgesehen. Herr Schäffer sieht eine Möglichkeit zur Wiedervereinigung."

Ich: „Haben Sie Herrn Schäffer die Reise nicht ausgeredet? Sie haben doch das Recht, ihm die Reise zu verbieten!"

Bundeskanzler: „Herr Stücklen, soll ich Herrn Schäffer die Reise verbieten, wenn er doch die Wiedervereinigung herbeiführen will? Das können Sie von mir nicht verlangen."

Ich: „Ich halte dieses Verhalten von Herrn Schäffer, auch Ihnen gegenüber, für illoyal."

Bundeskanzler: „Das stört Herrn Schäffer nicht. Ich habe ihm gesagt, auf mich könne er sich keinesfalls berufen. Er fährt nicht mit meiner Zustimmung.“

Ich: „Weiß Franz Josef Strauß davon?“

Bundeskanzler: „Von mir nicht“.

Ich: „Sie werden mir zustimmen, daß ich diese Information nicht für mich behalten kann, ich werde Strauß verständigen.“

Bundeskanzler: „Machen Sie das.“

Ich habe mich vom Bundeskanzler verabschiedet und anschließend versucht, Franz Josef Strauß zu erreichen. Er war nicht im Museum König, dem Sitz seines Amtes als Sonderminister. Seine Sekretärin, Frau Ermelinde Bauer sagte mir, daß Franz Josef Strauß am 12. Juni auf einer CSU-Parteiveranstaltung in Nürnberg sprechen würde. Ich fuhr zu dieser Versammlung, um Franz Josef Strauß darüber zu informieren. Ich deutete ihm an, daß ich ihm nach der Veranstaltung eine sehr vertrauliche Mitteilung machen müsse. Strauß wollte es sofort wissen. Da er aber von einigen CSU-Freunden umgeben war, bestand ich auf meinem Wunsch, ihn später unter vier Augen davon zu unterrichten.

Nach der Versammlung habe ich vorgeschlagen: „Wir schicken deinen Fahrer weg und setzen uns in deinen Wagen. Dann sind wir sicher, daß kein Unbefugter mithören kann.” So haben wir es auch gehalten.

Ich habe das Gespräch so wie Konrad Adenauer begonnen:
Ich: „Weißt du, wo sich Schäffer zur Zeit aufhält?“

Darauf Strauß: „Was soll diese Frage?“

Ich berichtete dann sehr genau, was ich am Tage vorher von Bundeskanzler Adenauer erfahren hatte. Strauß explodierte vor Wut: „Den schmeiße ich aus der CSU raus!"

Einige Tage später habe ich Strauß, der inzwischen mit Schäffer gesprochen hatte, gefragt, was er von Schäffer erfahren habe.

Strauß: „Ohne jedes Ergebnis. Er hat weder den Botschafter Puschkin noch eine andere Person von Bedeutung gesprochen. Er ist Vinzenz Müller auf den Leim gegangen, aber sprechen wir nicht darüber, es muß unter uns bleiben."

Auch Adenauer hat nicht unmittelbar auf den Vorfall reagiert. Wer aber Adenauer kannte, wußte, er vergaß solche Vorgänge nicht. Entsprechend der Abmachung habe ich die Landesgruppe auch nicht informiert.

[illegible]

[illegible]

[illegible]

[illegible]

Beim Adenauer in Sachen Strauß

Erstes Gespräch mit Bundeskanzler Adenauer im Hause in Rhöndorf

Im September 1955 habe ich Bundeskanzler Konrad Adenauer gebeten, er möchte mir einen Termin reservieren und sich etwas Zeit nehmen, denn ich wolle einige grundsätzliche Fragen mit ihm besprechen. Vorab sagte ich ihm schon ein Stichwort: Franz Josef Strauß im Kabinett und wie geht es weiter? Daraufhin sagte Adenauer: „Herr Stücklen, ich bin gerne bereit, mich mit Ihnen über diese Frage zu unterhalten. Ich lade Sie ein, kommen Sie am 26. September zu mir nach Rhöndorf."

Für mich war das eine hohe Auszeichnung, denn ich wußte, daß Adenauer in seinem Privatbereich nach getaner Amtstätigkeit seine Ruhe haben wollte. Als Frühaufsteher begann für ihn der Tag schon morgens um 6.00 Uhr. Um halb sieben kam bereits Felix von Eckardt, der Pressechef des Presse- und Informationsamtes der Bundesregierung und brachte ihm die neuesten Nachrichten, die er dann bis zum Frühstück gelesen hatte. Danach fuhr er mit dem Wagen von seinem Haus zur Rheinfähre, setzte über nach Bad Godesberg und von dort ging es ins Bundeskanzleramt.

Nun war ich also eingeladen. Ich kam gegen 19.00 Uhr in Rhöndorf an. Adenauer kam mir schon unter der Wohnungstür entgegen, hieß mich in seinem Hause herzlich willkommen und führte mich in sein Wohnzimmer. Ungefähr in der Mitte des länglich geschnittenen Raumes befand sich eine Nische, in der bereits für das Abendessen gedeckt war. Bevor es zu Tisch ging, haben wir uns über alles mögliche in sehr aufgelockerter Weise unterhalten. Bei Adenauer mußte nicht alles tierisch ernst ablaufen. Die rheinische Frohnatur des Bundeskanzlers kam immer zu ihrem Recht. Wir unterhielten uns unter anderem über das große Fenster im Wohnzimmer. Vor diesem Fenster, das zur Rheinseite ausgerichtet war, machte Adenauer die Bemerkung: „Von hier aus hat man nicht nur eine eindrucksvolle Sicht in das Rheintal, sondern darüber hinaus eine landschaftlich sehr reizvolle Weitsicht." Ich bemerkte: „Da hat es einen gegeben, der hatte noch ein viel größeres Fenster und eine ohne Zweifel reizvolle Sicht in die Umgebung gehabt, nur Weitsicht hatte er nicht." Darauf der Bundeskanzler: „Ich weiß, Herr Stücklen, wen Sie meinen. Den auf dem hohen Berg in den Bayerischen Alpen." Ich erwiderte: „Ja, den meine ich." Adenauer setzte das Gespräch fort und sagte: „Herr Stücklen, als ich noch Oberbürgermeister von Köln war, habe ich dieses Haus in Rhöndorf gebaut. Es liegt im Hang des Faulen Berges. Diese Bezeichnung war für mich aber kein Omen, denn nachdem mich die Nazis als Oberbürgermeister abgesetzt hatten, hatte ich nicht die Absicht, meine Zeit mit Faulenzen zu verbringen. Endlich konnte ich die Bücher lesen, die ich schon lange lesen wollte. Darunter auch einige klassische Kriminalromane. Von der Öffentlichkeit hatte ich mich ganz zurückgezogen. Es kamen gelegentlich gute Freunde vorbei. Allerdings waren es weniger geworden, dafür aber treue und zuverlässige Freunde.

Das, was mir richtig Freude bereitete, war mein Garten, den ich überwiegend selbst bearbeitet habe. Im Garten galt meine ganze Liebe den Rosen. Ich fragte ihn: „Ist es richtig, daß Sie eine neue Rose gezüchtet haben?" „Ja", sagte Adenauer, „sie trägt meinen Namen." Dann gingen wir zu Tisch.

Über Mutters Paprikahähnchen, Kalbsbrust und Apfelstrudel und Dr. Müllers Durst

Das Essen wurde serviert. Es gab Bouillon mit Ei, Tafelspitz mit Meerrettichsoße und Salzkartoffeln, dazu einen trockenen Moselwein. Als Nachspeise Creme Karamel.

Ich habe dann von meiner Mutter erzählt. Sie war eine ausgezeichnete Köchin. Zum Beispiel machte sie Paprikahähnchen, gefüllte

Kalbsbrust, Karpfen blau, vor allem aber einen ganz fantastischen Apfelstrudel. Meine Frau hat sich die drei Spezialitäten von meiner Mutter abgeschaut. Sie macht sie ebenfalls sehr gut.

Außerdem hat mir meine Mutter viele Lebensweisheiten mit auf den Weg gegeben, unter anderem auch, wie sich ein Gast bei einer Einladung zum Essen verhalten sollte. Ihre Meinung war: „Wenn das Essen gut war, dann lobe es und lobe die Küche. Wenn der Gastgeber herzlich zum Essen eingeladen hat, dann wird er sich darüber freuen."

Adenauer hörte sich das mit sichtlichem Vergnügen an und machte die Bemerkung: „Hoffentlich sind Sie von dem heutigen Abendessen nicht enttäuscht." Ich konnte ihm bestätigen, daß das Essen wirklich sehr gut war.

Nach dem Abendessen stellte mir Adenauer eine provozierende Frage: „Wissen Sie, wie ich bei Dr. Müller, den Sie Ochsensepp nennen, um das Du herumgekommen bin?" Ich sagte, und diese Antwort hatte Adenauer auch von mir erwartet, „Herr Bundeskanzler, das müssen Sie mir erzählen."

„Ich habe Dr. Josef Müller gebeten, er solle zu mir nach Rhöndorf zu einem Abendessen kommen. Der Hintergrund war der, ich wollte den Versuch unternehmen, die CSU nicht als eine selbständige Partei entstehen und festlegen zu lassen. Deshalb habe ich Dr. Müller folgendes Angebot gemacht: ‚Herr Müller, ich biete Ihnen an: Wenn die CSU in Bayern den Namen CDU übernimmt, sichere ich Ihnen zu, sie behält weitgehend ein selbständiges Handeln innerhalb der großen Partei der CDU'. Müller ging aber nicht sehr ernsthaft darauf ein und sagte: ‚Herr Bundeskanzler, das ist in Bayern nicht durchzusetzen. In Bayern wollen wir unsere Eigenart erhalten und auch unsere Entscheidungsfreiheit, denn wir haben genug von dem preußischen Übergewicht aus der Weimarer Demokratie'. Da sagte ich ihm, daß ich es aber gern sehen würde: ‚Wir könnten doch gut zusammenarbeiten.' Daraufhin meinte Dr. Müller, daß wir das auch so könnten. ‚Da wir auf der gleichen politischen Grundlage unsere Politik gestalten, bedarf es doch keiner besonderen Überwindung, wenn wir auch in pragmatischen und politisch schwergewichtigen Fragen aufeinander zugehen und gemeinsam handeln.' Das hat mir doch sehr an Herrn Müller imponiert. Und damit war ich auch zufrieden, denn ich sah ein, daß ich meine Vorstellungen nicht erreichen konnte. Wir haben zusammen gegessen und dazu gab es einen ausgezeichneten Wein.

Da ich wußte, wenn Herr Müller ein bißchen kräftig trinkt, dann neigt er dazu, seinem Gesprächspartner das Du anzubieten: ‚Ich heiße Sepp' und dann hätte ich sagen müssen, ‚ich heiße Konrad.' Das wäre zwar kein Vergehen gewesen, aber ich mochte und wollte das nicht. Außer meiner Familie, meinen näheren Verwandten, habe ich keine Duzfreunde. Eine Ausnahme ist Dr. Robert Pferdmenges, ein Bankier aus Köln, der auch unserer Fraktion angehört.

Ich habe einen Moselwein eingeschenkt. Gleich beim zweiten Glas sah ich, wie schnell es wieder leer war. Ich hatte erst einmal so richtig genippt und mein Glas war noch mindestens dreiviertel voll. Aber als Gastgeber habe ich ihm nachgeschenkt. Müller trank wieder schnell aus. Da kam das Essen und während des Essens haben wir uns öfter zugeprostet. Müller hatte inzwischen etliche Gläser Wein intus. Plötzlich dachte ich, mein Gott, vielleicht kommt jetzt schon die Situation und er bietet mir das Du an! Darum habe ich ihm, als sein Glas wieder leer war, nicht mehr nachgeschenkt, obwohl ich die zweite Flasche bereits geöffnet hatte. Herr Müller ließ sich das eine Zeitlang gefallen, doch dann hatte ich den Eindruck, daß er immer wieder auf die Flasche und dann auf sein Glas guckte und sehe, wie er nach der Flasche greifen will. Aber ich war schneller, habe die Flasche an mich genommen und gesagt, ‚Herr Müller, wenn die Flasche stört, können wir sie ja auch wegstellen' und stellte sie beiseite.

Sehen Sie, Herr Stücklen, so bin ich um das Du mit Dr. Müller herumgekommen."

Die Anliegen des Franz Josef Strauß

Nun forderte mich der Bundeskanzler auf, ich möchte doch das Anliegen von Strauß vortragen.

Damit das folgende Gespräch auch im Zusammenhang gesehen werden kann, muß ich auf die Stunde, in der Strauß mir sein Anliegen nahegelegt hat, zurückkommen.

Als Sonderminister war Strauß im ersten Stock des Zoologischen Museums Alexander Koenig mit seinem Büro provisorisch untergebracht. Wenn er in sein Büro wollte, mußte er zwangsläufig an einer ganzen Reihe von präparierten Tieren aus aller Welt vorbeigehen. Diese präparierten Tiere wie Giraffen, Affen, Löwen, Bären usw. strahlten auch nach Jahren noch einen gewissen strengen Geruch aus. Es war unvermeidlich und nicht gerade angenehm. Wenn ich zu ihm kam, war das erste, was er zu mir sagte: „Hast‘ es gemerkt, wie diese ausgestopften Viecher stinken?“ Ich habe es runtergespielt und war der Meinung, das wäre wohl das wenigste, was er an seiner Tätigkeit als Sonderminister im Museum Koenig auszusetzen hätte.

Eines Tages kam Franz Josef Strauß wutentbrannt zu mir in die Landesgruppe. Ich sah ihm die Verärgerung schon von weitem an. Kaum war er bei mir im Zimmer, begann er zu schimpfen – das konnte er wie kaum ein anderer – und sagte, seine Geduld sei nun am Ende. Ich fragte ihn, was denn passiert sei. Da legte er los, er sei nicht mehr bereit, den „Grüß-Gott-August des Kabinetts“ zu machen. Er bekäme Aufträge, da oder dort ein Grußwort zu sprechen. Dann solle er jeden Gast, den kein anderer Minister haben will, empfangen. Das seien alles Beschäftigungen, auf die er gern verzichten könne. „Wenn ich nicht bald eine andere Aufgabe bekomme, die wirklich meinen politischen Fähigkeiten und Neigungen entspricht, soll ein anderer den Sonderminister machen." Ich beruhigte Franz Josef Strauß, soweit das überhaupt möglich war und bat ihn, er solle mir jetzt mal vortragen, wie er sich seine weitere politische Aufgabe vorstelle.

Er kam auf den eigentlichen Anlaß seiner augenblicklichen Verärgerung zurück. Bei der letzten Kabinettsitzung habe ihm der Bundeskanzler so ganz nebenbei den Satz zugeworfen: „Herr Strauß, kümmern Sie sich doch um die Atomfragen." Aber er hatte nicht gesagt, daß er die Voraussetzungen dafür schaffen wolle, nämlich ein Atomministerium einzurichten, natürlich mit dem entsprechenden Unterbau. Nein, dies alles habe er nicht gesagt. „Und nun komme ich zu dir, als meinem Landesgruppenvorsitzenden und trage dir meine politischen Vorstellungen für die Zukunft mit der Bitte vor, das dem Bundeskanzler mit allem Ernst nahezubringen. Und das wird und muß dir auch gelingen, denn ich weiß längst, wie gut das Verhältnis zwischen dir und Adenauer ist. Du bist ohnedies ein großer Verehrer von ihm. Ich bin überzeugt, wenn du meine Anliegen zu den deinen machst, dann wirst du bei Adenauer erfolgreich sein." Ich habe meine Bereitschaft erklärt, für Franz Josef Strauß das zu tun, was in meinen Kräften stehe, um seine Vorstellungen und die Fortsetzung seiner politischen Tätigkeit in der Bundesregierung zu ermöglichen und zu fördern. Er begann ganz kontinuierlich seine Vorstellungen zu formulieren:

Bereit, Atom-Minister zu werden

„Als erstes bin ich gerne bereit, dieses so leicht hingeworfene Wort: ‚Kümmern Sie sich um die Atomfragen', ernst zu nehmen und mich auch tatsächlich darum zu kümmern. Wenn ein entsprechendes Ministerium mit einem Unterbau geschaffen ist, werde ich mich mit meiner ganzen Kraft dafür einsetzen, um in der Diskussion, die ja nun auf allen Ebenen, insbesondere im wissenschaftlichen Bereich, zur friedlichen Nutzung der Kernenergie entfacht wurde, meinen Beitrag zu leisten. Ich halte mich für intelligent genug, um dieses für mich neue

Gebiet auch nach relativ kurzer Einarbeitung soweit zu beherrschen, daß ich mit den Herren aus der Wissenschaft, wie Carl-Friedrich von Weizsäcker, Werner Heisenberg und anderen, auch auf gleicher Ebene diskutieren kann." Ich erwiderte: „Daran zweifele ich überhaupt nicht. In diesem Punkt gibt es zwischen dir und mir nicht die geringste Differenz. Ist das der einzige Punkt, den ich mit Adenauer besprechen soll?" Er antwortete: „Nein, ich habe schon noch zwei andere Punkte. Ich werde sie dir auch in aller Ruhe vortragen."

Strauß will in den Verteidigungsrat

„Hierbei geht es weniger um meine Person, sondern vielmehr um die Sache, denn sie ist für die Zukunft, für das Ansehen und die Glaubwürdigkeit der Bundesrepublik und des Bundeskanzlers von allergrößter Bedeutung." Er fuhr fort: „Bevor ich mich bereiterklärt habe, Bundesminister ohne besondere Aufgaben zu werden, war ich Vorsitzender des Ausschusses für Sicherheitsfragen und des Verteidigungsausschusses. In dieser Eigenschaft habe ich natürlich einen tiefen Einblick in die Vorbereitungen zur Erfüllung unserer eingegangenen verteidigungspolitischen Pflichten bekommen. Ich bin erschrocken, mit welchem Dilettantismus der Kollege Theo Blank an diese schwierige Aufgabe, die Aufstellung von Divisionen, herangeht. Es ist unmöglich, in zwei Jahren eine einsatzfähige Truppe von 450.000 Mann aufzustellen. Es fehlen die entsprechenden Waffen und Geräte, an denen sie auch die notwendige Ausbildung und Übung bekommen sollen. So wie ich das heute einschätze, hat Theo Blank Zusagen gegeben, die auch vom Bundeskanzler mit übernommen worden sind. Sie betreffen nicht nur den inneren Bereich der Bundesregierung, sondern es sind Zusagen gegenüber den Alliierten, insbesondere gegenüber den Vereinigten Staaten gemacht worden, die nicht eingehalten werden können. Hier steht die Glaubwürdigkeit des Bundeskanzlers auf dem Spiel. Ich halte es für meine Pflicht, diesen Zustand zur rechten Zeit an der richtigen Stelle anzubringen, damit ein Debakel verhindert wird. In der Öffentlichkeit kann ich in dieser Deutlichkeit nicht argumentieren. Wir können es auch nicht soweit kommen lassen, daß uns die Opposition, Fritz Erler von der SPD, im Plenum und in der Öffentlichkeit an den Pranger stellt mit dem Vorwurf, wir hätten zwar die Verteidigungsbereitschaft angekündigt, würden aber nichts tun, um dieser Aufgabe auch tatsächlich gerecht zu werden. Die einzige Möglichkeit, die ich sehe, die Bedenken umfassend darzulegen, ist im Verteidigungsrat, den der Bundeskanzler eingerichtet hat. Deshalb bitte ich dich, dem Bundeskanzler klarzumachen, daß ich es für dringend erforderlich halte, mich in den Verteidigungsrat zu berufen und daß ich dazu auch bereit bin." Auch zu diesem Punkt erklärte ich Franz Josef Strauß, daß ich seiner Meinung sei. Der Bundeskanzler müsse dankbar sein, wenn er auf sein Wissen aus der Zeit als Vorsitzender des Verteidigungsausschusses zurückgreifen könne. „Es ist besser", war meine Meinung, „dich in den Verteidigungsrat zu berufen, um dort deine Bedenken zu erfahren, als darauf zu verzichten. Schädlich wäre es, wenn er deine Bedenken in den Wind schlagen würde und du dich gezwungen sähest, diese Debatte in der Öffentlichkeit zu führen. Ich könnte mir vorstellen, daß der Bundeskanzler dies unter allen Umständen verhindern will."

Strauß will auch Stellvertreter des Kanzlers werden

Strauß sprach dann weiter: „Wenn ich dann in den Verteidigungsrat berufen werde, sehe ich überhaupt kein Hindernis, daß der Bundeskanzler mich zu seinem Stellvertreter ernennt. Er hat ja auch Franz Blücher von der FDP zu seinem Stellvertreter ernannt und die CSU als Koalitionspartner hat den gleichen Anspruch. Sie darf doch nicht schlechter behandelt werden als der weniger starke Koalitionspartner, die FDP." Ich erklärte mich bereit, auch diesen Punkt aus Überzeugung mit zu vertreten. Ich bat Franz Josef Strauß, er möge etwas Geduld haben, denn mit dem Kopf durch die Wand lassen sich diese Punkte beim Bundeskanzler nicht durchsetzen. „Ich werde den richtigen Zeitpunkt schon abpassen. Wenn ich den Eindruck habe, der Bundeskanzler ist mir besonders wohlgesonnen und sehr aufgeschlossen, dann werde ich ihm diese Punkte mit aller Deutlichkeit und mit der Begründung, die du mir mit auf den Weg gegeben hast, näherbringen. Ich halte Adenauer für politisch so klug, daß er mit dir keinen ernsthaften Ärger haben will. Im Gegenteil, er möchte dich in die Politik einbinden, denn er weiß, welche Kraft in deiner Rhetorik steckt. Ich denke nur an die große Rede, die du 1952 für die gesamte Fraktion im Deutschen Bundestag gehalten hast. Ich habe sie mehrmals nachgelesen und kann mich nicht erinnern, daß es vorher je eine Rede in einer kritischen und umstrittenen Frage gegeben hat, die so von der Koalition mit ungeteiltem Beifall aufgenommen worden ist und die auch in der Öffentlichkeit eine große Wirkung erzielt hat. Denn es war weiß Gott notwendig, den ‚Ohne-mich- Standpunkt' der Opposition, der im Hinblick auf die Weltsituation nicht zu verantworten war, zu korrigieren. Wir müssen uns auch gegen den Zeitgeist und die Vorbehalte, die noch aus der jüngsten Vergangenheit bestehen, mit Vernunftgründen und überzeugend durchsetzen. Denn es steht mehr auf dem Spiel als nur recht zu haben."

Ich habe die Argumente noch ergänzt: „Es war sicher politisch richtig, den anerkannten Gewerkschafter Theo Blank mit dem Aufbau der neuen Streitkräfte zu betrauen. Tatsache ist aber, Herr Blank ist mit dieser Aufgaben überfordert.

Bei Debatten im Plenum kommt er regelmäßig in Bedrängnis, wenn er von Fritz Erler (SPD) attackiert wird. Eine Korrektur der Zusagen, die den Amerikanern gegeben wurden, aber nicht eingehalten werden können, war nicht zu vermeiden. Sollten Sie sich, Herr Bundeskanzler, dazu genötigt sehen, kann es doch nicht ausgeschlossen sein, wenn Sie auch an einen Wechsel an der Spitze des Verteidigungsministeriums denken. Sie werden sehen, wie sich Herr Strauß im Verteidigungsrat bewährt." Bei dieser Feststellung machte der Bundeskanzler ein sehr besorgtes Gesicht.

Da ich der Meinung war, die angesprochenen Probleme seien nun erschöpfend behandelt worden, habe ich mir erlaubt, folgende Punkte zusammenzufassen:

1. Strauß wird Atomminister,
2. Strauß wird in den Verteidigungsrat berufen,
3. Strauß wird zusammen mit Franz Blücher Stellvertreter des Bundeskanzlers in diesem Gremium.

Der Kanzler stimmte zu. Ich war mit dem Ergebnis sehr zufrieden und fragte den Bundeskanzler, ob ich Herrn Strauß davon unterrichten könne. Der Bundeskanzler bejahte dies und fügte hinzu, ich solle auf Strauß einwirken, die Angriffe auf Theo Blank zu unterlassen. Ich sagte dem Kanzler zu, daß ich in diesem Sinne auf Strauß Einfluß nehmen würde.

Plötzlich sprach der Kanzler von seiner Nachfolge

Nun war ich der Meinung, der Kanzler möchte mich verabschieden. Aber weit gefehlt, denn er schnitt plötzlich das Thema seiner Nachfolge an.

Der Kanzler: „Ich bin jetzt 80 Jahre alt, fühle mich noch gesund und auch belastbar. Dennoch nehme ich es niemandem übel, wenn er sich Gedanken macht, wer einmal mein Nachfolger werden soll. Nur, wer vor der Wahl 1957 laut darüber nachdenkt, eröffnet eine Diskussion, die wir zur Zeit nicht brauchen können. Ich würde eine solche Diskussion als parteischädigend ansehen. Herr Stücklen, wie denken Sie über meine Nachfolge, die ja einmal kommen wird, denn unsterblich sind wir alle nicht?“

„Herr Bundeskanzler, ich habe mir über Ihre Nachfolge bisher nicht die geringsten Gedanken gemacht, weil ich zuversichtlich bin, Sie werden, so Gott will, noch einige Legislaturperioden unser Kanzler bleiben."

Bundeskanzler: „Es gibt aber auch andere Gründe, als die von Gottes Hand. Ich bin zwar guter Dinge im Hinblick auf den Wahlausgang 1957. Die CDU/CSU wird wohl wieder stärkste Partei werden, aber die absolute Mehrheit wird sie nicht schaffen. Wir brauchen zur Regierungsbildung Koalitionspartner. Die FDP unter Thomas Dehler ist und bleibt ein Unsicherheitsfaktor. Unter diesen Gesichtspunkten sind Überlegungen gerechtfertigt, wie eine Regierung unter Führung der CDU/CSU gesichert werden kann."

Ich ahnte schon, worauf der Kanzler hinaus wollte. Er befürchtete, es könnte zu einer Änderung an der Spitze des Kanzleramtes kommen, denn die FDP unter Dehler neigte ohnedies zu Prof. Ludwig Erhard.

Da der Kanzler merkte, daß ich immer noch zögerte, näher auf seine eventuelle Nachfolge einzugehen, forderte er mich auf: „Nun nennen Sie schon mal Namen, die als meine Nachfolger in Frage kommen könnten."

Ich mußte mich überwinden, in eine solche Gedankenspielerei einzutreten, die im Augenblick keinen realistischen Bezug hatte. Dennoch ahnte ich, daß ich bei der Nennung von Namen vorsichtig vorgehen mußte.

Ich merkte, der Kanzler wollte konkrete Vorschläge von mir hören. Deshalb nannte ich Dr. Gerhard Schröder, von dem der Bundeskanzler bei anderer Gelegenheit gesagt hatte, Herr Schröder wolle auf seinen Stuhl. Als ich dann Eugen Gerstenmaier vorschlug, fügte ich hinzu, er wäre wohl auch mit dem Außenministerium zufrieden. Der erste Anwärter wäre wohl Wirtschaftsminister Prof. Erhard. Ich sei überzeugt, Erhard würde in der Fraktion eine große Zustimmung erhalten. Beim Nennen dieses Namens machte der Kanzler die Bemerkung: „Herr Erhard ist für diese Aufgabe zu weich. Er ist ein außerordentlich erfolgreicher Wirtschaftsminister. Wir haben ihm viel zu verdanken, aber als Bundeskanzler eignet er sich nicht."

Er fügte hinzu, eigentlich habe er von mir noch einen anderen Namen erwartet. Ich wußte, was der Kanzler erwartete. Selbstverständlich würde unser Finanzminister Fritz Schäffer unzweifelhaft die Eigenschaften für einen Kanzler mitbringen. Er hatte Erfahrung, die weit in die Zeit der Weimarer Republik zurückging. Als Finanzminister genoß er großes Ansehen, nicht nur in der Fraktion, sondern weit darüber hinaus auch in der Öffentlichkeit.

„Ich vermute, Sie erwarten noch einen Namen von mir. Ich nenne Franz Josef Strauß." Bei Nennung dieses Namens beobachtete ich bei Adenauer ein leichtes Schmunzeln. Der Kanzler bemerkte: „Wenn Herr Strauß sein Temperament etwas zurücknimmt und keine entscheidenden Fehler macht, ist er ein ernstzunehmender Bewerber für dieses Amt. Es hat aber noch einige Jahre Zeit." Er fügte hinzu: „Herr Strauß sollte heiraten, dann würde er schon ruhiger werden. Die Junggesellen sind alle etwas unruhige Geister."

„Herr Bundeskanzler, damit will ich meine Phantasie nicht weiter anstrengen und möchte mit der Bemerkung und dem Wunsch schließen: Gott möge Sie uns noch lange erhalten!"
Bundeskanzler: „Herr Stücklen, ich bedanke mich, daß Sie sich an den Gedankenspielen beteiligt haben."

Inzwischen waren mehr als zwei Stunden vergangen. Mit dem letzten Schluck des Weines verabschiedeten wir uns.

Beim Hinausgehen sagte er noch: „Den letzten Teil unseres Gesprächs behalten wir bitte für uns."

Für mich war dieses Gespräch das persönlichste und auch das erfolgreichste, das ich mit Bundeskanzler Adenauer geführt habe.

Am nächsten Morgen habe ich Strauß angerufen

Am nächsten Morgen habe ich bei Franz Josef Strauß angerufen und ihn davon unterrichtet, daß ich gestern bei Adenauer in Rhöndorf zum Abendessen eingeladen war. „Bei dieser Gelegenheit habe ich deine Wünsche mit gebührendem Nachdruck und auch ausführlich dargelegt. Ich bitte dich, komm rüber zu mir in die Landesgruppe, damit ich dich umfassend über das Gespräch unterrichten kann." Ungeduldig, wie Franz Josef Strauß in solchen Dingen war, wollte er gleich am Telefon das Ergebnis wissen. Ich habe es ihm aber ganz bewußt nicht sofort mitgeteilt, sondern wollte dies mit ihm in aller Ausführlichkeit und Ruhe besprechen. Es dauerte auch gar nicht lange, da war er schon da.

„Nun zu meinem Gespräch mit Adenauer:
Ich habe die Argumente, wie mit dir besprochen, zu jedem der drei Probleme dem Bundeskanzler vorgetragen.

Das Ergebnis:

1. Du wirst Atomminister mit einem eigenen Ministeriumsunterbau und mit der Bezeichnung ‚Bundesministerium für Atomfragen.'"
   Strauß macht die Zwischenbemerkung: „Das hast Du sehr gut gemacht."

2. „Der Bundeskanzler beruft Dich in den Sicherheitsrat."
   Da unterbricht mich Strauß mit der Bemerkung: „Aber den Stellvertreter hast Du nicht durchsetzen können."

3. „Du wirst auch Stellvertreter."

Dr. Adenauer, ein Mann, dessen Ausstrahlung mich stets fasziniert hat. An unsere Gespräche denke ich gerne zurück, vor allem an die privaten Einladungen nach Rhöndrf.

Der berühmte „Ochsensepp“ alias Dr. Josef Müller, Mitbegründer der CSU und des Parlaments der Jungen Union.

Mit meiner Frau bei Konrad Adenauer.

Arbeitsessen.

Unser Postleitzahlsystem lockte selbst den amerikanische
Postmaster-General, Mr. Day nach Bonn.

Mit Bundeskanzler Professor Ludwig Erhard beim Staatsbesuch der britischen Königin Elisabeth II.

Die Spitze der Post: Verabschiedung des Staatssekretärs Prof. Herz und Einführung von Helmut Bornemann am 21.6.1963. Dr. Steinmetz, Prof. Herz, ich, Neuburger, Bornemann. (von links).

Als Sonderbotschafter bei der Einführung des Staatspräsidenten von Venezuela, Romulo Betanco 1959 in Caracas.

Da legte Strauß seine Hand auf meinen Arm mit der Bemerkung: „Richard, das werde ich Dir nie vergessen“. – Er hat es vergessen!

Noch ein Wort über Strauß im Verhalten zu mir

Es war seit Wochen und Monaten üblich, daß wir uns am Freitag vormittag, entweder bei mir im Vorstandszimmer der Landesgruppe oder in seinem Abgeordnetenbüro, das auf dem gleichen Flur lag, zu einem Gespräch trafen. Dabei haben wir uns über den Ablauf der vergangenen Woche und auch ganz privat unterhalten. Wir gingen in voller Übereinstimmung und im besten Einvernehmen am Wochenende auseinander. Er fuhr nach München und ich in meinen Wahlkreis.

In München war er manchen Personen insofern ausgeliefert, als diese seine Nähe suchten und ihn auch immer wieder beeinflußten. Wenn er dann am Wochenanfang von München wieder nach Bonn kam, rief er mich meist gleich an, brachte seine Kritik über dieses oder jenes vor. Ich merkte sofort, da waren wieder die Einflüsterer von München am Werk gewesen. Ich habe mir unberechtigte Kritik nicht gefallen lassen und manches Telefongespräch einfach dadurch unterbrochen, daß ich den Telefonhörer auflegte. In der Landesgruppe, die ja jeweils am Montag um 19.30 Uhr tagte, bezogen sich seine kritischen Bemerkungen nicht mehr so sehr auf meine Person, sondern insgesamt auf das Verhalten der CDU, und deren Vorsitzenden.

Gegen Ende der Woche hatte sich das Verhältnis zu mir wieder normalisiert, ja es entwickelte sich sogar herzlich. Bereits am Donnerstag luden wir uns gegenseitig ein. Anfangs tranken wir einen Whisky miteinander, der damals noch sehr populär war - inzwischen konsumieren wir mehr Kaffee oder Tee. Wir sprachen über das, was politische Freunde sich untereinander zu erzählen haben. Auch über solche politischen Fragen, von denen wir nicht wollten, daß sie am nächsten Tag in der Zeitung zu lesen waren.

Zum Schluß des Berichtes über mein Gespräch mit Adenauer sagte ich noch zu Franz Josef Strauß: „Franz Josef, wenn du mehr auf meinen Rat hörst als auf die notorischen Einflüsterer in München, ich habe unter anderem an Dannecker, Schöll und ähnliche Personen gedacht, dann, so bin ich überzeugt, wirst du eines Tages Kanzler werden."

Vielleicht habe ich mich bei dieser Einschätzung etwas übernommen, aber die Befähigung zum Kanzler hatte Strauß auf jeden Fall. Darauf Strauß: „Glaubst Du, daß ich Kanzler werden könnte?" „Ja", sagte ich, „ich glaube daran."

Ich habe Strauß nie wieder so zufrieden gesehen wie am Schluß dieses Gesprächs.

Im Nachhinein noch die Bemerkung: Strauß ist nicht von seinen politischen Gegnern besiegt worden. Nein, er hat sich selbst besiegt. Ich denke an sein falsches Verhalten in der „Spiegel-Affäre."

Der Bayerische Löwe und Adenauer: Konrad Adenauers 80. Geburtstag am 5. Jan. 1956

Im November 1955 waren die Vorstandsmitglieder der Landesgruppe der CSU und einige Abgeordnete aus dem Münchner Bereich im Bonner Presseclub zu einem Mittagessen zusammengekommen. Das Gespräch ging um den 80. Geburtstag des Bundeskanzlers Konrad Adenauer, der am 5. Januar 1956 feierlich begangen werden sollte. Die Frage war, was überreicht ihm die Landesgruppe der CSU als Geschenk?

Vieles wurde diskutiert. Die Lösung fand Höcherl: „Wenn die Landesgruppe der CSU dem Alten ein Geschenk macht, muß es nicht unter allen Umständen ein sehr teures sein. Es muß unverwechselbar bayerisch, originell sein, aus dem Rahmen fallen und einiges Aufsehen erregen. Ich meine das Wappentier Bayerns weder in Plüsch, noch in Porzellan oder Marmor, ich meine einen echten lebenden jungen Löwen vom Zirkus Krone oder Tierpark Hellabrunn.“ Ich schaltete mich ein und sagte: „Das mit dem lebenden Löwen, soweit er in einem ungefährlichen Alter beschafft werden kann, wäre das originellste Geschenk. Denn was soll er mit Geschenken, für die er in diesem Alter keine Verwendung hat. Geschenke bei solchen Anlässen sind nichts weiter als Überraschungen. Ein Stück Humor soll auch dabei sein, dafür hat der Alte eine Antenne. Nach dem Geburtstag kann der Löwe ja an den Kölner Zoo verschenkt werden.“ Ich mahnte noch zu absoluter Verschwiegenheit, insbesondere vor Journalisten.

Der Münchner Bundestagsabgeordnete Karl Wieninger wurde um die Durchführung dieser Aktion gebeten, die Beschaffung und den Transport zu übernehmen. Wieninger gab mir nach erfolgreichem Abschluß der „Löwenaktion“ folgenden Bericht:
„Die Gratulation beim Bundeskanzler war für die Landesgruppe um 10.30 Uhr vorgesehen. Franz Josef Strauß und ich fuhren zur Gratula-

tion mit dem Löwentransport voraus. Vor der Einfahrt zum Palais Schaumburg, dem Bundeskanzleramt, standen viele Menschen, die die Anfahrt der Gratulanten sehen wollten. Wir mußten vor dem Tor etwas warten. Da gab es um unser Auto ein lebhaftes Gedränge, als die Wartenden den Löwen erblickten. „Ein wildes Tier, ein Löwe, ein Löwe", wurde gerufen. Das Spektakel ärgerte das „wilde Tier." Es fletschte seine Zähne und knurrte vernehmlich.

In den Korridoren des Bundeskanzleramtes war ein lebhaftes Gedränge. Den ganzen Tag über lief die Gratulationscour. Das vorgesehene Programm hinkte der abgelaufenen Zeit erheblich hinterher. Da ereignete sich eine Panne: Der kleine Löwe verrichtete in schöner Ungezwungenheit ein kleines Geschäft und auf dem Fußboden breitete sich eine große Lache aus. Adenauer schilderte dieses Vorkommnis später einmal im Kreise der Fraktion: „Vor der Tür zum Kabinettssaal verbreitete sich unversehens ein kräftiger Wildgeruch."

Endlich waren wir an der Reihe. Franz Josef Strauß und ich gingen links und rechts vom Löwen, ich hielt die Leine. Die erste Reaktion Adenauers war der Ausruf: „Ach, der lebt ja!" Allem Anschein nach mußten vorwitzige Journalisten schon Andeutungen gemacht haben, daß das Geschenk der Bayern das bayerische Wappentier wäre. Der Löwe war gänzlich verschüchtert, denn der Kabinettssaal war voll von Gratulanten. Vor allem drängten sich dort eine Unzahl von Pressevertretern, meist mit Kameras bewaffnet. Augenscheinlich irritierten die grellen Blitzlichter das Tier, darum hob es der Tierpfleger auf und es ruhte nun mit eingezogenem Kopf in seinen Armen. Adenauer lachte mit allen Anwesenden und kraulte den kleinen Löwen am Kopf. Nach einer Weile richtet er an die Journalisten die Frage, wie denn der Löwe getauft werden solle? Einige riefen: „Franz Josef." Adenauer: „Nein, dafür ist er mir zu zahm." Ziemlich einhellig wurde nun der Name „Conny" vorgeschlagen. Seitdem hieß er zu Ehren des Bundeskanzlers „Conny." Bei Strauß und mir bedankte sich der Kanzler besonders für das originelle Geburtstagsgeschenk.

Zweites Gespräch mit Bundeskanzler Adenauer in seinem Hause

Es ging um Fritz Schäffer

Kurz vor Ende der 2. Legislaturperiode 1957 hat mich Bundeskanzler Konrad Adenauer wieder in sein Haus nach Rhöndorf eingeladen. Nach einigen freundlichen Begrüßungsworten kam der Herr Bundeskanzler sehr schnell zur Sache. Er machte noch einige Bemerkungen zur allgemeinen Situation und war sehr zuversichtlich. Bundeskanzler Adenauer war fest davon überzeugt, die nächsten Wahlen 1957 werden von der CDU/CSU gewonnen.

Es kam das Essen mit einem guten Wein. Während des Essens sprach Adenauer sehr lobend über die gute Zusammenarbeit mit der CSU. In der Koalition gab es mit einzelnen Kollegen immer mal Schwierigkeiten. Aber insgesamt war der Bundeskanzler der Meinung, diese Wahlperiode mit dieser Koalition habe ein gutes Ergebnis vorzuweisen. Da er erneut von einer Koalition mit der derzeitigen Parteien-Zusammensetzung ausginge, mache er sich heute schon über das neue Kabinett Gedanken, insbesondere über wichtige Positionen. Er wolle vor allen Dingen dafür sorgen, daß die Zusammenarbeit innerhalb des Kabinetts reibungsloser vonstatten geht, als es in der Vergangenheit manchmal der Fall war. Der Kanzler fuhr fort: Er wolle in einem Ressort unter allen Umständen eine Veränderung vornehmen. „Ich kann mir vorstellen, daß Sie davon nicht begeistert sein werden. Ich erkläre Ihnen aber genau, warum es notwendig ist.“ Im Stillen dachte ich an Franz Josef Strauß, ob er Strauß auswechseln wollte und sagte auch gleich: „Aber Herr Bundeskanzler, Sie werden doch nicht daran denken, Franz Josef Strauß auszuwechseln?“ Da sagte er: „Nein, an Franz Josef Strauß habe ich derzeit nichts auszusetzen. Die Fragen in der Verteidigung laufen ohne Komplikationen, auch wenn es die eine oder andere Meinungsverschiedenheit gibt. In grundsätzlichen Entscheidungen gibt es sie nicht.“ Nun merkte ich schon, auf wen es zuläuft. Der Kanzler sagte auch ohne Umschweife um wen es ging. „Herr Stücklen, ich sage Ihnen und meine das auch sehr ernst: Sie sollen es als erster von mir in Ihrer Eigenschaft als Vorsitzender der CSU-Landesgruppe erfahren.“ Dann kam der bedeutungsvolle Satz: „Herr Stücklen, der Herr Schäffer wird im nächsten Kabinett nicht mehr Finanzminister werden.“ Ich erwiderte: „Herr Bundeskanzler, wenn das ihr unabänderlicher Entschluß ist, wird es in der Landesgruppe einen Aufstand geben, denn Fritz Schäffer steht bei seinen CSU-Kollegen im allerhöchsten Ansehen. Aber nicht nur in der Landesgruppe, sondern auch in der Öffentlichkeit. Was sind denn die Gründe, Herr Bundeskanzler, die Sie veranlassen, einen so verdienstvollen Mitarbeiter im Kabinett auszuwechseln?“ Darauf Adenauer: „Ich sage Ihnen die Gründe und Sie werden dann vielleicht einsehen, daß es im Interesse der Geschlossenheit und der Arbeitsfähigkeit im Kabinett notwendig ist, diesen Wechsel vorzunehmen. Ich sage aber von vornherein fest zu, Herr Schäffer wird auch weiterhin im Kabinett bleiben. Nur für die Aufgabe des Finanzministers ist er nicht mehr tragbar.

Herr Stücklen, Sie waren bisher nicht im Kabinett und können natürlich auch nicht im einzelnen beurteilen, wie schwierig es ist, mit Herrn Schäffer zusammenzuarbeiten. Und das gilt nicht nur für mich. Es gab kaum eine Kabinettsitzung, in der ich nicht den Streit schlichten mußte, den Herr Schäffer mit irgendeinem anderen Kabinettsmitglied hatte. Das war aber nicht ein Einzelfall, sondern fast in jeder Kabinettsitzung mußte ich mich stundenlang als Schlichter zwischen Herrn Schäffer und den anderen Kabinettsmitgliedern abmühen. Sie können gern einmal Herrn Strauß fragen, der hat auch seinen Ärger und seine Schwierigkeiten mit seinem engeren Parteifreund Schäffer. Das, was grundsätzlich nicht geht ist, wenn Mittel im Haushalt beschlossen worden sind und von seiten des Haushaltsausschusses des Bundestages keine Sperre verfügt wurde, dann muß der Finanzminister den Haushalt in Kraft setzen. Und nicht, wie Herr Schäffer, sich weigern und die genehmigten Mittel den Ressorts vorenthalten.

Um mich nicht im nächsten Kabinett wieder in der schwierigen Lage zu befinden, meine Zeit damit zu vergeuden, Streit zu schlichten, statt gemeinsame politische Fragen erfolgreich zu lösen, deshalb kann Herr Schäffer nicht mehr Finanzminister sein."
Ich erwiderte darauf: „Herr Bundeskanzler, Sie wissen, daß ich immer ein Mann des Ausgleichs war und bin. Aber in dieser Angelegenheit geht es nicht nur darum, einen Ausgleich herbeizuführen, sondern die Landesgruppe zu überzeugen, daß es notwendig ist, Schäffer auszuwechseln. Und dieser Aufgabe stehe ich mit allergrößten Bedenken gegenüber. Denn es ist doch unbestritten, daß Fritz Schäffer gerade durch seine Sparsamkeit ein hohes Ansehen in der Öffentlichkeit genießt und daß es Schäffer durch seine Sparsamkeit ermöglicht hat, den sogenannten Juliusturm anzusparen. Ich kann mir denken, daß dabei manche Minister verärgert sind, wenn sie ihre Mittel womöglich nicht rechtzeitig oder unvollständig bekamen. Aber Herr Schäffer hat sie doch nicht für irgendeinen Zweck verwandt, sondern für die Gesamtpoltik, Ihre Gesamtpolitik, Herr Bundeskanzler. Das ist von ganz großer und entscheidender Bedeutung. Ich meine, mit den Mitteln, die Herr Schäffer im Juliusturm angespart hat, hat er Ihnen, den Mitgliedern des Kabinetts und mit Zustimmung des Deutschen Bundestages es ermöglicht, eine große Rentenreform durchzuführen, die in der Öffentlichkeit allergrößten Anklang gefunden hat. Und das ist doch sicherlich unbestritten auch ein Verdienst des Finanzministers Schäffer."
Der Bundeskanzler meinte dazu: „Ich bestreite ja gar nicht, daß Herr Schäffer auch gute Seiten hat. Aber ich sage Ihnen, es ist unerträglich, im Kabinett permanent diese Auseinandersetzungen schlichten zu müssen. Neben den Gründen, die ich Ihnen gesagt habe, gibt es natürlich auch Vorbehalte, die ich nicht in die Öffentlichkeit bringen möchte. Ich habe schon vermerkt, daß Herr Schäffer ohne meinen Auftrag in den Osten gereist ist, in der aussichtslosen Annahme, er könne die Einheit Deutschland herbeiführen. Nur, weil Herr Kapfinger von der Passauer Zeitung eine Verbindung mit einem Vincenz Müller hergestellt hat. Herr Schäffer sollte von vornherein gewußt haben, daß eine Wiedervereinigung im Gespräch mit DDR-Vertretern ein aussichtslo-

ses Unternehmen ist. Die Wiedervereinigung Deutschlands wird letztendlich und entscheidend in Moskau bestimmt und nicht von der Regierung der DDR. Aber lassen wir das, ich will Herrn Schäffer nicht in schlechten Ruf bringen, gleichwohl, sein Ostritt war mir gegenüber auch nicht kollegial.“

Ich habe die letzte Bemerkung des Bundeskanzlers über Schäffers außenpolitischen Kapriolen schon verstanden. Dennoch vertrat ich meine Meinung, von der ich im voraus ahnte, daß sie gegenüber dem Bundeskanzler keine überzeugende Wirkung hatte: „Wenn ich mir vorstelle, Herr Bundeskanzler, ich muß in die Landesgruppe gehen und sagen, ‚liebe Freunde, der Herr Bundeskanzler hat zwar großen Respekt vor Herrn Finanzminister Schäffer, er ist auch der Meinung, daß er seine Finanzaufgaben recht und schlecht’, Sie haben es bereits angedeutet, ‚sogar gut gemacht hat, aber er muß trotzdem seinen Hut nehmen’, Herr Bundeskanzler, das geht nicht.“

Herr Schäffer lügt! – Der auch?

Darauf wurde Adenauer noch energischer und machte mich darauf aufmerksam, daß das Grundgesetz vorsehe: Der Bundeskanzler schlägt seine Minister dem Bundespräsidenten zur Ernennung oder zur Entlassung vor. „Und von diesem Recht werde ich auch Gebrauch machen. Und das schlimmste bei Herrn Schäffer ist, er lügt.“ Ich habe daraufhin in einer Blitzreaktion gesagt: „Der auch?“ Worauf sich der Bundeskanzler kerzengerade zurücklehnte, mich durchdringend anschaute und sagte: „Wie meinen Sie dat?“ Ich bin natürlich gleich wie eine Katze auf die Füße gesprungen und habe gesagt: „Herr Bundeskanzler, die Finanzminister, ob Bundes- oder Landesfinanzminister, die nehmen es doch alle mit der Wahrheit nicht so genau.“ Darauf sagte er: „Ich hab’ Sie schon verstanden“, und das in einem nicht sehr freundlichen Ton. Ich merkte, das Gespräch ging allmählich zu Ende. Das, was sonst beim Bundeskanzler Adenauer immer üblich war, daß er entweder eine kleine Anekdote zum Besten gab oder ein paar nette Bemerkungen machte, um am Ende eine aufgelockerte und freundliche Stimmung herbeizuführen, fiel diesmal aus. „Herr Bundeskanzler, die Absicht, die Sie mir heute so eindeutig dargelegt haben, Fritz Schäffer nach der Wahl 1957 nicht mehr als Finanzminister zu berufen, belastet mich außerordentlich. Kann ich mit Herrn Strauß darüber reden?" „Wenn Sie das für richtig halten, machen Sie das."

Der Bundeskanzler wollte nun zum Schluß kommen, denn meine Einstellung ließ sich nicht mit seiner in Einklang bringen. Und zwar nicht nur aus menschlichen Gründen, sondern weil ich bisher auch überzeugt war, daß Finanzminister Schäffer eine wertvolle Stütze im Kabinett war. Der Abschiedssatz des Bundeskanzlers Adenauer lautete ungefähr so: „Herr Stücklen, Sie waren bisher ein zuverlässiger, loyaler, kooperativer Partner. Ich habe mich über Sie sehr gefreut. Ich bitte daher, zu gegebener Zeit und dies nicht vor den nächsten Bundestagswahlen, die Aufgabe zu übernehmen, die Landesgruppe über meine Entscheidung zu informieren. Sie können verbindlich meine Zusage bekannt geben, Herr Schäffer wird zwar nicht mehr Finanzminister, er wird aber als Ressortminister im Kabinett bleiben." Dann fügte er noch hinzu: „Nun, Herr Stücklen, machen wir einen erfolgreichen Wahlkampf, und nach der Wahl wird die Welt zu unseren Gunsten wieder besser aussehen."

Der Bundeskanzler hatte von meiner Bemerkung: „Der lügt auch?" Heinrich Krone erzählt und bemerkt, es sei unerhört, was ich mir da geleistet hätte.

Heinrich Krone sagte zu mir: „Richard, der Alte ist beleidigt."

Wie wurde nun diese Verärgerung endgültig aus der Welt geschafft?

Nach dem 90. Geburtstag Adenauers lud der Vorsitzende der Katholischen Bischofskonferenz, Kardinal Döpfner, zu einem Essen in kleinem Kreis ein: Bundeskanzler Adenauer, Dr. Krone und ich, sowie der

Kardinal und zwei weitere Würdenträger. Das Mittagessen wurde von beiden Seiten durch muntere, lobende Tischreden gewürzt.

Nach dem Essen, beim obligatorischen Kaffee, wurden Erlebnisse ausgetauscht. Wie aus heiterem Himmel forderte mich der Bundeskanzler auf, die Geschichte: „Der lügt auch?“ zu erzählen, was ich natürlich mit dem größten Vergnügen getan habe.

Als ich mit der Erzählung zu Ende war, sagte Krone: „Nun hast du im Beisein hoher kirchlicher Instanz die vollständige Absolution erhalten.“

Das war ein schöner Abschluß der letzten Begegnung mit Adenauer, denn wenige Wochen danach starb er.

Nicht nur weil ich Weggenosse Adenauers sein durfte, ging mir der Tod dieses großen Staatsmannes sehr nahe, sondern auch wegen seiner väterlichen Obsorge zu mir. Seine politischen Freunde, aber man kann auch sagen, die Welt trauerte um Konrad Adenauer.

Cadenabbia – 15. März 1957

Am 15. März 1957 hat Bundeskanzler Konrad Adenauer den Fraktionsvorsitzenden Dr. Heinrich Krone und mich als Landesgruppenvorsitzenden der CSU zu einem Besuch in seinen Urlaubsort Cadenabbia eingeladen.

Natürlich waren wir erfreut und haben diese Einladung gerne angenommen. Auf der Hinreise übernachteten wir in einem kleinen Hotel am Comer See und kamen am nächsten Morgen in der „Villa La Collina“ an. Sie liegt auf einer Anhöhe und ist von Wald und Sträuchern umgeben. Gegen 10 Uhr lud uns Adenauer zu einem Boccia-Spiel ein. Es hatte mich überrascht, wie elegant Adenauer die Kugel warf. Mit dieser Eleganz konnte ich nicht mithalten. Jeder von uns wandte eine andere Technik an. Dank meiner Übung durch das Kegeln kam ich mit diesem Spiel gut zurecht. Ich habe die erste Partie gewonnen. Wir spielten zwei gegen zwei: Adenauer mit seiner Tochter Lotte gegen Krone und mich. Als wir zum zweiten Spiel ansetzten, flüsterte Krone mir ins Ohr: „Spiel nicht so gut, denn der Alte ist sehr ehrgeizig.“ Ich hatte verstanden, denn wieso konnte so ein junger Spund wie ich in seinem jugendlichen Eifer wagen, einen alten Bocciaspieler zu besiegen? Die nächsten Runden ließen wir dann Adenauer gewinnen. Das ganze dauerte eine Stunde, und alle waren zufrieden. Um 13 Uhr gab es Mittagessen. Die Stimmung bei Tisch war entspannt. Außer uns waren sein Persönlicher Referent Kilb und Prof. Walter Hallstein anwesend, um politische Gespräche mit einigen Botschaftern vorzubereiten.

Im Anschluß an das Gespräch Adenauer-Hallstein war der englische Botschafter Christopher Steel angesagt. Er war neu als Botschafter in der Bundesrepublik akkreditiert worden.

Inzwischen hatten wir Gelegenheit, am Comer See spazieren zu gehen. Tochter Lotte hatte uns die Spazierwege, die ihr Vater regelmäßig ging, gezeigt. Dabei bekamen wir große Hochachtung vor der tollen sportlichen Leistung eines Achtzigjährigen.

Adenauer teilte uns nach unserem Spaziergang mit: „Der Botschafter wird mit uns zu Abend essen und anschließend werden wir gemütlich beisammensein.

Allerdings möchte ich mit dem Botschafter zwei Stunden allein sprechen. Ich kann Ihnen auch vertraulich verraten, was er will, nämlich mehr Geld für die in Deutschland stationierten englischen Truppen.“

Der Abend ist dann so verlaufen wie geplant. Wir saßen in einem sehr schön eingerichteten Raum. Wir unterhielten uns über alles mögliche. Plötzlich fing Adenauer an, mit Nüssen zu werfen. Er hatte ein Säckchen Walnüsse auf dem Schoß und warf eine nach der anderen schräg über den Tisch in Richtung Hallstein. Dieser wehrte ab, aber Adenauer warf immer weiter. Als eine Nuß vor die Füße des Botschafters rollte, hob der sie auf und gab sie Adenauer zurück. Adenauer bedankte sich mit der Bemerkung, er fasse die Rückgabe der Nuß als Aufforderung auf, Herrn Hallstein weiter zu bombardieren. So verlief der Abend in fröhlicher Stimmung.

Der Botschafter wußte nicht, ob er lachen sollte. Er zeigte sich aber diplomatisch, denn dieses Spiel war auf alle Fälle eine lustige Abwechslung zu dem ernsthaften Gespräch, das zwischen Adenauer, Hallstein und Christopher Steel stattgefunden hatte. Es war ein privates Zusammensein. Am folgenden Tag hatten wir nochmals Gelegenheit, unsere politischen Probleme eingehend mit Adenauer zu erörtern.

Krone und ich fuhren von Bozen aus mit dem Schlafwagen zurück nach Bonn. Eine halbe Stunde, bevor unsere Reise zu Ende war, kam Botschafter Steel , der mit dem gleichen Zug fuhr, aus seinem Abteil. Er fragte mich: „Sagen Sie mal, Herr Stücklen, ist denn ihr Bundeskanzler immer so, wie er an dem Abend war, wo er mit den Nüssen geworfen hat?“ Ich erwiderte: „Herr Botschafter, so ist Adenauer nicht immer, aber er kann auch so sein.“

Kurze Zeit später trafen wir uns bei einer Jagdeinladung wieder. Bei der Jagd standen wir nebeneinander. Er hat sich noch einmal an den Abend erinnert und sagte: „Herr Stücklen, das war ein großartiges Erlebnis in Cadenabbia. Ich habe diesen Abend auch in mein Protokoll als Anlage aufgenommen und darin geschildert, wie humorvoll und aufgelockert ein solcher Abend beim Bundeskanzler mit dem Botschafter eines befreundeten Landes ablaufen kann. Ich habe geschildert, daß Adenauer auch ein heiterer Mensch ist. Ein heiterer Mensch ist im allgemeinen auch ein guter Mensch.“

Christopher Steel meinte, mit diesem Protokollvermerk habe er den deutsch-englischen Beziehungen einen guten Dienst erwiesen.

Petersberg – Adenauer der Täufer

Das Geheimnis der Nacht vom 28. zum 29. Juni 1957

Diese Geschichte klingt unglaublich, dennoch ist sie wahr:
Gegen Ende der 2. Legislaturperiode von 1953 bis 1957 hatte der Bundeskanzler die Mitglieder des Bundesrates zu einem Abendessen auf den Petersberg eingeladen. Zu diesem Kreis wurden auch die Fraktionsspitzen der im Bundestag vertretenen Parteien eingeladen. Alle Ministerpräsidenten der deutschen Bundesländer waren vertreten. Der Bundeskanzler begrüßte die Teilnehmer herzlich. Man merkte schon an dieser Begrüßungsansprache, daß Adenauer in guter Stimmung war. Besonders anerkennend wurde die Ankündigung des Bundeskanzlers aufgenommen, er würde in der nächsten Legislaturperiode eine Kommission, bestehend aus Bundestag und Bundesrat, ins Leben rufen. Sie soll die Aufgaben prüfen, die bisher auf Bundesebene wahrgenommen wurden, und künftig auf die Länder übertragen werden könnten. Dies wäre der Wunsch der Länder schon seit einigen Jahren.

Heiterkeit hatte diese Ankündigung nicht nur wegen des Inhaltes ausgelöst, sondern vor allen Dingen, weil Adenauer vor den Wahlen im Herbst 1957 bereits als selbstverständlich annahm, daß er wieder der Bundeskanzler der 3. Wahlperiode sein würde.

Nach dieser kurzen Begrüßungsansprache hat der Präsident des Bundesrates, Kai Uwe von Hassel, in launiger Weise geantwortet:
Er wollte sich noch nicht näher zu den Aufgaben und Zielrichtungen äußern. Allgemein wurde diese Tatsache, daß man bereit sei, eine Verlagerung von Kompetenzen des Bundes auf die Länder vorzunehmen, grundsätzlich begrüßt. Diese positive Bemerkung zu der geplanten Kommission wurde vom Bundesratspräsidenten mit der Bemerkung ergänzt: Bei dieser Überlegung, Verlagerung von Kompetenzen des Bundes in die Länder, sollte nicht vergessen werden, daß die neue Auf-

gabenverteilung mit größter Wahrscheinlichkeit zusätzliche Kosten verursachen würde. Deshalb müsse auch diese Kommission darüber nachdenken, wie die zusätzlichen Aufgaben von den Ländern finanziert werden sollen.

Nach dem Essen haben sich die Gäste zur Unterhaltung in kleinen Gruppen an verschiedenen Tischen in mehreren Räumen zusammengesetzt. Da ich ebenfalls, gemeinsam mit Dr. Heinrich Krone und Franz Josef Strauß, zu diesem Treffen eingeladen war, habe ich mich der Gruppe im Nebenraum angeschlossen, in der sich auch der Bundeskanzler befand. Der Bundeskanzler bat mich, ich möge Ministerpräsident Wilhelm Högner bitten, mit an seinen Tisch zu kommen. Er kenne Högner noch nicht persönlich und es würde ihn interessieren, welche Erfahrungen dieser während seiner Emigration in der Schweiz und in seiner heutigen Regierungstätigkeit gemachte habe.

Ministerpräsident Högner war auch sofort bereit und fühlte sich geehrt, neben dem Kanzler Platz nehmen zu können. Im gleichen Raum waren u.a. auch Bundestagspräsident Eugen Gerstenmaier, sowie Bundesfinanzminister Fritz Schäffer und der Ministerpräsident von Nordrhein-Westfalen, Fritz Steinhoff.

Während der Kaffee serviert wurde, begann schon ein lebhaftes Gespräch. Herr Högner erzählte, wie er, nachdem er bereits verhaftet worden war, aber wieder frei kam, in die Schweiz emigrieren konnte.

Er berichtet über seine Erfahrungen bei den Beteiligungen an den Wahlen und den Einzelabstimmungen in den Schweizer Kantonen. Högner war ein Anhänger des plebiszitären Elements in der Verfassung. Das hat sich auch tatsächlich in der Bayerischen Verfassung niedergeschlagen, wenn auch von diesen plebiszitären Möglichkeiten außerordentlich sparsam Gebrauch gemacht wurde. Adenauer war ein Gegner von plebiszitären Elementen in einer Verfassung mit der Begründung, daß bei den öffentlichen Auseinandersetzungen weniger über die Inhalte entschieden, dafür mehr über die Parteipolitik gestritten würde. Er erinnerte auch daran, daß Prof. Dr. Theodor Heuss im Parlamentarischen Rat bei der Frage, plebiszitäre Elemente in die Verfassung einzubauen oder nicht, ganz eindeutig gegen plebiszitäre Elemente argumentiert hat mit der Begründung: „Plebiszite sind die Stunde der Demagogen." Man war sich aber grundsätzlich darüber einig, daß in den kleineren Organen eines Staates solche Entscheidungen, die unmittelbar dem Wähler vorgelegt werden, durchaus sinnvoll sein können.

Neben diesen sachbezogenen Gesprächen wurde kreuz und quer und durcheinander geredet. Als nach dem Kaffee der Wein serviert wurde, konnte man von einem familiären Zusammensein sprechen. Über strittige Dinge wollte man sich nicht mehr unterhalten, denn alles, was bereits der Vergangenheit angehörte, war mit dem Ende der Legislaturperiode abgehakt. Jede ernsthafte politische Auseinandersetzung wäre an diesem Abend deplaziert gewesen.

Mir ist heute noch in Erinnerung, daß der Bundeskanzler das Glas in Richtung Schäffer erhob und sagte: „Herr Schäffer, wollen wir uns doch wieder vertragen." Schäffer war sehr angetan. Mit sichtbarer Freude hob er sein Glas, und sie prosteten sich gegenseitig zu.

Aus den zahlreichen Gesprächen, die ich als Vorsitzender der Landesgruppe der CSU miterlebt habe, war mir längst bekannt, daß es ernsthafte Spannungen zwischen Bundeskanzler Adenauer und Finanzminister Schäffer gab. Ich erinnerte mich an das Gespräch, das ich beim Bundeskanzler führte. Bei einem Zusammensein, Adenauer, Krone und ich im Kanzleramt, zeigte er einen Brief und sagte: „Da is 'ne Brief von Herrn Schäffer. Und wissen Se, wat da drin steht?" Ich sagte: „Herr Bundeskanzler, Sie haben den Brief ja noch gar nicht aufgemacht." Da sagte er: „Dat brauch' ich auch jar nich. Ich weiß, dat et wieder 'ne Rücktrittserklärung von Herrn Schäffer ist." Der Kanzler fügte hinzu: „Herr Schäffer soll jedoch mit diesen Rücktrittserklärungen etwas vorsichtiger umgehen. Das war ja nicht die erste, sondern bereits die vierte oder fünfte. Es könnte sein, daß ich einmal von seinem Wunsch Gebrauch mache und ihn aus dem Finanzressort entlasse und in den Ruhestand versetze." Diese Andeutung habe ich als scherzhaft empfunden. In Wirklichkeit stand dahinter schon eine ernste Absicht, von der ich schon berichtet habe.

Ein warmer Tag, der zum Trinken einlud

Dieser Junitag des Jahres 1957, der 28., war ein wunderschöner warmer Tag. Der Petersberg eignete sich ganz besonders für eine solche Veranstaltung. Man konnte sich auch im kleinen angrenzenden Park bewegen und hatte eine wunderbare Aussicht über das Rheintal hinunter nach Bonn und Umgebung. Davon machten auch viele Teilnehmer Gebrauch. Die warme Temperatur regte natürlich zum Trinken an, nicht nur des Genusses wegen, sondern auch zum Stillen des Durstes. Und so wurde sicherlich kräftiger getrunken, als üblich war. Ich merkte bald, daß der Bundeskanzler immer wieder Fritz Schäffer zuprostete. Wer nun den Bundeskanzler seit Jahren kennt, wußte, daß dieses häufige Zuprosten kein Zufall war.

Plötzlich stellte der Bundeskanzler fest, daß die zwei besonders engagierten Vertreter des Föderalismus typisch preußische Vornamen haben. Der Ministerpräsident Högner hieß Wilhelm, und der Bundesfinanzminister Fritz. Es ging auf Mitternacht zu und der folgende Tag, der 29. Juni, war der Namenstag von Peter und Paul. Adenauer war äußerst guter Laune und sehr humorig, was man bei ihm öfter erlebte. Er ließ sich ein Kännchen, mit Wasser gefüllt bringen und ein Tablett dazu. Er goß ein bißchen von diesem Wasser auf das Haupt von Wilhelm Högner und sagte: „Ich taufe Sie auf den Namen Peter." Anschließend reckte er sich zum Finanzminister Schäffer hinüber und goß auch ihm Wasser auf sein Haupt und sagte: „Ich taufe Sie auf den Namen Paul."

Das war also die Taufe Adenauers auf dem Petersberg, wo er Högner den Namen Peter und Schäffer den Namen Paul gab.

Nach diesem inoffiziellen Taufakt fragte der Bundeskanzler den Finanzminister: „Herr Schäffer, Herr Paul Schäffer, was haben Sie denn für einen Wunsch aus Anlaß ihrer Vornamensumbenennung? Was möchten Sie denn gerne trinken?“ Darauf Schäffer: „Das, was ich am liebsten trinken würde, daß gibt es auf dem Petersberg doch nicht.“ Natürlich fragten alle, was das denn sein solle. Da meinte er: „Ich würde gerne einen Ettaler Klosterlikör trinken, und zwar deshalb, weil ich mich so gern an meine Zeit erinnere, als ich im Kloster Ettal zur Schule ging“. Adenauer ließ den Oberkellner kommen und fragte ihn: „Sagen Sie mal, haben Sie einen Ettaler Klosterlikör?“ Dieser sagte sofort: „Herr Bundeskanzler, ich werde mich bemühen, das festzustellen.“ Tatsächlich, nach kurzer Zeit kam er wieder und brachte zwei Flaschen Ettaler Klosterlikör mit. Ich kann mich noch gut erinnern, es war eine mit grünlicher und eine mit gelblicher Farbe. Nun wurden Likörgläser herbeigeschafft, Adenauer schenkte ein und prostete Schäffer zu, er sollte extrinken. Er selber war sehr vorsichtig. Adenauer deckte sein Glas mit den Fingern ab, damit man nicht sah, daß er nicht ausgetrunken hatte. Soweit ich mich erinnern kann, hatte sich Herr Högner nur ein einziges Mal an einem solchen Klosterlikör-Trinkakt beteiligt. Anschließend verabschiedete er sich und ist in die Bayerische Landesvertretung nach Bonn zurückgekehrt.

Nachdem sich Högner verabschiedet hatte, nahm der Ministerpräsident von Nordrhein-Westfalen, Fritz Steinhoff, neben Adenauer Platz.

Das Likörtrinken ging lustig weiter. Es war inzwischen schon nach 1 Uhr geworden. Da merkte man schon, daß der Alkohol bei (Paul-) Fritz Schäffer langsam Wirkung zeigte. Adenauer winkte mich zu sich und sagte: „Geben Sie mal gut auf Herrn Schäffer acht, ich glaube, er hat etwas zuviel getrunken. Und wenn er jetzt nach Hause gehen will, dann muß er an einigen Gästen vorbeigehen. Die warten bis ich nach Hause gehe, damit sie mir noch mal zujubeln können. Dies sollte man dem Herrn Schäffer ersparen.“ Er fügte hinzu: „Sehen Sie doch mal bitte zu, wie Herr Schäffer den Heimweg finden kann, ohne an diesen Gästen vorbeigehen zu müssen.“

Suche nach dem diskreten Hinterausgang

Ich ging also auf Suche nach einem Nebenausgang. Dabei stellte ich fest, daß sich in dem Raum, der zur Rheinseite hin einen runden Erker hatte, rechts eine Tür befand. Diese führte zu einem Vorbau, der mit einer Balustrade abgeschlossen war. Von dort aus ging es nur zwei Meter tief in den Außenbereich auf den Rasen hinunter. Ich sah mir das genauer an und war der Meinung, wenn ich Schäffer dorthin führte und ihn bitte, daß er sich auf die Balustrade setze, dann könnte ich ihn hinunter lassen. Wenn dann Strauß, der ja kräftig war, ihn auffangen und ihn über den Zaun zum Auto bringen würde, wäre das Werk vollbracht. Natürlich mußte sehr aufgepaßt werden, damit nichts passierte. Denn eines durfte unter gar keinen Umständen geschehen, dass Schäffer sich vielleicht eine unangenehme Verletzung zuzog.

Ich kam wieder zurück ins Zimmer, nahm Franz Josef Strauß zur Seite und habe ihn von meiner „Pfadfinder-Aktion“ unterrichtet.

Er hatte es sich angesehen und stimmte meinem Plan zu. Ich solle nur dafür sorgen, dass der Fahrer von Fritz Schäffer am Gartenzaun wartet. Strauß würde Schäffer über den Gartenzaun „reichen“, ohne dass die Öffentlichkeit etwas davon merkte, damit er in aller Ruhe nach Hause gefahren werden konnte.

Nach einiger Zeit ging ich zu Schäffer, mit dem ich ja befreundet war, und sagte ihm: „Komm doch bitte mal mit, wir müssen sehen, wie du nach Hause kommst.“ Er hat sich auch gar nicht groß verabschiedet, sondern stand auf und ging mit. Da merkte ich schon, daß ich ihn stützen mußte. Wir gingen zu der besagten Stelle. Als Schäffer aber an die frische Luft kam und Strauß noch nicht da war, da hatte ich ernste Befürchtungen, ob das gut gehen würde. Ich brachte ihn auf die 60 cm hohe Balustrade und setzte ihn darauf. Jetzt kam auch Strauß. Ich griff Schäffer unter die Achselhöhle, umfaßte dann seinen Brustkorb und ließ ihn langsam hinunter. Strauß übernahm ihn und brachte ihn an den Gartenzaun, wo der Fahrer auf der anderen Seite wartete. Da rief Strauß nach mir und sagte: „Komm runter, ich krieg' ihn nicht über den Zaun". Nun war der Zaun gar nicht so hoch, vielleicht 1,20 m. Er grenzte die Außenseite vom Hotel ab. Ich lief schnell hinunter, zusammen hievten wir Fritz Schäffer über den Zaun, der Fahrer fing ihn auf, brachte ihn ins Auto und fuhr nach Hause.

Am nächsten Tag war die Sitzung des sogenannten „Kuchenausschusses." Das war ein von der Koalition zusammengesetzter Ausschuß, der über die Mittel des Juliusturms Vorschläge machen konnte, wie der Rest verteilt werden sollte. Weil Dr. Heinrich Krone keine Zeit hatte, bat er mich, die Sitzung zu leiten. Ich war von Anfang an schon Mitglied in diesem Gremium. Die Sitzung war auf 9 Uhr angesetzt, die Mitglieder waren vollzählig anwesend. Ich mußte als Vorsitzender feststellen, die Hauptperson für die Beratung in diesem Ausschuß, Herr Schäffer, war noch nicht erschienen. Seinen Persönlichen Referenten Pfeifer habe ich gebeten, er möchte doch im Finanzministerium anrufen und feststellen, wann Herr Schäffer zur Verfügung stünde. Vielleicht hatte er die Sitzung vergessen, dabei habe ich an den vergangenen Abend gedacht. Nach kurzer Zeit kam Herr Pfeifer wieder und sagte zu mir, Herr Schäffer könne im Augenblick nicht kommen. Er rechne aber damit, daß er mittags wieder zur Verfügung stünde. Ich fragte ihn, ob ihm was zugestoßen sei. Er erwiderte: „Er ist erkrankt." Mir war schon klar, woher sein Unwohlsein kam. Ich habe dann die Sitzung vertagt und mitgeteilt, zur gegebenen Zeit erfolge eine telefonische Einladung.

Anschließend ging ich ins Plenum zurück und sah den Bundeskanzler auf der Regierungsbank sitzen. Er saß mit blassem Gesicht auf seinem Platz. Ich ging auf ihn zu, sprach ihn an und sagte: „Herr Bundeskanzler, wir haben die Sitzung vertagt, denn Herr Schäffer ist erkrankt.“ Da sagte Adenauer ganz kühl: „Herr Stücklen, sicher ist er nicht krank, sondern von gestern abend noch nicht wieder mobil.“ Tatsächlich, Schäffer mußte erst einmal den Kater überwinden.

Um 14 Uhr war er wieder einsatzfähig und wir konnten weiter beraten.

Ich habe diese heitere Geschichte deshalb erwähnt, weil Politiker, gleich welchen Ranges, auch nur Menschen mit ganz normalen Schwächen sind.

Kaiser Haile Selassie, Bundespräsident Theodor Heuss und der Trollinger Rote

Kaiser Haile Selassie der Erste von Äthiopien besuchte 1954 die Bundesrepublik Deutschland. Aus diesem Anlaß fanden, wie üblich, eine Reihe von Veranstaltungen statt. Darunter auch eine Aufführung im Theater in Bad Godesberg mit dem Titel:
„Kirschen aus Rom.“ Den römischen General Lukullus spielte Gustav Gründgens.

Bei der Anfahrt zum Theater war ein ziemliches Gedränge. Dabei fuhr ein Auto auf meinen Wagen auf. Der Auffahrunfall war nicht sehr stark, aber dennoch merklich. Wegen des dichten Anfahrtsverkehrs habe ich meinen Fahrer beauftragt, die Autonummer festzustellen. Es stellte sich heraus, es war der Wagen von Gustav Gründgens. Der Schaden war gering und wurde auf Kosten von Gründgens behoben. Ich konnte aber zurecht ohne jeden Hintergedanken behaupten, mein Auto wurde von Herrn Gründgens von hinten beschädigt.

Nach der Theateraufführung fand noch ein Empfang mit den beiden Staatsoberhäuptern, Kaiser Haile Selassie und Bundespräsident Heuss, statt.

Der Kaiser war von kleinem Wuchs und schmal, man kann sagen dünn, dünner kann man sich das nicht vorstellen. Er hat sich schon nach einer knappen halben Stunde zurückgezogen.

Bundespräsident Heuss hat sich noch mit einem kleinen Kreis von Politikern zusammengesetzt, um noch ein Glas Rotwein zu trinken. Aus einem Glas wurden mehrere.

Als der Bundespräsident zu einem „Örtchen" mußte, zu dem auch der Kaiser zu Fuß geht, habe ich Heuss begleitet. Auf dem Weg dorthin fragte ich ihn: „Wie geht es Ihnen, ich meine gesundheitlich?" Darauf Heuss (ich gebe mir Mühe, das so wiederzugeben, wie ich es von ihm gehört habe): „Das Brunze und Scheiße geht wie am Schnürle und dann is ma gesund."

Nach der Rückkehr vom „Örtchen" zur gemütlichen Runde, dann noch ein neues Gläschen Roten.

Der Bundespräsident hatte einen sehr strengen Persönlichen Referenten, Hans Bott, der aufpaßte, daß Heuss nicht zu viel Roten trank. Als das Glas leer war, wollte der Ober nachschenken. Da deckte Herr Bott mit der Hand das Glas so ab, daß der Ober nicht mehr nachschenken konnte und bemerkte: „Der Herr Bundespräsident trinken nicht mehr." Darauf erhob sich der Bundespräsident mit den Worten: „Der Bundespräsident verabschiedet sich, und fügte hinzu: „Der Bürger Heuss bleibt noch da" und setzte sich wieder.

Bonnbesuch des Schahs und der Kaiserin Soraya

Im Frühjahr 1955 besuchten der Schah Resa Pahlewi und Kaiserin Soraya die Bundesrepublik Deutschland. Dem Kaiserpaar ging der Ruf voraus, der Schah habe die schönste Kaiserin der Welt. Die Hamburger kamen zu Tausenden zum Flughafen, um das Kaiserpaar zu begrüßen. Die Straßen vom Flughafen in die Stadt hinein waren auf beiden Seiten voller Menschen und überall, wo das Kaiserpaar vorbeifuhr, brandeten Jubel und Begeisterung auf. Diese Begeisterung galt in erster Linie der schönen Kaiserin Soraya. Ihr Vater war Botschafter des Irans in Deutschland und die Mutter war eine Deutsche.

Wie es bei solchen Staatsbesuchen so üblich war, fanden eine ganze Reihe Staatsempfänge statt. An einem dieser Empfänge wurden auch die Spitzen der Fraktionen mit eingeladen. Und da ich als Vorsitzender der CSU-Landesgruppe dazu gehörte, konnte ich an einem solchen Empfang, den der Bundeskanzler Konrad Adenauer im Palais Schaumburg gab, teilnehmen. Der Kreis wurde relativ klein gehalten. Es dürften ungefähr 60 Teilnehmer gewesen sein. Mir wurde vom Protokoll gesagt, daß noch nie so ein Andrang war, an dem Empfang mit anschließendem Essen teilnehmen zu dürfen, wie aus diesem Anlaß. Nach dem offiziellen Essen, natürlich mit den Tischreden des Bundeskanzlers und des Kaisers, der in Englisch sprach, hat man sich an verschiedenen Tischen zu einer Tasse Mokka zusammengesetzt. Gelegentlich gingen die Gäste von einem Tisch zum andern. Bei dieser Gelegenheit kam ich an dem Tisch vorbei, an dem Adenauer mit dem Schah saß und gegenüber auf dem Sofa saß Bundestagspräsident Eugen Gerstenmaier und sprach mit Kaiserin Soraya. Als Bundeskanzler Adenauer mich kommen sah, sagte er zu Eugen Gerstenmaier: „Herr Präsident, Herr Stücklen würde sich freuen, wenn er mit Ihrer Majestät ein paar Worte wechseln dürfte." Gerstenmaier machte etwas unwillig den Platz frei. Als ich neben Kaiserin Soraya saß, begann ich das Gespräch, indem ich mich vorstellte und sie über meine Person und meine Aufgaben im Deutschen Bundestag unterrichtete. Da zeigte plötzlich der

Bundeskanzler mit ausgestrecktem Arm auf uns beide und sagte: „Majestät, jeben se mal jut acht, der Herr Stücklen is ne doller Herzensbrecher.“ Ich war zutiefst erschrocken und dachte mir, wie wird nun der Kaiser reagieren. Ich hatte schon das Schlimmste befürchtet. Aber nichts von alledem. Der Kaiser lächelte freundlich zu mir rüber. Das Gespräch konnte ich also mit der Kaiserin weiterführen.

Was aber war der Anlaß für diese Bemerkung des Bundeskanzlers? – Kaiserin Soraya trug ein schwarzes Kostüm, und während sie sich mit mir unterhielt, verrutschte der Ausschnitt etwas. Ich bekam so einen etwas tieferen Einblick. Ich wäre doch kein junger Mann gewesen,wenn ich diese Möglichkeit nicht genutzt hätte, genauer hinzusehen. Dies hat Adenauer gesehen, und es veranlaßte ihn zu seiner Bemerkung. Die Situation ist auch von einem Fotografen festgehalten worden. Nun war ich ja neugierig, was hatte denn der Chefdolmetscher Heinz Weber tatsächlich übersetzt? Es konnte doch kaum diese sehr unpassende Bemerkung übersetzt worden sein.

Am nächsten Tag habe ich Herrn Weber im Auswärtigen Amt angerufen und habe ihn gefragt: „Herr Weber, sagen Sie mir bitte, wie haben Sie denn gestern die Bemerkung des Bundeskanzlers über mich übersetzt? Denn ich war überrascht, daß der Schah kein böses Gesicht, sondern im Gegenteil, ein ausgesprochen freundliches gemacht hat.“ Darauf sagte Herr Weber zu mir: „Wissen Sie Herr Stücklen, ich kenne ja den Bundeskanzler schon lange genug und habe schon wiederholt bei ihm gedolmetscht. Es ist nicht das erste Mal, daß er solch eine Bemerkung gemacht hat, die, so wie er sie gemacht hat, nicht wörtlich übersetzt werden konnte. Und darauf konnte sich der Bundeskanzler auch verlassen. So habe ich diesen Satz, ‚Herr Stücklen ist ein doller Herzensbrecher’ folgendermaßen übersetzt: ‚Majestät, Herr Stücklen ist ein hoffnungsvoller Nachwuchspolitiker’, deshalb die freundliche Reaktion des Kaisers.“ Da ich nun eine Fotografie von diesem Zusammensein hatte, übergab ich sie meiner Wahlkreispresse. Ich wäre ja ein schlechter Public Relations-Mann gewesen, wenn ich nichts von diesem Zusammentreffen in meinem Wahlkreis berichtet hätte. Denn dieser Besuch des Kaiserpaares erregte in der ganzen Bundesrepublik großes Aufsehen.

Das Foto von der Kaiserin und mir auf dem Sofa habe ich zur Veröffentlichung der Presse übergeben. Damit hatte ich einen durchschlagenden Erfolg. In der Regel kamen zu meinen Versammlungen meist Männer. Nach dieser Veröffentlichung habe ich festgestellt, daß die weitaus größere Zahl der Anwesenden Frauen waren. Sie hörten sich die rein politischen Aussagen interessiert an. Aber ich war kaum zu Ende, da kam schon die erste Frage einer Dame: „Herr Stücklen, wie war das denn bei der Kaiserin Soraya.“ Ich habe das etwas ausgeschmückt und auch ganz ehrlich zugegeben, daß ich ein bißchen in ihren Ausschnitt geblinzelt habe. Ich könne ihr noch ein Detail sagen, aber sie dürfe es nicht weitererzählen. Ich habe ihr dann gesagt: „Und sie trug einen schwarzen Büstenhalter.“ Das war doch die Sensation, daß ich der schönsten Frau, der Kaiserin des Irans, so nahe war und ihnen davon erzählte. Das Überraschendste war die große Begeisterung der Frauen für die Kaiserin Soraya. Bis dahin war ich immer der Meinung, die Männer würden sich mehr für sie begeistern. Bei der nächsten Bundestagswahl waren mir vermutlich viele Frauenstimmen sicher.

Wie man Postminister wird

Regierungsbildung 1957

Teil I

Die demoskopischen Umfragen zeigten im Jahr 1957, je näher der Termin der Bundestagswahlen kam, immer bessere Ergebnisse für die CDU/CSU. Wir konnten davon ausgehen, im nächsten Bundestag wieder stärkste Fraktion zu sein. Dr. Heinrich Krone, Fraktionsvorsitzender der CDU/CSU, war ein enger Vertrauter des Bundeskanzlers. Aus Bemerkungen des Bundeskanzlers hatte Heinrich Krone entnommen, Adenauer habe die Absicht, mich nach den Bundestagswahlen in das Kabinett zu berufen. Wenn man auch nicht über ungelegte Eier reden soll, habe ich das doch gern gehört, aber nicht weiter über die Einzelheiten in diesem Zusammenhang geredet.

Die Wahl am 15. September 1957 war sensationell erfolgreich.

Bundestagswahlergebnis:

CDU	39,7%	(215 Mandate),
CSU	10,5%	(55 Mandate),
SPD	31,8%	(169 Mandate),
FDP	7,7%	(41 Mandate),
DP	3,4%	(17 Mandate).

Zum ersten Mal hatte eine Partei wie die CDU/CSU selbst bei einem Verhältniswahlrecht die absolute Mehrheit der Stimmen bekommen. Damit stand auch fest, der neue Bundeskanzler wird wieder Dr. Konrad Adenauer sein. Da der Bundeskanzler die Mitglieder seines Kabinetts beruft, konnte er sich schon rechtzeitig Gedanken machen, wie sein künftiges Kabinett personell aussehen sollte. Ohne Detailinformation konnte man davon ausgehen, daß Adenauer wieder eine Koalitionsregierung, trotz der absoluten Mehrheit, eingehen würde.

Schon wenige Tage nach der Wahl sprach er mit den Parteivorsitzenden der Koalitionsparteien, d.h. der Parteien, die er im Kabinett vertreten sehen wollte. In dieser Phase ließ er den Parteivorsitzenden der Christlich Sozialen Union in Bayern, Hanns Seidel, zu einem Gespräch nach Bonn kommen. Bei diesem Gespräch, so hatte mir Hanns Seidel berichtet, ging es in erster Linie darum, wer der kommende Bundesfinanzminister sein sollte. Adenauer war bereit, das Amt des Finanzministers auch weiterhin durch eine Persönlichkeit der CSU zu besetzen. Er machte Hanns Seidel dieses Angebot, er würde sich freuen, wenn Hanns Seidel bei ihm Finanzminister würde, denn Fritz Schäffer komme für diese Aufgabe nicht mehr in Frage. Hanns Seidel lehnte mit der Begründung ab, er habe gute Chancen, die Vierer-Koalition aus SPD, FDP, BP und BHE in München abzulösen und Ministerpräsident in Bayern zu werden. Seidel berichtete mir nach diesem Gespräch, er habe noch ein gutes Wort für Fritz Schäffer bei Adenauer eingelegt, aber ohne jeden Erfolg. Zum Ende des Gespräches teilte ihm Adenauer mit, er wolle Franz Josef Strauß weiterhin mit dem Bundesverteidigungsministerium betrauen und Richard Stücklen als Bundesverkehrsminister ins Kabinett aufnehmen. Ich habe Seidel spontan mitgeteilt, wie froh ich bin, nicht als Sonderminister für das Kabinett Adenauer vorgesehen zu werden, denn ich erinnerte mich noch lebhaft daran, wie unglücklich Franz Josef Strauß in diesem Amt ohne Geschäftsbereich gewesen war. Mir war auch noch in Erinnerung, wie schwierig es gewesen war, Adenauer 1955 zu überzeugen, daß ein solcher Vollblut-Politiker wie Franz Josef Strauß bei dieser Aufgabe einfach verkümmern muß. Es war mir gelungen, bei Adenauer durchzusetzen, Strauß die Aufgaben für Atomfragen und später das Bundesverteidigungsministerium zu übertragen. Ich sagte Seidel aber auch, daß ich zwar einerseits zufrieden sei, andererseits hätte ich mir eher eine andere Ressortaufgabe vorgestellt: denn ich wäre und würde am liebsten Bundespostminister sein. Darauf meinte Hanns Seidel: „Dann mußt du eben mit dem Bundeskanzler darüber sprechen. Ich bin damit einverstanden, wenn du Verkehrsminister wirst, ich bin aber auch damit einverstanden, wenn du Postminister werden könntest.“

Dies war mein Wissensstand, als Staatssekretär Globke mich anrief und mir mitteilte, daß der Bundeskanzler mich zu sprechen wünsche. Selbstverständlich war ich zu einem Gespräch bereit und kam, wie vereinbart, am nächsten Tag um 11 Uhr ins Bundeskanzleramt. Frau Poppinga, die Vorzimmerdame, meldete dem Bundeskanzler meine Ankunft. Nach einer kurzen Begrüßung beglückwünschte ich ihn zu dem großartigen Wahlerfolg und fügte hinzu: „Herr Bundeskanzler, das haben wir in erster Linie Ihrer Politik, die unter Ihrer Kanzlerschaft in den letzten vier Jahren sehr erfolgreich war, zu verdanken.“ Adenauer bedankte sich. Doch dann schlug sofort seine Kämpfernatur durch und er sagte: „Herr Stücklen, jetzt müssen wir schon an die nächsten Wahlen denken, denn die werden nicht leichter, im Gegenteil, sie werden viel schwerer sein, weil wir mit unserer absoluten Mehrheit die Gesamtverantwortung tragen. Auch wenn wir in dieser Regierung Koalitionspartner haben, gibt es keine Ausrede, daß das eine oder andere Vorhaben am Einspruch des Koalitionspartners gescheitert ist.“ Der Bundeskanzler bot mir einen Platz an.

Zur Linken des Kanzlers oder auf dem Sofa

Es gab eine strenge Sitzordnung. Ich wußte schon, wo ich meinen Platz hatte, es war ein Sofa, davor ein schwerer Tisch von ungefähr 2m Länge und 1m Breite. Auf diesem Sofa saß ich aber nur dann, wenn der Fraktionsvorsitzende Heinrich Krone nicht anwesend war. Sonst durfte nur er auf diesem Platz sitzen und ich saß dann links neben dem Bundeskanzler. Das war ein Ritual, das ich bei den vielen Gesprächen mit und ohne Heinrich Krone immer wieder so und genau so erlebt hatte. Der Bundeskanzler fragte auch jetzt, wie immer: „Herr Stücklen, was möchten Sie trinken?“ Ich wußte, er trank gern Tee und so habe ich mich auch für Tee entschieden.

Nun begann das Gespräch: „Herr Stücklen, Sie haben in den vergangen vier Jahren als Vorsitzender der CSU-Landesgruppe, gemeinsam mit Ihren Mitgliedern der Landesgruppe und dem Fraktionsteil der CDU, eine sehr positive und eine erfolgreiche Politik mitgestaltet. Ich möchte mich dafür bedanken. Aufgrund Ihrer Mitarbeit, die ich zu schätzen und zu würdigen weiß, biete ich Ihnen an, Mitglied in meinem neuen Bundeskabinett zu werden.“ Ich habe mich für dieses entgegengebrachte Vertrauen bedankt und hinzugefügt: „Herr Bundeskanzler, ich gehe sehr gern in das von Ihnen geführte Kabinett, aber bitte, welches Ressort haben Sie denn für mich vorgesehen?“ Ich fragte das ganz vorsichtig. Daraufhin sagte er mir unumwunden: „Sie sollen Bundesminister für Verkehr werden.“ Ich erlaubte mir die Bemerkung: „Diese Tatsache, daß ich Verkehrsminister werden soll, überrascht mich, denn ich habe Herrn Seebohm als einen kenntnisreichen Minister kennengelernt.“ Darauf Adenauer: „Das bestreite ich auch gar nicht, aber was er nicht kann, er kann nicht konträre Interessen auf einen Nenner bringen. Er ist nicht der Mann, der fähig ist, Kompromisse zu schließen. Er meint, alles müsse nach seinem Kopf gehen. Das mag im inneren Bereich, in der Bundesrepublik, oft durchaus vertretbar und umsetzbar sein, aber die Frage insbesondere des Lastverkehrs ist ja nicht nur eine nationale, sondern eine sehr konkrete europäische Frage, die durch eine gemeinsame europäische Richtlinie verbindlich abgeschlossen werden soll. Dafür ist Herr Seebohm nicht der richtige Mann. Als Vorsitzender der Landesgruppe haben Sie bewiesen, unterschiedliche Auffassungen zwischen CDU und CSU, aber auch strittige Fragen mit Franz Josef Strauß und mir auf einen gemeinsamen Nenner bringen zu können. Sie haben in einer fairen Weise diese Dinge zum Guten lenken können. Deshalb bin ich der Meinung, Sie sollten diese Aufgaben übernehmen."

„Na jut, dann werden Se eben Postminister"

Es war mir gegenüber dem Bundeskanzler schon ein bißchen peinlich, nach dieser Bewertung eine andere Meinung zu vertreten. Trotzdem sagte ich zu ihm: „Herr Bundeskanzler, ich habe mir aber ein anderes Ressort vorgestellt." Darauf erwiderte er, ich schreibe das einmal in seinem rheinischen Dialekt: „Na, wat denn?" Ich antwortete: „Herr Bundeskanzler, mein Wunsch wäre Postminister." Darauf Adenauer: „Wieso Postminister?" Nun war ich an der Reihe, dem Bundeskanzler die Gründe vorzutragen, von denen ich der Meinung war, mit diesen Voraussetzungen könnte ich erfolgreich Postminister sein. „Herr Bundeskanzler, vom ersten Tag meiner Abgeordnetentätigkeit gehörte ich dem Postausschuß des Bundestages an. Ich habe die innere Entwicklung der Deutschen Bundespost nach dem Krieg in diesem Ausschuß kennengelernt und ganz intensiv an dem neuen Postgesetz, das 1953 verabschiedet wurde, mitgearbeitet. Dabei ist mir auch klar geworden, daß die Deutsche Bundespost des Jahres 1957 noch beinahe ausschließlich auf der Grundlage des großen Generalpostmeisters Heinrich von Stephan arbeitet. Die Abwicklung der Dienstleistungen im Postdienst ist also mehr als 100 Jahre im Postgesetz und den Verordnungen festgelegt. Aus der Kenntnis der inneren Zusammenhänge des Postbetriebes bin ich der festen Überzeugung, daß sich viel Staub aus dem vorigen Jahrhundert angesammelt hat. Ein frischer Wind und moderne Ideen würden der Post sicherlich guttun. Darüber hinaus habe ich mich während meines Studiums sehr intensiv mit der Fernmeldetechnik befaßt und erfolgreich, mit gutem Ergebnis abgeschlossen. Auf dem Gebiet des Fernmeldewesens könnten mir die Fachleute im Ministerium sicher vieles noch besser erläutern, aber ein X für ein U können sie mir nicht vormachen, denn in diesem Bereich weiß ich schon gut Bescheid, wenn ich mir auch nicht einbilde, ich sei klüger als erfahrene Fachleute. Im Gegenteil, ich kann noch sehr viel hinzulernen, vor allen Dingen, weil vorauszusehen ist, wie rasant die Weiterentwicklung auf diesem Gebiet fortschreitet." Anscheinend waren meine Gründe, die ich vortrug, schon so überzeugend, daß der Bundeskanzler mich unterbrach und sagte: „Na jut, dann werden Se eben Postminister".

Ich war natürlich sehr zufrieden, zum einen, weil ich mir diese Aufgabe gewünscht habe und dafür, zumindest im technischen Teil, eine entsprechende Vorbildung hatte, zum andern, weil ich es mir zutraute, diese Aufgabe erfolgreich wahrzunehmen. Ich bedankte mich beim Bundeskanzler mit der Bemerkung: „Ich werde mir Mühe geben, Sie nicht zu enttäuschen." Der Bundeskanzler führte dann das Gespräch mit der Bemerkung fort: „Daß Sie die technischen Probleme, die die Post betreffen, auch lösen werden, davon bin ich überzeugt. Aber auf eines möchte ich Sie aufmerksam machen: Dieses Ministerium hat sehr viele Juristen. Um mit ihnen fertig zu werden, kann ich Ihnen nur einen guten Rat geben: Holen Sie sich in Ihre unmittelbare Umgebung Leute, auf die Sie sich unbedingt verlassen können und die Sie vor den Bürokraten abschirmen." Für diesen Hinweis war ich dem Kanzler besonders dankbar, denn ich habe in meiner praktischen Arbeit erlebt, daß es viele vorzügliche, ja hervorragende Beamte mit juristischer Ausbildung gegeben hat, die aber nicht in der Sache weitergedacht haben, sondern sich sehr schnell an Paragraphen orientierten und Vorschläge machten, wie man etwas im Sinne dieser bestehenden Paragraphen ergänzen oder ändern könnte.

Das Gespräch, das in sehr angenehmer, freundlicher Atmosphäre verlief, ging zu Ende. Zuvor aber erlaubte ich mir eine scherzhafte Bemerkung: „Herr Bundeskanzler, ich muß eine Wahlanfechtung befürchten.“ Ganz erschrocken fragte der Kanzler, „Wieso?“ Daraufhin habe ich ihm ganz ernsthaft gesagt:
„Herr Bundeskanzler, in zwölf Gemeinden meines Wahlkreises, die hundertprozentig zur Wahl gegangen sind, wurde ich hundertprozentig gewählt. Bei solch einem Ergebnis ist doch das Wahlgeheimnis nicht mehr gewahrt?“ Adenauer nickte freundlich und bemerkte: „Ihre Sorgen möchten viele Abgeordnete haben.“ Ich verabschiedete mich dann und dankte ihm nochmals, daß er meinen Wunsch erfüllt hat. Daraufhin sagte er: „Ich wünsche mir eine gute Zusammenarbeit.“

Zu meinem 75. Geburtstag: Everhard A. Voss, persönlicher Referent, Tochter Rosemarie, meine Frau, Enkel Martin, Sohn Hans-Peter und Franz Josef Strauß.

Mit Hans Klein, dem Vizepräsidenten des Deutschen Bundestages.

Hochpolitisch, vertraulich, freundschaftlich.

Die CSU-Landesgruppe auf dem Petersberg: Michael Glos, Dr. Theo Weigel, Dr. Wolfgang Bötsch und an meiner Linken Dr. Friedrich Zimmermann.

Gut gelaunt und entspannt unter Parteifreunden: Hans Klein und Michael Glos.

Im Zug nach Bonn waren meine Schuhe abhanden gekommen. Auf Strümpfen überquerte ich den Bonner Bahnhofsvorplatz bis zum Schuhgeschäft.

Regierungsbildung 1957

Teil II

Nach der gewonnenen Bundestagswahl 1957 hätte eigentlich große Freude herrschen müssen. Bei der CSU war die Freude gedämpft, denn sie wußte, Fritz Schäffer wird im neuen Kabinett nicht mehr Bundesfinanzminister werden.

Franz Josef Strauß war wieder als Verteidigungsminister vorgesehen, ebenso der Bundeslandwirtschaftsminister Hermann Höcherl, sowie der Bundesminister für Atomenergie und Wasserwirtschaft, Siegfried Balke und ich als neuer Postminister.

Trotz aller Bemühungen war Bundeskanzler Adenauer in den Vorgesprächen nicht bereit, in der Frage des Finanzministers zugunsten von Fritz Schäffer Konzessionen einzugehen. Adenauer hatte bei unserem Gespräch 1957 klipp und klar erklärt, er werde Schäffer nach der Wahl nicht mehr als Finanzminister in sein Kabinett berufen. Er hatte dies eingehend begründet und bei diesem Entschluß blieb er.

Als Vorsitzender der Landesgruppe der CSU mußte ich die unangenehme Aufgabe übernehmen, der Landesgruppe mitzuteilen, daß Schäffer unter keinen Umständen wieder Finanzminister wird. Die Mitglieder der Landesgruppe quittierten diese Mitteilung mit lebhaften Protesten. Sie beauftragten mich und den gesamten Vorstand, beim Bundeskanzler vorstellig zu werden und ihn umzustimmen. Die Landesgruppe wollte Schäffer weiterhin als Finanzminister haben.

Daraufhin habe ich ein Gespräch beim Bundeskanzler Adenauer angemeldet. Teilnehmer an diesem Gespräch waren außer mir Franz Josef Strauß, Richard Jaeger, Hermann Höcherl und Werner Dollinger.

Auf dem Weg ins Bundeskanzleramt sagte ich: „Jetzt gehen wir geschlossen mit geballter Kraft hinein, leider ohne Entscheidungsbefugnis, denn der Bundeskanzler wird aufgrund seines Rechtes, das in der Verfassung festgelegt ist, entscheiden."

Konrad Adenauer wußte, um was es ging. Er bat uns Platz zu nehmen und begann sofort zu erklären: „Meine Herren, ich weiß was Sie wollen. Aber da können Sie sich alle Bemühungen ersparen. Ich kann mit Herrn Schäffer als Finanzminister im Kabinett nicht die nächsten vier Jahre zusammenarbeiten, weil ich nicht bereit bin, auch in der kommenden Legislaturperiode den Streit, den Herr Schäffer mit fast allen Ministern des Kabinetts immer wieder hat, zu schlichten." Er wandte sich dann an Franz Josef Strauß und sagte zu ihm: „Herr Strauß, Sie selber haben doch erlebt, welche Schwierigkeiten Sie mit Herrn Schäffer hatten. Sie haben sich des öfteren bei mir über diesen unerträglichen Zustand beschwert.
Die Zeit, die ich aufwenden mußte, um den jeweiligen Streit zwischen Schäffer und dem einen oder anderen Bundesminister zu schlichten, ging immer auf Kosten einer gründlichen Beratung der Vorlagen, die im Kabinett zur Verabschiedung anstanden." Und unmißverständlich fügte der Bundeskanzler hinzu: „Meine Herren, es hat keinen Sinn, mich unter Druck setzen zu wollen. Ich habe schon Herrn Stücklen zugesagt, daß Herr Schäffer im Kabinett bleiben und ein beachtliches Ministerium führen soll. Ich schlage daher vor, Herr Schäffer übernimmt das Schatzministerium. Gleichzeitig soll er auch mein Stellvertreter sein. Meine Herren, Sie sehen, wie entgegenkommend ich bin. Ich will Schäffer ja nicht aus dem Kabinett verdrängen, sondern ihn mit einer neuen Aufgabe betrauen. Es ist doch ein ganz natürlicher Vorgang bei einer Regierungsbildung, daß bisherige Ressortinhaber auch in ein anderes Ressort wechseln müssen. Es ist keine Demütigung und keine Diskriminierung. Die Gründe, warum ein Wechsel im Finanzministerium stattfinden soll, habe ich Ihnen dargelegt. Wenn ich Herrn Schäffer den Vizekanzler anbiete, bin ich mir bewußt, Herr Erhard und die Mehrheit der Fraktion werden unter Umständen dafür

kein Verständnis haben. Wir werden ja sehen, wenn wir in der Fraktion diese Frage behandeln." Strauß verhielt sich bei diesem Gespräch sehr zurückhaltend, Dr. Jaeger versuchte jedoch erneut den Kanzler umzustimmen und führte aus: „Das Ansehen von Schäffer innerhalb der Landesgruppe..." Der Kanzler unterbrach ihn und sagte: „Herr Dr. Jaeger, das brauchen Sie mir nicht mehr darzulegen. Ich habe gründlich überlegt, warum ich Herrn Schäffer mit einer anderen Aufgabe betrauen werde. Ich hatte auch eine andere Überlegung, die darin bestand, Herrn Schäffer in den Ruhestand zu versetzen und unter Umständen dafür das Justizministerium mit Ihnen, Herr Dr. Jaeger, zu besetzen. Da Sie aber so überzeugend für das Verbleiben des Herrn Schäffer im Kabinett eingetreten sind, laß ich diese Überlegung, Schäffer in den Ruhestand zu versetzen, fallen."

Meine Herren, ich danke für Ihren Besuch

Plötzlich war Ruhe auf Seiten der CSU-Vertreter eingetreten. Adenauer schloß das Gespräch mit der Bemerkung ab: „Ich danke Ihnen, meine Herren, für Ihren Besuch", und fügte hinzu: „Herr Stücklen, übermitteln Sie Herrn Schäffer mein Angebot und sagen Sie mir wieder Bescheid."

Auf dem Weg zurück in den Bundestag sprachen wir darüber, warum der Bundeskanzler Fritz Schäffer auch zu seinem Stellvertreter machen wolle. Jedem von uns war klar, das war eine Entscheidung gegen Bundeswirtschaftsminister Ludwig Erhard. Adenauer war zwar der Meinung, Ludwig Erhard sei ein ausgezeichneter Wirtschaftsfachmann, dem wir sehr viel zu verdanken hatten, aber für die Führung der Politik als Bundeskanzler hielt er Ludwig Erhard für nicht geeignet. Er fand, Erhard sei in der Führung der Politik, insbesondere wenn es in der Außenpolitik um grundsätzliche Entscheidungen ging, viel zu nachgiebig.

Im Bundestag angekommen, habe ich Fritz Schäffer sofort angerufen und ihm das Angebot des Bundeskanzlers mitgeteilt, er könne Schatzminister und Vizekanzler werden. Ich habe ihm auch gesagt, daß der gesamte Landesgruppenvorstand bei Adenauer vorstellig geworden war und mit allem Nachdruck interveniert habe, um ihn als Finanzminister zu halten, leider ergebnislos. Adenauer wäre zu einer Korrektur seiner Entscheidung nicht bereit gewesen.

Ich habe Fritz Schäffer eindringlich gebeten, sich das Angebot des Bundeskanzlers zu überlegen und ihm geraten, es auch anzunehmen. Nach ungefähr einer Stunde rief mich Schäffer wieder an und erklärte mir, unter welchen Bedingungen er bereit sei, das Schatzministerium zu übernehmen:
Es müßte eine Abteilung des Finanzministerium ausgegliedert und dem Schatzministerium zugeschlagen werden. Die gleiche Forderung hatte er auch beim Wirtschaftsministerium. Auch da sollte eine Abteilung ausgegliedert und dem Schatzministerium zugeschlagen werden.

Ich habe ihm gleich meine Bedenken geäußert, denn ich konnte mir vorstellen, was der neue Finanzminister dazu sagen würde und ebenso war es kein Rätselraten, daß der Bundeswirtschaftsminister Erhard unter keinen Umständen bereit gewesen wäre, eine wichtige Abteilung aus seinem Ministerium herausnehmen zu lassen.

Ich ging ins Bundeskanzleramt zurück und teilte dem Bundeskanzler die Auffassung von Schäffer mit: Er wäre bereit, Schatzminister und auch Vizekanzler zu werden, aber er verlange, zwei Abteilungen, eine aus dem Finanzministerium und die andere aus dem Wirtschaftsministerium, sollten jeweils dem Schatzministerium zugeschlagen werden.

Adenauer sagte daraufhin: „Dies ist völlig ausgeschlossen, Herr Stücklen, Sie können sich doch vorstellen, wie Herr Erhard reagieren würde, wenn er eine Abteilung abgeben müßte und zudem nicht, wie

er erwartet, Vizekanzler wird? Und wie dann der neue Finanzminister Etzel..." da fiel zum ersten Mal der Name Etzel, „...reagieren würde, wenn er künftig ein geschmälertes, ein gerupftes Finanzministerium führen soll? Sagen Sie Herrn Schäffer, das kommt nicht in Frage. Da ich aber den Vorstellungen der Landesgruppe, Herrn Schäffer nicht fallen zu lassen, entgegenkommen will, biete ich ihm das Justizministerium an. Aber er wird als Justizminister nicht Vizekanzler.
Darauf ging ich wieder zurück in die Landesgruppe, telefonierte mit Fritz Schäffer und sagte: „Bitte komme sofort zu mir, es gibt Schwierigkeiten. Wir müssen uns im einzelnen über deine künftige Verwendung im Kabinett unterhalten." Er sagte zu und war auch schnell bei mir im Vorstandszimmer. Ich machte ihm klar, daß der Bundeskanzler nicht bereit wäre, diese beiden Abteilungen auszugliedern. Trotzdem wäre er nach wie vor willens, ihn zum Vizekanzler und Schatzminister zu ernennen. Da sagte Schäffer: „Kommt gar nicht in Frage." Er hat geschimpft und gemosert. Ich fragte ihn: „Ist das dein letztes Wort, Fritz?" Worauf er sagte: „Geh noch mal rüber und sag' dem Alten, was meine Meinung ist." Ich ging wieder ins Kanzleramt und überbrachte dem Bundeskanzler die Ansichten von Fritz Schäffer, der Bundeskanzler war nach wie vor bereit, ihn als Schatzminister zu ernennen. Vom Justizminister hatte ich Schäffer noch nichts gesagt. „Dann sagen Sie ihm bitte, das mit dem Schatzministerium und den beiden Abteilungen hat sich erledigt. Mein Angebot steht, er wird Justizminister, aber nicht mehr Vizekanzler."

Justizminister, jedoch nicht Vizekanzler

Daraufhin ging ich wieder zurück zu Schäffer, der im Vorstandszimmer auf mich wartete und berichtete, was mir der Kanzler aufgetragen hatte:
„Das Angebot, Schatzminister und Vizekanzler zu werden hast du verspielt. Dieses Angebot steht nicht mehr. Der Kanzler bietet dir das Justizministerium an, aber nicht mehr den Vizekanzler. Ich bitte dich,

nimm dieses Angebot an. Er will bis 14 Uhr deine definitive Entscheidung." Da ging das Mosern und das Schimpfen wieder los, so daß ich ihn ermahnen mußte, sich zu entscheiden weil die Zeit drängte.

Es war schon kurz vor 14 Uhr und ich sagte zu ihm: „Fritz, es hat keinen Sinn, treib es nicht auf die Spitze. Du bist ein hervorragender Jurist. Nach meiner Meinung warst Du auch ein ausgezeichneter Finanzminister, aber es geht eben nicht mehr mit Adenauer zusammen, und deshalb schlage ich vor, sag ja zum Justizministerium. Ich muß jetzt ins Kanzleramt und möchte vermeiden, daß der Bundeskanzler einen Vorwand hat zu sagen, gut, dann verzichte ich auf Schäffer im Kabinett." Und wie ich so halb im Rausgehen war, sagte Fritz Schäffer: „Na gut, dann sag ihm, ich mach' das."

Ich bin dann wieder zum Bundeskanzler gegangen und sagte zu ihm: „Viel Ärger, viel Enttäuschung, aber letztlich ist Herr Schäffer damit einverstanden, als Justizminister ins kommende Kabinett einzutreten."

Nur nicht Kiesinger verärgern

Es war allgemein bekannt, und das sagte mir auch Strauß, der Bundeskanzler hatte Herrn Kiesinger das Justizministerium versprochen. Ich dachte, um Gottes Willen, das ist zwar nicht unsere Aufgabe, Herrn Kiesinger irgendwie als Minister durchzuboxen, aber letztlich wird er sagen, die Landesgruppe hat meine Berufung zum Justizminister verhindert, das hat der Stücklen zu verantworten. Um Kiesinger nicht dauerhaft zu verärgern, wollte ich helfen und bat Strauß, mit mir hinüber zum Bundeskanzler zu gehen, um mit ihm darüber zu reden, ob nicht eine Verwendung für Kiesinger im kommenden Kabinett möglich sei. Strauß war auch bereit dazu. Der Bundeskanzler hatte ja nun seine Vorstellungen, Schäffer als Justizminister, verwirklicht und als wir sagten, nun könne er sein Versprechen, daß Kiesinger Justizminister würde, nicht einlösen, sagte Adenauer: „Die Umstände haben es mir eben nicht erlaubt!“

Schon auf dem Weg vom Bundestag zum Bundeskanzleramt habe ich mit Strauß darüber gesprochen, ob es nicht richtig wäre, wenn der Bundeskanzler im Hinblick auf die immer größere Inanspruchnahme des Außenministers für Aufgaben in Europa ein eigenes Europaministerium einrichten und dies Herrn Kiesinger anbieten würde. Strauß meinte, daß der Gedanke gut sei, denn Kurt Kiesinger würde sich dafür ausgezeichnet eignen. Wir kamen beim Bundeskanzler an und ich sagte zu ihm: „Herr Bundeskanzler, diesmal geht es nicht um eine Angelegenheit der Landesgruppe, sondern darum, wie wir Ihnen behilflich sein können, damit Herr Kiesinger, der ja sehr erfolgreich innerhalb der Fraktion im Bundestag mitgewirkt hat, als Minister ins Kabinett aufgenommen werden könnte, nachdem nunmehr das Justizministerium vergeben ist.“ Adenauer fragte daraufhin: „Was stellen Sie sich vor, meine Herren?“ Da mir dieser Gedanke gekommen war, hat mir Franz Josef Strauß zuerst die Möglichkeit gegeben darzulegen, daß ein Europaministerium Herrn Kiesinger geradezu auf den Leib zugeschnitten wäre. Und siehe da, der Bundeskanzler hat gar nicht lange überlegt, sondern erwiderte: „Meine Herren, das ist ein guter Gedanke. Damit wird der Außenminister von dieser Aufgabe entlastet, und die Europafrage kann gegenüber dem Europarat und der Brüsseler Kommission viel zielstrebiger behandelt werden. Dazu eignet sich Herr Kiesinger ohne Zweifel sehr.“ Noch in unserem Beisein hat der Bundeskanzler Staatssekretär Globke angerufen und ihn zu diesem Gespräch gebeten. Herr Globke kam und Adenauer sagte zu ihm: „Die Herren Strauß und Stücklen haben den Vorschlag gemacht, Herrn Kiesinger zum Europaminister zu ernennen. Ich halte diesen Gedanken für sehr gut. Herr Globke, entwerfen Sie bitte ein grobes Schema, wie ein Europaministerium aussehen könnte. Ich werde es dann in den nächsten Tagen mit den anderen Kabinettsmitgliedern, insbesondere mit dem Außenminister von Brentano besprechen, welche Aufgaben ein Europaministerium übernehmen könnte.“ Wir gingen zurück und waren zufrieden, daß wir für Kiesinger, den wir beide schätzten, tatsächlich etwas auf den Weg gebracht haben, mit dem Kiesinger auch zufrieden sein konnte.

Als ich durch das Bundeshausrestaurant ging, sah ich Kiesinger an einem Tisch sitzen. Ich wollte ihm diese Mitteilung vertraulich überbringen und sagte: „Herr Kiesinger, einen Augenblick bitte.“ Wir haben uns an einen separaten Tisch gesetzt, und ich berichtete ihm, der Bundeskanzler überlege ernsthaft, ihm ein Europaministerium anzubieten. Er solle Europaminister werden. Worauf Kiesinger erwiderte: „Das ist eine großartige Sache, Herr Stücklen.“ Ich bat ihn nochmals, Stillschweigen über diese Information zu bewahren, denn: „Sie wissen, man sollte nicht, bevor die Eier gelegt sind, darüber gackern.“

Er ging an den Tisch zurück, von dem er zuvor aufgestanden war. Bei ihm saßen einige Journalisten. Aber Kiesinger konnte unser vertrauliches Gespräch nicht für sich behalten und stellte sich vor: „Meine Herren, Sie sehen in mir den neuen Europaminister.“ Das hatte Kiesinger kaum ausgesprochen, schon eilten einige der Journalisten zum Telefon, um dem Außenminister und dem Wirtschaftsminister mitzuteilen, daß ein neuer Europaminister käme. Daraufhin hat von Brentano beim Bundeskanzler angerufen und ihm gesagt, er habe erfahren, es würde ein neues Europaministerium gebildet. Wenn dem so sei, stünde er als Außenminister nicht mehr zur Verfügung. Eine ähnliche Erklärung kam auch aus dem Wirtschaftsministerium, worauf der Bundeskanzler die ganze Angelegenheit abgeblasen hat. Es gab also in der neuen Regierung kein Europaministerium. Darüber war Kiesinger verärgert und was ich als absolute Ungerechtigkeit empfunden habe war, daß er sagte: „Die Landesgruppe allein ist schuld daran, daß ich nicht Justizminister geworden bin.“ Daß wir auf Schäffer Rücksicht genommen hatten und auch Adenauer Schäffer nicht fallen ließ, ist eine Entscheidung, die die Landesgruppe Fritz Schäffer schuldig war. Diese Enttäuschung hat Kiesinger nicht vergessen. Für ihn war ich der Schuldige.

Die Einstellung Kiesingers mir gegenüber sollte sich bei der Regierungsbildung der Großen Koalition 1966, unter seiner Führung, zu meinen Ungunsten auswirken. Bei der Regierungsbildung 1966 erinnerte sich Kiesinger an den Vorgang von 1957. Er rächte sich und ernannte Werner Dollinger zum Postminister unter dem Vorwand, einer von den drei Bundesministern aus der CSU Landesgruppe müßte evangelisch sein, deshalb den Synodalen Dollinger.

Meine Zeit als Postminister

Zurück zu der Zeit, als Bundeskanzler Adenauer mich zum Postminister berufen hat. Nach dem Gespräch beim Bundeskanzler mit der Zusage, neuer Postminister zu werden, habe ich im Laufe des Tages mit dem damaligen Amtsinhaber Ernst Lemmer einen Termin für die Amtsübergabe vereinbart. Ernst Lemmer hatte dieses Amt von Prof. Dr.-Ing. Siegfried Balke übernommen mit der ausdrücklichen Feststellung des Kanzlers, dies gelte bis zum Ende der Legislaturperiode. So war auch Ernst Lemmer, mit dem ich seit vielen Jahren befreundet war, auf die Übergabe dieses Ministeriums vorbereitet. Er beglückwünschte mich, daß mir diese Aufgabe übertragen worden sei und bemerkte, er sei zwar kein Postler geworden, aber die eineinhalb Jahre, die er in diesem Amte war, seien für ihn schon deshalb eine unvergeßliche Zeit geworden, weil es, wo er auch hingekommen sei, ein Postamt gab. Und wenn er weniger aus postalischen als aus politischen Gründen auf Vortragsreisen war, besuchte er auch das jeweilige Postamt. „Die hatten sich darauf vorbereitet, und wo ich hinkam, stand meistens schon eine festlich gekleidete Postlerin mit einem Blumenstrauß und begrüßte mich. Auf diese freundlichen Aufmerksamkeiten bei meinen Reisen in die Politik werde ich wohl in Zukunft verzichten müssen."

Ernst Lemmer wußte schon seit geraumer Zeit vom Fraktionsvorsitzenden Heinrich Krone, daß er nach der Abgabe der Post das Gesamtdeutsche Ministerium übernehmen sollte.

Zu diesem Zeitpunkt lag bereits der Termin der Vereidigung des neuen Kabinetts fest, so daß wir auch einen Übergabetermin vereinbaren konnten.

Nun kam der Tag der Vereidigung. Bevor diese aber stattfinden konnte, wurden die neuen Minister vom Bundespräsidenten Professor Theodor Heuss empfangen. Wir bekamen von ihm die Ernennungsurkunden ausgehändigt. Unmittelbar danach fuhren wir zur Vereidigung in den Bundestag. Als Garderobe sollte der Cut getragen werden. Sollte einer der Minister keinen Cut besitzen, müsse er zumindest im schwarzen Anzug kommen. Auf die Kleiderordnung wurde großen Wert gelegt. Ich kann mich auch nicht erinnern, daß jemals ein Bundesminister zur Kabinettsitzung erschienen ist, der womöglich einen hellen Anzug oder eine sportliche Kombination getragen hätte. Der gedeckte Anzug war für die Kabinettsitzungen vorgesehen und darauf achtete nicht nur der Kanzler, sondern auch der Staatssekretär Globke, obwohl es in der Geschäftsordnung der Bundesregierung keine Kleiderordnung gab. Aber einer, der mit Turnschuhen zur Vereidigung gekommen wäre, wäre bei Adenauer nie Minister geworden.

Am Ausgang des Bundestages erwartete mich der Fahrer des bisherigen Postministers, Erwin Müller. Er hatte die offizielle Standarte mit den Farben schwarz-rot-gold und dem Bundesadler gesetzt. Beim Eintreffen im Postministerium wurde ich von der posteigenen Kapelle der Oberpostdirektion Köln mit Marschmusik empfangen. Da sie wußten, daß ich aus Bayern kam, haben sie mir zu Ehren den Bayerischen Defiliermarsch gespielt. Im Amtszimmer des Ministers stellte mir der dienstälteste Staatssekretär Dr. Steinmetz seinen Kollegen, den Staatssekretär Prof. Gladenbeck und die Abteilungsleiter vor. Fast alle von ihnen kannte ich bereits aus meiner Tätigkeit im Postausschuß des Deutschen Bundestages. Es war also eine freundschaftliche Begrüßung zum Beginn meiner Tätigkeit als Postminister. Anschließend verabschiedete ich mich von Ernst Lemmer. Und als ich durch das Vorzimmer ging, sagte ich zu der dort anwesenden Vorzimmerdame: „Frau Rott, es kann durchaus sein, daß wir uns in der kommenden Zeit noch sehr häufig begegnen." Worauf sie antwortete: „Ich würde mich sehr freuen." In der Tat, Frau Rott war bereits bei Bundespostminister Balke im Ministerbüro, und bei Lemmer tätig. Ich habe diese Kontinuität im Vorzimmer des Bundespostministers beibehalten. Nach zehnjähriger Zusammenarbeit mit Frau Rott kann ich feststellen: Sie war eine ausgezeichnete, zuverlässige, kenntnisreiche Mitarbeiterin. Ich bin mit ihr hervorragend zurechtgekommen. Wir haben uns nie aus den Augen verloren, und auch dieses Buch verdankt seine Entstehung ihrer tatkräftigen Unterstützung und ihrer unerhörten Gewissenhaftigkeit.

Anschließend fand im großen Vortragssaal des Ministeriums, der überfüllt war, denn die künftigen Mitarbeiterinnen und Mitarbeiter waren natürlich neugierig, wie diese Zeremonie vonstatten geht und welchen Eindruck der neue Postminister macht, die Amtsübergabe statt. Es verlief alles in großer Harmonie. Anschließend war noch ein Stehempfang arrangiert worden, bei dem die posteigene Musikkapelle noch weiter zur Unterhaltung aufspielte. Am Abend dieses ersten Tages traf ich mich mit den Mitgliedern der Landesgruppe der CSU zu einem Umtrunk im Bundestag. Die offizielle Verabschiedung als Landesgruppenvorsitzender sollte bei der nächsten Landesgruppensitzung erfolgen.

Am nächsten Tag, dem ersten Arbeitstag, wurde ich informiert über allgemeine Formalitäten, die in der Geschäftsordnung der Bundesregierung vorgesehen waren. Zum Beispiel durfte ich innerhalb des Ministeriums einen Vorgang nicht mit einem blauen, sondern nur mit einem grünen Farbstift kennzeichnen. Für meine Unterschrift unter Dokumente und Schreiben außerhalb des Ministeriums konnte ich die Farbe Blau benutzen. Das sind zwar Äußerlichkeiten, die aber tatsächlich ihren Sinn haben. Denn jeder wußte, der grüne Stift wurde nur vom Minister benutzt, der rote Stift vom Staatssekretär Dr. Steinmetz und der violette vom Staatssekretär Prof. Gladenbeck. Damit war von vornherein klar, in welcher Reihenfolge und mit welchem Nachdruck der Vorgang bearbeitet werden mußte: Grün ist Chefsache. Die beiden Staatssekretäre und die Abteilungsleiter berichteten mir über die augenblickliche Situation bei der Deutschen Bundespost. Sie war mir nicht fremd, denn ich habe bereits im Postausschuß die Entwicklung der Post verfolgen können. Selbst die Zahlen des laufenden Haushaltes waren mir geläufig. Auf dieser ersten Sitzung habe ich auch gleich eine grundsätzliche Entscheidung getroffen, die ich anläßlich der ersten Präsidentenkonferenz für verbindlich erklärt habe.

Nach der Postordnung werden diejenigen, die die Dienstleistung der Post in Anspruch nehmen, als „Postbenutzer“ bezeichnet. Ich habe angeordnet, daß Postbenutzer die „Kunden“ der Post sind und auch als Kunden behandelt und bezeichnet werden müssen, nach dem Motto: „Der Kunde ist König.“ Als Folge dieser Umbenennung habe ich darauf bestanden, daß der Beamte am Schalter die Postkunden nicht „abfertigt“ sondern „bedient.“ Mit diesen zwei Entscheidungen wollte ich klarstellen, daß die Deutsche Bundespost nicht eine Behörde im Sinne des Bundesinnenministeriums oder Bundesjustizministeriums ist, sondern ein riesiger Dienstleistungsbetrieb, der die Aufgabe hat, die Dienste, die angeboten werden, auch so durchzuführen, wie der Kunde es erwartet.

Die Deutsche Bundespost war gegliedert in 20 Oberpostdirektionen, zwei Zentralämter in Darmstadt, das Sozialamt in Stuttgart und viele, viele große und kleine Postämter, bis hinein in Dörfer, die nur einige hundert Einwohner hatten und mit Poststellen I oder II ausgestattet waren. Denn nur vor Ort kann man die wichtigen Erkenntnisse gewinnen und die entsprechenden Entscheidungen treffen, deshalb hatte ich mir vorgenommen, den Vollzug der Dienstleistungen am Ort des Geschehens intensiv kennen zu lernen.

Allerdings habe ich nicht die Absicht, die Leserinnen und Leser meiner Erinnerungen zu Postfachleuten „auszubilden.“ Deshalb werde ich nur von Dingen von allgemeinem Interesse und von Marksteinen in der Entwicklung der Deutschen Bundespost bis in das Jahr 2000 berichten.

Der Postbetrieb

Um den Charakter der Dienstleistungen zu verdeutlichen, sollten im künftigen Sprachgebrauch die Worte „Postwesen“ oder „Fernmeldewesen“ durch die Begriffe „Postbetrieb“ und „Fernmeldebetrieb“ ersetzt werden. Damit waren die Weichen gestellt, die beiden Dienstleistungsbetriebe in eine neue Gesellschaftsform umzuwandeln. Die Zeit dafür war mir leider nicht vergönnt.

In den Jahren 1960/1961 war der Arbeitsmarkt in der Bundesrepublik bereits voll ausgeschöpft. Wir hatten Schwierigkeiten, geeignete Arbeitskräfte zu bekommen. Die Rationalisierung, d.h. die Einsparung von Arbeitskräften unter Aufrechterhaltung der Dienstleistungen war ein Gebot der Stunde. Diese Situation war für mich der Anstoß, nach Wegen zu suchen, um besonders im Brief- und Paketdienst bei der Sortierung, die außerordentlich arbeitsintensiv war, einfachere Methoden anwenden zu können. So wurde der Gedanke, Leitzahlen für die Post einzuführen, geboren. Ich habe meine Vorstellungen in einer Abteilungsleiterbesprechung dargestellt und den Auftrag gegeben: Es sollten alle Postorte in der Bundesrepublik und auch in der sowjetisch besetzten Zone, eine Postleitzahl erhalten. In einer besonderen Kommission, die im Ministerium federführend wurde, kam man bereits 1961/62 zu einem erfolgversprechenden Ergebnis. Von einer zweiten unabhängigen Kommission wurde die Zuordnung der Postleitzahlen auf die einzelnen Orte überprüft, damit eventuelle Überschneidungen oder andere Mängel rechtzeitig behoben werden konnten. Nachdem diese gewissenhafte Prüfung erfolgreich abgeschlossen war, habe ich mich entschlossen, den Bundeskanzler von meiner Absicht, Postleitzahlen einzuführen, zu unterrichten. Als ich vom Kanzler grünes Licht bekam, habe ich mit relativ geringen Werbemitteln den Gang in die Öffentlichkeit vorbereitet.

Es war ein großes Wagnis, denn nirgends auf der ganzen Welt gab es ein Postleitzahlensystem, das tatsächlich alle Postorte erfaßte. Selbst in den Vereinigten Staaten war eine ähnliche unverwechselbare Zuordnung für die Postorte nicht gegeben.

Nun war die große Frage: Werden die Kunden, d.h. die deutsche Öffentlichkeit, im besonderen die gewerbliche Wirtschaft in allen ihren Bereichen, bereit sein, die Postleitzahlen anzunehmen? Welche Werbemethode sollte gewählt werden, damit dieses Postleitzahlensystem ein Erfolg wird? Gedanken, mit Strafportos zu arbeiten, habe ich von vornherein rundweg abgelehnt. Zum einen, weil es innerbetrieblich zu Schwierigkeiten geführt hätte und zum anderen, weil ich der Meinung war, wenn wir dieses Postleitzahlensystem überzeugend darstellen, werden die Kunden die Vorteile dieses Systems erkennen und bereit sein, es auch anzuwenden. Selbstverständlich mußte mit dieser zusätzlichen Arbeit, die die Kunden zu erfüllen haben, auch Vorteile verbunden sein. Und die Vorteile, die ich erwartet habe, waren kurze Zustellzeiten und sichere Zustellung. Wenn der Brief heute eingeworfen wurde, sollte er am nächsten Tag in der Frühzustellung bereits beim Empfänger sein. Ich nannte dieses System der Beschleunigung E+1. Dies war aber nur dann möglich, wenn neben der bisherigen Postbeförderung mit dem Zug oder auf der Straße eine beschleunigte Beförderung in weiten Bereichen der Bundesrepublik durch ein Nachtflugpostnetz ermöglicht würde. Deshalb planten wir neben der Einführung der Postleitzahlen gleichzeitig ein Nachtflugpostnetz. Nur so konnte das Ziel E+1 erreicht werden. Das Nachtflugpostnetz sollte wie folgt organisiert sein:

Die Post, die zum Beispiel in Hamburg gesammelt wurde, wird nach den großen Postleitzahlenbereichen – das sind die ersten und zweiten Ziffern – vorsortiert und bis in die Postorte codiert, gegen Mitternacht zum Flughafen gebracht und mit dem Flugzeug nach Frankfurt befördert. Frankfurt/Main wird der große Umschlagplatz sein. Dort treffen sich die anderen Postflugzeuge aus Köln, Düsseldorf, Stuttgart usw. Die Post wird ausgetauscht, auf die zurückfliegenden Flugzeuge verteilt, und kommt dann ungefähr zwischen drei und vier Uhr morgens am Ausgangsflughafen an. Dort werden die einzelnen Säcke, die bereits in große Bereiche vorsortiert sind, mit Postautos zum Eingangspostamt gebracht und auf die Postorte durch Sortieranlagen verteilt.

Wenn dies alles organisatorisch erst einmal gut aufeinander abgestimmt wäre und wenn es sich eingespielt hätte, dann – davon war ich felsenfest überzeugt – könnten wir weit über 90 Prozent aller Briefsendungen in dieser schnellen Beförderungszeit – Einwurf am ersten Tag, Zustellung am nächsten Tag – bewältigen. Und wenn ich das den Postkunden versprechen könnte, dann würden sie Verständnis für diese Neuerung aufbringen und den Postleitzahlen zum Erfolg verhelfen. Die Kunden mußten unbedingt davon überzeugt werden, daß die Einführung dieses Systems auch für sie Vorteile bringt.

Die Gründe für die Einführung der Postleitzahlen waren:

1. Der Arbeitsmarkt war leergefegt. Die Bundesanstalt für Arbeit heuerte ausländische Arbeitskräfte an. Für die Post waren diese Arbeitskräfte wegen der Sprachschwierigkeiten nur sehr bedingt tauglich. Daher ließ ich ein System auf Zahlenbasis erstellen, denn Zahlen konnte auch jeder Ausländer lesen.

2. In der Bundesrepublik gab es viele Orte mit gleichem Namen, z.B. elfmal Allendorf, achtmal Niendorf, zwölfmal Neustadt usw. Zum Ärger der Kunden und der Post führte dies häufig zu Irrläufern.

3. Bei der Briefverteilung und -sortierung – das gleiche galt für Päckchen und Pakete unter Anwendung der Postleitzahlen – waren Verwechslungen so gut wie ausgeschlossen.

4. Es wurde vorausgesetzt, daß in absehbarer Zeit zumindest die maschinell geschriebenen Zahlen elektronisch gelesen werden könnten.

5. Die Laufzeiten Postbeförderung könnten in Ergänzung mit dem Luftpostnetz schneller und sicherer abgewickelt werden.

   E+1 würde Wirklichkeit.

6. Die Kostenersparnis war beachtlich. Sie belief sich im zweiten Einführungsjahr der Postleitzahlen ungefähr auf 250 Millionen DM jährlich.

7. Die Tarife könnten trotz Steigerung der Personalkosten weitgehend stabil gehalten werden.

Ich danke an dieser Stelle auch den Personalvertretungen, der Deutschen Postgewerkschaft, dem Deutschen Postverband und der Christlichen Gewerkschaft Post für ihre kollegiale und gute Zusammenarbeit bei diesen Planungen. Für das Personal konnte es eine Verschiebung der Bewertung der Arbeitsplätze bedeuten, die aber gegebenenfalls mit einer Höherbewertung verbunden war.

Für die Einführung der Postleitzahlen mußten natürlich Werbemaßnahmen eingesetzt werden. Für die Werbung wurden in solchen Fällen mehrere Werbefirmen beauftragt, Vorschläge zu machen. Diese Vorschläge wurden dann im Postministerium gesammelt und, soweit es sich um Plakate handelte, im Vortragsraum aufgestellt. Nachdem alles vorbereitet war, wurde ich gebeten, die Auswahl der geeigneten Werbemittel zu treffen. 1962 war es soweit, es konnte losgehen! Ich ging durch die Reihe der Werbeangebote. Da fiel mein Blick auf ein Plakat, auf dem ein Strauß Vergißmeinnicht zu sehen war und darunter der Text: „Vergißmeinnicht, die Postleitzahl." „Dies", habe ich entschieden, „ist das Richtige." Wir waren uns schnell einig, diese Werbung als Standardwerbung für die Einführung der Postleitzahlen zu verwenden. Dazu kam noch der Glücksumstand, daß sich der Showmaster Peter Frankenfeld für die Postleitzahlen interessierte, um damit eine Fernsehsendung zu kreieren. Auch heute noch werden sich viele daran erinnern, nicht nur an die Sendung, die im Publikum ausgezeichnet ankam, sondern auch an den Briefträger Sparbier, der dort auftrat und zum bekanntesten, ja zum berühmtesten Briefträger der Nation und der Deutschen Bundespost wurde.

Ich ging mit den Werbemitteln, die mir zur Verfügung standen, in Darmstadt vor die Presse, ließ vorher kleine Vergißmeinnichtsträußchen verteilen, um auch hier von vornherein diese Blume, die ja bei uns eine Sympathieblume ist, schon auf die Journalisten wirken zu lassen. Natürlich wurden eine ganze Reihe kritischer Fragen gestellt, aber bei dieser Neueinführung konnte man so überzeugend argumentieren, daß auch die Presse insgesamt sehr positiv darüber berichtete. Wenn die Presse im ganzen Bundesgebiet überwiegend eine positive Einstellung verbreitete, dann mußte doch einem solchen Wagnis tatsächlich der Erfolg beschieden sein. Kaum waren die Postleitzahlen eingeführt, kamen auch schon die Anfragen von den Postverwaltungen aus aller Welt: „Was haben Sie da Neues gestaltet, wie haben Sie das gemacht und haben Sie damit Erfolg?“ Als erster kam der Generaldirektor der Schweizer Post, Dr. Weber, zu mir. Er sagte: „Das ist eine ganz ausgezeichnete, organisatorisch wertvolle Erneuerung. Man muß sich an den Kopf greifen und fragen, warum dies nicht schon früher in dieser Perfektion erkannt und eingeführt wurde. Aber als Schweizer kann ich nicht als erster die Postleitzahlen übernehmen, denn sonst sagen meine Landsleute: Macht Ihr schon wieder alles den Deutschen nach?“

Die größte Überraschung war für mich, als wenige Wochen nach der Einführung bereits der Postmaster-General der Vereinigten Staaten von Amerika, Mr. Day, nach Deutschland kam und nachfragte, ob diese Postleitzahlen nun patentiert oder frei verwendbar wären. Da es kein Patent, keine Ausschließlichkeitsbenutzung, gab und auch nicht beabsichtigt war, hatte er sich sofort entschlossen, dieses Postleitzahlensystem in den Vereinigten Staaten einzuführen; mit einer einzigen Auflage, daß ich dabei sein müßte, wenn er sein Zahlensystem der Öffentlichkeit vorstellen würde. Ich habe zugesagt und war mit in Amerika. Da die USA für alle modernen Entwicklungen aufgeschlossen sind, gab es keine großen Hindernisse, es funktionierte nach einer relativ kurzen Anlaufzeit.

Danach kamen selbstverständlich viele europäische Postverwaltungen zu mir. Selbst der sowjetische Postminister Sergetschuk kam in die Bundesrepublik – trotz des Eisernen Vorhanges – um die Zusammenhänge mit der Einführung der Postleitzahlen zu studieren, um sie in der Sowjetunion einzuführen. In einer Postkonferenz in Paris habe ich vor den Fachleuten der Postverwaltungen Europas unser Postleitsystem bis ins kleinste Detail erläutert und von allen Seiten Glückwünsche und große Zustimmung erhalten. Als äußeres Zeichen wurde mir bei dieser Konferenz vom französischen Postminister der französische Postorden verliehen, eine Besonderheit, die es heute in Frankreich nicht mehr gibt. Inzwischen haben die Postleitzahlen ihren Siegeszug rund um die Welt erfolgreich angetreten. Der Weltpostverein, der Zusammenschluß aller Postverwaltungen der ganzen Welt, hat zu dieser Einführung der Postleitzahlen erklärt, dies sei die größte organisatorische Leistung auf dem Gebiet der Postbeförderung in diesem Jahrhundert. Dieses Lob, das mir in vielfältiger Form aus den verschiedensten Teilen der Welt entgegengebracht worden ist, hat das Ansehen Deutschlands im Weltpostverein gestärkt. Es schadet doch weiß Gott nicht, wenn Deutschland in einer Frage, die Weltbedeutung hat, als Spitzenreiter anerkannt wird.

Haushaltsfragen sind Schicksalsfragen

Bei der Deutschen Bundespost gab es manchmal auch sehr kritische Situationen, solche, die unvermeidbar und solche, die vermeidbar waren. Eine dieser vermeidbaren kritischen Situationen will ich kurz schildern:
Die Dienstleistungen der Deutsche Bundespost mit einem Personalbestand von rund 450.000 Beschäftigten waren aus der Natur der Sache heraus außerordentlich personalintensiv. Was durch Rationalisierung aufgefangen werden konnte, wie zum Beispiel durch die Postleitzahlen und andere organisatorische Maßnahmen, wurde mit allem Nachdruck vollzogen.

Die Mitarbeiterinnen und Mitarbeiter hatten und haben natürlich auch Anspruch, bei den steigenden Lohn- und Gehaltserhöhungen im öffentlichen Dienst bei Verwaltung, Bund, Ländern und Gemeinden sowie in der freien Wirtschaft nicht „abgehängt“ zu werden. Sie wurden deshalb angeglichen, weil die Deutsche Bundespost andernfalls keine entsprechenden Mitarbeiterinnen und Mitarbeiter aus dem Arbeitsmarkt erhalten hätte, die Angleichung mußte aber auch aus dem Prinzip der Gleichbehandlung erfolgen. Es war deshalb unvermeidlich, gemeinsam mit der Personalvertretung die Löhne und Gehälter auszuhandeln und mit Zustimmung des Bundesinnenministeriums und der Bundesregierung auch zu verwirklichen.

Unter anderem hatte der Postminister auch die Pflicht, den Haushalt auszugleichen. Vorausschicken möchte ich, daß der Fernmeldebetrieb hohe Gewinne abwarf und der Postbetrieb, den wir als „gelben Dienstleistungsbetrieb“ bezeichneten, große Defizite aufwies, sowohl bei Briefen, Postkarten, Drucksachen- und Massendrucksachen und im Zeitungsdienst, vor allen Dingen aber im Päckchen- und Paketdienst. Bei allen diesen Dienstleistungen wurden die Kosten nicht durch Tarife gedeckt. Deshalb, so schlug ich vor, sollten die Tarife, die im Defizit lagen, angehoben werden, denn wer diese Dienstleistungen in Anspruch nimmt, muß auch gerechterweise für die Kosten aufkommen.

Der Verwaltungsrat hat meine entsprechende Vorlage einstimmig akzeptiert. Sie wurde dem Kabinett zugeleitet. Es gab keine zwingende Notwendigkeit dafür, doch der damalige Bundeskanzler, Ludwig Erhard, legte großen Wert darauf, daß die Gebührenerhöhungen im Bundeskabinett besprochen werden sollten. Bei der Beratung dieser Gebührenvorlage im Bundeskabinett kam es zu einer eigentümlichen Entscheidung, die Gebühren im gelben Postbereich unverändert zu lassen, dafür aber die Gebühren im Fernmeldebereich zu erhöhen. Ich habe das aus betriebswirtschaftlichen Gründen abgelehnt. Das konnte nicht Sinn eines Unternehmens sein, trotz einer gewissen Mischfinanzierung, die wir seit Jahren durchgeführt hatten, indem wir die Überschüsse im Fernmeldebereich z.T. für die Unterdeckung in den anderen Posttarifbereichen verwendet haben. Der moderne Fernmeldebetrieb kann aber nicht für seinen Überschuß bestraft werden, nur weil man die defizitären Postdienste aus politischen Gründen nicht kostengerecht anheben will.

Auch eine andere Bestimmung aus dem Postverwaltungsgesetz war dem Postminister auferlegt. Er mußte das Eigenkapital bei der Deutschen Bundespost in einem entsprechenden Verhältnis zu den Investitionskosten halten. Deshalb konnte ich den Fernmeldebereich nicht in Anspruch nehmen, wie sich das manche Kabinettsmitglieder gewünscht hatten. Aber jetzt kommt das, was mich gewaltig überraschte und was ich bis heute noch nicht vergessen und akzeptiert habe. Der Verfechter der Sozialen Marktwirtschaft, Bundeskanzler Erhard, mit seiner Formel: „Angebot und Nachfrage regeln den Preis“ und ergänzend dazu: „Wer die Kosten verursacht muß auch für die Deckung besorgt sein“, hat dies bei der Gebührenvorlage leider nicht beachtet.

Eine unangenehme Tatsache in den 50er und 60er Jahren bestand darin, daß ein Antrag auf Errichtung eines Telefonanschlusses erst nach Wochen, teilweise erst nach Monaten durchgeführt werden konnte. Diese unerfreuliche Situation lag nicht an mangelnder Technik, sondern allein an fehlendem Kapital. Es war notwendig, dem Fernmeldebereich mehr Kapital zuzuführen. Entsprechend war auch meine Gebührenvorlage gegliedert. Da geschah etwas Unvorstellbares. Der Bundeskanzler Ludwig Erhard stellte folgende Frage an mich:
„Herr Stücklen, wieviel Telefonanschlüsse haben wir?“ Meine Antwort: „11 Millionen.“ Seine zweite Frage: „Und wieviel Briefschreiber gibt es in der Bundesrepublik?“ Meine Antwort: „Nachdem unsere Bevölkerung ja nicht aus Analphabeten besteht, werden von 60 Millionen wohl nahezu alle, natürlich mit unterschiedlicher Intensität Briefe bzw. Postkarten schreiben.“ Die Antwort Erhards war für mich niederschmetternd: „Dann werden wir die Gebühren bei den 11 Millionen erhöhen und lassen die 60 Millionen in Ruhe.“ Darauf antworte ich: „Diese Antwort aus Ihrem Munde ist mir unverständlich, sie widerspricht den Grundsätzen der Sozialen Marktwirtschaft. Ich kann einer

solchen Regelung nicht zustimmen, denn sie ist falsch." Ich merkte schon, der Kanzler war durch meine Bemerkung unangenehm berührt. Es wurde aber trotzdem abgestimmt, und siehe da, die Herren Kollegen aus CDU, CSU, FDP und der Deutschen Partei, soweit sie noch anwesend waren, haben die Vorlage, die Bundeskanzler Erhard sich von seiner „Bürokratie" hatte erarbeiten lassen, angenommen und damit war meine abgelehnt. Daraufhin war ich so erzürnt, daß ich nicht bereit war, diese Vorlage, die nicht meine Vorlage war, in der Pressekonferenz gegenüber der deutschen Öffentlichkeit zu vertreten.

Nach der Kabinettsitzung bin ich ins Ministerium zurückgefahren und habe einen Brief an den Bundeskanzler Ludwig Erhard geschrieben: „Ich bin nicht bereit, einen solchen innerbetrieblich falschen Beschluß, der nicht gerechtfertigt werden kann, mitzutragen. Ich bitte daher, dem Bundespräsidenten meine Entlassung vorzuschlagen." Mein persönlicher Referent wollte mich von diesem Vorhaben abbringen und sagte zu mir: „Herr Minister, tun Sie das bitte nicht, die Verärgerung geht vorüber." Ich entgegnete ihm, daß mich sein gut gemeintes Zureden nicht von meinem Entschluß abbringen könne. Den Brief wollte ich allerdings nicht mit der Post schicken, weil es zu unpersönlich gewesen wäre, denn mit Ludwig Erhard verband mich seit Jahrzehnten ein sehr gutes Verhältnis. Ich wollte daher den Brief persönlich überbringen. Ich habe den Minister im Kanzleramt, Herrn Westrick, angerufen und um einen Termin beim Kanzler gebeten. Wenig später kam die Antwort des Kanzlers: „Ja, kommen Sie morgen zum Frühstück in den Bungalow ins Bundeskanzleramt." Am nächsten Tag war ich um 7.30 Uhr wie zugesagt im Bungalow. Wir frühstückten erst einmal. Anschließend sagte er zu mir: „Herr Stücklen, ich weiß schon, was Sie auf dem Herzen haben. Sie kommen mit der Entscheidung im Kabinett nicht zurecht." Ich erwiderte: „Herr Bundeskanzler, dies allein reicht nicht. Hier haben Sie meinen Brief." Daraufhin sagte er: „Herr Stücklen, lassen Sie den Brief gefälligst in der Tasche. Das ist ein Rücktrittsgesuch und ich nehme es nicht an. Sie bleiben weiterhin Postminister.

Und das ist mein letztes Wort.“ Und er fügte hinzu: „Ich werde Sie überall, wo Sie angegriffen werden, verteidigen. Ich werde mich vor Sie stellen.“

Was sollte ich gegen dieses Argument tun? Ich konnte also nicht mehr auf dem Rücktritt bestehen. Was ist daraufhin geschehen? Die Presse hatte, wie zu erwarten war, gegen diese falsche Gebührenerhöhung gewettert. Das war auch ganz natürlich, besonders die Journalisten wurden von einer solchen Gebührenerhöhung im Fernsprechbereich betroffen, auch aus diesem Grunde waren sie dagegen. Sie beschworen eine richtige Kampagne herauf:
Der Postminister sei ein Wucherer, sei ungerecht, usw. Nur meinen Rücktritt hatten sie noch nicht gefordert, aber sie waren nahe dran. Das hat natürlich die Opposition, die SPD, aufgegriffen und sich gesagt, „Das ist ein guter Grund, diese Regierung in Schwierigkeiten zu bringen.“ Sie beantragte daraufhin zur Behandlung der Tariferhöhungen bei der Deutschen Bundespost eine Sondersitzung des Deutschen Bundestages und dies mitten in den Parlamentsferien. Ich wußte, daß einige Kollegen aus den eigenen Reihen, auch Franz Josef Strauß, nicht ganz unschuldig an dem Zustandekommen der Sondersitzung am 2. August 1964 waren. An der Attacke und Polemik wegen dieser Gebührenerhöhung hatte sich die BILD-Zeitung besonders hervorgetan. Der Chefredakteur von BILD war 1964 Peter Boenisch, den ich persönlich auch ganz gut kannte. Wir hatten ein gutes Verhältnis zu einander. Als aber jeden zweiten Tag in seiner Zeitung ein Beitrag seiner Kampagne gegen die Gebührenerhöhung und damit letztlich auch gegen meine Person erschienen ist, hatte ich Herrn Boenisch angerufen und ihn gefragt, ob das denn sein müsse. Darauf hat er zu mir gesagt: „Herr Stücklen, Sie sind mir doch einer der liebsten überhaupt vom ganzen Kabinett. Es geht auch nicht gegen Sie, sondern es geht gegen den Bundeskanzler.“ Aber was hat es mir geholfen? Gar nichts. Ich konnte davon keinen Gebrauch machen, denn ich wollte keinesfalls den Bundeskanzler in eine schwierige Situation bringen, nur weil ich die Entscheidung nicht ertragen konnte. Die anberaumte Sondersitzung

fand am 2.8.1964 statt. Die Mitglieder des Deutschen Bundestages wurden aus aller Welt von ihren Urlaubsorten zurückgeholt. Das kostete viel Geld! Die Sitzung war stürmisch und wie ging sie aus? Das Ergebnis dieser Plenarsitzung bestand darin:
Ein Teil der Vier-Pfennig-Erhöhung im Fernmeldebereich wurde wie folgt aufgeteilt: Bundesfinanzminister Dahlgrün mußte die Hälfte der 4 Pfennige in den Bundeshaushalt übernehmen. Um diesen Betrag wurde das Eigenkapital erhöht und als Investitionen im Fernmeldebereich betriebswirtschaftlich sinnvoll verwendet.

Ein weiteres Ergebnis der Sondersitzung war, es wurde eine Kommission vom Deutschen Bundestag eingesetzt, die Enquête-Kommission – die sogenannten „7 Weisen" – die die Post durchforsten sollte, ob sie denn tatsächlich alle Möglichkeiten der Kostenersparnisse genügend erwogen habe. Der Kommission gehörten hervorragende Vertreter der Wirtschaft und Vertreter aus den im Bundestag vertretenen Parteien an. Sie hat die Post in ihren einzelnen Bereichen auseinandergenommen. Ich habe mehrmals ausführlich berichtet. Auf alle Fragen bekam die Kommission umfassende Antworten und alle Unterlagen, die sie haben wollte.

Das Ergebnis der „7 Weisen" lautete:
„Die Deutsche Bundespost ist ein bestens durchorganisiertes Unternehmen. Sie setzt erfolgreich alle technischen Möglichkeiten zur Rationalisierung ein." Das war für mich und alle meine Mitarbeiter eine große Genugtuung.

Ministerium sollte Generaldirektion werden

Warum ich das Ministerium in eine Generaldirektion umwandeln wollte, ist auch in den Erfahrungen begründet, die ich im besonderen bei der Tariferhöhung 1964 gemacht habe. Es ist eine unerträgliche Situation, wenn außerhalb des Unternehmens Stehende, auch wenn sie noch so hohe politische Ämter bekleiden, sich der innerbetrieblichen Notwendigkeit verschließen und nur nach politisch-opportunen Gesichtspunkten entscheiden. Ich wollte für die Zukunft die Deutsche Bundespost von politischen Einflußnahmen weitestgehend fernhalten. Der Generaldirektion wäre es möglich gewesen, diesen Schritt zu gehen, den man dann 20 Jahre später in anderer Gesellschaftsform vollzogen hat. Es waren 20 verlorene Jahre für eine moderne Post.

Erst 1982 hat der damalige Bundesminister für das Post- und Fernmeldewesen, Dr. Christian Schwarz-Schilling, begonnen, die Beamten - Post in ein Wirtschaftsunternehmen umzuwandeln.

Sein Nachfolger, Dr. Wolfgang Bötsch, übernahm die sehr komplizierte Überleitung der „Gelben Post" in die „Deutsche Post AG" und verselbständigte den Fernmeldebetrieb in die „Telekom AG."

Die Überleitung der Deutschen Bundespost war damit erfolgreich abgeschlossen. Die Entwicklung der Post läßt ja erkennen, daß es mit den alten politikabhängigen Entscheidungen nicht möglich gewesen wäre, im Zug der Zeit, man nennt das auch Globalisierung, entsprechend zu agieren.

Die Post hat sich hervorragend der modernen Zeit angepaßt und ist ihrer Verpflichtung gegenüber der Bevölkerung, nicht nur in Deutschland, sondern in Europa gerecht geworden. Wie modern die Post von heute gehandelt hat, kann auch daran erkannt werden, daß sie unser vierstelliges Postleitzahlensystem noch um eine zusätzliche Ziffer erweitert hat. Damit konnten nach der Wiedervereinigung alle Orte der früheren DDR und der Bundesrepublik abgedeckt werden.

Darüber hinaus konnte bereits beim Postabgang die Kodierung bis in die Zustellbezirke durchgeführt werden, womit ein Sortiervorgang eingespart wurde. Damit sind zusätzlich beachtliche Kostenersparnisse erzielt worden.

Die Post von heute

Der immense technologische Fortschritt erschließt immer neue Märkte und das weit über unsere nationalen Grenzen hinaus. Globalisierung heißt das Zauberwort der Gegenwart. Bedeutende Wirtschaftsbereiche wie Kommunikation, Logistik und Finanzen werden global vernetzt. Eine Auswirkung dessen ist die neue Konzernbezeichnung „Deutsche Post World Net." Sie beschreibt dabei gleichzeitig eine Entwicklung, die entschlossen genutzt werden muß, indem sie selbst den Weltmarkt entscheidend mitprägt.

Ich bin fest überzeugt, nur wer die neuen dynamischen Märkte früh erkennt, versteht und gezielt bedient, kann mit schnellem Erfolg rechnen. Nur wer mit starken, sich ergänzenden Partnern die Zukunft gestaltet, wird langfristig im weltweiten Wettbewerb bestehen können. Deshalb wurden unter dem Dach Deutsche Post World Net die Leistungsmerkmale Deutsche Post, Danzas und Postbank zusammengeführt. Durch die Übernahme der Postbank in den Postkonzern wurde dabei ein Fehler aus der Postreform I korrigiert. Ich hielt die Abtrennung der Postbank für eine Fehlentscheidung, die zu Recht rückgängig gemacht wurde. Es war vernünftig, die Postbank wieder mit der Deutschen Post AG zusammenzuführen.

Auf den eben angesprochenen drei Leistungsbereichen beruht also die angesprochene Markenarchitektur der Jetztzeit. Ebenso ist das ehrgeizige unternehmerische Ziel von Deutsche Post World Net für mich ganz klar zu erkennen. Sie will im zusammenwachsenden Europa und darüber hinaus weltweit das führende Unternehmen in den Märkten für Briefkommunikation, Paket und Expreß, Logistik und Finanzen werden. Dies wird auch gelingen, denn ich sehe die Post heute in guten Händen.

Die Ausrichtung der Deutschen Post World Net bei der strategischen Weiterentwicklung ist ebenso klar zu sehen:
Die Internationalisierung soll intensiv aufgebaut werden, Synergien konsequent gefördert und genutzt werden. Die Post muß daher künftig Ansprechpartner für jede Versandaufgabe sein, über alle Gewichtsstufen hinweg, für alle Laufzeiten und das praktisch in jedem Land der Erde.

Im Internet kann man in Windeseile rund um die Welt bestellen, aber es muß einen Dienstleister geben, der die Waren auch zustellen kann.

Mit allen diesen vorausschauenden unternehmerischen Entscheidungen haben der heutige Vorstandsvorsitzende von Deutsche Post World Net, Klaus Zumwinkel, der gesamte Vorstand, besonders aber alle Mitarbeiterinnen und Mitarbeiter die besten Voraussetzungen für eine erfolgreiche Entwicklung geschaffen.

Die tatkräftige und zielorientierte Unterstützung der Deutschen Postgewerkschaft und ihres Vorsitzenden Kurt van Haaren und der bei der Post angesiedelten Personalvertretungen bei der Umsetzung der Postreform und den unternehmerischen Entscheidungen der Unternehmensführung haben auch zum Erfolg beigetragen.

Daher wünsche ich allen Postlerinnen und Postlern viel Freude bei der faszinierenden Aufgabe der „Deutsche Post World Net“ und viel Erfolg für ihr Unternehmen.

Fernmeldebetrieb

Während meines Ingenieurstudiums habe ich auch im Fach „Nachrichtentechnik“ meinen Abschluß gemacht und mit „Gut“ bestanden.

Der Themenbereich, wie im Lehrplan vorgesehen, begann mit der Grundlagenforschung bis zum Hebdrehwähler, dann war Schluß. Für diese Technik hatte ich eine gediegene Ausbildung. Mit diesem Wissensstand habe ich 1957 den Fernmeldedienst als Minister übernommen.

In diesem Bereich hat in aller Welt eine sehr intensive Weiterentwicklung eingesetzt. Neben den alten Heb-Dreh-Wählern sind neue Wählvermittlungen entwickelt worden, die schneller, zuverlässiger und weniger störanfällig sind. Nachdem die technischen Voraussetzungen soweit fortgeschritten waren, konnte auch die Vollautomatisierung des Fernsprechverkehrs in der Bundesrepublik mit der vorhandenen Technik nach und nach abgeschlossen werden. Bei meinem Ausscheiden aus dem Postministerium konnte ich feststellen, alle Telefonanschlüsse und alle Vermittlungsstellen sind in der Bundesrepublik auf automatische Durchwahl umgerüstet. Dazu kam dann noch die Auslandsfernwahl, die vorübergehend über die Kopfämter des Fernmeldebetriebes abgewickelt wurden. Der Fernsprechverkehr hatte in einem Maße zugenommen, daß er mit der bisherigen Technik nicht mehr zufriedenstellend gewährleistet werden konnte.

Es zeichnete sich eine zusätzliche Verbindungsmöglichkeit ab, als es gelang, über Satelliten den Fernsprechverkehr in alle Welt zu übertragen. Zu diesem Zweck habe ich bereits 1960 begonnen, europaweit die erste Satelliten-Parabolantennen-Anlage in Raisting bei Rosenheim aufzubauen. Mit dieser Anlage wurden die Olympischen Spiele 1972 einwandfrei in alle Welt übertragen. Gleichzeitig wurden auch neue Verfahren auf dem Gebiet der Nachrichtenübermittlung vorbereitet und entwickelt. Der alte zuverlässige Fernschreiber wurde von den Faxgeräten abgelöst. Und die Faxgeräte haben in dem Bereich der elektronischen Nachrichten- und Bildübermittlung noch eine ganze Reihe von Möglichkeiten aufgezeigt, die sich inzwischen zu einer geradezu „undurchsichtigen“ Vielfalt entwickelten. Was wir heute auf dem Gebiet der Informationstechnik erleben, hält kaum noch die Erinnerung wach, wie der erste Fernsprecher in Berlin von Heinrich von Stephan 1877 eingeführt wurde und sich in den folgenden Jahren entwickelt hat.

Wie so oft habe ich wieder einmal eine Inspektion der beiden Zentralämter in Darmstadt durchgeführt. Ich hatte ein längeres Gespräch mit dem kurz zuvor aus den USA zurückgekehrten Prof. Karl Herz, dem Leiter des Fernmeldetechnischen Zentralamtes. Er informierte mich über die Entwicklung der Fernmeldetechnik in den Staaten. Seine Erkenntnisse waren für mich faszinierend.

Die Halbleitertechnik und der Chip sind dabei, eine auch heute noch nicht überschaubare Entwicklung in der Informationstechnik einzuleiten.

Wir erleben die Anfänge. Unsere Phantasie reicht nicht aus, um einzuschätzen, welche Möglichkeiten sich in der praktischen Anwendung noch ergeben werden.

Aufgrund dieser Informationen habe ich Prof. Herz, mit Zustimmung des Bundeskanzlers Adenauer, zum Staatssekretär in das Bundesministerium für das Post- und Fernmeldewesen berufen. Nun arbeiteten wir Tür an Tür. Die Zusammenarbeit konnte nicht besser sein.

Der Fernmeldedienst wurde zügig ausgebaut, die handvermittelten Ämter auf Selbstwähldienst umgestellt, die Vollkupfer-Kabelleitungen entweder ersetzt bzw. durch Kupferhohlleiter ergänzt. Die Freileitungen auf den Holzmasten wurden gänzlich abgebaut, der Richtfunk wesentlich erweitert. Die Nachfrage stieg, die Investitionen gingen in

Milliardenhöhe. Trotzdem hatten wir Anträge für einen Telefonanschluß mit Wartezeiten von mehreren Wochen. Ein unmöglicher Zustand in einem modernen Industriestaat. Die Glasfasertechnik brachte eine ganz entscheidende Erhöhung der Sprechkreise. Das Telefonieren machte wieder mehr Spaß.

Ungefähr um die gleiche Zeit begann auch die Satellitentechnik mit neuen Weitverbindungen, und dieses weltweit. Erforderlich war eine leistungsfähige Satellitenstation, die nach „Niederringung" der Widerstände in Raisting bei Rosenheim errichtet wurde. Von der Autobahn aus sieht man den großen Parabolspiegel, teils offen, teils unter einem kugelartigen Schutzdach, dem Dom. Diese Anlage war die erste komplette Satellitenstation in Europa.

Die Entwicklung der Kommunikationseinrichtungen wurde weiterentwickelt und gleichzeitig die Vorbereitungen eingeleitet, um unser Fernmeldepersonal für die unaufhaltsam kommende Technik auszubilden.

Ich war der Meinung, für diese Entwicklung müssten die Mitarbeiter auch rechtzeitig herangebildet werden. Nach dem Studium der einzelnen Lehrpläne der Fachhochschulen und vergleichbaren Ausbildungseinrichtungen kamen Prof. Herz und ich zu der Überzeugung, daß diese unzulänglich waren. Sie waren noch der Vergangenheit verhaftet und für die Zukunft völlig unzureichend. Es war unsere Überzeugung, bis eine Anpassung an die moderne Elektronik in den staatlichen Bildungsstätten stattfindet, vergehen mindestens zehn Jahre. Daher der Entschluß: Die Post plant die Einrichtung einer eigenen Ingenieurakademie. Die Vorstellung war, daß die Bildungseinrichtung im allgemeinen Lehrplanbereich, entsprechend der grundgesetzlichen Bestimmung dem Bildungsbereich eines Landes, dem Kultusministerium, zugeordnet wird. Den Lehrplan für die Ausbildung im Elektronikbereich sollte das Fernmeldetechnische Zentralamt (FTZ) erstellen. Die Vorstellungen über den Ablauf waren bereits konkretisiert.

Das prächtige Ellinger Tor im Original und als Briefmarke.

Übergabe der Wohlfahrtsbriefmarken an Bundespräsident Professor Theodor Heuss. Die gute Sache verlangt einen würdigen Rahmen.

endige Politik mit Dr. Rainer Barzel und ll Rasner in der CDU/CSU- Fraktion.

Der bayerische Löwe im Palais Schaumburg als Geschenk der CSU zu Adenauers 80. Geburtstag.

Mit Helmut Kohl und Franz Josef Strauß: Männerfreundschaft.

Als Bundestagspräsident empfange ich hier die vier Generalsekretäre Heiner Geissler, Edmund Stoiber, Günther Verheugen und Egon Bahr (von links nach rechts).

Mit Bundespräsident Walter Scheel und mit einem meiner Vorgänger Dr. Eugen Gerstenmaier.

Mit Curd Jürgens in meinem Bonner Büro.

1. Die naturwissenschaftlichen Fächer sollten personell und inhaltlich der Zuständigkeit des FTZ zugeordnet werden. Die Kosten dafür übernimmt das FTZ. Englisch muß Pflichtfach sein. Ab dem vierten Semester finden die Vorlesungen nur noch in Englisch statt.

2. Für die Gastprofessoren soll ein breiter Raum geschaffen werden. Prof. Herz und mir schwebte vor, die geeignetsten, modernen Professoren aus dem europäischen Raum und den USA sollten als Gastprofessoren gewonnen werden. Ich hatte bereits mit meinem ehemaligen Studienfreund Karl Roskamp, der in Detroit als Professor lehrte, Verbindung aufgenommen. Von dort wurde mir volle Unterstützung zugesagt. Auch Prof. Herz hatte gute Verbindungen zu den einschlägigen Institutionen in den Staaten.

Wir, ich nehme Prof. Herz immer dazu, denn ohne ihn hätte ich diese mutige Konzeption nicht planen können, waren ein eingeschworenes Team. Als wir soweit mit unseren Plänen im klaren waren, sagte Prof. Herz ganz einfach und ohne Pathos:
„Herr Minister, jetzt müssen Sie mir nur die Millionen zum Bau einer auf die Zukunft ausgerichteten Ingenieur-Akademie besorgen!"

Daraufhin befaßte ich den Postverwaltungsrat mit diesem Konzept, obwohl die Bildungseinrichtungen in die Zuständigkeit der Länder fallen. Es ging immerhin um ein Projekt von 100 Millionen DM und sollte die erste Technische Bildungseinrichtung werden, die im entscheidenden Teile ausschließlich der Computertechnik vorbehalten sein sollte.

Als Dank für die Zustimmung des Postverwaltungsrates will ich einige Mitglieder nennen:
August Neuburger, Heinrich Windelen, Dr. Anton Besold, Helmut Schmidt, sowie den Vorsitzenden der Deutschen Postgewerkschaft, Karl Stenger, den beiden Vorsitzenden des Deutschen Postverbandes, Hugo Alletter und Johannes Minde sowie den Vorsitzenden der Christlichen Gewerkschaft Post, Siegfried Rahammer.

Ab 1963 standen die Mittel für den Bau einer Ingenieurakademie zur Verfügung.

Die Anordnung und Ausstattung des Komplexes sollte ähnlich sein wie der Campus in den Hochschulen der USA. Die Planung oblag der Hochbauabteilung des Ministeriums und dem Fernmeldetechnischen Zentralamt, sowie einschlägig versierten Architekten.

1964 habe ich den Grundstein gelegt, und 1967 wurde der Lehrbetrieb aufgenommen. Seit Bestehen der Akademie haben 6.000 Ingenieure mit Erfolg ihre Diplomprüfung bestanden und erfüllen, wenn auch nur zum geringen Teil, die Nachfrage nach Computer-Ingenieuren. Heute müssen die Fachkräfte der Informationstechnik aus aller Welt angeworben werden. Ohne Zweifel ist die Ausbildung auf dem modernen Gebiet der Elektronik auf breiter Basis versäumt worden.

Inzwischen ist die Dieburger Akademie an die Staatliche Fachhochschule Darmstadt angeschlossen worden.

Es ist nur zu hoffen, daß der naturwissenschaftliche Bereich, und hier im besonderen die Informatik, Fächer im Sinne der Gründer dieser Akademie, fortgeführt werden. Dies lege ich besonders den neuen Verantwortlichen ans Herz: Wer es versäumt, für hochspezialisierten Nachwuchs zu sorgen, der bleibt im weltweiten Wettstreit zweiter Sieger. Es kann auch anders ausgedrückt werden: er wird Verlierer sein.

Dies können wir uns schon in Verantwortung für unsere nachfolgende Generation nicht leisten. Europa wird sich in der Modernität auf allen Gebieten nur dann behaupten, wenn es besser als andere oder zumindest gleich ist.

Ich erlaube mir, auf den folgenden Seiten einen Blick in die Zukunft der Entwicklung der Telekommunikation zu werfen.

Die Zukunft der Telekommunikation

Das soeben begonnene 21. Jahrhundert wird zu einer Ära der Telekommunikation. Deshalb wird die Informationsgesellschaft, die die Industriegesellschaft klassischer Prägung bereits abzulösen beginnt, vor allem eine Telekommunikations-Gesellschaft sein.

Weltumspannende Netze und immer intelligentere Telekommunikationsdienste ermöglichen den gezielten Zugriff auf Informationen und den breiten Informationsfluß an nahezu jedem Ort auf dem Globus.

Mit dem Internet als zentralem Medium entwickelt sich die Informations- und Kommunikationsindustrie mehr und mehr zum treibenden Motor der volkswirtschaftlichen Entwicklung – und dies mit einer ungeheuren Dynamik. So hat das Radio fast 40 Jahre gebraucht, um 50 Millionen Benutzer zu gewinnen. Beim Fernsehen waren es immerhin noch 13 Jahre. Das Internet benötigte für diese Breite lediglich vier Jahre.

Derzeit wird die globale Online-Gemeinde auf über 300 Millionen Nutzer geschätzt. Auch in Deutschland wächst die Akzeptanz der Neuen Medien allenthalben, wie insbesondere die Zahl der Internet-Nutzer belegt. Lag ihre Zahl 1999 noch bei rund 12 Millionen, wird für 2001 bereits mit mehr als 30 Millionen allein in Deutschland gerechnet. Nie zuvor hat sich ein Wandel mit derartiger Geschwindigkeit und dermaßen nachhaltig vollzogen. Leben, Arbeiten und unternehmerisches Handeln verändern sich von Grund auf. Man muß kein Prophet sein, um vorhersagen zu können, daß wir erst einen Vorgeschmack erhalten haben von dem, was uns bereits in wenigen Jahren in vielen Bereichen erwartet.

Einige Beispiele:
Wichtige Arbeitsformen der Zukunft werden Telekooperation und Telearbeit sein. Die Pendlerströme, in denen sich die Menschen allmorgendlich auf ihrem Weg zu zentralen Arbeitsstätten in den wirtschaftlichen Ballungsgebieten stauen, werden durch die unterschiedlichsten Formen des Teleworking wesentlich entzerrt.

In den kommenden Jahren werden noch mehr Menschen die Telekommunikation nutzen, um zumindest Teile ihrer Arbeit von zu Hause aus oder in Telebüros in der Nähe des Wohnortes zu erledigen.

Der Einsatz der Informations- und Telekommunikationstechnik zur Steuerung der Verkehrflüsse wird dazu beitragen, daß Mobilität, die auch in Zukunft für unsere Gesellschaft von existentieller Bedeutung ist, gewährleistet bleibt. So ist beispielsweise schon jetzt erkennbar, daß die Mobilität in Zukunft nur durch den Einsatz der Informations- und Telekommunikationstechnik zur Steuerung der Verkehrsflüsse zu gewährleisten ist.

Intelligente Gebäudetechnik wird in vielfacher Weise mit moderner Telekommunikation verknüpft sein und neben einem hohen Wohnkomfort auch für den optimalen Einsatz von natürlichen Ressourcen sorgen.

So wie heute im Keller jedes Einfamilienhauses der Sicherungskasten für die Stromversorgung installiert ist, wird in Zukunft eine Art Medien- und Telekommunikations-Server zur Standardausstattung der Haustechnik gehören. Über diesen kleinen Computer werden sämtliche Informations- und Kommunikationsverbindungen des Haushalts gesteuert.

Dies sind nur einige Beispiele möglicher Anwendungsgebiete, die zum Teil auch schon realisiert sind. Denn schon jetzt verfügen die globalen Telekommunikations-Netzwerke und die auf diesen Netzwerken basierenden Telekommunikations-Dienstleistungen über eine enorme Leistungsstärke. Das Internet, weltweit verfügbare Mobilfunkverbindungen, Satellitenkommunikation, Glasfasernetze, multimediale Online-Dienste, Videokonferenzen über Kontinente hinweg - dies sind nur einige wenige Aspekte, die die heutigen Möglichkeiten der Telekommunikation beschreiben.

Trotz des erreichten Leistungsstatus gilt:
Wir stehen in der Entwicklung der Kommunikation zu einem entscheidenden Instrument zur Verbesserung gesellschaftlicher und ökonomischer Prozesse erst am Beginn. In den kommenden Jahren und Jahrzehnten wird die Telekommunikation – vorangetrieben durch eine enorme Innovationskraft der Unternehmen – in dieser weltweiten Schlüsselbranche neue Nutzungsmöglichkeiten eröffnen, die uns heute noch wie die Beschreibung aus einem Science-Fiction-Roman erscheinen. Die Chancen, die sich uns in einer vernetzten Welt eröffnen, sind erst in Ansätzen ausgelotet.

Es liegt auf der Hand, daß auch das Bildungswesen auf den Wandel von der Industrie- zur Informationsgesellschaft reagieren muß. Der Umgang mit der Informations- und Telekommunikationstechnik und die konsequente Nutzung der über die weltweiten Netze verfügbaren Informationen werden zu Schlüsselqualifikationen in der Informationsgesellschaft – und diese Qualifikationen müssen in Schulen, Hochschulen und in der beruflichen Aus- und Weiterbildung vermittelt werden. Mit den Initiativen „Schulen ans Netz“ und „Deutschland geht online“ hat die Deutsche Telekom einen wichtigen Anstoß für den Einsatz von Computer und Telekommunikation in den Schulen gegeben. Diesen Impuls gilt es, in zukunftsgerichtete Konzepte umzusetzen. Dabei sind alle gesellschaftlichen Kräfte gefordert. Bildung ist die Vermittlung von Informationen und die Telekommunikation erschließt immer vielfältigere und attraktivere Informationsquellen, die in den Bildungsbereich integriert werden müssen. Für das lebenslange Lernen im 21. Jahrhundert wird der Informationszugriff, etwa das Internet, so selbstverständlich sein, wie für die heutigen Schülergenerationen der Blick ins Schulbuch.

Denn der Startschuß für die Ära der Telekommunikation ist längst gefallen. Informationen werden zum entscheidenden Rohstoff des 21. Jahrhunderts. Mit modernen Telekommunikationsdiensten erhalten immer mehr Menschen den Zugriff auf diesen Rohstoff der Informationsgesellschaft. Auf der Basis der globalen Telekommunikationsnetze entstehen globale Märkte und Arbeitsformen in den weltweiten Wirtschaftskreisläufen. Für die Organisation des Gemeinwesens erhält die Telekommunikation eine immer größere Bedeutung. Und auch für Lebensqualität jedes einzelnen wird die Telekommunikation zum wichtigen Baustein. Die Telekommunikation wird – daran gibt es keinen Zweifel – die Schlüsseltechnologie des 21. Jahrhunderts sein, die uns vor neue Herausforderungen stellt und die uns neue Chancen eröffnet. Bei dieser insgesamt erfreulichen Entwicklung dürfen wir eine ganz zentrale Aufgabe nicht aus den Augen verlieren:
Nämlich allen Menschen einen gleichberechtigten Zugang zu diesen Technologien zu ermöglichen. Es muß gewährleistet sein, daß keine soziale Kluft entsteht zwischen „Nutzern“ und „Nicht-Nutzern“. Gemeinsam müssen wir sicherstellen, daß das über das Medium Internet verfügbare Wissen auf breitester Basis zugänglich ist. Auf diesem Weg leisten wir zudem einen wichtigen Beitrag für eine funktionsfähige, stabile Demokratie.

Die Kenntnisse aus meinem Ingenieurstudium reichen heute bei weitem nicht mehr, um auch nur annähernd eine fundierte Antwort auf die Entwicklung der Informations- und Kommunikationsdienste zu geben.

Ich habe daher die Möglichkeit wahrgenommen, mit dem Chef der Deutschen Telekom AG, Dr. Ron Sommer, ein Gespräch zu führen.

Es ist bewundernswert, mit welcher Energie die Telekom die Herausforderungen der neuen Technologie angenommen hat und die Weiterentwicklung für alle Menschen vorantreibt. Hierzu kann man ihr nur auf das herzlichste gratulieren.

Abschied von der Post

Zum Abschluß meiner Erinnerung an die Zeit, in der ich Bundesminister für das Post- und Fernmeldewesen gewesen bin, füge ich aber noch hinzu: Es war meine schönste Zeit in der Politik. Es war für mich sehr schmerzlich, daß ich zu einem Zeitpunkt die Post verlassen mußte, als ich große Vorhaben bereits weiterentwickelt und zur Anwendung vorbereitet hatte. Es ist nun mal in der Politik so, die Ämter werden auf Zeit vergeben und sind der täglichen Kündigung unterworfen. Das mag in der allgemeinen Politik durchaus gerechtfertigt sein. Aber ein so großes Unternehmen verträgt nicht so viele Wechsel, wie sie von 1966 bis 1990 geschehen sind. Neun Minister in vierzehn Jahren sind Gift für einen so großen Dienstleistungsbetrieb.

Zum Abschluß dieses Kapitels noch einige Anekdoten zum Schmunzeln oder auch zum ernsthafteren Nachdenken.

„Harun al Richard" der Post

Um den Ablauf in den vielen Dienststellen der Post- und der Fernmeldebetriebe kennenzulernen, habe ich im Laufe meiner Zeit als Postminister von 1957 bis 1966 viele, sehr viele Dienststellen besucht. Ich habe mich nicht aus Langeweile bei den Dienststellen umgesehen, nicht, um heimliche Kontrollen durchzuführen. Nein, der einzige Grund war, ich wollte die Post realistisch erleben und nicht so herausgeputzt, als wenn der Besuch des Ministers angesagt war. Das trug mir die Bezeichnung „Harun al Richard" ein.

Anläßlich eines Erholungsurlaubes in Bad Brückenau habe ich mich in eine längere Schlange von Postkunden eingereiht und dabei bemerkt, wie der Schalterbeamte die Kunden bediente. Ich war sehr zufrieden. Als ich an der Reihe war, sagte der Postler am Schalter: „Und was kann ich für Sie tun, Herr Minister?" Ich war völlig perplex und dachte daran, mich künftig zu verkleiden oder eine Perücke zu tragen.

Im übrigen soll sich bei meinem berühmten Vorgänger, Generalpostmeister Heinrich von Stephan, folgende Geschichte bei seinem Besuch des gleichen Postamtes in Bad Brückenau zugetragen haben. Es wird berichtet: Als Heinrich von Stephan das Postamt besichtigte, lief über den Telegraphen eine Nachricht ein. Da von Stephan des Telegraphierens kundig war, ließ er sich den Morsestreifen geben. Was las er? „Vorsicht, der Generalpostmeister ist in der Gegend unterwegs, steckt Nase in alles hinein!" Stephan morste zurück: „Hab sie schon drin!"

Eine Rede von weißen Seiten – Anekdoten

Mein Persönlicher Referent Emil Mahr machte für die vielen anfallenden Ereignisse Redeentwürfe, von denen ich aber selten Gebrauch gemacht habe.

Eines Tages nahm er sich die Courage und fragte mich, ob ich mit seinen Entwürfen nicht zufrieden sei, weil ich mich oft nicht an sie halten würde. Ich tröstete ihn mit der Bemerkung: „Es liegt mir mehr, frei zu sprechen. Normalerweise genügt es mir, wenn Sie mir nur Stichworte aufzeichnen, vor allem, wer begrüßt werden müßte, zur Rede selbst komme ich dann schon zurecht."

Eines Tages hatte ich die Postschule in Vaihingen bei Stuttgart einzuweihen. Während der Autofahrt dorthin hatte ich soviel Akten bearbeitet und vergaß, die von meinem Persönlichen Referenten ausgearbeitete Rede näher anzusehen. Da ich zu ihm auch über das Dienstliche hinaus ein gutes Verhältnis hatte, dachte ich, heute mache ich ihm eine besondere Freude: Ich halte seine für mich vorbereitete Rede.

Der zuständige Präsident der Oberpostdirektion Stuttgart eröffnete die Veranstaltung und bat mich um die Einweihungsrede.

Ich nahm die vermeintlich vorbereitete Rede mit zum Rednerpult.

Auf der ersten Seite waren sorgfältig und dem Protokoll entsprechend die zu begrüßenden Personen aufgeführt. Nun sollte die eigentliche Rede beginnen. Ich schlug die zweite Seite auf, sie war weiß, dritte Seite: weiß, alle folgenden Seiten waren weiß. Im Zuschauerraum sah ich den inzwischen blaß gewordenen Emil Mahr sitzen.

Trotzdem hielt ich die Einweihungsrede, die einen guten Anklang fand. Der anwesende Regierungspräsident lobte mich ausdrücklich, weil ich nicht die verbauten Kubikmeter und die Baukosten aufgezählt hätte, wie es sonst üblich war.

Schon deshalb war es eine gelungene Einweihungsfeier, weil die guten menschlichen Beziehungen zwischen meinem Persönlichen Referenten und mir nicht gelitten haben, im Gegenteil. Am gleichen Tag, an dem ich die Postschule in Stuttgart-Vaihingen eingeweiht habe, gab ich in Stuttgart eine Pressekonferenz. Dabei habe ich das „Malheur" des Vormittags preisgegeben.

So kam dieser Vorfall in die Öffentlichkeit und erreichte das Festkomitee des Aachener Karneval-Vereins, das mich wegen des großzügigen Verhaltens gegenüber meinem Persönlichen Referenten postwendend zum „Ritter wider den tierischen Ernst" vorgeschlagen und mit Zustimmung des Ritter-Konvents auch ernannt hat.

Das Fünferle

1961 war es, nach mehr als 15 Jahren Preisstabilität, soweit, daß die Postgebühren erhöht werden mußten.

Auch die Gebühr für die Postkarte wurde nach der innerbetrieblichen Kostenrechnung um 5 Pfennige erhöht.

Dabei ereignete sich bei einer öffentlichen Versammlung, die ich in Dürrwangen in meinem Wahlkreis abhielt, folgendes:
Ich sprach über die aktuelle Politik, es war die Zeit nach dem Mauerbau an der Grenze zur DDR, es ging also um ein ernstes Problem. Ich war ganz schön in Fahrt, da hörte ich, wie einer aus dem Zuhörerkreis immer wieder „Fünferle" ruft. Als Politiker mit vielen Jahren Erfahrung überhört man solche kleinen Störungen. Als aber der Zwischenrufer sich nicht beruhigte und immer wieder und mit steigender Lautstärke seinen „Fünferle" -Zwischenruf wiederholte, habe ich in meiner Rede eingehalten und ihn gefragt, was das mit dem „Fünferle" bedeu-

ten soll. Da sagte er: „Die Postkarte ist um 5 Pfennige teurer geworden." Ich stellte ihm die Frage: Wieviel Postkarten er im Jahr schreibe? Die Antwort: „Mindestens 5 Stück." Ich zückte meine Geldbörse und legte 25 Pfennige auf den Tisch mit der Bemerkung: Nun hätte er ja für das nächste Jahr den Ausgleich. Da kam ein lauter Zwischenruf: „Der kann doch gar nicht schreiben."

Damit war der Zwischenfall unter schallendem Gelächter beendet.

Fußball „rettet" den Amtsvorsteher

1958, in den Tagen der Fußball-Weltmeisterschaft, wollten wir mit dem Auto von Stade kommend, in Blumenthal mit der Fähre übersetzen. Sie fuhr uns vor der Nase weg und wir mußten auf die nächste warten. Dadurch hatte ich Zeit, dem Postamt Schwanewerde einen Besuch abzustatten.

Im Inneren des Postamtes befanden sich rechts die Postschalter und links die Paketannahme. Ich fragte: „Wo kann ich den Amtsvorsteher erreichen?" Ein Postler an der Paketannahme war der Meinung, er müsse wohl in seinem Büro im ersten Stock sein. Zu mir bemerkte er, ich könne über die Paketannahme steigen und dann hinten rechts die Treppe hochgehen. Das Amtsbüro sei ausgeschildert.

Ich bedankte mich für diesen Hinweis. Es war sinnvoll, ihn auch zu befolgen. Nach meinem Anklopfen hörte ich ein kräftiges „Herein". Der Amtsvorsteher las die Zeitung und nahm von mir weiter keine Notiz. Nach einiger Zeit fragte er, ohne das Lesen einzustellen: „Was wollen Sie?" Darauf ich: „Ich würde mich gern mit Ihnen unterhalten." Antwort: „Ich bin gleich mit dem Bericht fertig." Nun schritt ich zur Tat, drückte die Zeitung nach unten, so daß er mich sehen konnte. Und siehe da, er erkannte mich sofort. Er wurde blaß und stammelte eine Entschuldigung, indem er bemerkte, er sei durch den Zeitungsartikel

so gefesselt gewesen. Auf meine Frage, was er denn gelesen habe, sagte er ganz offen:
„Den Artikel über die Fußballweltmeisterschaft in Schweden.“

Meine Bemerkung: „Sie haben Glück gehabt, daß ich auch ein Fußballfan bin“. Damit war die Angelegenheit erledigt.

Er führte mich durch die Räume des Amtes und war vermutlich froh, daß ich so wenig Zeit hatte, denn ich wollte ja die nächste Fähre erreichen.

Der „Weser-Kurier“ hat von dem Ministerbesuch erfahren und machte daraus einen Aufmacher: „Die Fußballweltmeisterschaft rettet den Postamtsvorsteher.“

Vorbereitung zur Olympiade

Der deutsche Skiverband beantragte zur Vorbereitung auf die Winter-Olympiade 1960 für den Briefträger Georg Thoma aus Hinterzarten einen 6-wöchigen Sonderurlaub.

Ich habe den Antrag zur Stellungnahme der Personalabteilung zugeleitet und mit einem grünen Kreuz versehen, was bedeutet: das ist Chefsache. Das Schreiben kam mit der Empfehlung zurück: ablehnen. Die Begründung: „Die Genehmigung wäre ein Präzedenzfall. Es könnten sich künftig Hunderte auf diese Entscheidung berufen.“ Ich war zwar von Anfang an entschlossen, den Antrag des Skiverbandes zu genehmigen, wollte aber den zuständigen Beamten nicht umgehen, denn Dr. Jäkel war ein ausgezeichneter Personalchef.

Den ablehnenden Bescheid habe ich zurückgegeben mit dem Auftrag, festzustellen, wieviel Anträge dieser Art bei den Oberpostdirektionen vorliegen. Das Ergebnis war:

„Außer für den Geher Kannengießer liegen keine weiteren Anträge auf Sonderurlaub zur Olympia-Vorbereitung vor." Ich habe dann Dr. Jäkel angerufen und zu einem kurzen Gespräch zu mir gebeten. Dabei habe ich ihm erklärt, daß wir die Sonderurlaube für Georg Thoma und dem Geher Kannengießer für diese Zeit genehmigen, unter der Voraussetzung, daß sichergestellt ist, „daß die Post auch weiterhin funktioniert und nicht zusammenbricht." Meine Ironie hat er schon verstanden. Hocherfreut konnte ich Georg Thoma zur olympischen Goldmedaille gratulieren.

Experiment Sanduhr

Eine Dame aus Bad Godesberg hat sich bei mir, dem zuständigen Minister für den Fernmeldebereich, darüber bitter beschwert, daß der Gebührenzähler falsch anzeige. Sie müsse das Mehrfache von dem bezahlen, was sie eigentlich zu bezahlen hätte, wenn der Gebührenzähler korrekt aufzeigen würde. Auf ihre schriftlichen Beschwerden käme stets der Bescheid, es sei alles überprüft und die Gebührenzähler seinen in Ordnung.

Ihr Brief an mich schloß mit Satz: Sie sind meine letzte Hoffnung, bitte enttäuschen Sie mich nicht.

Der Brief war sehr gewählt geschrieben, nicht so aggressiv wie viele andere. Deshalb beauftragte ich mein Büro, mit dieser Dame aus Bad Godesberg einen Termin zu vereinbaren.

Ich hatte mir etwas besonderes ausgedacht Das wollte ich ausprobieren. Die Lehrlingsabteilung des Posttechnischen Zentralamtes in Darmstadt hatte mir eine vierfache Sanduhr geschenkt. Der erste Teil lief eine Minute, der zweite fünf Minuten und der dritte zehn Minuten. Die drei Zeitmesser hatten auch noch eine sinnvolle Bezeichnung.

Bei der Eins stand: Einleitung,

bei der Zwei: Zur Sache,

bei der Drei: Bitte beeilen,

bei der Vier: Schluss!

Die Dame kam. Sie war sehr unterhaltsam. Nun begann mein Experiment. Ich bat sie, sie möchte mir aus ihrem Alltag erzählen. Bei Beginn ihrer Erzählung habe ich die für sie nicht sichtbare Sanduhr gekippt. Sie begann also zu laufen. Ich konnte mit meinem linken Auge sehen, wann die 10 Minuten abgelaufen waren, und bat sie, ihre Erzählung zu beenden.

Nun kam von mir die Frage: „Wie lange, glauben Sie, haben Sie jetzt gesprochen?“ Die Antwort war: „höchstens 2 oder 3 Minuten.“ Daraufhin habe ich ihr mein Experiment erläutert und ihr gesagt, daß sie über 10 Minuten gesprochen habe.

Sie glaubte mir, auch wenn sie es nicht für möglich gehalten hätte. Sie bedankte sich herzlich dafür, daß der Minister sie empfangen und sich soviel Mühe gegeben habe. Die Moral von der Geschichte: Die Gebührenzähler sind sicherer und präziser als eine Schätzung über die Länge des Telefongespräches. Besonders beim weiblichen Geschlecht soll es so sein. Daher waren Frauen meine besten Kunden.

Der Postminister auf den Bahngleisen

Eines Tages eröffnete Verkehrsminister Seebohm den Mitgliedern der Bundesregierung, daß sie von einem Angebot der Bundesbahn in Ausnahmefällen Gebrauch machen könnten. Das Angebot bestand aus folgender Regelung: „Die Bundesbahn ist bereit, einen technischen Halt einzurichten, damit Bundesminister, die mit dem Schnellzug fahren und an einer Station, an der normalerweise keine Haltestelle für Schnellzüge vorgesehen ist, aussteigen können. Wer von dieser Möglichkeit Gebrauch machen möchte, soll es mich rechtzeitig unter Angaben von Zugstrecke, Zeit und Station wissen lassen." Der tiefere Sinn einer solchen Regelung war richtig. Die Bundesminister sollten von der Straße auf die Schiene gebracht werden.

Eines Tages hatte ich einen Abendtermin in Treuchtlingen angenommen, den ich zeitgünstig wahrnehmen wollte und deshalb von der Möglichkeit des technischen Halts Gebrauch machte.

Ich gab dem Büro Seebohm die erforderlichen Daten durch, und bat darum, den D-Zug, welcher über Würzburg, Nürnberg an Treuchtlingen vorbei nach München fährt, in Treuchtlingen mit einen technischen Halt einzuplanen.

Nach Nürnberg, ungefähr auf der Höhe der Bahnstation Roth, kam ein Schaffner, der über den technischen Halt informiert war, zu mir, nahm mein Köfferchen, begleitete mich zur Tür und machte mich darauf aufmerksam, daß ich rasch aussteigen solle, denn der Zug würde nur kurz halten. Ich bedankte mich für die gute Betreuung und der Schaffner ging in sein Abteil zurück. Einige Minuten später hielt der Zug. Als ich die Tür öffnete, merkte ich beim Aussteigen an der Tiefe, daß der Zug ungünstig zum Bahnsteig gehalten hatte. Ich stand gerade auf dem Boden, da schlug die Tür schon zu und der Zug fuhr weiter.

Nun stand ich auf dem Gleiskörper. In der Ferne grüßten die roten Schlußlichter des D-Zuges. Es regnete leicht, neblig wars und kühl dazu, ein typisches Herbstwetter. Mir blieb aber gar nichts anderes übrig, als auf den Bahngleisen in Richtung Treuchtlingen zu gehen, in der Hoffnung, bald eine Bahnstation zu erreichen. Ein gut gekleideter Herr auf den Eisenbahnschienen war ich schon: Dunkler Anzug, dunkler Mantel und ein Homburger krönte das Haupt. Nur die Schuhe waren für den Marsch auf den Bahnschwellen nicht geeignet.

Nach gut einer halben Stunde sehe ich einen Mann mit einer Art Grubenlampe auf mich zukommen. Der schreit mich an: „Das Laufen auf dem Bahnkörper ist verboten! Wer sind Sie?“ Ich rufe ihm zu: „Ich bin der Postminister!“ Da schreit er zurück: „Der Postminister läuft nicht auf den Bahngleisen, kommen Sie sofort runter!“ Nichts lieber als das. Ich kam in den Bahnhof Ellingen und wurde auch sofort erkannt. Es war ein Schulkamerad, Hans Hermann, der gerade dabei war, das Basa-Netz der Bundesbahn zu reparieren. Er rief: „Richard, wo kommst du denn her?“ Der Grund war schnell erzählt. Der Zug, der in Treuchtlingen halten sollte, hatte tatsächlich einen betriebsbedingten, technischen Halt. Als der Zug in Treuchtlingen ankam, hielt er wie vereinbart. Nun stieg aber der erwartete Minister nicht aus. Es herrschte eine riesige Aufregung. Alle Waggons, einschließlich der Toiletten, wurden durchsucht. Kein Minister. „Da liegt ein Verbrechen vor“, mutmaßte man.

Die Erleichterung war groß, als ich mich per Telefon in Treuchtlingen meldete.

Dieser Vorfall hatte ein weltweites Echo gefunden und natürlich zum Schmunzeln gereizt. Hunderte von Zeitungsausschnitten sind Beleg dafür. Man hat sich darüber amüsiert und vielleicht auch gedacht: „Minister sind eben auch nur Menschen, denen so etwas passieren kann. Recht geschieht es dem Großkopferten!“ Mir und meinem Ansehen hat es nicht geschadet. Diese Ereignisse entstehen durch höhere Gewalt. Aber einen solchen technischen Halt habe ich nie mehr beim Verkehrsminister beantragt.

Für mich war es jedenfalls ein feucht-neblig-kaltes Erlebnis, mit dem ich trotzdem gut leben kann.

Meine Audienz bei Papst Johannes XXIII

1959 wurde ich vom italienischen Postminister Carlo Russo zu einem Besuch nach Italien eingeladen. Bei diesem Besuch fragte die deutsche Botschaft beim Vatikan, ob ich den Wunsch zu einer Privataudienz beim Papst hätte. Ich stimmte sehr erfreut zu.

Zuständig für den Besuch beim Heiligen Vater war der Botschaftsrat Hermes, ein Sohn des ehemaligen Reichsministers Andreas Hermes. Er kam zu mir ins Hotel und wir besprachen die Einzelheiten für den Empfang beim Papst.

Er fragte mich, ob ich einen Frack dabei hätte. Ich bestätigte das, weil bei meiner bevorstehenden Ordensverleihung, die die italienische Regierung vorgesehen hatte, auch ein Frack gewünscht wurde. Die Kleiderfrage war deshalb schnell zufriedenstellend gelöst, denn ich wurde mit einer schwarzen Weste, die der Botschaftsrat in der Botschaft bereitgehalten hatte, ausgestattet. Sonst trug ich zum Frack eine weiße Weste.

Nun wollte ich wissen, wie sich der Empfang im einzelnen gestalten würde. Botschaftsrat Hermes fragte, ob ich katholisch sei, wenn ja, dann wäre der Ablauf folgendermaßen:
„Sie werden beim Eingang zum Vatikan vom Prälaten Wüstenberger, der übrigens ein bayerischer Landsmann von Ihnen ist, empfangen. Er wird Sie dann in die Audienz-Etage bringen. Anschließend wird Sie Prälat Wüstenberger zur Schweizer Garde begleiten und der General der Schweizer Garde begleitet Sie zur Kurie. Ein Kurienprälat meldet Sie anschließend dem Heiligen Vater, und die Privataudienz kann beginnen. Wenn Sie den Audienzsaal betreten, wird der Heilige Vater entweder auf dem Thron sitzen oder vor dem Thron stehen. Dann machen Sie eine Kniebeuge in Richtung Heiliger Vater, in der Mitte des Rau-

mes noch einmal und unmittelbar vor dem Thron die dritte. Daraufhin wird Ihnen der Heilige Vater den Petrusring zum Kuß reichen."

Worauf ich ihm erklärte: „Herr Hermes, nehmen Sie bitte zur Kenntnis, das sprungweise Vorarbeiten mache ich nicht mit!" Doch er meinte dazu: „Vor einigen Wochen war der Bundesminister für Arbeit, Theo Blank, da und hat diese Regularien ohne Zögern mitgemacht." Ich sagte daraufhin zu ihm: „Das mag schon sein, aber ich nicht!" Botschaftsrat Hermes erwiderte: „Ich kann Sie nicht zwingen, ich habe Ihnen nur den Vorschlag gemacht, wie das allgemeine Ritual abläuft, wenn ein katholischer Minister zur Audienz kommt." Ich antwortete ihm: „Ich kann mir nicht vorstellen, daß Papst Johannes XXIII, ein sehr volkstümlicher und sehr beliebter Papst, darauf bestehen wird!"

Nun bat ich Herrn Hermes, er möge mir doch einmal berichten, wie das Gespräch ablaufen würde, gibt es dabei eine gewisse Routine? Er sagte: „Ja, da gibt es einige Fragen des Papstes, die sich bei jeder Audienz wiederholen.

Der Heilige Vater wird Ihnen den Stuhl rechts von sich anbieten und ich werde dann links sitzen." Herr Hermes war überzeugt, daß der Heilige Vater damit beginnen würde: Er freue sich, einen Bundesminister aus der Bundesrepublik Deutschland begrüßen zu können, denn er habe große Sympathie und Bewunderung für das deutsche Volk, das nach den schweren Verlusten, die es im Krieg an Menschen und Material erleiden mußte, so fleißig den Wiederaufbau begonnen und große Fortschritte gemacht habe. Dann würde er wahrscheinlich persönlich werden und fragen: „Sind Sie verheiratet?" Sie werden Ja sagen und „Wie viele Kinder haben Sie?" – „Zwei." „Au weh, dann werden Sie nicht lange bei dieser Audienz verbleiben. Ihr Audienz-Vorgänger, Minister Theo Blank, hat auf die Frage: ‚Wie viele Kinder'?, stolz gesagt: ‚Einen Sohn.' Worauf die Audienz nach vier Minuten beendet wurde.

Nach diesen persönlichen Fragen wird er noch ein paar nette Bemerkungen machen und noch mal sagen, wie sehr er sich freue, daß Sie ihn besuchten. Dann wird es wahrscheinlich so sein, er schenkt Ihnen eine Medaille oder einen geweihten Rosenkranz für ihre Kinder."

Es hat mich gestört, daß die Dauer der Audienz davon abhängt, wieviel Kinder man habe. Aber erklärlich war es schon, denn der Papst war das 13. Kind einer Mailänder Bauernfamilie und war der Meinung, daß in meiner Familie, wenn das gesundheitlich möglich wäre, auch mehr Kinder dasein sollten.

In der Nacht vor der Audienz habe ich nachgedacht, ob ich da nicht eine Antwort finden könnte, die den Heiligen Vater in dieser Frage versöhnlich stimmen würde. Und ich habe eine gefunden.

Als mich Herr Hermes zur Audienz abholte, sagte ich ihm: „Herr Botschaftsrat, wenn der Papst die Frage mit den Kindern stellt, dann werde ich antworten. Aber bitte übersetzen Sie diesen Teil präzise!"

Nun gut, wir kamen beim Prälaten Wüstenberger an. Es lief genau so ab, wie es Botschaftsrat Hermes voraus gesagt hatte. Wir gingen mit der Schweizer Garde zur Kurie, der Kurienprälat führte uns zum Audienzsaal und sagte: „Der Heilige Vater lassen bitten!"

Es war klar, daß ich die kniebeugenden Fortbewegungen nicht machen würde. Ich ging also rein, und siehe da, wer stand an der Tür? Papst Johannes XXIII. Er streckte mir die Hand entgegen und begleitete mich zu einem Podest. In der Mitte stand ein Sessel. Rechts vom Papst aus gesehen stand ein Stuhl für mich und links für den Botschaftsrat.

Nun fing das Gespräch genau so an, wie es mir Herr Hermes geschildert hatte. Der Papst sagte sehr freundlich und betont, daß er sich sehr freue. Dann kam die persönliche Frage: „Sind Sie verheiratet?"

„Ja, Heiliger Vater." Dann: „Haben Sie auch Kinder?" „Ja." „Wie viele Kinder haben Sie denn?" Darauf sagte ich: „Vorläufig zwei, Heiliger Vater." Und diese Übersetzung hat Wunder gewirkt, denn der Heilige Vater wurde aufgeschlossener und sagte: „Haben Sie keine Angst vor Kindern, Christus segnet die kinderreichen Familien zuerst, und es wird kein Topf auf dem Tisch leer stehen." Der Heilige Vater segnete mich und sagte: „Ich bin das 13. Kind einer Mailänder Bauernfamilie gewesen, alle Kinder sind satt geworden und wir waren glücklich in dieser Familie. Ich wünsche Ihnen, daß Sie auch glücklich sind."

Und dann kam das Gespräch auf die Post. Er fragte mich: „Als Postminister haben Sie doch eine Vielzahl von Mitarbeitern. Wieviel haben Sie?" Ich sagte ihm, daß es an die 450.000 Beschäftigte seien, Beamte, Angestellte, Arbeiter, Männer und Frauen. Für die Angehörigen hätten wir auch ein eigenes Sozialwerk. Außerdem sorgten wir über die normalen Pensionen hinaus für eine Aufbesserung und vor allen Dingen auch für eine soziale Betreuung. Wir hätten eine eigene Krankenkasse, eigene Erholungsheime usw. Selbstverständlich würden in den Erholungsheimen Frauen mit Kindern bevorzugt untergebracht. Dies alles hatte ihn sehr interessiert und er sagte: „Wir haben auch eine eigene Post und wir geben eigene Briefmarken heraus." Ich hatte ein Briefmarkenalbum dabei, ein sehr schönes mit allen Briefmarken, die seit 1949 bis 1958 herausgekommen sind. Er schaute kurz hinein und sagte, er würde veranlassen, daß ich auch ein Briefmarkenalbum von ihm bekäme. Das Gespräch kam im Verlauf auf die deutsche Problematik. Später deutete er auf einen Nebentisch im Audienzraum hin. Da standen Lampen, Grubenlampen und viele andere Geschenke, die er von Besuchern bekommen hatte. Das Gespräch dauerte über 20 Minuten.

Als er mich zum Ausgang begleitete, fragte ich ihn, ob er bereit wäre, dem Vorsitzenden des Postverwaltungsrates, Herrn August Neuburger und meinem Persönlichen Referenten, Herrn Emil Mahr, beides katholische Christen, den päpstlichen Segen zu geben. Er zögerte einen Augenblick und sagte zu dem Prälaten: „Lassen Sie die beiden Herren hereinkommen." Als sie ihn sahen, knieten sie sofort nieder. Herrn Neuburger, er war schon weit über 70 Jahre, hat der Papst erst gar nicht gefragt, ob er Familie und Kinder habe, sondern nur Herrn Mahr, denn er war noch ein junger Mann von 35 Jahren. Dieser antwortete: „Einen Sohn." Ich habe mich gleich eingemischt und gesagt: „Heiliger Vater, Herr Mahr ist erst aus der Kriegsgefangenschaft zurückgekommen und deshalb können es ja nicht mehr Kinder sein." Daraufhin hat der Papst beiden seinen Segen gegeben und gesagt: „Haben Sie Mut zu den Kindern, die Kinder sind das Glück der Eltern und das Glück des Lebens überhaupt." Wir waren hochzufrieden. Nach meiner Meinung war es auch im Sinne des Heiligen Vaters eine gute Audienz, vor allen Dingen durch die Gespräche, die wir miteinander führten.

Diese Audienz werde ich nie vergessen, sie war großartig. Sie war deshalb so großartig, weil sie ohne störende Etikette durchgeführt worden ist. Ich habe den Eindruck gehabt, daß das den Heiligen Vater überhaupt nicht gestört hat. Aber in dem Gespräch, das ich mit ihm führen durfte, das möchte ich noch ausdrücklich hinzufügen, sprach er davon, daß die Christen der beiden großen Konfessionen zusammenfinden müssen. „Denn wir haben einen Gott, einen Christus und eine Verantwortung im Leben und wir haben das Leben nach dem Tode." Dabei merkte ich, daß er den Eindruck hatte, ich sei nicht katholisch. Und tatsächlich sagte er: „Auch wenn Sie von der anderen großen Kirche sind, ich habe sie ebenso herzlich empfangen, als seien Sie ein Mitglied unserer Kirche." Als ich darauf sagte: „Heiliger Vater, ich bin katholisch", ist er aufgeschreckt und sagte, „ja, das ist schön, daß Sie ein Kind unserer Kirche sind, aber das war nicht die Voraussetzung, daß ich Sie empfangen habe." Ich vermute, er hatte das falsche Dossier gehabt, das Dossier meiner Frau, und die ist evangelisch. Das wollte ich nur deshalb einfügen, weil es die sympathische Art und Weise der Unterhaltung wiedergibt.

Diese Audienz hat das Wesen des Papstes Johannes XXIII charakterisiert. Wenn er ein längeres Leben gehabt hätte, dann, so glaube ich, wäre nach dem Konzil, das stattgefunden hat, wahrscheinlich ein Mehr-Aufeinander-Zugehen entwickelt worden als das heute der Fall ist. Ich habe ihn hoch verehrt und verehre ihn heute noch. Sein Portrait, das er mir mit seiner Widmung nach der Audienz schickte, hat einen Ehrenplatz in meinem Haus.

Im Buch über den Vatikan mit dem Titel „Die Macht der Päpste" von Guido Knopp, steht auf Seite 97 folgender Hinweis: „ Ebenso mißfiel (Johannes XXIII), daß seine engsten Mitarbeiter dreimal niederknieten, wenn sie sich ihm näherten. Der Papst sagte: Einmal ist genug. Meinen Sie denn, ich glaube ihnen beim erstenmal nicht?"

Als Sonderbotschafter in Venezuela 1959

Es war in der ersten Kabinettsitzung des Jahres 1959, als Außenminister von Brentano an die Kabinettsrunde die Frage richtete: „Wer von den Ministern ist bereit, zur Amtseinführung des ersten demokratisch gewählten Staatspräsidenten Venezuelas, Dr. Romulo Betancourt, die Bundesrepublik Deutschland zu vertreten", er sei leider verhindert. Es meldete sich keiner. Da sprach von Brentano mich an mit der Bemerkung, „Herr Stücklen, vertreten Sie mich, denn bei dieser Gelegenheit können Sie Ihren Kollegen, den Postminister von Venezuela besuchen."

Von seinem Amt, dem Außenministerium, habe er die Information vom Deutschen Botschafter Dr. Gerhard Weiz erhalten, daß ähnlich große Staaten wie wir mit einem Sonderbotschafter im Ministerrang vertreten sein werden.

Es scheint das Schicksal des Jüngsten im Kabinett zu sein, für eine solche Aufgabe bereitzustehen.

Ich habe mich auch nicht lange bitten lassen und war bereit, diese Aufgabe zu übernehmen. Als Termin war der 11. Februar 1959 festgelegt. Die Vorbereitung für diese Reise begann mit den unvermeidlichen Impfungen. Das Auswärtige Amt bereitete die notwendigen Papiere vor.

Zum Empfang der Ernennungsurkunde zum Botschafter in besonderer Mission wurde ich zum Bundespräsidenten Prof. Dr. Theodor Heuss bestellt, der sie mir aushändigte. Wegen der besonderen Gestaltung dieser handgeschriebenen Urkunde.

Die Mitglieder unserer Delegation waren außer mir Dr. Karl Heinrich Panhorst vom Bundeswirtschaftsministerium, der mich auf der Reise begleitete. Hinzu kamen Botschafter Dr. Weiz und der Vortragende Legationsrat I. Klasse Graf von Baudissin vom Auswärtigen Amt, die bereits in Venezuela waren.

Nun konnte unsere Reise beginnen. Wir flogen vom Frankfurter Flughafen nach Caracas. Dort wurden wir vom Botschafter Weiz am Flughafen abgeholt, der uns in Begleitung der Sicherheitspolizei und von zwei „Weißen Mäusen" ins Hotel Tamanaco brachte.Wir waren für die Dauer unseres Aufenthaltes sehr gut in diesem Hotel untergebracht.

Von meiner Terrasse hatte ich einen herrlichen Blick auf Caracas und auf das gegenüberliegende Humboldt-Hotel, in dem auch einige große Festlichkeiten stattfanden. Mein Appartement hatte nur einen Nachteil. Eine Etage tiefer war ein Nachtlokal, dessen Lärm in Deutschland als Ruhestörung gegolten hätte.

Am nächsten Morgen holte uns Botschafter Weiz vom Hotel mit den gleichen Begleitfahrzeugen wie bei unserer Ankunft auf dem Flughafen ab.

Jetzt folgte die Überreichung des Beglaubigungsschreibens zum Sonderbotschafter. Alles war auf die Minute genau geplant. Als wir vor dem Präsidentenpalast vorfuhren, wurden wir vom Protokollchef in Empfang genommen und in den Festsaal geleitet. Während dieser Zeit spielte eine Militärkapelle die Deutsche Nationalhymne. Der Präsident Romulo Betancourt stand vor einem thronähnlichen Sessel. Ich überreichte mein Beglaubigungsschreiben als Botschafter in besonderer Mission mit einigen netten spanischen Worten, die ich dafür gelernt hatte und stellte meine Begleitung vor. Der Präsident bedankte sich und bat mich, den Bundespräsidenten und das ganze deutsche Volk recht herzlich zu grüßen.

Am gleichen Tag fand um 22 Uhr ein Bankett im Festsaal des Humboldt-Hotels statt. Am nächsten Tag war um 10 Uhr ein offizielles Frühstück in der Residenz, mittags 14 Uhr offizielles Essen im Festsaal des Hotels Tamanaco, 22 Uhr Abendessen. Bei allen diesen Veranstaltungen war eine besondere Kleiderordnung vorgesehen. Bei dem Abendessen saß neben mir der Botschafter von Guatemala. Er eröffnete mir, daß er sich eigentlich mit mir gar nicht unterhalten dürfe, denn Guatemala sei mit Deutschland noch im Kriegszustand. Er meinte, daran brauchten wir uns aber nicht zu halten, denn auf dem „Kleinen Dienstweg" würden bereits Vertreter der Industrie und Handelskammern beider Länder freundschaftliche Gespräche führen.

Unser Gespräch war sehr lebhaft und interessant. Es endete mit der Zusage, ich werde mit Außenminister von Brentano sprechen und ihm mitteilen, daß Guatemala den Wunsch habe, das Kriegsbeil zu begraben. Das überbrachte ich auch von Brentano. Schon nach einigen Monaten wurde der Außenminister von Guatemala eingeladen, um die diplomatischen Beziehungen zwischen den beiden Staaten erneut zu begründen. Zu dem anschließenden „Friedensmahl" auf dem Petersberg hat mich Außenminister von Brentano eingeladen und als „Friedensstifter" hervorgehoben. Für meine Vermittlung der Wiederaufnahme der diplomatischen Beziehungen zwischen beiden Ländern wurde ich mit dem „Großen Humboldt-Verdienstorden mit Stern und Schulterband der Republik Guatemala" ausgezeichnet.

Nun zurück zur Amtseinführung. Die Festlichkeiten aus Anlass der Einführung des Staatspräsidenten Betancourt waren noch nicht zu Ende.

Am nächsten Vormittag wurden die Delegationen auf eine etwa 20 km von Caracas entfernte Hazienda zu einem zwanglosen Treffen mit einem typisch venezuelanischen Buffet eingeladen.

Am vierten Tag meines Aufenthaltes wurden einige Delegationen, darunter die spanische, englische, französische und unsere, zum Frühstück beim Präsidenten Betancourt gebeten.

Die Tage in Venezuela waren anstrengend, aber auch sehr erlebnisreich. Überall wurden wir mit viel Herzlichkeit und Gastfreundschaft empfangen.

Nach Beendigung unserer Mission begleitete uns Botschafter Dr. Weiz wieder mit Begleitschutz zum Flughafen. Wir dankten für die freundschaftliche und vorzügliche Betreuung.

Als Postminister auf Reisen

Wer diese Überschrift liest, der stellt sich vielleicht die Frage: „Muß es denn sein, daß der Postminister so in der Welt herumfährt?“ Und darauf muß der Minister auch eine konkrete Antwort geben können. Die einfachste Antwort ist: „Ich bekomme als Postminister viel Besuch von den Chefs der ausländischen Postverwaltungen. Um nicht unhöflich zu sein, bin ich häufig gezwungen, auch einen Gegenbesuch zu machen.“

Als ich 1962 die Postleitzahlen in Deutschland einführte, war das Ausland außerordentlich daran interessiert. Es gab bis dahin keinen einzigen Staat, keine einzige Postverwaltung, die eine perfekte Numerierung der Postorte vorgenommen hatte. Denn diese Numerierung hat es erst ermöglicht, eine einwandfreie und zuverlässige Postzustellung durchzuführen. Und in der Koppelung mit einem Nachtflugpostnetz war es auch in Deutschland möglich, den Brief, der am Tage vorher aufgegeben wurde, am nächsten Tag zuzustellen. Dieses Leistungsprinzip, das mit E+1 bezeichnet wurde, ist auch heute noch das Gütezeichen der Deutschen Post AG. Nun zurück zu der Frage, ob es sein muß, daß ein Postminister soviel in der Welt herumreist. Ich darf versichern, daß in den allerseltensten Fällen der Postminister von sich aus bei irgendeinem Staat angefragt hat, ob er einen Besuch machen könne. Solche Anfragen sind nicht völlig auszuschließen, denn ich war immer bereit, von modern geführten Postverwaltungen noch zu lernen. Dabei denke ich ganz besonders an die Schweiz. Die Schweizer Post hat nach meinen Vorstellungen und meinen Kenntnissen eine optimale Leistung erbracht, die wir erst erfolgreich nachvollziehen konnten, als wir die Postleitzahlen und das Nachtflugpostnetz aufgebaut hatten.

Bei Auslandsreisen ist es im allgemeinen üblich, daß der jeweilige Botschafter eines Landes anfragt, ob sein Postminister oder Generalpostmeister dem deutschen Postminister einen Besuch abstatten könne. Er habe gehört, daß in der Deutschen Bundespost zur Zeit einige Neuerungen durchgeführt würden und er finde das so interessant, daß er die Überlegung anstelle, diese Maßnahmen auch für seine Postverwaltung anzuwenden.

Dies gilt aber nicht nur für die „Gelbe“ Post, d.h. Brief-, Paket- und Päckchendienst, sondern auch für den Fernmeldedienst. Zugegebenermaßen hatten wir im Fernmeldedienst noch zu viele Einschränkungen, vor allen Dingen zu wenig Kapital. Es ist heute kein Problem, mit der modernsten Nachrichtentechnik alle Wünsche in kürzester Zeit zu erfüllen.

Es war ein Gegenbesuch, denn der brasilianische Postminister hatte zuvor Deutschland besucht. Er war kein ziviler Postminister, auch wenn er in Zivil kam. Er war ein General der brasilianischen Regierung, ein ausgesprochen sympathischer, aufgeschlossener Mensch, der wirklich gut mit uns in Sachfragen diskutieren konnte, wie der Fernmeldeverkehr künftig auch über Satelliten abgewickelt werden kann. Da war ein gegenseitiger Besuch ein Gewinn.

Meine Reisen, wie nach Brasilien, unternahm ich selbstverständlich mit einer ganz normalen Verkehrsmaschine, ohne große Begleitung; außer meinem Persönlichen Referenten und einem Dolmetscher war niemand dabei. Bei so einer weiten Reise wollte ich auch andere Staaten in der Nachbarschaft von Brasilien besuchen, die einen Anspruch darauf hatten, einen Gegenbesuch zu erhalten. Deshalb bin ich nicht nur in Brasilien, sondern auch in Argentinien gewesen.

Als ich am Flughafen in Brasilien ankam, wurde ich, wie das üblich ist, auch vom deutschen Botschafter abgeholt. Ich kannte ihn aus seiner Tätigkeit im Deutschen Bundestag. Es war der ehemalige Abgeordnete der Bayernpartei, Staatsrat Dr. Gebhard Seelos. Er hat sich außerordentlich gefreut, seinen ehemaligen Kollegen aus dem Bundestag begrüßen zu können, denn wir hatten eine ganze Reihe von Jahren nebeneinander im Plenum des Bundestages gesessen.

Von der brasilianischen Regierung war der mir bereits bekannte Postminister da, wiederum in Zivil. Da Botschafter Dr. Seelos bereit war, die Übersetzung aus dem Portugiesischen, der brasilianischen Nationalsprache, ins Deutsche zu übernehmen, brauchte ich meinen Übersetzer nicht. Unsere Fahrt vom Flughafen ging nach Rio de Janeiro, denn die Hauptstadt Brasiliens, Brasilia, war zu diesem Zeitpunkt noch nicht fertiggestellt. Wir haben den Ablauf meines Besuches durchgesprochen, der ja bereits in groben Zügen festgelegt worden war.

Da machte der Minister eine Bemerkung, vom Botschafter Seelos übersetzt, er bringe morgen für mich mit seiner Einladung zum Abendessen ein großes Opfer. Ich fragte: „Wieso ein Opfer?" Der Minister sei ein großer Fußballfanatiker und morgen spiele zur gleichen Zeit wie der vorgesehene Empfang sein Verein FC Sao Paulo gegen AC Mailand um den Weltpokal. Kaum hatte Seelos das übersetzt, machte ich ihm den Vorschlag: „Wir lassen die Einladung ausfallen und gehen zusammen zum Fußballspiel."

Da fiel der Postminister vor Freude über mich her, umarmte mich und drückte mich halb tot: „Amigo, Amigo, Amigo", er war überaus glücklich, daß er einen Besucher zu betreuen hatte, der auch ein verrückter Fußballanhänger war. So gingen wir beide am nächsten Tag abends anstatt zum Bankett zum Fußballspiel in das Riesenstadion Maqua Cabana.

Die Stimmung in diesem Stadion mit 120.000 Zuschauern, eine unvorstellbar große Arena für mich, der die deutschen Stadien von 20.000 bis maximal 50.000 Zuschauerplätzen gewöhnt war, war enorm.

Die Stimmung war auch deshalb so imponierend, weil Hunderte von Fußballbegeisterten auf ihren Trommeln ununterbrochen ihren Samba-Rhythmus trommelten. Als das Spiel begann, es dauerte gar nicht lange, bekam der AC Mailand einen Freistoß. Es war einer jener Kunstfreistöße, die, bevor wir sie in Deutschland teilweise beherrschten, den lateinamerikanischen und italienischen Spielern angeboren waren. Es fiel das erste Tor, wenig später das zweite. Damit lag Santos 2:0 zurück. Das Spiel in Mailand hatten die Brasilianer 2:0 verloren. Das Spiel stand also 0:4 für den AC Mailand. Nachdem die Tore gefallen waren, verstummten zu einem großen Teil die Sambatrommeln, es war nur noch vereinzeltes Trommeln zu hören. Es kam die Halbzeit. Während dieser Pause prasselte ein Regen herunter, als würden alle Schleusen des Himmels geöffnet. Der Rasenplatz stand teilweise zentimeterhoch unter Wasser, man konnte den Eindruck haben, wenn die Spieler jetzt die zweite Halbzeit beginnen würden, brächten sie Schwimmwesten mit. Auf alle Fälle werden sie den Fußball teilweise auf Wasserball umstellen müssen. Das ist zwar etwas übertrieben, aber den Eindruck konnte man haben.

Santos war mit 0:4 im Rückstand. Kein Mensch glaubte noch an eine Wende. Es war mäuschenstill im Stadion. Man sollte es nicht glauben, daß 120.000 Menschen mit einem so südländischen Temperament total still sein können. Aber nach Beginn der Halbzeit rief einer mit einer durchdringenden Stimme über das ganze Stadion: „Petrus schämt sich über die Schande Brasiliens, und deshalb hat er es regnen lassen."

Das Spiel ging flott weiter und nun kam Santos zum Zug. Dabei half der Wasserstand ein bißchen mit, denn der Ball rollte bei der Rückgabe eines Spielers vom AC Mailand nicht so weit und so schnell wie auf einem trockenen Rasen, er bremste plötzlich ab. Da fiel das erste Tor für Santos. Keine 10 Minuten später 2:4 und so ging das tatsächlich weiter. Ein Santos-Spieler setzte nach und so fiel das Anschlußtor, ähnlich wie das zweite.

Bis die 90 Minuten herum waren, hatte der FC Santos ein 4:4 erreicht. Das bedeutete Verlängerung. In der Verlängerung fiel kein Tor, damit mußte das Spiel wiederholt werden. Aber bis zur Wiederholung hatte ich schon meinen Auftrag in Brasilien erledigt und befand mich auf der Weiterreise nach Argentinien.

Die normalen dienstlichen Obliegenheiten liefen meist so ab: Besuch beim Staatspräsidenten, anschließend eine Rede vor der jeweiligen Industrie- und Handelskammer, in diesem Falle vor der argentinisch-deutschen. Außerdem besuchte ich verschiedene Posteinrichtungen. Ich gebe offen zu, um die Posteinrichtungen zu besuchen, hätte es dieser Dienstreise nicht bedurft. Aber die Freundschaft der beiden Postminister von Argentinien und Deutschland zu pflegen, hat schon Wirkung gezeigt. Denn wir brauchten die meisten Postverwaltungen in der Welt, damit sie mit uns einig waren: die Bundesrepublik Deutschland vertrat ganz Deutschland (auch die DDR) im Weltpostverein. Dies ist auch gelungen. Ich habe auf Wunsch meines Gastgebers anschließend das Land außerhalb der Hauptstadt besucht.

Nach der Rückkehr von dieser Halbtagsreise kam über Rundfunk die furchtbare Nachricht, daß John F. Kennedy am 22. 11. 1963 ermordet worden ist. Es war für uns unfaßbar. Das argentinische Fernsehen

Kennedy-Tod

erwartete mich schon am Hotel und hat mich um ein Statement über dieses schreckliche Ereignis gebeten.

Ich habe mich in etwa so geäußert: „Wir sind mit den Vereinigten Staaten von Amerika in Freundschaft verbunden und im besonderen mit ihrem Präsidenten John F. Kennedy. Das Entsetzen über die Ermordung und die Trauer um diesen hervorragenden Staatsmann ist in der Bundesrepublik Deutschland groß. Kennedys Tod ist auch für uns ein schmerzlicher Verlust.“

Affairen, Koalitionen, Ostpolitik

Mein Tagebuch zum 13. und 14. August 1961

Am 13. August 1961 fand ein Deutschlandtreffen der Deutschen Jugendkraft (DJK) im Nürnberger Stadion statt. Ich saß neben Kardinal Döpfner, der mich informierte, daß der Osten eine Teilung der Stadt Berlin durchführe und den Ostteil von dem Westteil mit Stacheldraht absperre. Was endgültig geplant sei, wisse er auch noch nicht.

Die einmarschierenden DJK-Verbände aus Berlin bereiteten ihrem Kardinal enthusiastische Ovationen. Die Menschen spürten, daß etwas im Gange war, das große Bedeutung hat.

Gegen 16 Uhr sollte ich in Roth bei Nürnberg einen von mir gestifteten Pokal überreichen. Dabei erhielt ich einen Telefonanruf von Staatssekretär Globke. Er teilte mir mit, daß der Osten an den Grenzen zu den Westsektoren Stacheldraht gezogen habe und niemanden mehr vom Osten in den Westen lasse. Die Lage sei sehr kritisch. Der Kanzler stünde mit Dr. Heinrich Krone, Fraktionsvorsitzender der CDU/CSU, mit Außenminister von Brentano und den westlichen Botschaften in stetiger Verbindung. Unter diesen Umständen bitte der Kanzler um Verständnis, wenn er seine geplante Wahlreise Nürnberg, Schwabach, Roth, Weißenburg, Kehlheim, Regensburg absagen müsse. Diese Reise war für den 14. August 1961 vorgesehen.

Ich habe dieser Absage sofort zugestimmt mit der Bemerkung, Adenauer würde jetzt in Berlin dringender gebraucht als in meinem Wahlkreis. Später erfuhr ich von Staatssekretär Globke, daß Hermann Höcherl, damals Vorsitzender der Landesgruppe der CSU, den Kanzler beschworen hatte, dennoch am 14. August 1961 nach Regensburg zu einer Wahlkundgebung zu kommen. Der Bundeskanzler ließ sich überreden, doch wahrscheinlich hatte er ein schlechtes Gewissen, weil er nicht in Berlin war. Bei dieser Kundgebung spielte Adenauer auf den Namen Brandt mit den Worten an: „Herr Brandt alias Frahm.“ Diese

Äußerung führte fast in der gesamten Presse zu einem Sturm der Entrüstung, denn Brandt war zu dieser Zeit Regierender Bürgermeister von Berlin, der Stadt, die in höchster Bedrängnis durch den Kommunismus stand.

Für den 15. August 1961 war eine Sondersitzung des Kabinetts angesetzt worden. Ich hielt noch am 14. August im Wahlkreis von Georg Ehnes, in Heilbronn, eine öffentliche Versammlung ab. Dabei beschränkte ich mich auf eine 30-minütige Rede, um noch von dem Angebot Gebrauch zu machen, mit der Sondermaschine des Bundeskanzlers von Manching aus nach Bonn mitfliegen zu können. Als ich in Manching eintraf, hatte man die Einstiegstüre schon geschlossen, aber bei meinem Eintreffen noch einmal geöffnet.

Ich wurde sofort beim Bundeskanzler angemeldet, der mich auch unverzüglich zu sprechen wünschte. Nach kurzer Begrüßung stellte ich die Frage, aus der meine ganze Enttäuschung herauszuhören war: „Warum, Herr Bundeskanzler, sind Sie nicht in Berlin?"

Adenauer antwortete: „Kennedy und Chruschtschow haben diese Aktion, die in Berlin abläuft, in Wien abgesprochen. Kennedy hat unter der Voraussetzung zugestimmt, daß sich die Absperrung nur auf DDR-Boden beschränkt. Wenn ich nach Berlin gefahren wäre, hätte ich meine Empörung und Enttäuschung über das tatenlose Zusehen der Alliierten vor vielleicht mehr als 500.000 Berlinern zum Ausdruck bringen müssen, denn zum Beschwichtigen wäre ich nicht bereit gewesen! Es war zu befürchten, daß die hunderttausend Menschen zu Handlungen geschritten wären, die niemand hätte verantworten können. Die USA stehen in diesem Punkt nicht an unserer Seite. Deshalb habe ich mich überreden lassen, erst später nach Berlin zu gehen."

Er sprach dann noch über die großartige Kundgebung in Regensburg und sagte mir zu, den Termin in meinem Wahlkreis nachzuholen. Dazu ist es nur in gekürzter Form gekommen.

Die „Spiegel-Affäre" 1962

In der „Spiegel"-Ausgabe im Oktober 1962 ist ein Artikel „Bedingt abwehrbereit" über die Fallexübung 1962 veröffentlicht worden. In diesem Artikel sollten nach Meinung der Bundesanwaltschaft auch Dokumente mit dem Stempel „geheim" bzw. „Streng geheim" und mit der höchsten Geheimhaltungsstufe verwendet worden sein.

Der verantwortliche Redakteur für diesen Artikel war Konrad Ahlers, Mitarbeiter im Spiegel; Herausgeber des Spiegels war Rudolf Augstein. Jahre zuvor war Konrad Ahlers Mitarbeiter in der Dienststelle Blank, Vorläufer des Bundesverteidigungsministeriums. In dieser Dienststelle war Konrad Ahlers als Pressereferent tätig. Da ich nicht die Absicht habe, alle Einzelheiten im Zusammenhang mit diesem Artikel zu erörtern, will ich mich auf den Tatbestand des Verdachts des Landesverrates beschränken.

Der Bundesanwalt ist von Rechts wegen verpflichtet, wenn der Verdacht des Landesverrates gegeben ist, auch entsprechende Ermittlungen anzustellen, um den oder die Verantwortlichen zur Rechenschaft zu ziehen. Wegen Flucht- oder Verdunklungsgefahr werden in solchen Fällen auch Haftbefehle gegen die Verdächtigen erlassen. Dieser Haftbefehl ist gegenüber Konrad Ahlers ausgestellt worden. Ebenso gegen den verantwortlichen Herausgeber des „Spiegel" Rudolf Augstein.

Es stellte sich heraus, Konrad Ahlers hielt sich nicht in der Bundesrepublik auf, er verbrachte seinen Urlaub in Spanien.
Während die Strafverfolgung Aufgabe des Bundesanwaltes und des Bundeskriminalamtes ist, ist das Verteidigungsministerium insofern mit einbezogen, da ja die des Landesverrates Beschuldigten Geheimdokumente aus dem Verteidigungsministerium oder aus einer anderen Dienststelle innerhalb des Verteidigungsressorts erhalten haben sollen.

Es braucht daher nicht zu verwundern, wenn der Verteidigungsminister Franz Josef Strauß deshalb interessiert sein mußte, herauszufinden, wo die undichte Stelle in seinem Ministerium war. Deshalb hat er sich auch in die Ermittlungen und in die Strafverfolgung eingeschaltet. Strauß kannte bei der Deutschen Botschaft in Madrid den Militärattaché Jochen Oster. Er hat sich an ihn gewandt und ihn aufgefordert, er solle alles unternehmen, damit Ahlers verhaftet werde. Dabei hat Strauß erfahren: „Ahlers hält sich zur Zeit nicht in Spanien auf, sondern ist heute morgen nach Tanger abgefahren." Ob nur für einen Tagesurlaub oder für längere Zeit, oder ob er eventuell geflüchtet war, dies konnte Oster nicht bestätigen. Auf dem normalen Dienstweg, wie er für solche Fälle vorgesehen ist, wurden durch die Initiative des Verteidigungsministers Strauß Maßnahmen eingeleitet, die bei einer Rückkehr von Ahlers aus Tanger die sofortige Verhaftung ermöglichen sollten. Das ist auch geschehen. Im zeitlichen Zusammenhang wurde der Haftbefehl gegen den Herausgeber Augstein erwirkt. Dabei ist dem Bundeskriminalamt bzw. der zuständigen Behörde des Landes Nordrhein-Westfalen ein Irrtum unterlaufen, denn sie haben einen falschen Rudolf Augstein verhaftet. Der falsche Augstein wurde natürlich wieder freigelassen und der echte Rudolf Augstein konnte unmittelbar danach verhaftet werden. Zeitgleich wurden aufgrund der Anordnungen des Bundesanwaltes die zuständigen Behörden des Landes Hamburg angewiesen, die Redaktion des „Spiegel" zu besetzen mit dem Ziel, zu verhindern, daß während der Klärung des Verdachtes auf Landesverrat wichtige Dokumente beseitigt werden können.

Diese gesamte Aktion hat nicht nur in der Öffentlichkeit großes Aufsehen hervorgerufen. Auch das Parlament hat sich in einer Großen Anfrage der SPD-Fraktion mit dem Vorgang befaßt. Bundeskanzler Adenauer war wie der Bundesanwalt der Meinung, durch die „Spiegel"-Veröffentlichung sei der Tatbestand des Landesverrates gegeben. Er sprach im Bundestag von einem abgrundtiefen Landesverrat. Bei der Durchführung dieser Aktion gegen den Redakteur und Herausgeber sind ohne Zweifel bei Strauß Kompetenzüberschreitungen vorgekommen. Zum Beispiel: keine oder zumindest zu späte Unterrichtung des für den Bundesanwalt zuständigen Justizministers Stammberger. Die SPD als Opposition hatte herausgefunden, daß Strauß durch seinen Telefonanruf mit Herrn Oster sich ganz eindeutig Rechte angemaßt hatte, die ihm nicht zustanden. Neben vielen anderen Ungereimtheiten wollte die SPD auf jeden Fall diese Tatsache im Bundestag feststellen lassen und zwar durch eine Befragung der zuständigen Minister. Das waren Innenminister Höcherl, der auch den abwesenden Bundesjustizminister vertreten hat und der Verteidigungsminister Franz Josef Strauß. Während am ersten Tag der Beantwortung der großen Anfrage der SPD Innenminister Höcherl befragt wurde, sollte am zweiten Tag, dem 8. November 1962, Franz Josef Strauß im Mittelpunkt der Befragungen stehen.

Höcherl und ich wußten, daß Strauß nicht bereit war, zuzugeben, daß er über den Militärattaché Oster veranlaßt habe, die spanischen Behörden zu bitten, Ahlers sofort nach seiner Rückkehr aus Tanger zu verhaften. Strauß ging zumindest gedanklich davon aus, er als Verteidigungsminister habe in erster Linie die Aufgabe, diese undichte Stelle in seinem Ministerium ausfindig und dicht zu machen. In seinem Eifer der Verfolgung, es mag auch Vergeltung gegenüber der „Spiegel-Redaktion" dabei im Spiel gewesen sein, hat er sich zu dieser Maßnahme hinreißen lassen.

Rudolf Augstein, den ich in meinem Curling-Urlaub in Celerina, es dürfte 1956 gewesen sein, getroffen habe, hat mir wörtlich erklärt: „Ich würde alles tun, um Strauß als Bundeskanzler zu verhindern." Strauß sah nun die Möglichkeit zurückzuschlagen, und er tat es. Dabei hat er in eklatanter Weise gegen die Geschäftsordnung der Bundesrepublik verstoßen.

Die Verärgerung von Strauß gegenüber dem „Spiegel" war für alle, die die „Spiegel"-Attacken gegen Strauß mitverfolgen konnten, durchaus menschlich verständlich. Aber sie durfte keinesfalls dazu führen, die zuständigen Kompetenzen, die in der Geschäftsordnung der Bundesregierung festgelegt sind, zu überschreiten.

Hermann Höcherl und ich faßten daher den Entschluß: „Wir gehen 07.11.62
nach Beendigung der ersten Befragung am 7. November 1962 zu Strauß und machen ihm klar, daß er Kompetenzen überschritten hat." Wir wollten ihn dazu bringen, am nächsten Tag, am 8. November, zu Beginn der Fragestunde eine Erklärung abzugeben, die ungefähr folgendermaßen lauten könnte:
Er sollte das Motiv seines Handelns ganz klar offenlegen. Er ginge davon aus, daß es, ob geschrieben oder nicht geschrieben, mit zu seinen Amtspflichten gehöre, alles zu unternehmen, die undichte Stelle seines Ministeriums ausfindig zu machen, um sie trockenzulegen. Und er sollte in seiner Erklärung fortfahren mit dem Satz: „Sollte ich dabei meine Kompetenzen überschritten haben, so bitte ich um Entschuldigung."

Es vergingen Stunden, bis wir Strauß soweit hatten, diese Erklärung abzugeben. Gegen 2 Uhr 30 morgens am 8. November war es soweit. Er hat uns zugesagt: Ja, er sieht zwar nicht ein, daß er falsch gehandelt habe, aber wenn man dies so auslegt, wie wir ihm das auch klar gemacht haben, dann sei er bereit, eine Erklärung in diesem Sinne abzugeben.

Zu Beginn der Fragestunde am 8. November saß ich neben Strauß auf der Regierungsbank. Ich wollte ihn ermuntern, diese Erklärung, wie wir sie in der Nacht zuvor abgesprochen hatten, abzugeben. Als die Fragestunde aufgerufen wurde, habe ich Franz Josef Strauß angestoßen und ihm noch gesagt: „Franz Josef, jetzt." Leider hat er in die- 08.11.62
ser schicksalhaften Stunde nicht die Größe und den Mut aufgebracht, diese Erklärung abzugeben. Er mußte dafür bitter, bitter bezahlen. Da er sich im Laufe der Fragestunde herausgeredet hat und nicht zugab, daß er mit Oster die Verhaftung eingeleitet hatte, wurde er der Lüge gegenüber dem Parlament bezichtigt. Die FDP, die sich bei der ganzen

Angelegenheit übergangen fühlte, weil der Justizminister Stammberger nicht ordnungsgemäß informiert wurde, hat ihre Minister aus dem Kabinett Adenauer zurückgezogen, und damit war die Regierung Adenauer ohne Mehrheit und die Krise hat ihren Verlauf genommen.

Es fanden dann umfangreiche Verhandlungen zwischen der CDU/CSU und der FDP, vor allen Dingen zwischen Adenauer und der Fraktionsführung der FDP unter Erich Mende als Vorsitzendem statt. Die FDP bestand darauf, daß Strauß aus dem Kabinett ausscheiden müsse. Sie wäre nicht bereit, sich mit Strauß an den Kabinettstisch zu setzen. Wollte Adenauer seine Regierungspolitik fortsetzen, so mußte er die Forderungen der FDP erfüllen. Bis zur Bildung einer neuen Regierung unter Adenauer – ohne Strauß – vergingen einige Tage.

Nach dem Großen Zapfenstreich zum Abschied von Franz Josef Strauß ließ er seine Ministerkollegen Hermann Höcherl, Siegfried Balke und mich zu sich kommen. Er bezichtigte Adenauer, er habe ihn fallen lassen. Dies traf aber nach meiner Meinung objektiv nicht zu, denn Adenauer hat sich, wie noch nie zuvor, im Parlament so exponiert vor einen Minister gestellt, wie er es im Fall Strauß getan hat. Der Vorwurf gegen Adenauer war nicht gerechtfertigt. Aber in seiner Verärgerung und Verbitterung, die auch zu begreifen ist, durfte man das nicht auf die Goldwaage legen.

Er war der Meinung, nachdem er das Kabinett in ungerechtfertigter Weise verlassen mußte, müßten wir auch ausscheiden. Strauß fragte mich als ersten: „Bist du bereit, aus dem Kabinett auszuscheiden?“ Ich habe darauf geantwortet: „Wenn ich mit meinem Ausscheiden erreichen kann, daß du weiter im Kabinett verbleiben kannst, bin ich ohne Wenn und Aber sofort dazu bereit. Da aber die FDP unter keinen Umständen bereit ist, ihren Standpunkt zu Gunsten von Strauß zu revidieren, hätte mein Angebot keinen Sinn.

Es hat auch keinen Sinn, wenn wir zurücktreten, mit der Landesgruppe in der Koalition bleiben, die Regierung weiter unterstützen und von der Arbeit im Bundeskabinett ausgeschlossen sind. Es sei denn, wir kündigen die Fraktionsgemeinschaft und gehen mit der SPD gemeinsam in die Opposition. Eine solche Haltung würde aber von unserer Partei nicht gebilligt werden." Bemerkung von Strauß: „Du willst also nicht."

Als zweiten fragte er Minister Balke. Er erwiderte: „Die Argumente des Kollegen Stücklen halte ich für überzeugend. Aus diesem Grunde schließe ich mich seiner Meinung an." Darauf Strauß: „Also Sie wollen auch nicht zurücktreten."

Nun kam Höcherl dran: „Hermann, trittst du zurück?" Daraufhin antwortete Hermann Höcherl: „Ich trete zurück." Strauß reagierte entsprechend, indem er sagte: „Wenigstens auf einen ist Verlaß."

Das Gespräch war damit beendet. Draußen auf dem Flur fragte ich Höcherl: „Hermann, wann trittst du denn zurück?" Darauf sagte er: „Ich denk' doch gar nicht dran." Mit dieser Antwort von Hermann Höcherl bin ich um vieles, vieles schlauer geworden. Schlauer ja, aber mein Charakter hätte eine solche Haltung nicht zugelassen.

Ich hätte Verständnis dafür gehabt, wenn wir aus Protest, daß Strauß nicht mehr im Kabinett sein kann, eine Kabinettsposition nicht mehr besetzt hätten. Daß wäre ein sichtbares Zeichen gewesen für unsere Verbundenheit mit Strauß. Statt dessen wurde dann der damalige Vorsitzende der Landesgruppe der CSU, Werner Dollinger, in das Kabinett Adenauer als Schatzminister berufen.

Strauß hat es übel genommen, daß Siegfried Balke sich meiner Auffassung angeschlossen hat. 1963 wurde Balke nicht mehr ins Kabinett Adenauer berufen. Aber mir hatte er es am meisten verübelt. Das hat er auch dem Abgeordneten Dr. Erich Riedl und anderen Kollegen gesagt: „Bei mir wird der Stücklen nichts mehr!"

Aus dem Kabinett

Ich hatte als Postminister selten eine Vorlage im Kabinett zu behandeln, denn für mich war der Verwaltungsrat der Deutschen Bundespost zuständig. Waren es aber Beschlüsse von besonderer politischer Brisanz, habe ich selbstverständlich aus eigenem Interesse heraus diese Vorlagen im Kabinett über den Staatssekretär Globke eingebracht.

Bei einer meiner Vorlagen über die Zusammenlegung von Ortsnetzen entstand plötzlich eine rege Diskussion. Es ging darum, ob unsere Telefonleitungen abhörsicher sind oder nicht. Der Bundeskanzler gab als erster einen Beitrag zu dieser Frage. Er sagte: „Herr Stücklen, ich höre immer so ein Knacken, wenn ich telefoniere. Ich kann mir das nur so erklären, daß sich irgend jemand unrechtmäßig in meine Leitung eingeschaltet hat." Ich antwortete: „Selbstverständlich werde ich Ihre Leitung überprüfen lassen, um festzustellen, woher dieses Knacken kommt. Legal kann niemand Ihre Leitung abhören. Allerdings, wenn sich jemand illegal in Ihre Telefonleitung eingeschaltet hätte, wäre das eine strafbare Handlung. Sie müßte sofort strafrechtlich verfolgt und abgestellt werden. Es kann jedoch sein, daß es sich in Rhöndorf um eine überalterte Einrichtung handelt, z.B. um ein Vermittlungsamt, das schon 30 oder 40 Jahre in Betrieb ist und eine gewisse Altersschwäche aufzeigt. Da gibt es nur eine Lösung, die alte Vermittlung wird ausgebaut und eine neue muß eingerichtet werden. Ein neues Amt hat schon eine modernere Technik und ist weniger störanfällig als die alte Heb-Dreh-Wähler-Technik."

Diese Aussprache hatte noch einen sehr erfreulichen Ausgang, denn ich habe dem Kabinett eine Vorlage zur Kenntnis gebracht, die das Ortsnetz Bonn mit dem Ortsnetz Bad Godesberg zu einem Netz zusammenschalten würde. Das bedeutete, daß die Gespräche von Bonn nach Godesberg oder umgekehrt als Ortsgespräche galten. Dies geschah aufgrund wiederholter Anfragen und Bitten von diplomatischen Vertretungen und vom Bundeskanzler selbst. Ich konnte deshalb den Zusammenschluß der beiden Ortsnetze einrichten, weil es schon einen

Präzedenzfall gab. Das waren die mittelfränkischen Städte Nürnberg und Fürth. Im übrigen war ich der Meinung, daß nicht die Entfernung im Fernsprechverkehr das Entscheidende ist, sondern die Länge des Gespräches: Wie lange ist eine Leitung durch ein Gespräch belegt? Dabei spielt die Entfernung eine untergeordnete Rolle. Eine generelle Umstellung war ohnedies im Gange. Diese Vorlage wurde vom Kabinett lebhaft begrüßt.

Politische Einleitung der Kabinettsitzung

Zu Beginn jeder Kabinettssitzung gab der Bundeskanzler einen Bericht zur Lage. In der letzten Zeit äußerte er sich immer wieder bewegt über die häufig wechselnden Regierungen in Frankreich und er mache sich ernste Sorgen um die dortige Entwicklung.

Ich mußte im Auftrag des Bundeskabinetts nach Madrid fahren, um die Bundesregierung bei einem Kongreß zu vertreten. Diese Aufgabe habe ich sehr gern wahrgenommen, um das mir bisher unbekannte Spanien wenigstens etwas kennenzulernen. Um aber auch einen Eindruck von Land und Leuten zu bekommen, fuhr ich mit dem Auto nach Madrid.

Nach Abschluß des Kongresses bin ich auf der französischen Seite durch die Provence und über Straßburg zurück nach Deutschland gefahren. Dazu habe ich mir einige Tage Zeit genommen.

Ich wurde von einem ausgezeichneten Dolmetscher, Dr. Hans Breitenströter, begleitet. Auf dieser Fahrt durch Frankreich haben wir wiederholt Halt gemacht und dabei mit Franzosen darüber gesprochen, wie es denn in Frankreich politisch weitergehe. Deutschland und vor allem unser Bundeskanzler Adenauer machten sich große Sorgen um Frankreich.

Die Antwort war einhellig, ohne Ausnahme, egal wo wir uns aufhielten und wen wir auch gefragt haben: „Machen Sie sich keine Sorgen, es kommt de Gaulle und der schafft wieder Ordnung."

Als ich wieder nach Deutschland zurückgekehrt war, kam in der darauffolgenden Kabinettsitzung wieder die Sorge von Adenauer zum Ausdruck: Wie geht es in Frankreich weiter?

Da ich nun diese unmittelbaren Eindrücke von der Reise durch Frankreich hatte, berichtete ich darüber und über die Antworten, die ich auf meine Fragen erhalten hatte. Ich sagte: „Herr Bundeskanzler, ich habe eindeutig und ohne jede Ausnahme immer die gleiche Antwort bekommen: ‚Es kommt de Gaulle.'" Ich hatte das kaum ausgesprochen, reagierte der Bundeskanzler sehr heftig darauf und sagte: „Herr Stücklen, wissen Sie, was Sie da gesagt haben? Ich sage Ihnen, wenn de Gaulle kommt, der macht Europa kaputt." Darauf erwiderte ich: „Herr Bundeskanzler, ich weiß nicht, ob de Gaulle Europa kaputt macht. Ich weiß nur aus französischen Antworten: de Gaulle kommt!" Der Bundeskanzler ging aber nicht weiter darauf ein. Nach einigen Wochen war de Gaulle tatsächlich an der Macht. Natürlich war ich neugierig, wie der Bundeskanzler darauf reagieren würde.

Zu diesem Thema meinte der Kanzler: „Ich werde jetzt möglichst bald versuchen, mit Herrn de Gaulle in ein Gespräch zu kommen." Wenige Wochen später fand dieses Gespräch auf Einladung de Gaulles in Frankreich statt. Und diese Einladung war für die deutsch-französische Freundschaft von historischer Bedeutung. Es hatte sich ergeben, daß Adenauer mit Charles de Gaulle zu einer weitgehenden Übereinstimmung gekommen war. Als der Bundeskanzler von seinem triumphalen Aufenthalt in Frankreich zurückkam, gab er im Kabinett einen Bericht und sagte: „Meine Herren, das will ich Ihnen sagen, Herr de Gaulle ist ein ganz großer Europäer!" Ich war natürlich innerlich sehr zufrieden, habe mir aber nicht erlaubt, laut zu sagen: „Na ja, das habe ich Ihnen doch vorausgesagt."

Bei der Neubildung 1957 kam zum ersten Mal auch eine Frau ins Kabinett. Es war Dr. Elisabeth Schwarzhaupt, eine sehr liebenswürdige, elegante Dame, klug und bescheiden. Allerdings erweiterte der

Kanzler nicht so ohne weiteres seine Anrede im Kabinett mit „Meine Damen und Herren.“ Er sagte immer „Meine Herren“, und das wiederholte er des öfteren. Darauf meldete sich Frau Schwarzhaupt und sagte mit ihrer fraulichen und sehr angenehmen Stimme: „Herr Bundeskanzler, es ist ja nun auch eine Frau im Kabinett.“ Worauf der Bundeskanzler sich zu Frau Schwarzhaupt wendete und liebevoll lächelnd sagte: „Liebe Frau Schwarzhaupt, im Sinne der Geschäftsordnung sind Se ‚ne Mann!’ Damit war für ihn der Fall erledigt. Er hat weiterhin seine Reden mit „Meine Herren“ begonnen, aber auch gelegentlich Frau Schwarzhaupt mit einbezogen, indem er sie namentlich nannte, denn er hatte großen Respekt vor der Klugheit dieser Frau und vor ihrer Leistung, die sie in ihrem Ressort bisher erbracht hatte.

Adenauers Programm

Die Stärke des Bundeskanzlers Adenauer war, er hatte eine ganz klare Linie in seiner Politik, die mit wenigen Worten zusammenzufassen ist: Aufbau der Bundesrepublik, Wiederherstellung der Anerkennung der Bundesrepublik in der Welt, Ausgleich und Freundschaft mit Frankreich, Festigung des Friedens durch die Beteiligung an der Verteidigung Europas. Allein die Tatsache des Bündnisses mit der NATO hat die Sowjetunion nicht auf die Idee gebracht, ein riskantes Wagnis einzugehen mit einem absolut ungewissen Ausgang.

Unbeirrt hat Adenauer an dem Willen, die Einheit Deutschlands herzustellen, festgehalten. Er war immer davon überzeugt, daß nur in einem starken Deutschland, eingebunden in die Weltorganisation der Vereinten Nationen und der NATO, mit der Absicherung durch die Vereinigten Staaten von Amerika, die Einheit Deutschlands in Frieden und Freiheit zu erreichen ist, und nur, wenn die Sowjetunion ihren Machtanspruch auf die DDR aufgibt. Er hat es nicht mehr erlebt, aber seine Politik hat entscheidend zur Einheit Deutschlands geführt.

Fortsetzung der Koalition von CDU/CSU und FDP unter Bundeskanzler Ludwig Erhard

Bundeskanzler Konrad Adenauer hat sich bei der Regierungsbildung 1961, entsprechend den Absprachen zwischen den Koalitionspartnern CDU/CSU und FDP, einverstanden erklärt, 1963 zurückzutreten. Der Hintergrund war, die FDP, insbesondere Erich Mende, hat den Wahlkampf unter der Forderung geführt: Ja, mit der CDU/CSU, aber nicht mit Konrad Adenauer. Sie trat für Erhard als Bundeskanzler ein. Für den gleichen Ludwig Erhard, den sie dann 1966 gestürzt haben.

Bei den Koalitionsverhandlungen mußte die FDP die Konzession eingehen, sich mit Adenauer als Kanzler an der Regierung zu beteiligen. Mit dieser Regierungsbeteiligung unter Adenauer handelte sich die FDP die Bezeichnung „Umfallerpartei“ ein. Unter diesem Image leidet sie heute noch.

1962 war durch das Ausscheiden von Franz Josef Strauß (siehe „Spiegelaffäre“) eine Regierungsneubildung erforderlich. Sie bestand aus den gleichen Parteien wie bei der Regierungsbildung 1961, nur mit zum Teil anderen Personen.

Mit Adenauers Rücktritt 1963 ging eine überaus erfolgreiche Ära in der Geschichte der Bundesrepublik zu Ende.

Die Kriegsfolgeschäden, soweit das in der Verantwortung der Bundesrepublik lag, waren behoben. Es herrschte Vollbeschäftigung. Die Wirtschaft in all ihren Zweigen befand sich weiter im Aufwärtstrend. Die Bundesrepublik war wieder als geachtete und gleichberechtigte Nation in die Völkergemeinschaft der freien Welt zurückgekehrt. Der Friede wurde durch das Bündnis der NATO nach menschlichem

Ermessen gesichert. Der Jugend stand die ganze Welt offen. Jetzt, nach Jahrzehnten, bin ich überzeugt, es war eine gute, eine sehr gute Zeit! Es fehlte nur noch die Wiedervereinigung in Freiheit.

Nach Adenauers Rücktritt mußte ein neuer Kanzler gewählt werden

In der Fraktion der CDU/CSU gab es keinen Zweifel an einer Kanzlerschaft Ludwig Erhards. Erhard war nicht der Kandidat, den sich sein Vorgänger gewünscht hatte. Adenauer hat es mir selbst gesagt: Erhard, so meinte er, habe große Verdienste als Wirtschaftsminister erworben, aber in der Außenpolitik ist er zu weich. Adenauer hätte lieber Dr. Franz Etzel als Kanzler gesehen. Die Fraktion hat sich jedoch mit großer Mehrheit für Erhard entschieden und das Parlament hat Erhard im ersten Wahlgang zum Kanzler gewählt.

Da die FDP nicht bereit war, sich mit Strauß an einen Kabinettstisch zu setzen, mußte Erhard auf Strauß als Mitglied in seinem Kabinett verzichten. Erhard hat zwar in einem Brief, so war es abgesprochen, ausdrücklich bestätigt, daß Franz Josef Strauß selbstverständlich nicht nur die Voraussetzung für die Führung eines Ministeramtes hat, sondern Fähigkeiten auch für höhere Aufgaben besitzt. Mit diesem Brief hat sich Strauß mehr oder weniger enttäuscht abgefunden.

Das Fehlen von Strauß im Kabinett Erhard hat dieses von Anfang an geschwächt. Es ist nicht gut, wenn ein so starker Politiker wie Strauß ohne Machtposition auskommen muß und nur auf gelegentliche Debatten im Parlament beschränkt ist. Außerdem war zu erkennen, daß sich der Vorsitzende der Fraktion im Rheinland-Pfälzischen Landtag, Dr. Helmut Kohl, über seine Landesgrenzen hinaus bemerkbar machte.

1965 stand bei der fälligen Bundestagswahl die Regierungszeit Erhards auf dem Prüfstand. Das Ergebnis konnte, ohne Schmeichelei, als eine Bestätigung der Regierung angesehen werden:

CDU 38%, CSU 9,6% (CDU/CSU 245 Abgeordnete),
SPD 39,3% (202 Abgeordnete),
FDP 9,5% (49 Abgeordnete).

Das war für die bisherige Koalition eine satte Mehrheit. Die andere Seite der Betrachtung: Die SPD und FDP erreichten damit 251 Mandate, gegenüber 245 Mandaten der CDU/CSU.

Die Moral von der Geschichte, ohne FDP keine Regierungsmehrheit, es sei denn, es hätte eine große Koalition aus CDU/CSU und SPD gegeben. Die FDP war das Zünglein an der Waage geworden. Der FDP-Vorsitzende Dr. Mende hatte daher auch sondierende Gespräche mit der SPD aufgenommen. Er ist aber an der Ablehnung von Herbert Wehner gescheitert, der die FDP als unzuverlässig bezeichnet hatte.

1966 nahm die Kanzlerschaft Erhards ein tragisches Ende. Erhard wurde nicht von der Opposition gestürzt, nein, es war die FDP, die den Haushalt, so wie es Erhard vorgeschlagen hatte – mit geringfügigen Erhöhungen der Verbrauchssteuern auszugleichen – abgelehnt hat.

Der Haushalt für 1967 war nicht voll gedeckt. Es fehlten drei Milliarden DM. Um dieses Defizit zu decken, beabsichtigte der Bundeskanzler, die drei Milliarden durch Verbrauchssteuern auszugleichen. Damit war die FDP nicht einverstanden. Ein anderer Weg wurde als nicht gangbar bezeichnet, so daß es zwangsläufig zu einer Kabinettskrise kommen mußte. Die FDP hat ihre Minister aus dem Kabinett zurückgezogen, damit war das Ende der Koalition CDU/CSU-FDP-DP gekommen.

Erhard stellte beim Bundespräsidenten keinen Antrag auf Auflösung des Bundestages. Man wollte nicht die schlechten Beispiele von Weimar wiederholen. Die Aufforderung, Erhard sollte die Vertrauensfrage stellen, lehnte er ab. Und zu einem konstruktiven Misstrauensvotum fehlte der SPD und der FDP der Mut.

Ludwig Erhard hat die Konsequenzen gezogen und trat am 1.12.1966 als Bundeskanzler zurück.

Damit mußte im Bundestag eine neue Regierung gebildet werden, die anders aussehen sollte als ihre Vorgängerin. So kam es zur Geburtsstunde der großen Koalition, bestehend aus CDU/CSU und SPD unter Bundeskanzler Kurt Georg Kiesinger.

Die große Koalition von CDU/CSU mit der SPD unter Bundeskanzler Kurt Georg Kiesinger

Es ergab sich ein ganz einmaliges Bild: Auf der einen Seite der Bundeskanzler (CDU), ehemals Mitarbeiter in der Propagandaabteilung des Auswärtigen Amtes, auf der anderen Seite Willy Brandt (SPD), der Emigrant und Widerstandskämpfer, dann wiederum Franz Josef Strauß (CSU), der Bannerträger der Verteidigung und andererseits Herbert Wehner (SPD), der alles andere war als ein Freund von Strauß. Diese Regierungsbildung nach Ludwig Erhard war die große innenpolitische Aussöhnung bisheriger Gegner. Erbitterte, sich befehdende Politiker saßen an einem Kabinettstisch. Alle politischen Sünden der Vergangenheit waren vergeben und vergessen.

Die neue Regierung wurde 1966 gebildet, und ich wurde mit der Begründung abgelöst, unter den drei CSU-Ministern müßte einer evangelisch sein. Den Hintergrund, warum Franz Josef Strauß mich nicht mehr als Bundesminister im Kabinett haben wollte, können Sie in meinen Erinnerungen in dem Kapitel „Spiegel-Affäre 1962“ nachlesen. Und der Grund, warum Kurt Georg Kiesinger mich nicht als Bundesminister berufen wollte, ist in dem Artikel „Regierungsbildung 1957“ aufgezeigt. 1957 konnte Fritz Schäffer nicht mehr Bundesfinanzminister werden, weil Adenauer ihn nicht mehr dazu berufen hatte. Adenauer war aber einverstanden, daß Schäffer im Kabinett blieb und bot ihm unter anderem das Bundesjustizministerium an. Ich habe diese Verhandlungen geführt und Fritz Schäffer als Bundesjustizminister durchgesetzt. Zu dieser Regierungsbildung war auch Herrn Kiesinger das Bundesjustizministerium zugesagt worden. Er konnte es nicht übernehmen, weil es inzwischen Fritz Schäffer zugesprochen worden war. Bei einem Gespräch, das Herr Todenhöfer mit Frau Kiesinger geführt hat, antwortete sie auf dessen Frage, warum Stücklen nicht mehr Postminister geworden ist:

„Weil Herr Stücklen 1957 meinen Mann als Bundesjustizminister verhindert hat. Und das hat mein Mann noch lange nicht vergessen.“

Die Landesgruppe der CSU war keinesfalls damit einverstanden, daß ich als Postminister abgelöst werden sollte. Sie sah den vorgeschobenen Grund als nicht gerechtfertigt an. Aber eine Abstimmung darüber, die wiederholt gefordert wurde, u.a. von Dr. Friedrich Kempfler, Notar Franz Seidl sowie von Frau Dr. Maria Probst und anderen, hat Strauß verhindert. Diese Vorgänge in der Regierungsbildung unter Kiesinger sind in der Öffentlichkeit natürlich in gewissem Umfang bekannt geworden. Bundespräsident Lübke, der ja letztlich dazu berufen war, die von Bundeskanzler Kiesinger vorgeschlagenen Minister zu ernennen, hat ebenfalls Kenntnis davon bekommen, daß ich als Minister, weil katholisch, durch Werner Dollinger (evangelisch) abgelöst werden sollte. Er ließ mich kommen und sagte: „Herr Stücklen, diese Ernennungsurkunde für Herrn Dollinger unterschreibe ich nicht. Denn diese Ernennung steht im krassen Widerspruch zu dem Artikel 3 Absatz 3 des Grundgesetzes“, in dem es heißt:

„Niemand darf wegen seines Geschlechtes, seiner Abstammung, seiner Rasse, seiner Sprache, seiner Heimat und Herkunft, seines Glaubens, seiner religiösen oder politischen Anschauungen benachteiligt oder bevorzugt werden.“

Ich habe mich bei Herrn Lübke für diese menschliche Geste bedankt, ihn aber gebeten, von dieser Maßnahme abzusehen, denn ich wollte auf diesem Wege nicht mein Verbleiben im Kabinett erwirken. Obwohl es für mich sehr schmerzlich war, wegen meiner „falschen“ Konfessionszugehörigkeit aus meinem geliebten Amt als Postminister ausscheiden zu müssen, habe ich mich als Abgeordneter weiterhin bemüht, meine Pflicht zu erfüllen.

Noch vor der entscheidenden Fraktionssitzung, in der der Bundeskanzler die Mitglieder seiner Regierung bekannt gab, hatten eine

Reihe von Abgeordneten nochmals bei Strauß interveniert und ihn gebeten, sich für mich einzusetzen. Dem Abgeordneten Dr. Erich Riedl hatte Strauß daraufhin erklärt, er dächte nicht daran, denn Stücklen sei 1962, als er aus dem Kabinett ausscheiden mußte, auch nicht mit ihm zurückgetreten. Die Deutsche Postgewerkschaft hat sich mit großem Nachdruck für mich eingesetzt. Aber auch diese Intervention war vergeblich. Es hat mich aber sehr gefreut, daß sich die Gewerkschaft so für mich einsetzte. Während meiner Amtszeit mußte ich mit ihr die Verhandlungen über Vergütungsfragen, also Lohn- und Gehaltserhöhungen führen. Dabei lag es in der Natur der Sache, daß die Gewerkschaften eben mehr verlangt haben, als ich in der Lage war zuzugestehen. Aber sie wußten auch, daß ich sehr viel Verständnis für die Mitarbeiterinnen und Mitarbeiter bei der Post hatte. Ein besonders gutes Verhältnis hatte ich zu dem damaligen Vorsitzenden der Postgewerkschaft, Karl Stenger und auch zu den beiden Vorsitzenden des Postverbandes und der Christlichen Gewerkschaft Post. Nachdem alle Versuche, mich als Postminister zu behalten, gescheitert waren, begann eine Prozedur, die zum einen in der Verfassung festgelegt ist, zum anderen einen traditionellen Teil beinhaltet. Die ausscheidenden Minister wurden zur Entgegennahme ihrer Entlassungsurkunden zum Bundespräsidenten bestellt. Bundespräsident Lübke übergab die Entlassungsurkunden, begleitet mit ein paar herzlichen Worten. Als er mir die Urkunde überreichte, sagte er zu mir: „Dies wäre auch zu vermeiden gewesen. Aber ich respektiere Ihre Entscheidung."

Noch vor der Vereidigung des neuen Postministers Dollinger kam eine Vereinbarung zustande, die folgendermaßen lautete:

1. „Dr. Dollinger wird beauftragt, unverzüglich die Deutsche Bundespost in eine Generaldirektion umzuwandeln." (Der Anfang der Privatisierung).

2. „Generalpostmeister für die Generaldirektion wird Richard Stücklen."

3. „Dr. Dollinger wird mit einer anderen Aufgabe im Kabinett betraut."

Dieses Abkommen wurde von Kiesinger, Strauß, Dollinger und Stücklen unterzeichnet. Zu meinem großen Bedauern mußte ich feststellen, daß diese Vereinbarung von meinem Nachfolger entweder nicht gewollt oder von seinen Beamten, insbesondere dem Staatssekretär Dr. Steinmetz, verhindert wurde. Zum Hintergrund dieser Vereinbarung gibt es zwei Erklärungen:
Zum einen wollten Kiesinger und Strauß nicht eingestehen, warum sie Stücklen abgelöst hatten.

Zum anderen wollten sie dokumentieren, warum eine Aufgabe für Stücklen vorgesehen war, die nicht nur auf eine Legislaturperiode beschränkt war, sondern so lange wahrgenommen werden könnte, wie Stücklen das Vertrauen des Verwaltungsrates der Deutschen Bundespost habe.

Warum ich das Ministerium umwandeln und dafür eine Generaldirektion einführen wollte, ist begründet in den Erfahrungen, die ich gemacht hatte, im besonderen bei der Tariferhöhung 1964. Es ist eine unerträgliche Situation, wenn außerhalb des Unternehmens Stehende, auch wenn sie noch so hohe politische Ämter bekleiden, sich der innerbetrieblichen Notwendigkeit verschließen und nur nach politischen Gesichtspunkten entscheiden. Ich wollte für die Zukunft die Deutsche Bundespost von politischen Einflußnahmen weitgehend freihalten.

Eine große Koalition ist nur bei außergewöhnlichen und besonders festgelegten Zielen auf Zeit gerechtfertigt. Vor allem, wenn das Grundgesetz geändert bzw. ergänzt werden soll.

Dafür gab es drei politische Vorhaben. Das waren: einerseits die Notstandsgesetzgebung und andererseits die Änderung des Wahlgesetzes und eine Änderung der Verfassung, die die Post betraf. Ein Wahlgesetz mit eindeutig mehrheitsbildendem Charakter, das im Grundgesetz festgelegt und damit nur mit Zweidrittelmehrheit geändert werden könnte. Das erste Ziel, wenn auch mit Hängen und Würgen, wurde erreicht. Dem Wahlgesetz, das zu zwei Parteien führen sollte, versagte sich der Parteitag der SPD, trotz vorheriger SPD-Zusage des Herrn Fraktionsvorsitzenden Wehner. Das dritte Vorhaben, erste Schritte zu einer grundlegenden Postreform wurde von Dr. Dollinger trotz der Vereinbarung nicht vollzogen.

Da das eine Ziel erreicht, die anderen aber abgelehnt beziehungsweise nicht vollzogen wurden, hatte die große Koalition ihre Existenzberechtigung verloren.

Was war denn mit der Bildung der großen Koalition eingetreten?

Das Parlament, das die Regierung kontrollieren soll, hatte mit dem Zusammengehen der beiden großen Parteien seine wirksame Kontrolle verloren.

Die FDP war mit 5,8% zahlenmäßig so schwach, daß sie nicht einmal alle Ausschüsse ordnungsgemäß besetzen konnte. Von der Möglichkeit, die Regierung bei Abstimmungen in Schwierigkeiten zu bringen, konnte überhaupt keine Rede sein.

Warum? Weil die Regierung sich, bevor sie mit einer Vorlage ins Plenum ging, die beiden Fraktionen „vorgenommen", d.h. alles schon vorher mit den Fraktionsvertretern abgeklärt hat. Ich will das für die Koalitionsfraktionen etwas freundlicher ausdrücken, sie ließen sich von der Regierung vorinformieren.

Am Urlaubsort des Bundeskanzlers Kiesinger in Kressbronn am Bodensee, trafen sich die Spitzen der Koalitionsfraktionen mit dem Kanzler, häufig auch unter Beteiligung des Vizekanzlers Brandt, um die geplanten politischen Aktivitäten der Regierung zu besprechen. Wenn Vertreter der Fraktionen, Rainer Barzel, Helmut Schmidt und ich als Vertreter der Landesgruppe, beabsichtigte Maßnahmen ablehnten oder zumindest daran zweifelten, die dafür erforderliche Mehrheit zusichern zu können, erblickten sie nicht das Licht der Welt. Einfach ausgedrückt, sie unterblieben.

Dieses Verfahren ist nicht verwerflich, es ist die Vorarbeit, die vielfach auch Sinn macht. Ansonsten müßte die Arbeit in getrennten Beratungen durchgeführt werden. Sie könnten natürlich zum gleichen Ergebnis kommen. Der Unterschied ist trotzdem ein gewaltiger. Laut Artikel 42 des Grundgesetzes tagt der Bundestag öffentlich. Dieser Artikel ist deshalb so inhaltsreich und für eine parlamentarische Demokratie unverzichtbar, weil die Öffentlichkeit von Anfang bis zum Ende die politischen Vorgänge verfolgen können muß. Die Abgeordneten als Vertreter des Volkes müssen nach Artikel 38 Grundgesetz von Beginn der Behandlung einer politischen Materie voll beteiligt sein. Eine Politik hinter verschlossenen Türen gibt es nicht.

Diese Regierung, die sich gerne als nationale Konzentration bezeichnete, hat mit ihrer zwei Drittel Mehrheit die Voraussetzung geschaffen, das Grundgesetz zu ändern, die überfällige Notstandsgesetzgebung zu beschließen, um einen entschiedenen Vorbehalt der westlichen Besatzungsmächte abzulösen.

Die vordringliche innenpolitische Aufgabe bestand darin, die aus dem Ruder gelaufenen Finanzen zu ordnen. Diese Aufgabe hat man dem starken Mann aus der CSU, Franz Josef Strauß, übertragen, der im Zusammenwirken mit Bundeswirtschaftsminister Karl Schiller die Finanzen bald neu ordnen konnte. Die bedeutendste Leistung von Franz Josef Strauß bestand wohl in der Überführung der Umsatzsteuer in die in Europa geltende Mehrwertsteuer, immer flankiert durch den soliden Nationalökonomen Karl Schiller. Strauß und Schiller sind noch heute als „Plisch und Plum“ in Erinnerung.

Von außen erschien die Regierung, als sei nur Friede, Freude, Eierkuchen das Motto, die Tagesarbeit zu begleiten. In Wirklichkeit wurden bereits 1968, ohne Wissen des Bundeskanzlers, über Egon Franke Wege für eine Verbindung zu Moskau über die italienischen Kommunisten eingeleitet, was zur ernsthaften Verstimmungen zwischen Bundeskanzler Kiesinger und seinem Außenminister Brandt führte. Dieses Mißtrauen konnte auch nicht mehr überwunden werden. Die Kontaktsuche über die italienischen Kommunisten war schon das Vorzeichen für eine andere Koalition.

Auch bei den politischen Zwillingsbrüdern Strauß und Schiller kam es in der Frage Auf- oder Abwertung der D-Mark zum Streit. Der Grund für die Änderung unserer Währungsparität lag in dem zu hohen Devisenüberschuss.

Die Zahlungsbilanz war in Unordnung geraten. Der amerikanische Dollar war zu hoch bewertet, die D-Mark zu niedrig. Das Schlagwort vom Ausverkauf Deutschlands machte die Runde.

Es wurden zwei Wege leidenschaftlich diskutiert. Der eine war, die Ausfuhrzölle heraufzusetzen mit der Wirkung, die deutschen Exporte werden verteuert. Das wollten weder Strauß noch Schiller.

Die zweite Möglichkeit war, den Wert der deutschen Währung heraufzusetzen, mit der Folge, der Export wird erschwert, der Import erleichtert.

Warum Strauß gegen eine Aufwertung der deutschen Währung war? Er wollte die Exportchancen nicht mindern.

Über die Währungsfragen waren Rainer Barzel und ich zu einem Gespräch beim Bundeskanzler Kiesinger eingeladen.

Anwesend waren die Minister Strauß und Schiller, sowie die Währungssachverständigen, das Vorstandsmitglied der Deutschen Bank, Hermann-Josef Abs, der Vizepräsident der Bundesbank, Emminger, und der Generalsekretär der CDU, Bruno Heck. Die Auseinandersetzung war heftig, teilweise emotionsgeladen, nichts Gutes versprechend. Vor allem standen sich die Währungsexperten Abs und Emminger geradezu feindselig gegenüber.

Abs gegen die Aufwertung, Emminger dafür und das Weltkind Kiesinger stand in der Mitte, ohne gefestigte Meinung. Ich nehme das Ergebnis vorweg: Strauß hat sich durchgesetzt, er hatte die Zustimmung des Kanzlers: Keine Aufwertung.

Schiller hat die Aufwertung mit wirtschafts- und währungspolitischen Argumenten bestritten. Dahinter steckte eine publikumswirksame Überlegung. 1968 fuhren schon Millionen Deutsche in das Ausland in Urlaub. Bei einer Aufwertung verbilligte sich ihr Urlaub, denn sie bekamen für die D-Mark mehr als bisher. Diese Tatsache, Verbilligung des Auslandsurlaubsaufenthalts spielte bei den Urlaubern eine große Rolle. Diese positive Zustimmung brachte bei der Bundestagswahl 1969 Stimmen für die SPD.

Diese Frage „Aufwertung Ja oder Nein“ hat nach den Meinungsforschern für die CDU/CSU die Stimmenverluste gebracht, die dann bei der Regierungsbildung 1969 zur absoluten Mehrheit fehlten. Dadurch war es der SPD/FDP möglich, eine Regierung Brandt/Scheel zu bilden, die bis 1982 Bestand hatte.

Es gibt keinen Zweifel, Karl Schiller hat mit der Aufwertungskampagne die Wahl gegen die CDU/CSU entschieden.

Strauß, Barzel, Heck und ich blieben noch zu einem Gespräch über die Wahlvorbereitungen zur Bundestagswahl 1969.

Bei dieser Gelegenheit wurde auch ein demoskopisches Umfrageergebnis in die Verhandlung einbezogen. Die Frage lautete: „Wen wünschen Sie sich als Bundeskanzler?“ Selbst in Nordrhein-Westfalen wollten 60% Kiesinger und nur 40% Brandt. Aufgrund dieses Ergebnisses im volkreichsten Land war ich der Meinung, Kiesinger müßte als Spitzenkandidat nicht in Baden-Württemberg kandidieren sondern in Nordrhein-Westfalen. Seine engeren Landsleute würden ihn ohnedies wählen. Da ist Heck aufgebraust und bestand unter allen Umständen darauf, Kiesinger müßte selbstverständlich in Baden-Württemberg die Landesliste anführen. Ein Abwandern nach Nordrhein-Westfalen käme einem Verrat an seiner Heimat gleich. Einen größeren Blödsinn hatte ich schon lange nicht mehr gehört. Ein altes Sprichwort sagt:„Wer nicht hören will, muß fühlen.“ Der Kanzler hat Heck zugestimmt. Wieder waren einige Prozente vertan.

Die demoskopischen Umfragen waren vor der Währungsdebatte für die CDU/CSU so gut wie 1957. Es fehlten nur wenige Prozente. Das Ergebnis war sehr gut, aber nicht ausreichend. Ein Regierungswechsel war daher rechnerisch möglich.

Gespräch mit Walter Scheel 1968

Bereits in der 1. Wahlperiode saßen die Abgeordneten der FDP-Fraktion, wie heute auch noch, in Tuchfühlung zur CSU und zur CDU/CSU-Fraktion im Plenarsaal des Deutschen Bundestages. Da beide Fraktionen in der Koalition waren, ergab sich auch eine engere nachbarschaftliche Beziehung. So war es ganz natürlich, daß ich einen Politiker wie Walter Scheel, der mir besonders freundschaftlich begegnet ist, auch in meinen Wahlkreis zu einem Vortrag einlud. Ich hatte einen Gesprächskreis ins Leben gerufen, um aus der praktischen Wirtschaft die jeweilige Lage zu erfahren, um praxisnah entscheiden zu können. Dadurch konnte ich auch in Erfahrung bringen, wie sich die Bundesgesetzgebung und die Bundestagsentscheidungen auf die Wirtschaft auswirkten. Zu solchen Veranstaltungen habe ich Mitglieder der Bayerischen Staatsregierung, der Bundesregierung und besonders auch sachverständige Abgeordnete des Bundestags, überwiegend aus der CDU/CSU-Fraktion und der FDP-Fraktion eingeladen.

Die Teilnehmer dieser Vereinigung wurden nicht nach Parteizugehörigkeit zusammengestellt. Es war eine offene Diskussionsrunde. Sie befürworteten die Soziale Marktwirtschaft und bekannten sich dazu. So war es auch selbstverständlich, daß ich einen Politiker wie Walter Scheel, als Referenten zu einem Vortrag einladen konnte.

Während dieses Vortrags wurde seine Frau von meiner Frau betreut. Dadurch ergaben sich zusätzliche engere Beziehungen auf freundschaftlicher Ebene. Es entstanden intensive familiäre Bindungen, die auch im politischen Bereich positive Auswirkungen zeigten.

Über diese politischen Beziehungen hinaus hatten Walter Scheel und ich ein gemeinsames Hobby: das war die Jagd. Und so trafen wir uns des öfteren bei Jagdeinladungen, zu denen auch Rolf Dahlgrün, Eugen Gerstenmaier und andere eingeladen waren.

Es war im Herbst 1968, in der Zeit der großen Koalition. Das Vertrauensverhältnis zwischen Scheel und mir war schon soweit aufgebaut, daß man ganz offen auch über Fragen sprechen konnte, die nicht schon überall in den Zeitungen gestanden hatten. Aus diesem Vertrauensverhältnis heraus hat mir Walter Scheel seine politischen Absichten für die Zukunft näher erläutert:
Mit einer Reihe von Jagdgästen waren auch Walter Scheel und ich zur Hirschbrunft in das Jagdgebiet von Dr. Löhr eingeladen. Das Revier lag im Salzkammergut am Langbadsee. Eine wunderschöne Landschaft, dazu eine herbstliche Stimmung, das allein war schon ein großartiges Erlebnis. Wir beide waren zur Frühpirsch eingeteilt, d.h. es ging um 3 Uhr vom Jagdhaus ab ins Revier. Leider war das Wetter zu warm. Aus diesem Grunde haben sich die Hirsche auch nicht „gemeldet." Man nennt dies in der Weidmannssprache „die stille Brunft." Wir kamen beide von der Pirsch zurück, ohne Weidmannsheil gehabt zu haben, das heißt, ohne zu Schuß gekommen zu sein.

Nach dem Frühstück saßen wir auf der Terrasse und beschlossen wegen dieses herrlichen Wetters einen Spaziergang rund um den Langbadsee. Da es kein großer See war, dauerte der Rundgang etwa eine Stunde. Dabei sprach Scheel über die Absichten der FDP nach der Bundestagswahl 1969. Er sprach darüber, daß die FDP im nächsten Bundestag mit der SPD eine Regierungskoalition, soweit dies zahlenmäßig möglich ist, eingehen werde. Meine Überraschung war natürlich groß. Ich fragte ihn, was denn die Beweggründe wären, um einen Koalitionswechsel von der CDU/CSU zur SPD vorzunehmen, denn bis dahin hat die FDP nur mit der CDU/CSU koaliert. Scheel erläuterte mir die Vorstellungen seiner Partei bei einer Koalition mit der SPD. Sie waren sehr brisant: „Als erstes", sagte er mir, „werden wir die DDR anerkennen, zweitens werden wir die Oder-Neiße-Grenze anerkennen und drittens haben wir die Absicht, einen SPD-Politiker zum Bundespräsidenten zu wählen." Auf meine Frage, ob denn das nur seine persönliche Meinung sei oder die der FDP insgesamt, antwortete er mir ganz klar und unmißverständlich:

Das sei nicht nur seine eigene Meinung und Auffassung, sondern auch das Programm, das die FDP durchführen werde, wenn sich die Möglichkeit dazu ergebe, mit der SPD eine Regierung zu bilden. Darauf meine Bemerkung, dies bedeute eine Wende um 180 Grad. Ich könne mir nicht vorstellen, daß diese ganz andere Politik in seiner Partei Zustimmung finden werde. Scheel war ganz anderer Meinung: Wenn auch nicht geschlossen, aber auf jeden Fall mit großer Mehrheit. Er fuhr fort: „Ich werde dir die anderen Gründe noch sagen, die eine Änderung der bisherigen Koalitionspolitik notwendig machen, und das geht nur mit der SPD. Wir sind auch nicht bereit, hunderte von Millionen an alle möglichen Staaten zu zahlen, damit sie die DDR nicht anerkennen. Der Schwerpunkt der neuen Politik wird sein: Die Öffnung der deutschen Politik nach dem Osten. Nachdem bisher die von der CDU/CSU geführten Regierungen eine aktive Politik nach dem Westen ausgerichtet haben, die auch von der FDP mitgetragen wurde, ist die Zeit überfällig, eine konsequente Politik nach dem Osten zu beginnen, ohne die Bindungen mit dem Westen aufzugeben. Wir müssen den Versuch unternehmen, die starre Europa-West-Politik zu einer Europa-Ost-Politik aufzubrechen, denn wir müssen zum Abbau der Spannungen, insbesondere gegenüber der Sowjetunion, aber auch zur DDR und zu Polen kommen."

Ohne daß es ausdrücklich abgesprochen wurde, sollte dieses Gespräch natürlich eine persönliche Information sein. Auf meine Frage: „Kann ich andeutungsweise Franz Josef Strauß davon unterrichten?" meinte er: „Wenn du sicher bist, daß er nicht in einer seiner nächsten Versammlungen eine große Anklage gegenüber der FDP zum Ausdruck bringt und die FDP als Verräter an der deutschen Sache bezeichnet, dann ja. Wenn das der Fall sein sollte, dann nimm bitte zur Kenntnis: Ein solches Gespräch hat zwischen dir und mir nicht stattgefunden."

Bei meinem Treffen mit Strauß habe ich ihn gefragt, was er davon hielte, wenn die FDP nach der Wahl 1969 mit der SPD eine Regierungskoalition eingehen und womöglich die DDR und die Oder-Neiße-Grenze anerkennen würde. Strauß hat sich spontan geäußert: „Eine solche Politik würde die FDP sprengen, das würde das Ende der FDP bedeuten. Wer dir das gesagt hat, der hat dir einen schönen Bären aufgebunden!"

Als dann die Regierung SPD/FDP zustande kam, habe ich Strauß wieder an diese Information erinnert und gesagt: „Wenn du sie ernster genommen hättest, dann hätte unter Umständen die Möglichkeit bestanden, auf diese Entwicklung rechtzeitig Einfluß zu nehmen." Seine Meinung dazu war: „Ja, wenn du mir hättest sagen können, daß das wirklich ernst gemeint war, dann hätte ich mich auch anders eingestellt."

Ich hätte die freundschaftlichen Beziehungen gefährdet, wenn ich mich anders verhalten hätte. Da ich den Kommentar von Strauß kannte, wußte ich, er werde nicht darüber reden, weil er sich ja nicht blamieren wollte. Er hielt eine solche Politik der FDP für unmöglich.

Die Unterredung mit Walter Scheel am Langbadsee hat ihre Bestätigung nach der Bundestagswahl 1969 gefunden. Das Ergebnis war die Bildung der Bundesregierung mit der SPD/FDP unter Führung von Willy Brandt als Bundeskanzler und Walter Scheel als Außenminister. Zwar hat die neue Politik der FDP mit der SPD in der FDP eine Erschütterung ausgelöst, denn diese Ostpolitik wurde nicht von der gesamten FDP-Fraktion getragen. Sie hat aber auf jeden Fall bis über die Wahl des neuen Bundespräsidenten gehalten. Die FDP hat vermutlich geschlossen bei der Abstimmung für den neuen Bundespräsidenten Gustav Heinemann (SPD) gestimmt. Damit war eine Wende in der deutschen Politik eingeleitet.

Eine neue Ära hat 1969 begonnen, die erst 1982 zu Ende ging.

Die SPD/FDP-Koalition unter Bundeskanzler Willy Brandt

Was Walter Scheel mir 1968 anvertraute, war durch das nicht ausreichend gute Abschneiden der CDU/CSU bei den Bundestagswahlen am 28. September 1969 möglich geworden.

Nachstehend das Stimmenergebnis und die Mandatsverteilung der Bundestagswahl 1969:

CDU 36,3% (193 Abgeordnete plus 8 Berliner Abgeordnete),
CSU 9,5% (49 Abgeordnete),
also bekamen CDU/CSU insgesamt 250 Mandate.
SPD erhielt 42,7% (224 Abgeordnete plus 13 Berliner Abgeordnete),
FDP 5,8% (30 Abgeodnete und 1 Berliner Abgeordneter).
Die sonstigen Parteien erhielten 4,3 Prozent.
Somit verfügten SPD und FDP zusammen über 268 Mandate.

Das reichte zahlenmäßig zu einer von Scheel vorausgesagten Mehrheit für eine SPD/FDP-Regierung unter Willy Brandt als Bundeskanzler und Walter Scheel als Außenminister. Der Landwirtschaftsflügel, Stichwort Ertl, wurde eingefangen. Damit war die Mehrheit für die Regierung Brandt gesichert.

Aber schon bei Beginn der neuen Ostpolitik und während der Vorbereitung des Moskauer Vertrages begann der Verfall der Koalition.

Es waren die Ostverträge 1972 im Bundestag, die zur Stimmengleichheit, zum Patt führten. Die Frage, ob es nur die Ostverträge waren, die die CDU/CSU zwingend zum Konstruktiven Mißtrauensvotum veranlaßt haben, kann nicht so eindeutig bejaht werden. Denn Tatsache ist, die Mehrheit von CDU/CSU, zusammen mit den Abgeordneten, die aus der Koalition ausgetreten sind, waren in der Lage, bei einem geschlossenen Nein die Ostverträge durch das dabei entstandene Patt zu verhindern.

Da die Koalition aus SPD/FDP nur eine schwache Mehrheit hatte, mußte sie, wenn sie die Verträge nicht scheitern lassen wollte, nach einem Weg suchen, der eine Mehrheit für den Moskauer Vertrag sicherte.

Bei der Einleitung der neuen Ostpolitik haben sich in der SPD/FDP-Koalition Risse gezeigt. Eine Anzahl von Bundestagsabgeordneten verließen die Fahne und wechselten zum politischen Gegner über. Ich will das nicht weiter kommentieren, nur eines will ich feststellen:
Der von der CDU zur SPD übergewechselte Peter Nellen und die Abgeordneten Ingrid Matthäus-Meier und Günter Verheugen, die von der FDP zur SPD gegangen sind, wurden als Abgeordnete mit einem besonders ausgeprägten Gewisssen bezeichnet und die SPD-Abgeordneten Hupka und Schulz sowie die Abgeordneten der FDP Mende, Zoglmann, Starke, Kühlmann-Stumm und andere, die zur CDU übergetreten waren, wurden als Überläufer und Verräter beschimpft.

Ich meine, daß jeder Abgeordnete ein und dasselbe Gewissen mit der gleichen Qualität hat, dem alleine er nach Artikel 38 Grundgesetz unterworfen ist.

Der Vertrag zwischen der Bundesrepublik Deutschland und der Union der Sozialistischen Sowjetrepubliken

Die neue Regierung von SPD und FDP, die personell die gleiche war, legte den Vertrag dem Bundestag vor.

Die CDU/CSU war von Anfang an der Meinung, die Vertragsbestimmungen seien mit dem Grundgesetz nicht vereinbar. Insbesondere betraf das die Bestimmungen über die Anerkennung der DDR und die Grenzfragen.

Da der Vertrag, so wie er vorlag, eine Ablehnung befürchten ließ, sollten durch eine Entschließung die verfassungswidrigen Bestimmungen geändert und zu einem Abkommen im Modus vivendi abgestuft werden.

Die besten Köpfe aus den Fraktionen: Strauß, Genscher, Schröder, Ehmke, Marx, Mikat und andere bemühten sich, in einer von allen Fraktionen getragenen Entschließung die Teile, die gegen das Grundgesetz verstießen, zu entschärfen.

Während die Verhandlungen über die Abfassung dieser Entschließung im Gange waren, saßen Barzel und ich mit dem Sowjetischen Botschafter Falin im Wohnsitz des Bundeskanzlers Brandt abwartend beisammen. Ich fasse das Gesprächsergebnis mit Falin kurz zusammen:
Auf die Frage an Botschafter Falin: „Ist die Entschließung, die uns durch Boten zugestellt wurde, ein völkerrechtlicher Teil des Vertragswerkes?“ antwortete er: „Das ist ihre Meinung (gemeint die Entschließung), für uns gilt der Wortlaut des Vertrages.“

Da hilft nun alles Drehen und Wenden nicht – die Antwort war eindeutig. Der frühere Außenminister Gerhard Schröder (CDU) erklärte dazu, die Entschließung binde nur den Bundestag, nicht aber die Bundesregierung; sie habe keine Rechtskraft nach außen; sei also nicht völkerrechtswirksam.“

Karl-Theodor von und zu Guttenberg, der schwerkrank an der Abstimmung teilnahm, aber selbst nicht mehr sprechen konnte, stimmte gegen die Entschließung, weil sie nach seiner Auffassung nicht völkerrechtlich wirksam war. Guttenberg übergab mir seine Erklärung mit der Bitte, sie vor der Fraktion zu verlesen:

Guttenbergs Erklärung

„Die ganze Vorgeschichte der Verträge und vor allem die letzten Tage haben über allen Zweifel hinaus klar gemacht, daß die Regierung mit zwei Zungen spricht. Sie will mit der Sowjetunion zusammen die Teilung unseres Landes festschreiben und zugleich diese Absicht vor unserem Volk verheimlichen. Es ist die Stunde gekommen, wo die Unionsparteien sich an ihre Grundsätze erinnern müssen. Es kann keine andere Entscheidung mehr geben als ein klares Nein. Wir werden angesichts der offenbar gewordenen Doppelzüngigkeit der Regierung uns in unserem Volke durchsetzen, wenn wir einig sind und eine klare Sprache sprechen.“

Nun erfolgten die zwei Abstimmungen. Einmal über die Entschließung, die mit 491 Ja-Stimmen bei 5 Enthaltungen angenommen wurde.

Die Abstimmung über den Vertrag wurde mit 248 Ja-Stimmen, 238 Enthaltungen, 10 Nein-Stimmen angenommen.

Der Vertrag hatte damit den Bundestag passiert.

Die Stimmenthaltungen waren ein Angebot von Franz Josef Strauß, in Abstimmung mit der Landesgruppe, unter der Voraussetzung, daß es keine Ja-Stimmen geben würde. Diese Abmachung wurde bedauerlicherweise nicht eingehalten. Trotz ernsthafter Zweifel an der Übereinstimmung des Vertrages mit dem Grundgesetz hat sich die Fraktion mit Mehrheit gegen die Anrufung des Bundesverfassungsgerichtes entschieden. Nach wie vor waren Strauß und die CSU sowie eine Anzahl von CDU-Abgeordneten der Überzeugung, der Vertrag gehöre zur Prüfung auf seine Verfassungsmäßigkeit vor das Bundesverfassungsgericht. Die Fraktion hatte zwar das Recht, das Verfassungsgericht anzurufen. Die Mehrheit der Fraktion war aber nicht bereit, den Weg nach Karlsruhe zu gehen.

Wenn der Moskauer Vertrag dennoch beim Bundesverfassungsgericht gelandet ist, so ist das ausschließlich ein Verdienst der CSU, noch präziser, das Verdienst der Bayerischen Staatsregierung und der Initiative von Strauß, Seidel und mir zu danken.

Zur Entscheidung der Staatsregierung wurden wir drei, Strauß und ich von der Landesgruppe und Seidel als Fraktionsvorsitzender, der Landtagsfraktion hinzugezogen. Die Bayerische Staatsregierung hat nach eingehender Diskussion bei Stimmengleichheit durch die Zustimmung des Ministerpräsidenten Goppel den Weg nach Karlsruhe zum Bundesverfassungsgericht freigemacht.

Urteil des Bundesverfassungsgerichtes zum Moskauer- und Polen-Vertrag – zusammengefaßt in den wesentlichen Teilen

Das Urteil des Bundesverfassungsgerichtes zur Klage der Bayerischen Staatsregierung hat den Moskauer Vertrag und den Vertrag mit Polen zwar nicht für verfassungswidrig erklärt. Sie hat aber die Auslegung der Verträge für alle Organe der Bundesrepublik Deutschland für verbindlich erklärt:

1. Das Deutsche Reich existiert fort: Es besitzt nach wie vor Rechtsfähigkeit.

2. Berlin ist ein Land der Bundesrepublik Deutschland. Diese Rechtsposition ist für alle Verfassungsorgane ohne Einschränkung geltend zu machen.

3. Das im Grundgesetz verankerte Wiedervereinigungsgebot bleibt unangetastet.

4. Ein deutscher Staatsangehöriger ist nicht nur der Bürger der Bundesrepublik. Auch der Bürger der DDR besitzt die deutsche Staatsangehörigkeit.

5. Mauer, Stacheldraht, Todesstreifen und Schießbefehl sind mit diesem Grundvertrag nicht vereinbar.

6. Die Grenze zwischen der Bundesrepublik Deutschland und der DDR ist keine völkerrechtliche Staatsgrenze. Sie ist eine innerdeutsche Grenze, wie z.B. zwischen Bayern und Baden-Württemberg.

Ich will mich damit auf die Urteilsgründe zu den Verträgen mit Polen und Moskau beschränken. Sie spielten bei der Wiedervereinigung eine ganz entscheidende Rolle. Ohne sie hätten die Bewohner der DDR nicht aus Ungarn und auch nicht aus Prag ausreisen und in die Bundesrepublik Deutschland einreisen können.

Patt – der Haushalt scheitert

Durch den Übertritt einiger Abgeordneter aus der Regierungsfraktion verlor die Bundesregierung am 28. April 1972 ihre Mehrheit. Bei der Abstimmung über den Haushalt war das Ergebnis 247 : 247, das bedeutete: Ablehnung.

Die Regierung mußte auf den Haushalt des Vorjahres, mehr schlecht als recht, zurückgreifen. Die im abgelehnten Haushalt vorgesehenen Vorhaben waren auf Eis gelegt. Ein solcher Zustand führte zum politischen Stillstand. Die Regierung war nicht mehr handlungsfähig.

Am Abend des 28. April 1972 hat Bundeskanzler Brandt die Spitzen der Fraktionen, der Koalition SPD/FDP und der Opposition CDU/CSU zu einem Gespräch in den Bundeskanzler-Bungalow eingeladen.

Anwesend waren: Barzel, Strauß, Schröder und ich von der Opposition und von der Koalition: Wehner, Schmidt, Schiller, Ehmke, sowie Scheel, Genscher und Mischnik.

Der Versuch, zu einer Übereinstimmung zu kommen, scheiterte. Innerhalb von wenigen Tagen kam der gleiche Kreis noch einmal im Kanzlerbungalow zusammen. Schon lange ging es bei diesem Treffen nicht nur um den materiellen Inhalt des Haushalts. Die Schwierigkeiten ergaben sich schon aus der Tatsache, daß mit dem Haushalt auch über die Politik des Bundeskanzlers zu entscheiden ist. Erschwerend kam noch eine recht unbedachte Äußerung des SPD-Politikers Wehner hinzu, der verkündete: „Wir brauchen die Opposition nicht." Das mag zwar nur eine Äußerung gewesen sein, sie förderte auf keinen Fall die Bereitschaft zur Zustimmung von Seiten der Opposition, zumal von Seiten der Regierung und der Koalitionsvertreter ein Entgegenkommen nicht zu erkennen war.

Die Beratungen zogen sich stundenlang hin. Die Ostpolitik der Regierung Brandt/Scheel warf ihre Schatten voraus. Bei einer Verhandlungspause habe ich mit Brandt gesprochen und ihm den Vorschlag gemacht, nachdem in diesem Kreis keine Einigung zu erwarten war, er solle doch mit Barzel ein Vier-Augen-Gespräch führen. Brandt war damit einverstanden.

Das Gespräch fand am 1. Mai 1972 im Amtssitz des Bundeskanzlers statt. Barzel hat mich nicht über die Tatsache und den Inhalt des Gespräches informiert. Wochen später erfuhr ich von Ehmke, daß das Gespräch am 1. Mai im Haus des Bundeskanzlers stattgefunden hatte. Brandt habe ihm (Ehmke) gesagt: „Das Gespräch ist skurril gewesen. Barzel wollte Bundeskanzler werden, dafür hat er angeboten, ich (Brandt) solle dann zum Bundespräsidenten gewählt werden. Von Heinemann könne man wohl eine Zustimmung bekommen." Ein dubioses Gespräch ohne Ergebnis!

Jetzt ging es darum, eine grundsätzliche Entscheidung herbeizuführen.

Das Mißtrauensvotum Barzel gegen Brandt am 27.4.1972

Am Freitag, dem 21. April 1972, verabschiedete ich mich, bevor ich ins Wochenende fuhr, von Dr. Barzel. Bei dieser Gelegenheit bat er mich, ich möchte darüber nachdenken, ob die Fraktion nächste Woche das Mißtrauensvotum gegen Bundeskanzler Brandt einbringen soll. Barzel schloß mit der Bemerkung: „Du hast große politische Erfahrung, dein Rat bedeutet mir viel."

Über das Wochenende habe ich mit einer ganzen Reihe potenter Leute gesprochen und die Erkenntnis gewonnen, daß Willy Brandt in sehr hohem Ansehen steht und viele nicht verstehen könnten, wenn er als Kanzler gestürzt würde. Dazu kam noch, daß ein großes Mißtrauen gegenüber jenen Abgeordneten bestand, die aus der FDP bzw. aus der SPD zur CDU übergetreten waren. Sie wurden als Verräter disqualifiziert.

Vom Wochenende zurück wollte ich Barzel meinen Eindruck von den Gesprächen, die ich mit einer Reihe von Personen geführt hatte, berichten. Dazu kam ich aber nicht, denn er teilte mir – ohne meine Meinung abzuwarten – seinen Entschluß mit: „Richard, ich habe mich entschlossen, ich trete diese Woche an."

Wie ich im Laufe der Woche erfuhr, hatten über das Wochenende eine Reihe von Gesprächen in der Wohnung von Barzel stattgefunden. Das Ergebnis war die Entscheidung zum Mißtrauensvotum.

Die Pattsituation einer Regierung ist die klassische Aufforderung an die Opposition zu handeln.

Das Grundgesetz hat dafür den Artikel 67 vorgesehen.
Am 24. April 1972 beschloß die Fraktion der CDU/CSU einstimmig, bei einer Stimmenthaltung, das Mißtrauensvotum nach Artikel 67 des Grundgesetzes einzubringen.

Der Antrag lautete:
„Der Bundestag wolle beschließen: Der Bundestag spricht Bundeskanzler Willy Brandt das Mißtrauen aus und wählt als seinen Nachfolger den Abgeordneten Dr. Rainer Barzel zum Bundeskanzler der Bundesrepublik Deutschland. Der Bundespräsident wird ersucht, Willy Brandt zu entlassen.“

Im Auftrag der CDU/CSU-Fraktion habe ich als stellvertretender Fraktionsvorsitzender dies der Presse bekanntgegeben.

Die Angehörigen der SPD-Fraktion haben sich bei der Abstimmung über den Mißtrauensantrag fast vollständig nicht an der Abstimmung beteiligt.

Wehner hatte, weil er nicht allen traute, die Weisung ausgegeben, sich an der Abstimmung nicht zu beteiligen. Nur einige „Auserwählte“ durften abstimmen.

Die Abstimmung fand, verbunden mit dem Namensausruf, geheim statt. Die Stimmen der CDU/CSU hätten zusammen mit denen der zur CDU/CSU Übergetretenen ein Ergebnis von 252 Stimmen ergeben müssen. Erforderlich waren 249 Stimmen. Da aber auf Barzel nur 247 Stimmen abgegeben wurden, war das Mißtrauensvotum gescheitert.

Wer von den 252 Abgeordneten Barzel nicht gewählt hat, wird wohl weitgehend ein Geheimnis bleiben.

Von einem Abgeordneten der CDU weiß man es, weil er selbst zugegeben hat, daß er mit 50.000 DM bestochen wurde. Dieser eines Parlamentes unwürdige Abgeordnete heißt Julius Steiner und stammt aus Baden Württemberg.
Es gab natürlich weitere Spekulationen, wer es noch hätte gewesen sein können, aber ohne Beweise hat die Nachforschung keinen Sinn.

Bundeskanzler Willy Brandt stellt die Vertrauensfrage 1972 und strebt Neuwahlen an

Das gescheiterte Mißtrauensvotum änderte an der Patt-Situation nichts. Bundeskanzler Brandt strebte nach Neuwahlen und stellte nach Artikel 68 Grundgesetz die Vertrauensfrage in der Hoffnung, zu verlieren. Um aber sicher zu gehen und erneut ein Patt zu vermeiden, haben die Minister des Kabinetts Brandt an der Abstimmung nicht teilgenommen. Damit war gesichert, unter Ausschöpfung des Artikels 68, die erwünschten Neuwahlen zu erreichen.

Das Ergebnis

Nach der gescheiterten Vertrauensfrage schlug Bundeskanzler Brandt dem Bundespräsidenten vor, den Deutschen Bundestag aufzulösen. Der Bundespräsident mußte nicht, er konnte aber dem Vorschlag des Bundeskanzlers entsprechen.

Aufgrund des gescheiterten Mißtrauensvotums und der Pattsituation bei der Abstimmung über den Haushalt entschied sich Bundespräsident Dr. Heinemann für die Auflösung des Bundestages.

Bundestagswahlen am 19. November 1972

Der Bundespräsident setzte die Neuwahlen auf den 19. November 1972 fest.

Das Verfahren gemäß 68 GG war damit eingeleitet und hatte folgendes Ergebnis:

CDU 35,2% (177 Mandate),
CSU 9,7% (48 Mandate).
Insgesamt hatten also CDU/CSU 225 Mandate.
SPD 45,8% (230 Mandate),
FDP 8,4% (41 Mandate).
Somit verfügten SPD und FDP zusammen über 271 Mandate.

Das Ergebnis war eine schwere Niederlage der CDU/CSU und ihres Kanzlerkandidaten Dr. Rainer Barzel.

Die Politik von Brandt in der Koalition SPD/FDP wurde mit großer Mehrheit bestätigt. Normalerweise eine komfortable Basis, auf der sich Politik in allen Bereichen sicher gestalten lassen würde.

Brandt wurde erneut zum Bundeskanzler gewählt. Die bisherige Koalition SPD und FDP wurde fortgesetzt. Abgegebene Stimmen 492, Ja-Stimmen 269, Nein-Stimmen 223. Keine Enthaltungen und keine ungültigen Stimmen.

Bei diesem Ergebnis, bei dem die SPD die stärkste Partei geworden war, konnte mir Strauß noch nachträglich dankbar sein, daß ich ihm abgeraten hatte, gegen Brandt zu kandidieren. Als er mich aufforderte, auf die CDU einzuwirken, damit er der Kanzlerkandidat für die Bundestagswahl 1972 würde, habe ich in richtiger Einschätzung seiner Chancen Strauß die Frage gestellt, ob er glaube, gegen Brandt gewinnen zu können? Er hat daraufhin eindeutig mit Nein geantwortet. Meine Antwort war darauf, warum er denn kandidieren wolle, wenn er selbst nicht an einen Erfolg glaube? Ich habe dann noch hinzugefügt, nur um zu kandidieren, damit man einmal das Gefühl gehabt hat, Kanzlerkandidat gewesen zu sein, mache doch keinen Sinn. Dieses Erlebnis könne er ruhig anderen überlassen.

Die SPD als stärkste Partei stellte nach der Geschäftsordnung und einem alten Brauch folgend, den Bundestagspräsidenten. Zum ersten Mal wurde eine Frau mit diesem Amt betraut.

Die SPD nominierte Frau Annemarie Renger. Sie erhielt im ersten Wahlgang die erforderliche absolute Mehrheit. Das Ergebnis lautete:

---

516 abgegebene Stimmen,
438 Ja-Stimmen,
30 Enthaltungen,
45 Nein-Stimmen und 3 ungültige Stimmen.

Ich kann zurückschauend anerkennend feststellen: Sie war eine sehr gute und korrekte Bundestagspräsidentin.

Willy Brandt scheitert.
Helmut Schmidt wird Bundeskanzler

Am 24. April 1974 wurde der auf Bundeskanzler Brandt angesetzte Spion Guillaume verhaftet.

Da ich dem Vertrauensgremium des Deutschen Bundestages angehörte, wurde ich mit dieser Enttarnung am gleichen Tag befaßt.

Auch heute noch bin ich der Meinung, daß im Falle Guillaume sehr fahrlässig gehandelt worden ist, sowohl als dieser noch bei der SPD in Hessen beschäftigt war, aber auch als er dann nach Bonn in das Bundeskanzleramt und dort dem Bundeskanzler Brandt vermittelt wurde. Ich bin weiter noch der Meinung, daß der Präsident des Amtes für Verfassungsschutz in Köln, Nollau, den ich in den Sitzungen des Vertrauensgremiums als unaufrichtigen Menschen kennengelernt hatte, sehr vertraulich mit Wehner hinter dem Rücken des Vertrauensgremiums zusammenarbeitete. Er und Wehner hatten das Material, das zum Rücktritt von Brandt geführt hat, zusammengetragen. Brandt schreibt später in seinem Buch „Erinnerungen" über Nollau, er und sein Kollege seien zu dem Schluß gekommen, jemand müsse den Bundeskanzler drängen ‚zurückzutreten.' Da müsse einer mit politischer und moralischer Autorität her. Er werde Wehner unterrichten.

Am 6. Mai 1974 wurden die Fraktionsvorsitzenden Carstens (CDU), ich (CSU) sowie Wehner (SPD) und Mischnik (FDP) zu einem Gespräch in das Bundeskanzleramt gebeten. Carstens und ich gingen, wie zu alten Zeiten, gemeinsam zu Fuß ins Palais Schaumburg.

Das Gespräch sollte in einem Besprechungszimmer im ersten Stock stattfinden. Carstens ging schon voraus, in dem Moment sah ich Bundeskanzler Brandt die andere Treppe herunterkommen.

Im Besprechungszimmer wurden Carstens und ich von Außenminister Walter Scheel begrüßt. Die Abgeordneten Wehner und Mischnik waren bereits anwesend. Außenminister Scheel entschuldigte den Bundeskanzler, der im Augenblick verhindert sei. Herrn Scheel wurde, noch bevor das Gespräch begann, von einer Vorzimmerdame die Mitteilung übergeben, daß die Sitzung auf morgen verlegt sei.

Der Hintergrund der Vertagung war: Brandt hatte bereits seinen Rücktritt dem Bundespräsidenten Heinemann schriftlich mitgeteilt. Da aber der Rücktrittsbrief den Bundespräsidenten noch nicht erreicht hatte, konnte Scheel die Mitteilung über den Rücktritt des Bundeskanzlers den Anwesenden noch nicht mitteilen. Ich bin überzeugt, Wehner und Mischnik waren bereits vorher unterrichtet worden.

Am 16. Mai 1974 wurde der bisherige Finanzminister Helmut Schmidt zum Bundeskanzler gewählt. Die neue Regierung wurde mit den gleichen Partnern unter Helmut Schmidt gebildet. Abstimmungsergebnis:

---

492 abgegebene Stimmen,
267 Ja-Stimmen,
225 Nein-Stimmen.

Soll die CSU den nächsten Bundestagspräsidenten stellen?

Im April 1975 besuchte der damalige Außenminister der Vereinigten Staaten von Amerika, Henry Kissinger, Deutschland. Er war im Schloß Gymnich, dem Gästehaus der Bundesregierung, untergebracht. Zu einem Gespräch hatte er den Parteivorsitzenden der CDU, Helmut Kohl, den Fraktionsvorsitzenden der CDU/CSU, Prof. Karl Carstens und mich als den Vorsitzenden der CSU-Landesgruppe eingeladen. Es war ein allgemeiner Meinungsaustausch über die Zusammenarbeit der Bundesrepublik Deutschland mit den Vereinigten Staaten von Amerika. Und da es keine Schwierigkeiten gab und keine Differenzen vorhanden waren, die ausgeräumt werden mußten, war es ein Gespräch unter Freunden. Man bezeichnet das im allgemeinen als Pflege zwischenmenschlicher Beziehungen. Und das ist unter den Politikern verschiedener Staaten besonders wichtig. Zum Abschluß fragte mich Herr Kissinger, der ja wußte, daß ich aus dem fränkischen Raum komme: „Wie hat der 1. FC Nürnberg gespielt?“ Ich konnte ihm leider keine erfreulichen Ergebnisse mitteilen. Von der Spielvereinigung Fürth, in der Henry Kissinger in seiner Jugend aktiv gespielt hatte, war nicht ernsthaft die Rede, denn dieser Verein war weit abgesackt.

Wir verabschiedeten uns, wünschten uns gegenseitig für die Zukunft alles Gute und hofften auf ein baldiges Wiedersehen.

Auf der Rückfahrt lud Prof. Carstens ganz überraschend Helmut Kohl und mich zu einem Glas Wein in sein Haus ein. Mich verband mit Prof. Carstens ein enges Vertrauensverhältnis, das weit über das dienstliche hinausging. Er besuchte mich auch mehrmals in meinem Haus in Weißenburg. Aber nie habe ich erlebt, daß er einen Politiker in sein Haus in Meckenheim eingeladen hätte. Er hat mir gegenüber einmal bemerkt: „Wenn ich die Schwelle meines Hauses überschritten habe, dann bin ich zu Hause und nicht mehr in der Politik.“ Er meinte:

„Selbstverständlich kann man mich immer telefonisch erreichen. Und wenn es wichtige Nachrichten sind, überbringt sie mir ein Bote. Im übrigen gehören diese Abendstunden, die meist in vorgerückter Stunde überhaupt noch möglich sind, meiner Frau und mir." Kinder hatte das Ehepaar Carstens nicht. Da ich diese Einstellung von Prof. Carstens kannte, war ich über die spontane Einladung in sein Haus besonders überrascht, ja ich fand sie außergewöhnlich.

Wir wurden bei unserem Eintreffen von seiner Frau herzlich begrüßt. Ich erkannte an den bereits getroffenen Vorbereitungen: Dieser Besuch ist nicht zufällig und kommt nicht aus dem Augenblick heraus, sondern ist wohl geplant. Ich war daher gespannt, was an diesem Abend besprochen werden sollte.

Helmut Kohl begann das Gespräch damit, daß er uns die Frage zu überlegen gab, wie wir uns eine neue Oppositionsstrategie gegenüber der neuen Regierung von Helmut Schmidt vorstellen. Uns war klar, bei der Regierung von Helmut Schmidt wird die Wirtschaftspolitik und die Finanzpolitik einen höheren Stellenwert haben, als bei der vorherigen Regierung unter Willy Brandt. Wir waren uns auch einig, bei der nächsten Fraktionsvorstandssitzung wollten wir konkret die Schwerpunkte der Wirtschafts- und Finanzpolitik fixieren und die einzelnen Aufgaben den federführenden Arbeitskreisen zuweisen. Da im Augenblick nichts Konkreteres dazu zu besprechen war, begann Kohl mit einem ganz neuen Thema.

Ich fasse das Gespräch im Kern zusammen:
Kohl sagte mir, und das auch im Namen von Carstens, daß sie sich überlegt hätten, es wäre an der Zeit, wenn die CSU unter den vier Positionen, die man als die Kronpositionen der Bundesrepublik bezeichnet, vertreten wäre. Unter den vieren verstand man den Bundespräsidenten, den Bundestagspräsidenten, den Bundeskanzler und den Präsidenten des Bundesverfassungsgerichts. In allen vier Positionen war die CSU nicht vertreten. Es bestand daher die Absicht, von seiten

der CDU, nach den Bundestagswahlen 1976 das Amt des Bundestagspräsidenten der CSU anzubieten. Man ging davon aus, die CDU/CSU würde nach der Wahl wieder die stärkste Fraktion im Bundestag sein. Damit bestand für die CDU/CSU auch die Möglichkeit, den Bundestagspräsidenten zu stellen. Carstens und Kohl waren der Meinung, ich hätte langjährige parlamentarische Erfahrungen und würde mit Sicherheit auch von den anderen Fraktionen im Bundestag unterstützt werden. „Das also war des Pudels Kern."

Auf meine Frage, ob sie darüber mit Franz Josef Strauß gesprochen hätten, oder ob dieses Angebot vorerst noch unter Verschluß bleiben sollte, waren sie der Ansicht, Franz Josef Strauß sollte ich informieren. Denn, so war ihre Meinung, wenn sie diesen Vorschlag machten, sähe Strauß sofort darin eine Intrige, die er wahrscheinlich als heimtückisch gegen sich gerichtet bezeichnen würde.

Ich habe für mich gedacht: „Dieses Angebot ist auch tatsächlich nichts anderes als ein gezielter Vorschlag, der Strauß treffen soll. Man wollte einen CSU-Mann in diese Viererposition wählen, damit der Anspruch der CSU, nach 26 Jahren endlich in dieser Position vertreten zu sein, erfüllt wäre. Damit sollte die Bewerbung von Strauß als Kanzlerkandidat für 1976, die man ja voraussehen konnte, zumindest erschwert, wenn nicht sogar abgewendet werden. Ich habe mich nicht weiter dazu geäußert, habe aber zugesagt, daß ich ihnen die Meinung von Franz Josef Strauß zur gegebenen Zeit mitteilen werde. Damit ging die abendliche Einladung bei Carstens zu Ende.

1975, nach einer Parteivorstandssitzung, hatte ich mich mit Strauß zu einem Vier-Augen-Gespräch verabredet. Mein Vorschlag war:
„Wir treffen uns zu diesem Gespräch im ‚Franziskaner' in München." Ich habe deshalb den „Franziskaner" vorgeschlagen, weil ich wußte, wir bekommen ein geeignetes Nebenzimmer für unser Gespräch. Außerdem gab es dort zu dieser Jahreszeit ganz ausgezeichnete Steinpilzgerichte.

Ich informierte Strauß über das Gespräch mit Kohl und Carstens. Kaum war ich mit meinem Bericht zu Ende, reagierte Strauß sofort, wie ich es nicht anders erwartet hatte, und sagte: „Das kannst du unter gar keinen Umständen annehmen, denn was die Brüder bezwecken, liegt klar auf der Hand: Sie wollen damit meine Bewerbung um die Kanzlerkandidatur von vornherein unterbinden und dies mit dem Argument, die CSU sei ja schon in den höchsten Positionen unserer Republik vertreten.“ Strauß fügte dann noch hinzu: „Du mußt ablehnen, du wirst nicht Bundestagspräsident, du wirst Bundespräsident.“ Worauf ich zu ihm sagte: „Lieber Franz Josef, laß doch solche Gedanken beiseite.“ Ich habe mir dabei gedacht: „Dieses Angebot von Strauß ist genau so ‚ehrlich' wie das von Kohl und Carstens.“ Strauß sagte dann, um bei mir keine Enttäuschung hochkommen zu lassen: „Über die Frage, wer der nächste Bundestagspräsident werden soll, werden wir von der CSU zu gegebener Zeit entscheiden, und da kommt kein anderer in Frage als du.“

Mir war klar, Strauß werde unter allen Umständen meine Wahl in die Viererposition verhindern, denn er wollte keinesfalls, daß die CDU begründete Vorbehalte für seine Kandidatur aufbauen könnte. Die Landesgruppe der CSU, unterstützt von den CSU-Mitgliedern des Bayerischen Landtags und den CSU-Parteivorständen, hatte sich für die Kanzlerkandidatur von Strauß für 1976 eingesetzt. Aber alle Bemühungen sind an der Erklärung der FDP gescheitert, denn sie war nicht bereit, sich an einer Regierung unter Strauß als Bundeskanzler zu beteiligen.

Bundestagswahl 1976

Da bei der Bundestagswahl 1976 keine absolute Mehrheit für die CDU/CSU zu erwarten war, war die CDU/CSU auf einen Koalitionspartner angewiesen. Wenn man nicht erneut eine große Koalition wollte, konnte es nur die FDP sein. Sie stand aber weder bei einer Regierung Strauß noch bei einem Kanzler Kohl zur Verfügung, was sie nach der Bundestagswahl 1976 bewiesen hat.

Das Ergebnis der Wahl war das zweitbeste, das die CDU/CSU jemals erreicht hat. Es reichte jedoch nicht zu einer Regierungsbildung, da die FDP sich nicht von der SPD trennen wollte.

Ergebnis der Bundestagswahl 1976:

CDU 38,3% (190 Mandate),
CSU 10,7% (53 Mandate),
CDU/CSU zusammen 243 Mandate.
SPD 42,6% (214 Mandate),
FDP 7,9% (39 Mandate),
zusammen SPD/FDP 253 Mandate.

Die CDU/CSU war mit einem guten Vorsprung stärkste Partei geworden.

Nun stand nach alter Tradition die CDU/CSU vor der Aufgabe, für die Legislaturperiode von 1976 bis 1980 einen Kandidaten für das Amt des Bundestagspräsidenten vorzuschlagen. Ich erinnerte mich an das Angebot, das Helmut Kohl und Karl Carstens 1975 bei dem Gespräch im Haus Carstens gemacht hatten und fragte Carstens, ob sie noch zu ihrem Vorschlag stünden. Da erklärte er mir: „Herr Stücklen, Herr Strauß ist dagegen, daß Sie Bundestagspräsident werden.“ Da ich wußte, was und wer dahintersteckte, habe ich mich auch nicht weiter um die Einhaltung des damals gegebenen Versprechens bemüht.

Da Strauß 1976 als Kanzlerkandidat nicht zum Zuge kam, gingen seine Überlegungen bereits auf die nächste Bundestagswahl von 1980 zu. Dabei war es ihm sehr recht, wenn bis zu diesem Zeitpunkt auch weiterhin kein CSU-Abgeordneter in einer Führungsposition der Vier vertreten war.

Zu Beginn der Legislaturperiode von 1976 stand auch die Neuwahl des Vorsitzenden der Landesgruppe der CSU an. Obwohl es viele Kollegen in der Landesgruppe gab, die mich bedrängten, erneut als Vorsitzender für die Landesgruppe zur Verfügung zu stehen, habe ich eine Kandidatur abgelehnt.

Bereits 1972 hatte sich Franz Josef Strauß intensiv bemüht, meine Kandidatur zum Vorsitzenden der Landesgruppe zu verhindern. Er wollte Dr. Fritz Zimmermann durchsetzen. Es mißlang gründlich. Bei der Abstimmung 1972 bekam ich in geheimer Wahl zwei Drittel und Fritz Zimmermann ein Drittel der Stimmen.

Strauß war der Meinung, daß ich mich viel zu sehr mit der CDU verbunden fühlte und eine öffentliche Auseinandersetzung mit der CDU ablehnte. Gegen diesen Vorwurf gab es bei mir keinen Widerspruch.

Daher war er der Ansicht, daß ein Vorsitzender Fritz Zimmermann mit mehr Nachdruck, und ohne auf die CDU Rücksicht zu nehmen, die Kandidatur von Strauß im Jahr 1980 angehen würde. In diesem Punkt mag Strauß durchaus recht gehabt haben, obwohl ich 1976 mit allem Nachdruck und großer Hartnäckigkeit alles Legale versucht habe, um Strauß statt Kohl als Kanzlerkandidaten durchzusetzen. Die Mehrheit der Fraktion war allerdings der Meinung und ließ sich auch nicht umstimmen, Kohl habe 1976 größere Chancen für die CDU/CSU als Strauß.

Für ihre getroffene Entscheidung zugunsten Kohls und gegen Strauß mußte allerdings die CDU eine Erklärung abgeben, in der festgestellt wurde:

„Selbstverständlich hat der Vorsitzende der Christlich Sozialen Union, Franz Josef Strauß, alle Voraussetzungen, um erfolgreicher Kanzler zu sein.“ Damit hatte sich Franz Josef Strauß, wenn auch schweren Herzens, abgefunden und hat den Wahlkampf 1976 mit großem Einsatz für Kohl geführt.

Das zweite Kabinett unter Helmut Schmidt 1976

Das zweite Kabinett Schmidt hatte die gleichen Probleme wie das vorherige: Preissteigerungen, steigende Arbeitslosigkeit und Haushaltsdefizite. Die Feststellung des Bundeskanzlers: „Lieber 5% Preissteigerung als 5% Arbeitslosigkeit“ stimmte allein schon deshalb nicht, weil beide, „Preissteigerung“ und „Arbeitslosigkeit“, in einem Kausalzusammenhang stehen.

Dazu kam die radikale Entwicklung im Inneren durch terroristische Organisationen wie die „Rote-Armee-Fraktion“, die zur Ermordung des Generalbundesanwaltes Siegfried Buback, des Vorstandssprechers Jürgen Ponto, des Präsidenten der Bundesvereinigung der Arbeitgeberverbände und des Bundesverbandes der Deutschen Industrie, Hanns Martin Schleyer und zur Entführung des Lufthansa-Flugzeugs „Landshut“ sowie zu weiteren schweren Straftaten führte.

Hinzu kamen noch sicherheitspolitische Entscheidungen: Stichwort NATO-Doppelbeschluß – die emotionale Vorbehalte mit sich brachten. Das Problem der Nachrüstung war eine Antwort der USA auf die Bedrohung durch die Sowjetunion mit Mittelstreckenraketen des Typs SS-20. Zur Abwehr der Bedrohung entwickelten die USA die Mittelstreckenraketen vom Typ Pershing II. Diese Fragen konnte Bundeskanzler Schmidt deshalb nicht lösen, weil er von Seiten seiner eigenen Partei wenig oder keine Unterstützung bekam.

Ich gebe zu, daß kaum ein Bundeskanzler vor oder nach Schmidt so viele Schwierigkeiten zu bewältigen hatte.

Der „Mythos“ von Wildbad Kreuth

Wenn die CDU/CSU nach Regierungsverantwortung strebt, und das muß sie, es sei denn sie gibt sich selbst auf, dann ist eine absolute Mehrheit erforderlich oder ein Koalitionspartner steht zur Verfügung.

Bei den Bundestagswahlen 1976 hat die CDU/CSU mit dem Kanzlerkandidaten Kohl/CDU 38,3% und CSU 10,7% = 49,0% erzielt. Trotzdem kam sie nicht an die Regierung, weil die FDP sich verweigerte. Während die SPD bei 43,2%, mit Hilfe der FDP 7,9% = 51,1% weiter die Regierung bilden konnte.

Es liegt doch nahe, daß die CSU sich bei der Klausurtagung in Wildbad Kreuth 1976 Gedanken machte, mit welchen legalen Mitteln erreichen wir die fehlenden 1,1%, die zur Regierungsbildung noch erforderlich sind.

Die Diskussion hatte mit einem von langer Hand vorbereiteten Komplott nichts zu tun, wie die CDU-Führung unterstellte. Daß es zu dem Beschluß der Trennung von der Fraktionsgemeinschaft kam, ist doch ein Beweis dafür, es war nichts abgesprochen und daher auch nichts vorbereitet und deshalb konnte kein Erfolg erreicht werden.

Die Diskussion war umfassend und hat auch die Überlegung mit einbezogen, ob die CSU, wenn sie in einem oder mehreren Ländern neben der CDU kandidiert, den Prozentsatz auf 50,1% erhöhen kann.

Der Fehler, der gemacht wurde, bestand darin, die Durchführung einer solchen Überlegung ohne Vorbereitung mit der eigenen Partei und mit der CDU-Führung abgestimmt zu haben. Ich habe vor der Beschlußfassung folgendes festgestellt:

„Die CSU als Partei ist völlig unvorbereitet, sie wird kalt erwischt." Der Parteivositzende Franz Josef Strauß, der die Brisanz meiner Feststellung sofort erkannte, fragte den neben ihm sitzenden Generalsekretär Gerold Tandler, wie er die Situation einschätze.
Er antwortete: „Das ziehen wir durch." Ohne weitere Diskussion wurde geheim abgestimmt. Das Ergebnis: 30 Ja- und 19 Nein-Stimmen.

Wenn ich jetzt zur Klausurtagung im November 1976 Stellung nehme, so deshalb, weil einiges richtiggestellt werden muß.

Erstens: Es bestand weder ein Komplott noch irgend eine Absprache, den Beschluß betreffend.

Zweitens: Der Trennungsbeschluß rechtfertigt in keiner Weise die Bezeichnung „Mythos."

Man muß Fritz Zimmermann ein großes Kompliment machen, daß es ihm gelungen ist, aus einem kopflosen Beschluß einen Mythos zu kreieren.

Mit dem Beschluß, der zur Kapitulation vor der CDU geführt hatte, eine neue Zeitrechnung einzuführen, ist durch nichts gerechtfertigt. Die Landesgruppe hatte nicht den geringsten Grund, die 17 Jahre ihres Wirkens seit 1949 zu unterschlagen und die Klausurtagungen der ersten Jahre im Schloß unseres Kollegen Fürst Fugger von Glött in Kirchheim oder die Tagungen von Banz einer mißlungenen Klausurtagung in Wildbad Kreuth unterzuordnen. Die Landesgruppe hatte genügend Substanz, um von Presse und Fernsehen beachtet zu werden.

Der Landesvorsitzende Michael Glos vertritt die 50jährige Geschichte der Landesgruppe und nicht nur die Tagungen in Wildbad Kreuth. Wie ich Glos einschätze, ist er sich dessen auch bewußt.

Wie sah nun das Ende unseres „glorreichen" Beschlusses vom 19. November 1976 aus:

Der Landesgruppenvorsitzende Zimmermann wollte umgehend den Parteivorsitzenden der CDU Helmut Kohl über den Trennungsbeschluß informieren. Es war aber keine Telefonleitung frei, oh wie peinlich, Zimmermann hat sich auch dafür nachträglich entschuldigt, weil Kohl das Ergebnis über die Presse erfahren mußte. Da war natürlich der Teufel los.

In der Zentrale in Bonn wurden unverzüglich Pläne entwickelt und der CSU wurde gedroht, in Bayern einzumarschieren. Der Gedanke, es könnte ein zweites 1866 Wirklichkeit werden, war furchterregend. Aber denen aus dem Norden, den Nachfahren der Preußen, wurde nachgesagt, sie schössen nicht so schnell.

Als zur Entscheidung vom 19.11.1976 ein ernsthafter Gegenwind aus den eigenen Reihen sich zu einem Sturm zu entwickeln drohte, ließ man den Beschluß wie eine Seifenblase platzen. Bei der Zusammenkunft der Landesvorstandschaft der CSU mit den Kreisvorsitzenden am 27. November 1976 in den Räumen der Landesleitung saßen Fritz Zimmermann und ich nebeneinander. Ohne vorherige Absprache mit dem CSU-Landesgruppenvorsitzenden Zimmermann verlas der Parteivorsitzende Strauß eine Kapitulationsbotschaft an die Adresse des CDU-Oberhäuptlings Kohl. War es fehlender Mut oder rechtzeitig erwachter Instinkt?

Ich meine, von beidem etwas. Damit waren die Friedensverhandlungen eingeleitet. In der Baden-Württembergischen Landesvertretung wurde die Einheit zwischen CDU und CSU wiederhergestellt.

Wenn Kohl den Mut gehabt hätte zu einer CDU in Bayern, so hätte er sich aus der Umklammerung der FDP befreien können. Die CSU wäre dann zum Ausgleich in einigen Ländern, z.B. Niedersachsen und Schleswig-Holstein, aufgetreten. Das wäre die Konzeption Adenauers von 1955 gewesen. Heute hätten wir eine andere politische Landschaft.

Die Phantasie reicht kaum aus, alle Möglichkeiten aufzuzählen. Eine große Chance der deutschen Nachkriegspolitik wurde verspielt.

Ebenso kann ich die Frage aufwerfen, warum ist Strauß so schnell in die Knie gegangen? Ich will die Antwort geben: es fehlten ihm der Mut und das Selbstvertrauen. Die starken Worte aus Passau reichen eben nicht aus. Ich meine, unsere Getreuen aus den anderen Bundesländern sehen in Passau nicht eine Botschaft, sondern mehr eine Gaudi. Das allein aber darf Passau nicht sein. Noch ist es nicht zu spät zum politischen Handeln. Ein Fallschirmspringer darf uns nicht den Nasenring einziehen dürfen.

Die neue Vereinbarung zwischen CDU und CSU: die Fraktionsgemeinschaft wird fortgesetzt. Die CSU erhält etwas mehr Geld aus den Mitteln, die alle Fraktionen vom Bundestag erhalten.

Meine Wahl zum Bundesvizepräsidenten 1976

Da nach der Wahl zum 8. Deutschen Bundestag am 3. Oktober 1976 für die CSU aus den geschilderten Gründen die Besetzung des Bundestagspräsidentenstuhls nicht in Frage kam, hat sich „notgedrungen" der Fraktionsvorsitzende, Prof. Carstens zur Verfügung gestellt. Karl Carstens wurde dem Bundestag als Kandidat für diese Position vorgeschlagen und erwartungsgemäß auch mit gutem Ergebnis im ersten Wahlgang gewählt:

Abgegebene Stimmen 516,
davon für Karl Carstens (CDU/CSU) 346 Ja-Stimmen,
110 Nein-Stimmen,
24 Enthaltungen,
36 ungültige Stimmen.

Da ich nicht mehr bereit war, erneut den Vorsitz der Landesgruppe der CSU zu übernehmen, wurde mir die Position des Vizepräsidenten angeboten. Die CDU/CSU-Fraktion hat diesen Vorschlag übernommen und mich dem Bundestag vorgeschlagen.

Als eine der unumstrittensten Regeln in der Politik gilt, daß man Ämter, in die man gewählt wurde, nur auf Zeit einnimmt. Es gibt keine Erbhöfe. Eine Beendigung, eine Ablösung oder eine anderweitige Verwendung im Rahmen der parlamentarischen Demokratie ist, wenn sie ehrenhaft und sachdienlich erfolgt, keinesfalls eine Diskriminierung für den Betroffenen. Ich habe mich im Präsidium sehr wohl gefühlt.

In einem festgelegten Rhythmus haben die Vizepräsidenten die Leitung des Plenums zu übernehmen. In dieser Eigenschaft waren sie mit gleichen Rechten und Pflichten wie der Präsident ausgestattet.

Präsident der Bundesversammlung am 23. Mai 1979

Im Mai 1979 wurde die Neuwahl eines Bundespräsidenten deshalb fällig, weil die bisherige Koalition, die den Bundespräsidenten Walter Scheel getragen hat, keine Mehrheit in der Bundesversammlung hatte. Deshalb kam auch eine mögliche zweite Wahlperiode für Walter Scheel nicht in Frage.

Die Bundesversammlung, das höchste Gremium der parlamentarischen Demokratie, ist nur für eine einzige Aufgabe zuständig: sie muß den Bundespräsidenten wählen. Die Bundesversammlung besteht aus den Mitgliedern des Deutschen Bundestages und einer gleich großen Zahl von Vertretern der Länder. Die Länder, je nach Stärke, wählen ihre Wahlmänner bzw. -frauen für die Bundesversammlung. Da die CDU/CSU-Fraktion den Bundestagspräsidenten Prof. Carstens als Kandidaten für die Wahl zum Bundespräsidenten benannt hatte, konnte er nicht auch gleichzeitig Präsident der Bundesversammlung sein. Die SPD schlug ebenfalls ein Mitglied aus dem Präsidium des Deutschen Bundestages, nämlich die Vizepräsidentin, Frau Annemarie Renger, als Kandidatin für die Wahl zur Bundespräsidentin vor. Damit fiel auch Frau Renger als Präsidentin der Bundesversammlung aus.

Als nächster mußte dann der 2. Stellvertreter des Bundestagspräsidenten, der wiederum aus der stärksten Fraktion des Deutschen Bundestages kam, der CDU/CSU, diese Aufgabe übernehmen. Sie fiel mir zu.

Es war üblich, bei Beginn der Bundesversammlung die Mitglieder dieser Versammlung, das Diplomatische Corps und die Gäste, die zu dieser bedeutsamen Veranstaltung eingeladen waren, zu begrüßen. Der jeweilige Präsident der Bundesversammlung hat darüber hinaus auch eine aktuelle, zeitgemäße Rede zu halten.

Diese Rede ist im stenographischen Bericht des Deutschen Bundestages vom 23. Mai 1979 veröffentlicht.

Die Vorschläge zur Wahl des Bundespräsidenten mußten schriftlich eingereicht werden. Da war einmal der Vorschlag der CDU/CSU, Professor Carstens als Bundespräsidenten zu wählen, zum anderen hatte die SPD ebenfalls schriftlich Annemarie Renger als Kandidatin vorgeschlagen. Über diese Vorschläge, so sieht es die Geschäftsordnung vor, gibt es bei der Bundespräsidentenwahl keine Aussprache. Für die Stimmabgabe wurden die Einzelheiten bekanntgegeben. Die Stimmzettel wurden verteilt und der Namensaufruf zur geheimen Abstimmung konnte beginnen. Die Auszählung der Stimmen dauerte ungefähr eineinhalb Stunden.
Ergebnis der Wahl des Bundespräsidenten 1979:

Abgegebene Stimmen 1032.
Gültige Stimmen 1031.
Für Karl Carstens 528 Stimmen,
für Annemarie Renger 431 Stimmen,
Enthaltungen 72.

Prof. Carstens bekam die absolute Mehrheit und war damit zum neuen Bundespräsidenten gewählt.

Auf Befragen nahm Prof. Carstens die Wahl an. Im Anschluß daran hielt er seine Antrittsrede.

7. Bundesversammlung der Bundesrepublik Deutschland

Bonn, Mittwoch den 23. Mai 1979

Stenographischer Bericht, Beginn: 10.02 Uhr

Vizepräsident Stücklen:
Meine sehr verehrten Damen und Herren!

Ich erkläre die 7. Bundesversammlung zur Wahl des fünften Bundespräsidenten der Bundesrepublik Deutschland für eröffnet und heiße die Mitglieder der Bundesversammlung, die Botschafter und Vertreter der ausländischen Missionen, die Gäste aus dem In- und Ausland sowie die Vertreter des Bundesrates und der Länder der Bundesrepublik recht herzlich willkommen. Ich begrüße auch alle Gäste, die heute hier in der Beethovenhalle an diesem Wahlakt teilnehmen. Ich begrüße vor allen Dingen auch alle diejenigen, die über Rundfunk und Fernsehen durch Hören und Sehen aus der Ferne mit an diesem Wahlakt teilnehmen können.

Wir bedauern, daß die derzeitigen politischen Verhältnisse es nicht ermöglichen, diese Bundesversammlung in Berlin abzuhalten.
(Anhaltender Beifall)

Wir senden von dieser Stelle in aufrichtiger Verbundenheit und Herzlichkeit unsere Grüße nach Berlin und hoffen, daß uns die Geschichte die Gnade schenkt, daß die Stadt Berlin wieder einmal die Hauptstadt eines einigen und freien Deutschlands sein wird.
(Lebhafter Beifall)

Die Bundesversammlung ist von unserer Verfassung allein und ausschließlich dazu bestimmt, das Staatsoberhaupt, den Bundespräsidenten, zu wählen.

Sie ist diesmal auf den ***30. Jahrestag der Verkündung des Grundgesetzes,*** also auf einen Tag von geschichtlichem Symbolwert, einberufen worden. Heute vor 30 Jahren, am 23. Mai 1949, um 16 Uhr, begann hier in Bonn die letzte Sitzung des Parlamentarischen Rates, auf der seine Präsidenten Adenauer, Schönfelder und Schäfer das von ihm am 8. Mai beschlossene und danach auch von den Volksvertretungen der Länder mit der erforderlichen Mehrheit angenommene Grundgesetz für die Bundesrepublik Deutschland ausfertigten. Unmittelbar anschließend wurde es im Bundesgesetzblatt verkündet.

Die Bedeutung dieses Aktes läßt sich für uns heute aus der Erfahrung dieser 30 Jahre noch weit besser ermessen als aus der unmittelbaren Gegenwart des damaligen Tages. Dieser Tag der Verkündung des Grundgesetzes wurde zum Startzeichen für den Wiederbeginn des eigenstaatlichen Lebens, bei uns von der Öffentlichkeit begrüßt als die konkrete Aussicht auf schrittweise Rückkehr zur politischen Selbstbestimmung, als eine gute Chance, bei uns in Deutschland wieder die Demokratie einzubürgern mit ihren Attributen der politischen und bürgerlichen Freiheit, der Rechtsstaatlichkeit, der Begrenzung und öffentlichen Kontrolle jeglicher politischer Macht, der Verhinderung staatlicher Willkür und der Erwartungen einer staatlichen Tätigkeit im Dienste einer Idee, der sozialen Gerechtigkeit und des sozialen Ausgleichs.

Was damals erst Gegenstand von Hoffnungen und Erwartungen war, ist längst alltägliche und selbstverständliche Praxis geworden. Niemand vermag zu bestreiten, daß unsere Verfassung nicht nur vom Anspruch her, sondern in ihrer lebendigen Wirklichkeit eine ***Verfassung der Freiheit*** ist,

(Beifall)

eine Verfassung der Freiheit, die keinen Vergleich mit den freiheitlichsten Verfassungsordnungen der Geschichte und der Gegenwart, welche man auch immer nehmen will, zu scheuen braucht.

(Erneuter Beifall)

Was das ***demokratische Leben*** anbetrifft, so hat sich hier auf den verschiedenen Ebenen der staatlichen und kommunalen Tätigkeit eine Mannigfaltigkeit an aktiver Teilnahme der Bürger entwickelt, die weit über das Maß hinausgeht, das man aus der bloßen Kenntnis des Textes unserer Verfassung erwarten konnte.

Die vom Grundgesetz geschaffene ***institutionelle Ordnung,*** ihre Aufteilung von Aufgaben und Kompetenzen auf die verschiedenen Organe der Verfassung hat sich bewährt und als leistungsfähig und stabil erwiesen.

Das bestehende ***Spannungsverhältnis zwischen Bund und Ländern,*** das sicher manche Reibungen und auch Reibungsverluste erzeugen mag, hat eine fruchtbare und konstruktive Wirkung gezeigt.

Schließlich aber ist auch die Übereinstimmung zu nennen, die die maßgebenden politischen Kräfte im Parlamentarischen Rat herausbildeten, zu denen im übrigen vor allem die ***politischen Parteien*** gehörten, die auch heute noch in Bund und Ländern die ***Träger des politischen Lebens*** sind.

Es ist das große Verdienst der Väter unserer Verfassung, die Verbindlichkeit dieser auf einem Grundkonsens beruhenden Wertbindung so deutlich in die Verfassung hineingeschrieben zu haben, daß es unmöglich war und auch in Zukunft nicht möglich sein kann, die von ihr gewährte Freiheit mit der bloßen Ungebundenheit und Bindungslosigkeit zu verwechseln.

Wirtschaft und Gesellschaft haben die Chance der Freiheit zu nutzen gewußt und zugleich die materiellen Grundlagen geschaffen für die Erfüllung des Anspruchs auf Solidarität und soziale Gerechtigkeit.

Mit dieser Verfassung hat sich unser Land wieder der ***Tradition und Lebenswelt Europas*** zugewandt, zu der es ja eigentlich immer gehört hat und aus der es nur gelegentlich, am radikalsten allerdings unter dem Nationalsozialismus, auszubrechen versuchte.

Kernelemente dieser Lebensordnung sind das Bekenntnis zu den Grund- und Menschenrechten, zu einem freien, vom einzelnen selbst zu bestimmenden und zu verantwortenden Leben, zur Freiheit des Geistes, des Glaubens und des Denkens.

Zu dieser Lebensordnung gehört allerdings auch, daß die Gemeinschaft in den für sie zu erbringenden Leistungen auf ein hohes Maß an Freiwilligkeit ihrer ***Bürger*** angewiesen ist. Es gibt aber keine Freiheit ohne die Bereitschaft zum Risiko, und es kann auch kein auf Freiwilligkeit, beruhendes Gemeinwesen geben, dessen Bürger sich nicht auch ihrer ***persönlichen Verantwortung für die Allgemeinheit,*** für das Gemeinwohl bewußt sind.

Auch in unseren Tagen, in denen sich in den Augen mancher die Risiken der Zukunft allzu drohend aufzutürmen scheinen, sollte nicht versäumt werden, an diese einfachen Wahrheiten über die fundamentalen Bedingungen der Freiheit zu erinnern.

Die Aufgaben des Tages stellen sich aus den Problemen der Zeit, und sie erfordern wie in den drei zurückliegenden Jahrzehnten unsere Kraft, unsere Energie und unseren Einsatz. Vor allem aber erfordern sie Vertrauen zu uns selbst. Zu diesem Vertrauen aber berechtigt uns die Gewißheit, daß wir in den vergangenen drei Jahrzehnten den Platz in der Gemeinschaft der freien Völker Europas gemäß unserer geistigen Tradition und unserer Geschichte wiedergefunden haben. Es ist unsere Aufgabe, dieses Erbe zu sichern und zu erhalten – nicht für uns allein, sondern auch für den Teil unseres Volkes, unserer Nation, der, nicht aus eigener Schuld und eigenem Willen, noch heute davon ausgeschlossen ist.

(Lebhafter Beifall)

Gerade angesichts dieser für uns schmerzhaften Tatsache der ungelösten nationalen Frage sollten wir uns den vor uns liegenden Aufgaben nicht ohne das Bewußtsein zuwenden, dankbar sein zu müssen für die uns geschenkten Jahrzehnte gesicherter Entwicklung in Freiheit und Frieden und in einer Gemeinschaft der freien Völker.

Mit Beharrlichkeit, mit Mut, mit Selbstvertrauen und mit Gottes Hilfe in eine friedvolle Zukunft!
(Lebhafter Beifall)

Vizepräsident Dr. Schmitt-Vockenhausen:
Meine Damen und Herren,
ich gebe das Ergebnis der Wahl bekannt.

Die Zahl der Mitglieder der Bundesversammlung beträgt 1.036. Es sind 1.032 Stimmen abgegeben worden. Die vier fehlenden Stimmen betreffen vier erkrankte Mitglieder des Deutschen Bundestages. Herr Kollege Hofmann (Kronach) erlitt noch heute morgen einen Herzinfarkt und konnte deswegen an der Wahlhandlung nicht teilnehmen.

Ich darf ihm im Namen der Versammlung die besten Grüße und Wünsche zur Genesung übermitteln.
(Beifall)

Es wurden 1.031 gültige Stimmen abgegeben, für Herrn Karl Carstens 528 Stimmen.
(Langanhaltender stürmischer Beifall bei der CDU/CSU. Die CDU/CSU-Mitglieder der Bundesversammlung erheben sich – Vizepräsident Frau Renger und zahlreiche weitere Mitglieder der Bundesversammlung beglückwünschen Präsident Carstens zur Wahl)

Geburtstagsempfang bei Marianne und Franz Josef Strauß.

Mit Bundespräsident Heinrich Lübke. Überreichung der Wohlfahrtsmarken 1960.

Mit den Bundespräsidenten: Richard von Weizsäcker und Roman Herzog.

Abendessen beim Bundeskanzler Helmut Schmidt zu Ehren von Staats- und Parteichef Leonid Breschnew am 23. November 1981 in der Redoute in Bad Godesberg.

Empfang anläßlich des 65. Geburtstags: Prof. Karl Carstens, Annemarie Renger, meine Frau und ich und unser Sohn Hans-Peter.

Auf dem Präsidentenstuhl in der Plenarsitzung vom 16. März 1977 im Gespräch mit Helmut Schmidt.

Für Frau Kollegin Renger wurden 431 Stimmen abgegeben.
(Anhaltender Beifall bei der SPD)

72 Mitglieder der Bundesversammlung haben sich der Stimme enthalten. Eine Stimme war ungültig.

Nach der Wahl hatte ich die Aufgabe, als Gastgeber die Mitglieder der Bundesversammlung zu einem Empfang zu bitten. Ich habe, abgesprochen mit den Fraktionen und der Verwaltung, die Mitglieder der Bundesversammlung zu einer Schiffahrt auf dem Rhein eingeladen. Zur gleichen Zeit lud ich das diplomatische Corps in den Garten, der sich an das Bundeshaus anschließt, zu einem „Gartenempfang" ein. Diese Einladungen waren ebenfalls ein fester traditioneller Bestandteil der vorausgegangenen Bundesversammlungen.

Meine erste Wahl zum Bundestagspräsidenten am 31. Mai 1979

Als Nachfolger von Karl Carstens wurde ich von der CDU/CSU-Fraktion zur Wahl als Bundestagspräsident vorgeschlagen. Da die Kanzlerkandidatur für Franz Josef Strauß so gut wie feststand, war Strauß an der Besetzung der Position des Bundestagspräsidenten nicht interessiert. Am 31. Mai 1979 fand die Wahl statt. Fritz Zimmermann, mein Nachfolger als Landesgruppenvorsitzender, hat mich vorgeschlagen. Mit einem überzeugenden Ergebnis wurde ich zum Bundestagspräsidenten gewählt.
Die Abstimmung am 31. Mai 1979 erbrachte folgendes Ergebnis:

Abgegebene Stimmen 469.
Richard Stücklen (CDU/CSU) 410 Stimmen,
Nein-Stimmen 40 und 19 Enthaltungen.

Dem Präsidium gehörten an:
Annemarie Renger (SPD), Dr. Richard von Weizsäcker (CDU/CSU),
Dr. Hermann Schmitt-Vockenhausen (SPD), Georg Leber (SPD),
Liselotte Funcke (FDP).

Meine Antrittsrede ist im stenographischen Bericht des Deutschen Bundestages, 8. Wahlperiode 157. Sitzung, 31. Mai 1979, veröffentlicht.

Hier ein Auszug aus dem stenographischen Bericht:

Vizepräsident Frau Renger:
Ich wiederhole: Zur Wahl des Präsidenten des Deutschen Bundestages steht also allein der Kollege Stücklen. Er ist gewählt, wenn er die Stimmen der Mehrheit der Mitglieder des Deutschen Bundestages, also mindestens 260 Stimmen, erhält.

Meine Damen und Herren,
ich eröffne nunmehr die Wahl und bitte, mit dem Namensaufruf zu beginnen.

(Namensaufruf und Wahl)

Vizepräsident Frau Renger:
Meine Damen und Herren, ich gebe das Abstimmungsergebnis für die Wahl des Bundestagspräsidenten bekannt.

Abgegebene Stimmen insgesamt 469. Von diesen haben 410 Abgeordnete des Deutschen Bundestages mit „Ja" gestimmt.

(Beifall)

Mit „Nein" haben 40 Abgeordnete gestimmt.
Die Zahl der Enthaltungen beträgt 19.
Damit ist der Abgeordnete Stücklen zum Präsidenten des Deutschen Bundestages gewählt worden.
Ich muß Sie, verehrter Herr Kollege, allerdings erst fragen:
Nehmen Sie die Wahl an?

Stücklen (CDU/CSU): Frau Präsidentin, ich nehme die Wahl an.

(Beifall)

Vizepräsident Frau Renger: Meine Damen und Herren, ich denke, durch Ihren Beifall haben Sie schon Ihre Glückwünsche zum Ausdruck gebracht. Ich darf Ihnen im Namen des ganzen Deutschen Bundestags noch einmal alles Gute für Ihre Amtszeit wünschen, ***verehrter Herr Präsident***, und darf Sie bitten, jetzt das Amt zu übernehmen.

(Beifall – Zahlreiche Abgeordnete beglückwünschen den Präsidenten)

Präsident Stücklen:
Meine sehr verehrten Damen! Meine Herren!
Ich bedanke mich sehr herzlich für das übergroße Vertrauen, das Sie mir durch die Wahl zum Bundestagspräsidenten entgegengebracht haben. Ich bemühe mich, dieses Vertrauen dem ganzen Hause gegenüber zu rechtfertigen. Ich werde meines Amtes, so wie es unsere Geschäftsordnung vorsieht, unparteiisch und gerecht gegenüber Jedermann walten.

Meine sehr verehrten Damen und Herren, nun ist eigentlich eine Antrittsrede vorgesehen aber ich darf Ihnen ganz offen gestehen, daß ich seit der Zeit, als ich um die Hand meiner Frau angehalten habe, noch nie so nervös war wie heute hier.
(Heiterkeit und Beifall)

Da ich vermute, daß Sie meine guten Absichten, die ich hier mitteilen wollte, ohnedies schon kennen,
(Heiterkeit und Beifall)

möchte ich mich darauf beschränken,
(Heiterkeit)

– das war zu früh –, der amtierenden Präsidentin, Frau Kollegin Renger, für die Durchführung der Wahl und für die Glückwünsche, die Sie mir im Namen des Hauses ausgesprochen hat, recht herzlich zu danken.
(Beifall)

Ich möchte mich natürlich auch bei meinem Amtsvorgänger bedanken – nicht, weil es Pflicht ist, sondern weil es mir ein Herzensbedürfnis ist, Herr Carstens. Ich sage bewußt nicht: Professor Karl Carstens, weil Sie mich gebeten hatten, den „Professor“ wegzulassen und nur mit „Karl Carstens“ angesprochen zu werden – ich tue das. Ich bedanke mich sehr herzlich für Ihre Amtsführung. Sie haben, wie Frau Kollegin Renger bereits ausgeführt hat, souverän, gerecht und unparteiisch dieses Amt mit großer Würde wahrgenommen.

Sie sind als Präsident zum Staatsoberhaupt der Bundesrepublik Deutschland gewählt worden. Ich möchte mich auch hier den Glückwünschen der Frau Kollegin Renger anschließen und Ihnen alles Gute für Ihre schwere, verantwortungsvolle Aufgabe wünschen.

(Beifall)

Noch einen Dank. Dieser Dank geht nicht an die Mitglieder dieses Hauses, sondern nach Hause zu unseren Familien. Ich möchte gern einmal an dieser Stelle unseren Frauen, Müttern und Kindern draußen Dank sagen.

(Zurufe: Und Männern)

Und Männern!

(Heiterkeit)

Das gehört zu den wenigen Lücken, die ich noch habe und noch aufholen muß.

(Heiterkeit)

Ich möchte also unseren Familien danken, und da sind nun also alle eingeschlossen, Frauen, Männer und Kinder jeden Geschlechts.

(Heiterkeit)

Ich möchte hier einmal sagen, daß die Abgeordneten dieses Parlaments keine 40-Stunden-Woche haben, sondern im Schnitt 80 Stunden für die Politik, für die Durchsetzung ihrer Politik, jeder in seiner Art, aufwenden müssen – im Wahlkreis, bei Parteiveranstaltungen, bei Verbänden und Vereinen – und daß es nur ganz wenige Wochenenden gibt, an denen der Abgeordnete noch einige Stunden in der Familie verbringen kann. Dies ist nur möglich, weil unsere Familien bereit sind, dieses Opfer zu bringen. Dafür möchte ich Ihnen heute vor dem Deutschen Bundestag meinen herzlichsten Dank aussprechen.

(Lebhafter Beifall)

Ich erlaube mir, auch hier einen Vorschlag zu machen und eine Überlegung laut auszusprechen: ob nicht die Vorsitzenden aller Parteien sich einmal zusammensetzen und überlegen sollten, ob es nicht möglich ist, wenigstens ein Wochenende im Monat von politischen Veranstaltungen freizuhalten – für unsere Familien.

(Beifall)

Ich habe noch vier Punkte, von denen ich glaube, daß sie noch während des Rests dieser Wahlperiode im Bundestag zur Beratung und nach Möglichkeit auch zur Verabschiedung kommen könnten. Wenn ich jetzt darauf verzichte, sie vorzutragen, dann deshalb, weil ich die Absicht habe, diese Frage ohnedies im Präsidium des Deutschen Bundestages, im Ältestenrat des Bundestages und vor allen Dingen in Besprechungen mit den Fraktionsvorsitzenden weiter zu erörtern.

Zum Abschluß möchte ich feststellen: Ich bin davon überzeugt, daß alle Mitglieder dieses Hauses ihr Bestes zum Wohle unseres Volkes geben und daß alle mitwirken, um die Freiheit und den Frieden in Deutschland, in Europa und in der Welt zu sichern. In diesem Geiste fahren wir mit der Arbeit entsprechend der heutigen Tagesordnung fort. Ich danke Ihnen.

Strauß wirft den Hut in den Ring

Kohl rechnete sich bei einer erneuten Kandidatur für die Kanzlerposition 1980 gegen Helmut Schmidt keine sicheren Chancen aus. Seine Überlegungen gingen deshalb dahin, einen Kandidaten aus den nördlichen Gebieten der Bundesrepublik vorzuschlagen. Diese Überlegung wurde auch im Präsidium der CDU diskutiert. Einige Tage vor der Bundesversammlung, am 23. Mai 1979, war aus Kreisen des Präsidiums der CDU bekannt geworden, daß Helmut Kohl die Absicht habe, in den nächsten Tagen den Ministerpräsidenten von Niedersachsen, Ernst Albrecht, als Bundeskanzlerkandidaten für die Wahl 1980 vorzuschlagen. Die CSU war von dieser Absicht offiziell nicht unterrichtet worden. Sie hat dies inoffiziell aus dem Parteipräsidium der CDU erfahren.

Kohl wollte die CSU vor vollendete Tatsachen stellen. Die Spitzen der CSU waren als wahlberechtigte Mitglieder der Bundesversammlung in Bonn anwesend. Sie trafen sich nach dem Wahlakt zur Beratung dieser von Kohl beabsichtigen Benennung eines Kanzlerkandidaten für die Bundestagswahlen 1980. An dieser Zusammenkunft waren beteiligt: Strauß, Zimmermann, Tandler, Stoiber und als Außenseiter Frau Michaela Geiger und Peter Boenisch.

Da ich meine Pflichten als Präsident der Bundesversammlung nachkommen mußte, war ich bei dieser Besprechung nicht anwesend. Sie fand im Restaurant Klopfstube in Bad Godesberg statt.

In diesem Kreis wurde Franz Josef Strauß mit Nachdruck aufgefordert, nun Farbe zu bekennen und, bildlich gesprochen, den Hut in den Ring zu werfen.

Sie drängten Strauß, er solle erklären, für die Bundestagswahl 1980 als Kanzlerkandidat zur Verfügung zu stehen. Die CSU erwartete von der CDU, sich die Bewerbung von Strauß zu eigen zu machen und ihn zu unterstützen. Nach langwierigen Verhandlungen mit der CDU, vor allem mit der CDU/CSU-Fraktion, wurde eine Einigung für die Strauß-Kandidatur erzielt.

Wenn ich dabei gewesen wäre, hätte ich mich gegen eine Kandidatur Strauß' für die Wahl 1980 ausgesprochen. und zwar aus folgenden Gründen: 1976 hatte Helmut Kohl als Kanzlerkandidat ein sehr gutes Ergebnis erreicht: CDU 38,3%, CSU 10,7%, demnach beinahe die absolute Mehrheit.

Wenn ich davon ausgehe, daß die Wähler der FDP nicht verzeihen werden, daß sie mit der SPD die Koalition, trotz erkennbaren Abwärtstrends der Wirtschaft und bei der steigenden Zahl der Arbeitslosen, fortsetzen wollte, mußte die FDP mit Verlusten rechnen.

Auch die SPD hatte für die Wahl 1980 schlechtere Karten als 1976.

Inzwischen war Kohl Fraktions- und Parteivorsitzender geworden. In dieser Eigenschaft konnte er sein politisches Profil verstärken. Aus diesen Gründen bin ich überzeugt, Kohl hätte die Kanzlermehrheit erreicht.

Wenn nicht, wäre er weg vom Fenster gewesen und der Weg frei für Strauß.

Bei einem Erfolg Kohls hätte es einen Vizekanzler und Außenminister Strauß gegeben.

Diese Einschätzung habe ich dem Landesgruppenvorsitzenden Zimmermann mitgeteilt. Er war aber der Meinung, Strauß würde die Wahl gewinnen. Zimmermann hatte nicht recht, das ist erwiesen. Ich bekam nicht recht, weil Kohl nicht kandidierte. Deshalb stand meine Prognose nicht auf dem Prüfstand.

Die Anhänger der CDU und der CSU wurden aufgefordert, für ein erfolgreiches Abschneiden bei den Bundestagswahlen 1980 zu kämpfen.

Die Wahlauseinandersetzung war hart und verletzend, ja manchmal direkt gehässig. Das Ergebnis der 9. Bundestagswahl 1980 war nicht sehr überzeugend.

Ergebnis der Bundestagswahl von 1980:

CDU 34,0% (174 Mandate),
CSU 10,5% (52 Mandate),
CDU/CSU hatten also zusammen 226 Mandate.
SPD 42,9% (218 Mandate),
FDP 10,6% (53 Mandate)
SPD und FDP insgesamt 271 Mandate.

Bei diesem Ergebnis reichte es bei weitem nicht zur Regierungsbildung unter einem Bundeskanzler Franz Josef Strauß. Die FDP war 1980 nicht bereit, sich von der Koalition mit der SPD zu trennen, um mit der CDU/CSU eine neue Regierungskoalition einzugehen, obwohl schon zu diesem Zeitpunkt bekannt war, daß es innerhalb der Koalition zwischen SPD und FDP kriselte.

Meine zweite Wahl zum Bundestagspräsidenten am 4. November 1980

Da die CDU/CSU nach der Wahl vom 5.10.1980 wiederum stärkste Fraktion geworden war, stand auch für diese Wahlperiode von 1980 bis 1984 die Benennung und die Wahl eines Bundestagspräsidenten an.

Ohne große Diskussion, mit Zustimmung der Fraktion der CDU und der CSU, wurde ich für dieses Amt nominiert.

Sollte ich zum Bundestagspräsidenten gewählt werden, war damit die Möglichkeit gegeben, das 1979 übernommene Amt auch für die kommende Legislaturperiode auszuüben.

Die konstituierende Sitzung fand am 4. November 1980 statt. Nach alter Tradition, die schon aus den Zeiten des Reichstages der Weimarer Republik stammte, ist der Leiter dieser konstituierenden Sitzung das an Jahren älteste Mitglied des Deutschen Bundestages.

1980 war es der Abgeordnete Herbert Wehner, SPD. Damit war er Alterspräsident des 9. Deutschen Bundestages.

Die Abstimmung zur Wahl des Bundestagspräsidenten vom 4. November 1980 erbrachte folgendes Ergebnis:

Abgegebene Stimmen 515.
Richard Stücklen (CDU/CSU) 463,
Nein-Stimmen 38,
Enthaltungen 13 und eine ungültige Stimme.

Dem Präsidium gehörten an:
Annemarie Renger (SPD),
Dr. Richard von Weizsäcker (CDU/CSU),
Heinrich Windelen (CDU/CSU),
Georg Leber (SPD),
Richard Wurbs (FDP).

Nachdem ich vom Alterspräsidenten des Deutschen Bundestages gefragt wurde, ob ich die Wahl annehme und ich dies bejahte, habe ich der Tradition entsprechend eine Antrittsrede gehalten. Ich habe mich für das große Vertrauen bei der Wahl bedankt.

Hier ist ein Auszug der Sitzung:
(Deutscher Bundestag, 9. Wahlperiode, 1. Sitzung. Bonn, 4.11.1980)

Ich rufe also den Tagesordnungspunkt 2 auf:
Wahl des Präsidenten verbunden mit Namensaufruf und Feststellung der Beschlußfähigkeit.

Gibt es einen Vorschlag? – Herr Dr. Kohl hat das Wort.

Dr. Kohl (CDU/CSU): Herr Präsident!
Meine sehr verehrten Damen und Herren!
Namens der Fraktion der CDU/CSU schlage ich den bisherigen Präsidenten des Deutschen Bundestages, unseren Kollegen Richard Stücklen, zur Wiederwahl für das Amt des Präsidenten des Deutschen Bundestages vor.
(Lebhafter Beifall bei allen Fraktionen)

Alterspräsident Wehner:
Werden weitere Vorschläge gemacht?
– Das ist nicht der Fall.
(Namensaufruf und Wahl)

Alterspräsident Wehner:
Meine Damen und Herren, die Sitzung wird fortgesetzt
Ich gebe das Ergebnis der Wahl bekannt.
Abgegeben worden sind 515 Stimmen.
Ich stelle fest, daß der Bundestag damit beschlußfähig ist.
Von den abgegebenen 515 Stimmen waren 514 gültig.
Es haben mit Ja gestimmt 463 Abgeordnete,
(Lebhafter Beifall)

mit Nein 38 Abgeordnete.
Der Stimme enthalten haben sich 13 Abgeordnete.
Eine Stimme war ungültig.
Ich stelle fest, daß der Abgeordnete Richard Stücklen die Stimmen der Mehrheit der Mitglieder des Hauses erhalten hat und damit erneut zum Präsidenten des Deutschen Bundestages gewählt worden ist.

Ich frage Sie, Herr Kollege Stücklen: Nehmen Sie die Wahl an?

Stücklen (CDU/CSU): Herr Alterspräsident, ich nehme die Wahl an.
(Beifall – Die Abgeordneten Dr. Kohl (CDU/CSU), Mischnick (FDP), Schmidt (Hamburg) (SPD) und Dr. Zimmermann (CDU/CSU) beglückwünschen Abg. Stücklen)

Alterspräsident Wehner: Herr Präsident, ich will die Glückwünsche des ganzen Deutschen Bundestages zum Ausdruck bringen. Was mich betrifft, so wünsche ich Ihnen Glück und Gelingen für das Ihnen schon vertraute Amt.

Alterspräsident Wehner: Ich bitte den Herrn Präsidenten, sein Amt zu übernehmen, und bedanke mich bei den übrigen Damen und Herren für ihre Geduld.
(Beifall)

Punkt 3 der Tagesordnung:

Amtsübernahme durch den Präsidenten

Präsident Stücklen: Meine sehr verehrten Damen und Herren! Liebe Kolleginnen und Kollegen! Sie haben mich soeben erneut zum Präsidenten des Deutschen Bundestages gewählt. Ich danke Ihnen für das mir damit ausgesprochene Vertrauen. Ich sehe in der Wiederwahl eine Bestätigung meines Bemühens, dieses Amt gerecht und unparteiisch auszuüben. Dies wird auch in der 9. Wahlperiode mein Bestreben sein. Ich bitte Sie alle um vertrauensvolle Zusammenarbeit und Mitarbeit.

Meine Damen und Herren, auf der Diplomatentribüne hat der Präsident der Bundesrepublik Deutschland, Herr Professor Karl Carstens, Platz genommen. Ich sehe darin ein Zeichen der Wertschätzung und der Achtung vor dem frei gewählten Parlament der Bundesrepublik Deutschland. Ich begrüße ihn sehr herzlich.
(Lebhafter Beifall bei allen Fraktionen)

Erlauben Sie mir nun zunächst ein Wort des Dankes an Sie, sehr geehrter Herr Kollege Wehner, für die Konstituierung dieses 9. Deutschen Bundestages und die Durchführung des Wahlaktes.
(Beifall bei allen Fraktionen)

Ich bedanke mich auch für die Glückwünsche, die Sie mir zu dieser Wahl entgegengebracht haben.

Seit vielen Jahren wirken Sie an der Spitze Ihrer Fraktion und nehmen mit beispielhafter parlamentarischer Pflichtauffassung an der Arbeit des Plenums teil.
(Erneuter Beifall bei allen Fraktionen)

Wie der Beifall des Hauses zeigt, sind Ihre Worte, die Sie als Alterspräsident soeben zur Eröffnung unserer Sitzung an uns gerichtet haben, mit großer Aufmerksamkeit und mit großer Zustimmung aufgenommen worden.

Wenn ich heute von meinem Platze aus in die Runde sehe, sehe ich viele altvertraute Mitglieder des Hauses und sehe auch eine große Zahl von Mitgliedern, die zum erstenmal ihren Sitz im Deutschen Bundestag eingenommen haben. Sie alle, die alten und die neuen Abgeordneten, heiße ich recht herzlich willkommen. Ich wünsche Ihnen allen ein gutes Beginnen!

Einen besonderen Willkommensgruß richte ich an unsere vom Berliner Abgeordnetenhaus gewählten Kolleginnen und Kollegen. Ich verbinde damit meine Grüße an alle Bürgerinnen und Bürger Berlins.
(Beifall bei allen Fraktionen)

Sie werden von den jüngsten Maßnahmen der DDR-Regierung, die durch finanzielle Auflagen die Pflege der menschlichen Bande und Kontakte zwischen hüben und drüben so unerträglich erschweren, in besonderem Maße betroffen. Deshalb möchte ich diese Stunde erneut zum Anlaß nehmen, unsere enge Verbundenheit mit dieser Stadt und ihren Bürgern zum Ausdruck zu bringen und unsere Solidarität mit allen Deutschen zu bekunden.
(Beifall bei allen Fraktionen)

Lassen Sie mich nun einige Punkte ansprechen, die mir für unsere künftige Arbeit hier im Hause besonders am Herzen liegen.

Der erste Punkt betrifft die Frage, wie wir unser Verhältnis zueinander in unserer täglichen parlamentarischen Arbeit gestalten wollen. Der Wahl zum 9. Deutschen Bundestag gingen Wochen harter Auseinandersetzungen voraus. Dabei ist auch manches verletzende Wort gesprochen und geschrieben worden. Es ist eine Atmosphäre entstanden, die unsere parlamentarische Arbeit und den menschlichen Umgang untereinander während der ganzen 9. Wahlperiode belasten könnte, wenn sie nicht bereinigt würde. Es ist meine Auffassung, daß es auch zu den Aufgaben des Parlamentspräsidenten gehört, einen ***Beitrag zur Versachlichung der parlamentarischen Auseinandersetzung*** zu leisten. Deshalb erlaube ich mir, um konkret zu werden, dazu die folgende Feststellung. Es gibt in diesem Hause keine Fraktion und keine Partei, die bereit war und bereit wäre, Vollstrecker der Politik einer ausländischen Macht zu sein oder einer ausländischen Macht hörig zu sein.
(Beifall bei allen Fraktionen)

Ebenso gibt es unter den Fraktionen oder Parteien dieses Hauses und deren rührenden Persönlichkeiten keine, die nicht friedenswillig und friedensfähig wäre.
(Beifall bei allen Fraktionen)

Wenn das ganze Haus mit dieser Feststellung übereinstimmen könnte, wäre der entscheidende Schlußstrich unter den Wahlkampf gezogen und die Grundlage für eine konstruktive, natürlich auch kritische Zusammenarbeit geschaffen.

Auch aus der Verantwortung gegenüber dem Staatsbürger, insbesondere dem jungen Staatsbürger, müssen diese Beschuldigungen aus der Welt geschafft werden.

Lassen Sie mich ergänzend einen Satz aus meinem Wahlaufruf am Vorabend der Bundestagswahl wiederholen. Ich habe darin gesagt: Sicher ist die Politik eine ernste Angelegenheit. Sie muß auch ernsthaft betrieben werden; aber nirgends steht geschrieben, daß die politische Auseinandersetzung mit tierischem Ernst geführt werden muß. Mehr Menschlichkeit und auch ein Schuß Humor ist für uns alle dringend vonnöten.
(Beifall bei allen Fraktionen)

Wir stehen am Anfang einer neuen Wahlperiode, in der diesem Parlament schwerwiegende Entscheidungen für die Sicherung der Zukunft unseres Volkes und zur Erhaltung des Friedens in Freiheit abverlangt werden. Alle Mitbürgerinnen und Mitbürger erwarten, daß sich der Deutsche Bundestag dieser Verantwortung fähig und würdig erweist. Dazu gehört natürlich, daß die unterschiedlichen Auffassungen mit Klarheit und auch mit Leidenschaft vertreten werden. Die Konfrontation, die ***Gegenüberstellung abweichender Meinungen***, ist in einer parlamentarischen Demokratie unverzichtbar. Doch ebenso gehört auch die ***Achtung vor der Meinung des anderen*** zu den Tugenden, die es verdienen, gepflegt und erhalten zu werden. Es ist eine alte Lebenserfahrung, daß der eine nicht immer recht und der andere nicht immer unrecht hat. Das gilt für die Regierung, für die Koalition und selbstverständlich auch für die Opposition. Wenn wir in unserer parlamentarischen Demokratie nicht die Fähigkeit haben, aufeinander zuzugehen, die Meinung des anderen abzuwägen und zu prüfen, so geben wir ein entscheidendes Stück einer funktionierenden parlamentarischen Demokratie auf.

Wer sich noch an die l. und 2. Wahlperiode erinnern kann, wird mir zustimmen, wenn ich feststelle, daß sie sich u. a. dadurch auszeichneten, daß die Mitglieder in dieser Zeit nicht nur in den Ausschüssen, sondern auch noch im Plenum bei ***zweiten und dritten Lesungen zu Kompromissen*** bereit waren. Sollte das nicht auch in Zukunft wieder einmal möglich sein? Ich möchte alle Fraktionen des Hauses bitten, diese Überlegungen freundlich und, wenn es geht, positiv zu prüfen.

Ich möchte dieser Bitte eine Randbemerkung zu unserer Gesetzgebungsarbeit anfügen. Wir alle haben gerade in den letzten Monaten die Erfahrung gemacht, daß das Parlament nicht unbedingt gelobt wird, weil es viele Gesetze verabschiedet hat. Im Gegenteil: Der Staatsbürger würde es als Wohltat empfinden, wenn sich der Bundestag in der ***Gesetzgebung*** eine gewisse ***Zurückhaltung*** auferlegte.
(Beifall bei allen Fraktionen)

Aber ganz besonders lebhaft würde es der Staatsbürger begrüßen, wenn die Gesetze in einer Sprache abgefaßt wären, die er auch ohne Hinzuziehung von Spezialisten verstehen würde.
(Beifall bei allen Fraktionen)

In dieser Stunde des Wiederbeginns liegt mir daran, auch noch einmal an die Hoffnungen und Erwartungen zu erinnern, die in der Debatte ausgesprochen wurden, als wir kurz vor Ende der 8. Legislaturperiode unsere neue ***Geschäftsordnung*** verabschiedeten. In diese Geschäftsordnung sind die Erfahrungen vieler Jahre unseres parlamentarischen Lebens eingegangen. Dabei war eines unserer Hauptziele, die Arbeit im Plenum zu verbessern. Vor allem soll die lebendige Auseinandersetzung gefördert werden. Das ist ein Ziel, das nur erreicht werden kann, wenn wir alle daran mitarbeiten. Dazu sind in der damaligen Debatte einige konkrete Vorschläge gemacht worden, an die ich erinnern möchte.

Wir haben gesagt, daß wir mehr ***Kurzdebatten*** haben wollen, in denen die kurze, präzise Rede die Regel sein soll. Dabei soll der Dialog zwischen Redner und Vorredner begünstigt werden. Ferner wurde angeregt, häufiger als in der Vergangenheit ***Aktuelle Stunden*** anzusetzen, in denen es um aktuelle Fragen und Probleme geht, zu denen die Arbeitskreise und Ausschüsse noch keine Stellungnahmen und Vorlagen erarbeitet haben. Daran knüpft sich auch die Hoffnung, daß die Plenardebatte mehr Ursprünglichkeit und Aktualität gewinnt. Wenn mehr und kürzere Debatten stattfinden, gibt es auch häufiger Gelegenheit, die jüngeren Abgeordneten im Plenum zu Wort kommen zu lassen. Auch das war eine in der Aussprache zum Ausdruck gebrachte Erwartung.

Das alles sind zunächst nur Hoffnungen, Erwartungen, Anregungen. Doch die neue Geschäftsordnung gibt uns die Möglichkeit, sie in die Tat umzusetzen. Deshalb lassen Sie uns versuchen, unsere parlamentarische Arbeit im Plenum in diesem Sinne zu gestalten.

Zum Schluß sei mir noch ein Wort zur Verbindung von ***Parlament und Öffentlichkeit*** gestattet.

Der Deutsche Bundestag hat immer großen Wert darauf gelegt, im Bewußtsein der Öffentlichkeit präsent zu sein. Parlament und Öffentlichkeit gehören zusammen. Deshalb erfüllt es mich auch mit Genugtuung, daß wir hinsichtlich der Freiheit der parlamentarischen Berichterstattung und der Übertragungen unserer Debatten durch Rundfunk und Fernsehen zur Spitzengruppe aller Parlamente in der Welt gehören.

Es dient der Demokratie, wenn die Bürger Gelegenheit haben, den Verlauf der parlamentarischen Auseinandersetzung unmittelbar zu verfolgen. Wir wissen und müssen es in Kauf nehmen, daß dabei gelegentlich auch ungünstige Eindrücke entstehen. Nicht jeder Zuschauer berücksichtigt beim Anblick eines schwach besetzten Hauses, daß ein großer Teil der ***parlamentarischen Arbeit außerhalb des Plenums*** geleistet wird. Deshalb sollte unser aller Bemühen darauf gerichtet sein, dem vorzubeugen und irrigen Vorstellungen von der Arbeit des Parlaments und seiner Mitglieder entgegenzuwirken.

Alle diejenigen aber, die unsere Arbeit mit kritischer Aufmerksamkeit verfolgen, bitte ich, auch in bezug auf die Parlamentsarbeit zu bedenken, daß die Abgeordneten ja auch nur Menschen sind. Ich habe schon einmal, vor eineinhalb Jahren, auf die zeitliche Belastung hingewiesen, die sich aus den politischen Verpflichtungen hier im Hause, außerhalb des Hauses und im Wahlkreis für uns alle und für unsere Familien ergeben. Besonders von unseren Familien werden große Opfer verlangt. Ich habe die Idee aufgegriffen, einmal im Monat für die Mandatsträger ein zusammenhängendes ***freies Wochenende*** einzuführen, das die Mitglieder des Hauses ihren Familien und sich selbst widmen können.

(Beifall bei allen Fraktionen)

Alle im Bundestag vertretenen Parteien haben dazu schriftlich ihre grundsätzliche Zustimmung gegeben. Das Jahr 1981 bietet sich in besonderer Weise zur Verwirklichung dieses Vorschlags an, da es von Bundes- und Landtagswahlen frei ist. Unsere Familien würden uns dies danken, und für uns Abgeordnete wäre es gut, wenn wir wenigstens einmal im Monat dem Bibelwort gerecht würden: „Sechs Tage sollst du arbeiten, aber am siebten Tage sollst du ruhen."
(Heiterkeit und Beifall)

Ich werde mir erlauben, die im Bundestag vertretenen Parteien zu einem Gespräch einzuladen, mit dem Ziel, ein politikfreies Wochenende im Monat herbeizuführen.

Meine sehr verehrten Kolleginnen und Kollegen! Ich habe hier als Ihr neuer Präsident für die 9. Wahlperiode gesprochen, als eines von drei Mitgliedern, die dem Deutschen Bundestag von der ersten Stunde an angehören. Sollte das eine oder das andere, was ich gesagt habe, wie eine Belehrung geklungen haben, so lag das nicht in meiner Absicht. Vielmehr wollte ich aus meiner Erfahrung und aus meiner Überzeugung heraus sprechen und Ihnen sagen, was mich heute zum Beginn unserer gemeinsamen Arbeit für das Wohl unseres Volkes und der uns anvertrauten parlamentarischen Demokratie bewegt.

Ich schließe in der Hoffnung, daß wir die Kraft haben, unseren schweren Verpflichtungen gerecht zu werden, daß wir vor Gott, den Menschen und der Geschichte bestehen können. Beginnen wir in diesem Geiste unsere Arbeit!
(Lebhafter Beifall bei allen Fraktionen)

Das dritte Kabinett unter Bundeskanzler Helmut Schmidt 1980

Die Ergebnisse der Bundestagswahl vom 5. 10. 1980 waren wieder ebenfalls so, daß die SPD und FDP ihre Koalition fortsetzen konnten. Sehr bald kam die Regierung Schmidt in ein schweres Fahrwasser. Die FDP wurde, wie immer bei solchen Schwierigkeiten, teils zu Recht, aber auch aus taktischen Gründen, ein unsicherer Partner. Monate vorher fanden bereits freundschaftliche Gespräche zwischen Kohl, Zimmermann und Genscher statt. Es war für jedermann offensichtlich: Hier bahnt sich eine neue Koalition an.

Das sogenannte „Lambsdorff-Papier" war als offene Kampfansage nicht nur zu verstehen, sondern es war auch so gemeint. Das allmähliche Ende der SPD/FDP-Koalition war vorauszusehen.

Die Regierung Schmidt verlor durch den Rücktritt der FDP-Minister 1982 die Mehrheit.

Seriöser wäre es nach dem Bruch der SPD/FDP-Koalition gewesen, dem Angebot von Helmut Schmidt zu entsprechen, auf das Mißtrauensvotum gegen ihn zu verzichten. Schmidt wollte nach Art. 68 GG die Vertrauensfrage stellen. Selbst wenn die SPD geschlossen Helmut Schmidt das Vertrauen aussprechen sollte, hätte es zur Mehrheit nicht gereicht. Dann wäre nach Art. 68 GG verfahren worden. Mit dieser Prozedur kann es zu Neuwahlen kommen. Die Verhandlungsführer Kohl/Zimmermann/Genscher waren auf das Mißtrauensvotum und auf einen Wahltermin im Frühjahr 1983 festgelegt.

Strauß und ich waren für sofortige Wahlen. Wir hätten die absolute Mehrheit erreichen können. Allerdings wäre die FDP nicht mehr im Bundestag vertreten gewesen.

Mißtrauensvotum Schmidt/Kohl

Am 1. Oktober 1982 fand die Abstimmung über das von der CDU/CSU eingebrachte konstruktive Mißtrauensvotum statt.

Der Auszählung der Abstimmung, die schriftlich und geheim stattfinden mußte, beanspruchte ungefähr 90 Minuten. Obwohl es eine ganz einfache Abstimmung war, mit Ja oder Nein, mußte eine zweimalige Auszählung wegen der Bedeutung und der Konsequenzen, die sich aus dieser Abstimmung ergaben, durchgeführt werden. Die CDU/ CSU hatte sich vorher mit der FDP geeinigt, für das Mißtrauensvotum zu stimmen.

Absprache mit Helmut Kohl

Während ich die Abstimmung über das Mißtrauensvotum leitete, kam Helmut Kohl zu mir und bat mich, mich vertreten zu lassen, denn er möchte mit mir gerne einige politische Fragen erörtern, die auch mich persönlich berühren würden. Ich habe seinem Wunsche entsprochen und ließ mich durch einen Vizepräsidenten, so wie es die Geschäftsordnung vorsieht, vertreten.

Wir trafen uns in meinem Amtszimmer. Helmut Kohl eröffnete das Gespräch mit der Frage: „Richard, willst du wieder Postminister werden oder willst du Bundestagspräsident bleiben?“ Meine Antwort: „Obwohl zwischen meinem Ausscheiden als Postminister und heute 16 Jahre vergangen sind, würde ich mir zutrauen, die Leitung der Deutschen Bundespost wieder zu übernehmen. Vor allem könnte ich die Umwandlung der Post in eine Generaldirektion, die leider, trotz Zusage des damaligen Bundeskanzlers Kiesinger und meines Nachfolgers Werner Dollinger, versäumt wurde, nachholen. Meine Neigung und mein Herz hängen immer noch an der Post.

Da du mir die Wahl läßt: Postminister oder Präsident, entscheide ich mich für die Fortsetzung meiner Aufgaben als Bundestagspräsident. Ich möchte die nicht enttäuschen, die mir bei der zweiten Wahl zum Bundestagspräsidenten ein so großes Vertrauen geschenkt haben.“ Darauf sagte Kohl: „Einverstanden, ich hätte mich an deiner Stelle auch so entschieden.“ Ich habe es leider versäumt, mir sein Ehrenwort geben zu lassen.

Ich konnte also guten Glaubens davon ausgehen, ich würde in der nächsten Wahlperiode, wenn die CDU/CSU-Fraktion wiederum die stärkste Fraktion sein sollte, das Amt des Bundestagspräsidenten fortsetzen können. Kohls Zusage konnte sich deshalb nur auf die nächste Wahlperiode bezogen haben, denn für die laufende Legislaturperiode von 1980-1984 war ich ja bereits gewählt.

Das Ergebnis des Mißtrauensantrags:

Alle abgegebenen 495 Stimmen waren gültig, davon stimmten 256 Abgeordnete mit Ja und 239 mit Nein.

Damit war Helmut Kohl zum Bundeskanzler der Bundesrepublik Deutschland gewählt.

Beginn der CDU/CSU/FDP-Koalition unter Bundeskanzler Helmut Kohl

Vorgezogene Neuwahlen zum März 1983

Noch vor der Abstimmung über das Mißtrauensvotum hatte die FDP ihre Zustimmung von den Zusagen Kohls und Zimmermanns abhängig gemacht, daß die Bundestagswahlen nicht vor dem 1. März 1983 stattfinden dürften. Strauß wollte, da ihm von dieser Abmachung nichts bekannt war, unmittelbar nach dem Mißtrauensvotum wählen. Seine Meinung war, zu diesem Zeitpunkt wäre die absolute Mehrheit für die CDU/CSU zu erreichen gewesen. Über diesen Termin der Wahlabsprache gab es ernsthafte Auseinandersetzungen zwischen Strauß und Stücklen auf der einen und Kohl/Zimmermann auf der anderen Seite. Trotz des einstimmigen Beschlusses des Landesvorstandes, sofort zu wählen, fand die Bundestagswahl am 6. März 1983 statt. Strauß, der unangefochten als Ministerpräsident in Bayern regierte, war an einer erneuten Kanzlerkandidatur nicht mehr interessiert. Es war auch allgemein die erneute Kandidatur von Helmut Kohl erwartet worden.

Kohl hatte erneut ein gutes Wahlergebnis erzielt, leider nicht so gut wie 1976. Für die Fortsetzung der Koalition mit der FDP hat es aber eine sichere Mehrheit gebracht.

Ergebnis der Bundestagswahl vom 6. März 1983:

CDU 38,2% (191 Mandate),
CSU 10,2% (53 Mandate),
SPD 38,2% (193 Mandate),
FDP 7,0% (36 Mandate).

Die bisherige Koalition aus CDU/CSU und FDP
konnte fortgesetzt werden.

Zur Besetzung der Position des Bundestagspräsidenten

Nach den erfolgreichen Wahlen von 1983 erklärte Bundeskanzler Dr. Helmut Kohl die Besetzung des Bundestagspräsidenten zur Chefsache. Warum der Fraktionsvorsitzende der CDU/CSU, Dr. Alfred Dregger, auf dieses Privileg der Fraktion, den Bundestagspräsidenten vorzuschlagen, verzichtete hatte, will ich nicht weiter kommentieren. Herr Kohl wollte sich an das mir gegebene Versprechen 1982 nicht mehr erinnern. Er hatte, ohne mit mir auch nur ein einziges Wort zu sprechen, Herrn Dr. Rainer Barzel als Kandidaten für den Bundestagspräsidenten vorgeschlagen.

Es gibt keinen Zweifel, daß Dr. Rainer Barzel alle Voraussetzungen zur Führung dieses Amtes mitgebracht hat. Er war lange Jahre im Parlament und wußte aus dieser Zeit durchaus ein solches Amt erfolgreich zu führen. Warum Helmut Kohl ihn zum Bundestagspräsidenten vorgeschlagen hatte, dafür gab es eine ganze Reihe von Gründen. Ich denke nur daran, daß Dr. Barzel als Parteivorsitzender durch Kohl ersetzt worden war. Besonders schmerzlich mußte für Dr. Barzel die Niederlage beim Mißtrauensvotum gegen Willy Brandt gewesen sein. Daß die Abstimmung gegen Barzel negativ ausgegangen war, war allein nur durch den Verrat gekaufter Individuen möglich. Die Wahl zum Bundestagspräsidenten sollte ein Akt der Wiedergutmachung sein für eine Reihe unverschuldeter Niederlagen, die Barzel hinnehmen mußte. Dafür hatte ich auch Verständnis. Allerdings hatte ich kein Verständnis gegenüber der Haltung von Helmut Kohl, der sein Versprechen ohne Rücksprache nicht hielt.

Am 29. März 1983 wurde Dr. Rainer Barzel zum Bundestagspräsidenten gewählt. Das Abstimmungsergebnis lautete wie folgt:

Abgegebene Stimmen: 509.
Davon für Dr. Rainer Barzel (CDU/CSU) 407 Stimmen,
Nein-Stimmen 88, Enthaltungen 13 und eine ungültige Stimme.

Mit diesem Ergebnis war Barzel zum Bundestagspräsidenten gewählt.

Weshalb Dr. Barzel nach einem Jahr als Bundestagspräsident zurückgetreten ist, ist für mich nicht nachvollziehbar. Seine Begründung war: „Damit das Amt des Bundestagspräsidenten nicht beschädigt wird, trete ich zurück." Allein in der Tatsache einer Verdächtigung sehe ich keinen Grund zur Erklärung, wie sie Barzel, verbunden mit seinem Rücktritt, abgegeben hatte. Oder gab es andere Gründe?

Nach dessen plötzlichem Rücktritt mußte erneut ein Bundestagspräsident gewählt werden. Innerhalb der Landesgruppe gab es Bestrebungen, mit der CDU Verhandlungen aufzunehmen, um mich erneut zum Bundestagspräsidenten zu wählen. Ich habe meine Freunde gebeten, sie sollten davon ablassen. Allerdings habe ich mich bereit erklärt, im Präsidium mitzuarbeiten, und dabei sollte es bleiben. Als Kandidat für die Nachfolge Barzels hat Dr. Kohl seinen engsten Mitarbeiter im Bundeskanzleramt, Dr. Jenninger, für diese Aufgabe freigestellt. Es wurde darüber gesprochen, daß er Dr. Jenninger ohnedies ablösen wollte, um ihn durch Wolfgang Schäuble zu ersetzen. Die CDU/CSU-Fraktion hatte Dr. Jenninger als Bundestagspräsidenten vorgeschlagen und mit absoluter Mehrheit im ersten Wahlgang gewählt. Auch dieses Ergebnis füge ich zum Vergleich bei:

Ergebnis der Wahl zum Bundestagspräsidenten 1984:

Abgegebene Stimmen 471.
Davon für Dr. Philipp Jenninger (CDU/CSU) 340 Stimmen,
Nein-Stimmen 105, Enthaltungen 24 und 2 ungültige Stimmen.

Ein Bundestagspräsident muß nicht nur die Bundestagssitzungen leiten, die in der Geschäftsordnung reglementiert sind, sondern muß auch im Ältestenrat die notwendigen Entscheidungen vorbereiten, um sie für den Bundestag abstimmungsreif vorlegen zu können.

Der Bundestagspräsident hat auch vorrangig die Aufgabe, und das nicht zuletzt neben den Aufgaben im Parlament, das Parlament in der Öffentlichkeit zu repräsentieren und sein Ansehen zu mehren. Außerdem müssen die häufig ungerechten Angriffe gegen die Parlamentarier richtiggestellt werden.

Ein Bundestagspräsident muß auch bei bestimmten Anlässen im Bundestag offiziell Stellung nehmen. Solch ein Anlaß war die 50. Wiederkehr des 9. November 1938, einer der dunkelsten Stunden in unserer Geschichte, der Beginn der terroristischen Mordaktionen gegenüber den Juden in Deutschland.

Dr. Jenninger hatte eine Rede ausarbeiten lassen, mit aller Sorgfalt und mit logischem Aufbau der Begründung, einer Antwort auf die Frage: „Wie konnte es sein, daß die Verbrechen an unseren jüdischen Mitbürgern möglich waren?“ Aus diesem Anlaß fand eine Sondersitzung des Deutschen Bundestages statt.

Nach dem Volkslied „Es brennt, Brüder es brennt“ von Mordechai Gebirtig, vorgetragen von der Bonner Bachgemeinschaft, sprach Ida Ehre den Prolog „Todesfuge“ von Paul Celan.

Diese Stunde war von tiefer Trauer erfüllt über das, was sich vor 50 Jahren in dem Land, von dem einst die Welt als dem Land der Dichter und Denker sprach, Schreckliches zugetragen hatte. Einige Formulierungen von Dr. Jenninger in seiner Rede mußten und konnten mißverstanden werden.

Dr. Jenninger glaubte in seiner Ansprache begründen zu müssen, wie es dazu kommen konnte. Das mußte schon vom Ansatz her mißlingen. Auf den Inhalt werde ich nicht weiter eingehen, denn ich will Zitate und Namen der Verbrecher, die die Hauptverantwortung trugen, nicht wiederholen. Das, was peinlich war, war die Lautstärke, mit der Jenninger sprach.

Jenningers Rede hatte ein zwiespältiges Echo hervorgerufen. Er war unsicher geworden und hat sich in sein Amtshaus zurückgezogen. Im

Anschluß an diese Gedenkstunde hatte ich die ehrenvolle Aufgabe, die aus Amerika angereisten Juden zu betreuen. Natürlich sprach man so unmittelbar nach der Rede von Dr. Jenninger in diesem Kreis auch über deren Wirkung. Da ist mir die Bemerkung eines sehr betagten Juden noch in Erinnerung, der gesagt hat: „Die Namen Hitler und Himmler, die in der Rede zitiert wurden, können wir Juden nicht ertragen."

Am Tag nach dieser Sondersitzung des Parlaments hatte die Rede auch in der Presse ein geteiltes Echo gefunden. Viele haben ihre Kritik meiner Meinung nach überzogen. Es gab aber auch Zeitungen, die nach intensiver Prüfung zu der Überzeugung kamen: „Dies mußte einmal gesagt werden." Auf jeden Fall kann man auch heute keine falschen Rückschlüsse hineininterpretieren. Dennoch ist Dr. Jenninger am nächsten Tag als Bundestagspräsident von seinem Amt zurückgetreten. Ob dieser Rücktritt mit dem Besuch des Bundeskanzlers am folgenden Tag in den Vereinigten Staaten in Zusammenhang zu bringen war, möchte ich nicht beurteilen, es ist aber durchaus denkbar.

Nun mußte erneut ein Bundestagspräsident gesucht werden. Auf Vorschlag des Bundeskanzlers hat die Fraktion Frau Prof. Dr. Rita Süßmuth als Kandidatin für das Amt des Bundestagspräsidenten benannt. Zum zweiten Mal sollte eine Frau das Amt des Bundestagspräsidenten übernehmen. Vor 1972 bis 1976 war es Frau Annemarie Renger. Frau Süßmuth wurde im ersten Wahlgang gewählt. Auch dieses Ergebnis möchte ich festhalten.

Abgegebene Stimmen: 650.
Davon für Prof. Dr. Rita Süßmuth (CDU/CSU) 525 Stimmen,
Nein-Stimmen 81 und 44 Enthaltungen.

Frau Professor Süßmuth hat in ihrer Amtszeit auch manchen Sturm erlebt. Wer ein solches Amt innehat, ist vielen Anfeindungen und Mißdeutungen ausgesetzt. Dies hat auch Frau Süßmuth erfahren müssen.

Das gestörte Verhältnis zu Kohl

Bundeskanzler Kohl versuchte mit untauglichen Mitteln, unsere getrübte Freundschaft wieder in Ordnung zu bringen. Die einzige Bereinigung wäre eine freie und offene Aussprache gewesen. Dabei hätte Kohl die Gründe seines Verhaltens darlegen können. Letztlich wäre es dann meine eigene Entscheidung gewesen, dies einzusehen oder nicht. Leider fand diese freie und offene Aussprache erst sechs Jahre später statt.

Das Verhältnis zwischen Kohl und mir, durch eine jahrzehntelange Freundschaft begründet, wurde durch das Verhalten des Kanzlers stark erschüttert.

Während der Fußballweltmeisterschaft 1986, die in Mexiko stattfand, bekam ich einen Anruf aus dem Vorzimmer des Bundeskanzlers. Am Apparat war Frau Juliane Weber. Sie sagte mir: „Der Herr Bundeskanzler möchte Sie persönlich sprechen." Selbstverständlich war ich dazu bereit. Kohl sagte am Telefon: „Richard, ich lade dich zum Viertelfinalspiel der Fußballweltmeisterschaft zwischen Frankreich und Deutschland nach Mexiko ein. Du kannst in meiner Maschine mitfliegen." Darauf habe ich ihm geantwortet: „Mit dir fliege ich nicht."

Wer mich kennt und weiß, wie fußballbegeistert ich bin, wird auch ermessen können, was diese Entscheidung für mich bedeutet hat. Aber mit solchen Mitteln konnte er mich nicht bewegen, das alte, freundschaftliche Verhältnis wieder aufzunehmen. Nach der alten Weisheit, daß die Zeit Wunden heilt, habe ich mich so verhalten, wie es meine Amtspflicht war. Denn als Vizepräsident hatte ich manche Berührungen mit dem Bundeskanzler. Die Pflicht erfordert Einsicht, sie hat den Vorrang.

Bei einem gemeinsamen Essen, zu dem mich Helmut Kohl am 27. Februar 1988 ins Bundeskanzleramt eingeladen hatte, hat er mir auf meine Vorhaltungen, warum er von seinem Versprechen, ich könne weiter Bundestagspräsident bleiben, abgekommen war, erklärt: „Nach der Wahl zum Bundestag 1983 habe ich ein Vier-Augen-Gespräch mit Strauß gehabt. Dabei hat Strauß sein Desinteresse an der Besetzung des Amtes des Bundestagspräsidenten erkennen lassen. Das ist die Wahrheit!" Umso eher hätte er sein Wort halten können, denn Strauß hatte ja mir gegenüber nicht versprochen, daß ich auch in der Legislaturperiode 1983 bis 1987 Bundestagspräsident bleiben würde. Im Gegenteil, er hat sein Desinteresse an der Besetzung dieses Amtes geäußert.

Dazu abschließend: Strauß kann nicht mehr befragt werden, er ist leider nicht mehr unter den Lebenden.

Meinen nachfolgenden Kolleginnen und Kollegen

Die Verfassung von Weimar 1919

Meinen nachfolgenden Abgeordneten gewidmet

Während 1949 noch viele, ja die übergroße Mehrheit der Abgeordneten die Zeit von Weimar unmittelbar erlebt hatten, sind heute nur noch wenige aus dieser Zeit vertreten. Das entbindet die jetzt in den Bundestag gewählten Abgeordneten nicht, die tragische Entwicklung der Weimarer Republik zu beachten. Im Gegenteil, die Fehler, die viele Ursachen hatten, dürfen sich nicht wiederholen. Eine der entscheidenden Ursachen lag in der Reichsverfassung von Weimar, die zwar eine sehr idealistisch angelegte Verfassung war, die aber den stürmischen Zeiten nicht Stand hielt.

Das lag nicht zuletzt daran, daß die Bevölkerung nach der Kaiserzeit noch keine gefestigte demokratisch republikanische Grundeinstellung hatte und deshalb auch nicht bereit war, für die Demokratie auf die Barrikaden zu gehen. Die entscheidenden Gründe, die zum Untergang der Demokratie führten, lagen in der falschen Verlagerung der Entscheidungsschwerpunkte. Letztlich war es nicht der Reichstag, sondern der Reichspräsident, der über den Notstandsarktikel 48 der Weimarer Verfassung die letzte Entscheidung gefällt hat.

1925 starb der erste Reichspräsident, Friedrich Ebert, SPD. Ein Nachfolger mußte durch die unmittelbare Wahl der wahlberechtigten Bürgerinnen und Bürger erfolgen – Plebiszit –.

Ich fasse mich kurz: Für die Weimarer Koalition traten ein: die Sozialdemokraten, Zentrum, Bayerische Volkspartei, Deutsche Demokratische Partei (Staatspartei) und einige Splittergruppen. Diese Parteien einigten sich in ihrer Entscheidung auf den früheren Reichskanzler Dr. Wilhelm Marx. Von den nationalen Gruppierungen innerhalb und außerhalb des Parlaments wurde der Sieger von Tannenberg, der Feldmarschall Paul von Hindenburg, vorgeschlagen. Bei der Wahl war nicht die Eignung für dieses Amt ausschlaggebend, sondern vorrangig das Erscheinungsbild. Mit dieser Wahl wurde eine Entscheidung gegen die Demokratie und gegen die Republik getroffen, denn von Hindenburg war weder Republikaner noch Demokrat, sondern Monarchist und damit auch kein Anhänger der parlamentarischen Demokratie.

Keine Verfassungsexperimente

Ich spreche daher nur über das Ergebnis meines Erkenntnisprozesses, denn allein dieses Ergebnis ist für die nach uns Kommenden mitteilenswert im Sinne einer Mahnung, das Bewährte weiter zu praktizieren und Verfassungsexperimente zu vermeiden.

Unseren Verfassungsvätern und den Frauen, die Mitglieder im Parlamentarischen Rat waren, ist mit dem Grundgesetz ein großer Wurf gelungen. Sie schufen, die Erfahrungen von Weimar stets im Blick, ein sehr praktikables, Stabilität gewährleistendes und auf Handlungsfähigkeit der Regierung zielendes Verfassungswerk. Das birgt überdies durch seine Wertentscheidungen und seine Erfolgsgeschichte alle Voraussetzungen in sich, den Bürger auch emotional an seinen Staat zu binden.

Kein Wunder, daß dem zunächst nur als Provisorium gedachten Grundgesetz längst Endgültigkeit zugewachsen ist. Das inzwischen 50 Jahre alte Werk ist im Gegensatz zu der kaum 14 Jahre alt gewordenen Verfassung von Weimar im Volk durchaus populär. Seine überzeugendste Bestätigung fand es durch den überwältigenden Beitritt der freigewählten Volkskammer der DDR, am 3. Oktober 1990, zu diesem Grundgesetz.

Es darf nie vergessen werden, die Verfassungsordnung immer von neuem bei den Wählern bewußt zu machen. Menschliche Gleichgültigkeit, nicht Böswilligkeit, kann unmerklich manche nachteilige Veränderung bewirken. Oft schätzt man das Gute erst, wenn man es verloren oder wieder verloren hat.

Schließlich sind immer wieder einmal, selbst von seriöser Seite, Stimmen zu vernehmen, die entweder ganz grundsätzlich oder aus Anlaß eines konkreten, zur Entscheidung stehenden Problems, den Einbau einer über die Fragen der Neugliederung des Bundesgebietes hinausgehenden plebiszitären Komponente ins Grundgesetz fordern oder wenigstens für wünschbar halten. Wenn ich mich so entschieden gegen die Aufnahme von plebiszitären Elementen in das Grundgesetz wende, so sind dies die Erinnerungen aus den Volksabstimmungen während der Weimarer Republik. Ich schließe mich aus Überzeugung der Stellungnahme des Mitglieds des Parlamentarischen Rates, Prof. Theodor Heuss, an, der die Meinung vertrat: „Plebiszitäre Abstimmungen sind die Stunde der Demagogen."

Was unterscheidet unser Grundgesetz so vorteilhaft von der Weimarer Verfassung?

Als erstes ist hier die durch das Grundgesetz entscheidend verstärkte Position von Parlament und Regierung zu nennen. Die verfassunggebende Nationalversammlung von Weimar hatte mit ihrem guten Willen, eine möglichst idealistische Verfassung zu erarbeiten, nicht genügend Sicherheiten eingebaut, um auch bei stürmischen politischen Verhältnissen eine zuverlässige Garantie für das parlamentarische demokratische System aufrecht erhalten zu können. Es sind unabsichtlich schwere Fehler begangen worden.

Werfen wir zunächst einen Blick auf das Wahlrecht.

Die Verfassung sah das reine Verhältniswahlrecht vor ohne jede Sperrklausel. Dieses sollte bewirken, daß der Reichstag ein getreues Spiegelbild der Volksmeinung darstellt. Doch indem sie auch den kleinsten Gruppen noch die Chance gab, einen Sitz im Parlament zu gewinnen, waren zeitweise mehr als 16 Parteien und Gruppierungen im Reichstag vertreten. Der Reichstag bot auf diese Weise ein abschreckendes Bild der Zersplitterung. Statt der Meinungs- und Willensbildung des Volkes zu dienen, entfaltete dieses Wahlsystem eine desintegrierende Wirkung und begünstigte so die Entwicklung links- und rechtsextremer Parteien. Die Instabilität des parlamentarischen Systems war bereits damit fest programmiert.

Weitere systemimmanente Schwächen der Weimarer Verfassung bestanden auch darin, dem Reichspräsidenten Zuständigkeiten und Machtbefugnisse zu übertragen, wie sie vor Weimar nur der Kaiser hatte. Es war das Gebot der Stunde, nicht einen Ersatzkaiser zu kreieren, sondern einen verantwortungsbewußten Demokraten und Republikaner an diese Stelle zu setzen. Durch die unmittelbare Volkswahl, und nur dadurch, war es nach meiner Meinung möglich, daß statt des Politikers und Demokraten Dr. Wilhelm Marx ein Nichtdemokrat und Nichtrepublikaner, der Generalfeldmarschall von Hindenburg die Wahl gewinnen konnte.

Mit der plebiszitären Entscheidung 1925 zugunsten von Hindenburg war das Ende der Weimarer Demokratie vorprogrammiert.

Der Reichstagspräsident konnte gegen die vom Reichstag beschlossenen Gesetze Volksentscheide anordnen und im Fall erheblicher Gefährdung oder Störung der öffentlichen Sicherheit und Ordnung Notverordnungen erlassen. Er hatte auch ein generelles Recht zur Reichstagsauflösung, dessen einzige Einschränkung darin bestand, daß er es nur einmal aus dem gleichen Anlaß ausüben durfte. Dieses weit gefaßte Auflösungsrecht hatte zur Folge, daß kein Reichstag die volle Wahlperiode von vier Jahren im Amt blieb. Dadurch wurde das Ansehen des Parlaments mehr und mehr in Mitleidenschaft gezogen. Das immer raschere und heftigere Rotieren der Wahlkampfmaschine mitsamt der hierdurch bedingten Vergiftung der politischen Atmosphäre zehrte auch das restliche noch vorhandene Vertrauenskapital in der Wählerschaft auf und führte schließlich jene Parteien zum Erfolg, die den Parlamentarismus ablehnten.

Auch die Position der Reichsregierung war schwach und der Willkür des Reichspräsidenten ausgeliefert.

Eine der größten Schwächen in der Weimarer Demokratie bestand jedoch darin, daß dem Reichstag das Recht zugestanden wurde, den Kanzler zu stürzen, aber keine Verpflichtung gegenüberstand, bei einem neuen Vorschlag des Reichspräsidenten für einen Kanzler, ihn mit entsprechender Mehrheit auszustatten. So fehlte in dem zersplitterten Parlament der heilsame Zwang zu verantwortungsvollem Handeln. Es fanden sich zwar immer wieder Mehrheiten zusammen, die sich einig waren, den Reichskanzler in die Wüste zu schicken, sie waren jedoch nicht in der Lage, sich auf einen neuen Regierungschef zu einigen. Minderheitsregierungen auf stetem Abruf, die immer Schwächezeichen der parlamentarischen Demokratie sind, waren keine Ausnahme.

20 Regierungen in nur 14 Jahren sind die traurige Bilanz der geschilderten Verfassungslage.

Heute weiß man, wie folgenschwer der Zusammenbruch der letzten demokratischen Mehrheit im Reichstag war. Mit ihr begann das verfassungsmäßig zwar vorgesehene, aber doch nicht als Dauereinrichtung gedachte Notverordnungsregiment des Reichspräsidenten. Es war jedoch wegen der Schwäche des Parlaments, wegen seiner Furcht vor unpopulären Entscheidungen unvermeidlich geworden. Als es dann in schwerer Krise gegolten hätte, Staat und Verfassung vor dem Ansturm der Feinde der Demokratie zu schützen, entbehrte die demokratische Mehrheit im Reichstag der notwendigen Einigkeit und Entschlußkraft und bewirkte so das kommende Verhängnis. Die Hoffnung, die Machtergreifung würde enden wie der Kapputsch 1920, war trügerisch.

Als es ab 1948 möglich wurde, unserem Land eine neue politische Form zu geben, waren die Mitglieder des Parlamentarischen Rates von dem festen Willen beseelt, die Fehler und Schwächen der Weimarer Verfassung zu vermeiden und eine freiheitliche und zugleich widerstandsfähige parlamentarische Demokratie zu errichten.

Bonn sollte und durfte nicht Weimar werden. So hieß die verantwortungsvolle Erkenntnis. Die Männer und Frauen, die das Grundgesetz geschaffen haben, verwirklichten daher den Parlamentarismus konsequenter als die Väter der Weimarer Verfassung. Sie machten in viel stärkerem Maße die Volksvertretung, den Deutschen Bundestag, zum zentralen staatlichen Entscheidungsorgan: Das Recht, an seine Stelle zu treten, wurde weder dem Staatsoberhaupt, also dem Bundespräsidenten, noch dem Volk insgesamt eingeräumt.

Man wollte keine Neuauflage des Regierens mit präsidialen Notverordnungen mehr, an deren Ende die Diktatur stand. Auch die häufigen Reichstagsauflösungen mit den ihnen folgenden Neuwahlen sowie die von der Verfassung gewährten und von den Parteien auch genutzten Möglichkeiten des Volksbegehrens und des Volksentscheides erzeugten nur noch abschreckende Wirkung. Zweifelsohne hätte die Einführung plebiszitärer Elemente im Grundgesetz den Platz für rationale Entscheidungsmöglichkeiten zurückgedrängt und eine wenig sachdienliche Stimmungsdemokratie gefördert.

Wichtigste Entscheidungen, die heute von den Bürgern als Errungenschaft anerkannt werden, wären über Volksentscheide nicht möglich gewesen. Man denke nur an die Fälle der Wiederbewaffnung und der Nachrüstung oder an die Entscheidungen für Europa. Es ist schlicht und einfach unmöglich, die Probleme angesichts einer globalen Welt, die verflochtenen komplexen Entscheidungen, auf eine Ja/Nein-Antwort zu reduzieren und dann das Volk eine „richtige" Entscheidung treffen zu lassen. Nach unserem Grundgesetz ist der Gesetzgeber und ausschließlich der Gesetzgeber, das Parlament, zuständig; unbeschadet des Mitwirkungsrechtes des Bundesrates.

Daß dieses Parlament kontinuierlich arbeiten kann, wird ganz wesentlich dadurch gewährleistet, daß das Recht des Staatsoberhaupts zur Parlamentsauflösung kein generelles mehr ist wie nach der Weimarer Verfassung, sondern sich auf zwei Fälle beschränkt. In einem Fall ist die Voraussetzung, daß es dem Bundestag nicht gelingt, mit der absoluten Mehrheit seiner Mitglieder einen Bundeskanzler zu wählen; im anderen, daß der Antrag des Bundeskanzlers, ihm das Vertrauen auszusprechen, nicht die Mehrheit der Mitglieder des Bundestages findet. Selbst diesen der Stabilität dienenden Bestimmungen entspricht der gleichzeitige Verzicht auf das Recht der Selbstauflösung des Parlaments. Adenauer wollte allerdings dem Bundespräsidenten das generelle Recht zugestehen, das Parlament „im Benehmen mit dem Bundeskanzler" aufzulösen. Er meinte: „Ein Parlament, das überhaupt nicht aufgelöst werden kann, bekommt Größenwahn." Seiner Forderung wurde jedoch zurecht nicht entsprochen.

Durch den in dieser strikten Beschränkung liegenden Zwang zur Weiterarbeit und damit zur Verantwortung gab es in 50 Jahren Grundgesetz lediglich zweimal eine vorzeitige Parlamentsauflösung, nämlich 1972 unter Bundeskanzler Brandt und 1983 unter Bundeskanzler Kohl. In beiden Auflösungsfällen war vom jeweiligen Kanzler die Vertrauensfrage gestellt worden, allerdings nicht in der Hoffnung, das Vertrauen ausgesprochen zu bekommen, sondern in der sicheren Erwartung des Gegenteils, weil parlamentarische Mehrheiten für regierungsseitig gewünschte vorzeitige Neuwahlen fest vereinbart waren. Das Instrument der Vertrauensfrage wurde also in beiden Fällen gar nicht zum vorgesehenen Zweck der Bestätigung der Regierung, sondern getrickst verwendet. Dies ergibt sich daraus, daß sich im Fall Brandt die Mitglieder seiner eigenen Regierung nicht an der Abstimmung beteiligten und sich im Fall Kohl die große Mehrheit der beiden Koalitionsfraktionen der Stimme enthielt, also in beiden Fällen, formal betrachtet, der Kanzler von seinen eigenen Leuten im Stich gelassen wurde.

Zwischen beiden Fällen besteht jedoch ein gewichtiger Unterschied. 1972 waren Neuwahlen wegen des über mehrere Monate andauernden parlamentarischen Patts wirklich notwendig geworden. Auch hätte eine Beteiligung der Bundesminister an der Abstimmung an deren negativem Ausgang für den Kanzler nichts ändern müssen, denn es bestand ja numerischer Gleichstand. Die Manipulation hatte nur den Zweck, sich nicht durch einen „dummen Zufall" die Chance notwendiger Neuwahlen selbst zu verbauen. 1983 dagegen waren vorzeitige Neuwahlen keine Notwendigkeit, denn die damals neue Koalition aus Union und FDP hatte eine ausreichende Mehrheit. Die Neuwahlen waren nur aus politischen Gründen erwünscht und vor der Wahl des Bundeskanzlers bereits abgesprochen. Entgegen eines einstimmigen Beschlusses des Landesvorstandes der CSU, eines Koalitionspartners der neuen Regierung.

Man wollte aus koalitionstaktischen Gründen im besonderen mit Rücksicht auf die Reaktion der Wähler wegen des Überwechselns der FDP von der SPD/FDP- zur CDU/CSU/FDP-Regierung einen gewissen Abstand gewinnen.

Bei dem zuletzt geschilderten Vorgang war ich Präsident des Deutschen Bundestages. In dieser Eigenschaft bin ich bei Bundespräsident Carstens mit der Absicht vorstellig geworden, ihm von der Auflösung des Bundestages abzuraten. Leider ohne Erfolg. Herr Carstens konnte mir in der Sache nicht widersprechen, fühlte sich aber an die Zusage gegenüber der neuen Koalition gebunden. Diese Entscheidung des Bundespräsidenten war zwar mit dem Wortlaut der Verfassung im Einklang, mit dem Geist der Verfassung aber nicht.

Für die FDP bestand allerdings bei einer sofortigen Wahl die konkrete Gefahr, ähnlich wie im September bei der Hessenwahl, an der Fünf-Prozent-Klausel zu scheitern.

Der damalige SPD-Vorsitzende Brandt lag durchaus richtig, als er mit Rücksicht auf das vom Grundgesetzgeber dem Bundestag aus guten Gründen nicht gegebene Selbstauflösungsrecht in Frage stellte, ob damit nicht ein Präzedenzfall geschaffen werde, nach dem eine Parlamentsmehrheit das Ende einer Wahlperiode des Bundestages nach eigenem Ermessen herbeiführen könnte. Und genau das wollte man aufgrund der Erfahrungen von Weimar verhindern. Möglicherweise ist aber gerade der immer wieder zu befürchtende Manipulationsvorwurf ein Grund dafür, eine Bundestagsauflösung nach dem Muster von 1983 künftig nicht mehr zu wagen, zumal ein weiterer Versuch dieser Art durchaus Gefahr läuft, vom Bundesverfassungsgericht verboten zu werden. Unter diesen Umständen, aber auch wegen der Neigung der Abgeordneten, die Wahlperiode im eigenen Interesse normalerweise zu Ende zu führen, wird man in diesem nicht gerade erfreulichen Fall letztlich doch eine Ausnahme sehen dürfen, die die Qualität der grundgesetzlichen Bestimmungen über die Vertrauensfrage nicht ernsthaft in

Frage zu stellen vermag. Dies gilt um so mehr, als eine bessere Alternative nicht erkennbar ist. Die Vertrauensfrage ist als Mittel eines umstritten gewordenen Kanzlers erforderlich, um seine Position zu stärken. Geht sie negativ aus und kommt es nicht zur Wahl eines anderen Bundeskanzlers, bliebe als Alternative zur Parlamentsauflösung nur der Rücktritt, der dann über die Bestimmung über die Kanzlerwahl, also über den Umweg eines dreifachen Wahlgangs, letztlich wiederum zur Parlamentsauflösung führen könnte.

Der Bundestag als der vor Auflösung weitgehend geschützte alleinige Gesetzgeber, hat durch das Grundgesetz eine weitere Stärkung darin erfahren, daß er den Kanzler wählt. Dieses wichtige Recht, das der Weimarer Reichstag nicht hatte, gibt dem Bundestag den entscheidenden Einfluß auf die Bildung der Regierung. Doch auch der Bundeskanzler und die Bundesregierung haben eine im Verhältnis zum Reichskanzler und zur Reichsregierung von Weimar verbesserte Stellung. Die Bundesminister werden vom Bundeskanzler bestimmt und bedürfen keines parlamentarischen Vertrauens. Sie können daher auch nicht durch Parlamentsbeschluß zum Rücktritt gezwungen werden. Das im gegebenen Zusammenhang Wichtigste: Dem Recht des Bundestages, ausschließlich zu bestimmen wer Kanzler sein und damit regieren soll, entspricht als Gegenstück die Pflicht des Parlaments, für die Existenz einer Regierung zu sorgen.

Der in Weimar übliche Kanzlersturz ins Leere wurde abgeschafft. Ein Kanzler kann nur noch dadurch gestürzt werden, daß der Bundestag einen neuen Kanzler wählt. Dieses sogenannte konstruktive Mißtrauensvotum, das dem Bundestag eine besondere Verantwortung aufbürdet, soll den Staat vor längerfristigen Regierungskrisen schützen.

So erklärt sich, daß bei uns weder die Regierungen zum Spielball schwankender Mehrheiten geworden sind, noch die Mehrheiten im Bundestag sich als bloße Organe der Zustimmung zu den von der Regierung gefaßten Beschlüssen empfunden haben.

Als Hauptmerkmal von 50 Jahren Grundgesetz ist die bislang große Beständigkeit an den Koalitions- und Mehrheitsverhältnissen festzuhalten, gegen die weder die drei Kanzlerrücktritte während laufender Wahlperioden, nämlich der Adenauers 1963, der Erhards 1966 und der Brandts 1974, noch das einzige erfolgreiche konstruktive Mißtrauensvotum, nämlich das gegen Bundeskanzler Schmidt 1982, besonders ins Gewicht fallen. Eine Demokratie bedarf sogar solcher, von der Regel abweichender Ereignisse, da sie nur so lernen kann, mit krisenhaften Entwicklungen erfolgreich umzugehen.

Daß trotz dieser Abweichungen von der Regel die Beständigkeit der Verhältnisse weit überwog, ist nicht zuletzt auf das Wahlsystem der Bundesrepublik zurückzuführen. Im Gegensatz zur Weimarer Verfassung macht das Grundgesetz insoweit keine Vorgaben. Damit war es dem Gesetzgeber überlassen, das heute gültige System einzuführen, das die ärgsten Nachteile des reinen Verhältniswahlrechts dadurch vermeidet, daß es eine Fünf-Prozent-Klausel vorsieht und die Hälfte der Volksvertreter nicht über die Landeslisten, sondern mit einer dem Wähler zusätzlich gewährten Stimme, der sogenannten Erststimme, in Wahlkreisen nach dem Mehrheitswahlrecht direkt gewählt werden. Dieses System hat wohltuend stabilisierend gewirkt. Es blieb bei einigen wenigen Parteien. Zudem konnte sich politischer Extremismus bislang lediglich vorübergehend, und das nur als Randerscheinung, parlamentarisch etablieren. Schließlich soll nicht unerwähnt bleiben, daß die nach dem heutigen Wahlrecht gewährte Möglichkeit, die Hälfte der Volksvertreter in den Wahlkreisen direkt zu wählen, das Verhältnis zwischen Wählern und Abgeordneten konkreter und damit auch vertrauensvoller sein läßt und so Demokratie greifbarer und akzeptabler macht, als das in der Weimarer Zeit der Fall war.

Zur inneren Festigkeit der grundgesetzlichen Ordnung trug auch die Tatsache bei, daß das Staatsoberhaupt nicht nur seiner Weimarer Kompetenzen entkleidet ist, sondern auch nicht mehr vom Volk gewählt wird. Das Staatsoberhaupt, der Bundespräsident, wird heute ebenfalls parlamentarisch gewählt, zwar nicht vom Bundestag, jedoch von der Bundesversammlung. Dieser gehören sämtliche Mitglieder des Bundestages an sowie die gleiche Anzahl von den Landesparlamenten gewählter Wahlmänner. Auch diese Neuerung entsprach einer Lehre der Weimarer Zeit. Das Staatsoberhaupt soll nicht irgendeine politische Richtung verkörpern, sondern den Staat und das Volk insgesamt. Er soll Integrationsfaktor sein. Mit ihm sollen sich alle Bürger identifizieren können. Mit diesem Wahlmodus zur Wahl des Bundespräsidenten wird ausgeschlossen, daß irgendwelche Volkstribune die Möglichkeit haben, zufällig an die Spitze unseres Staates zu gelangen.

Die Grundrechte - die Wertordnung

Die bisher dargestellten Unterschiede zwischen dem Grundgesetz und der Weimarer Verfassung im Grundsätzlichen betrafen:
Das Grundgesetz fußt auf einer Wertordnung, die als unabänderbar vorhanden ist. Die Weimarer Verfassung dagegen enthält eine staatlich gegebene Wertordnung, die unter bestimmten Voraussetzungen in all ihren Punkten verändert, ja sogar abgeschafft werden kann.

Das Grundgesetz bekennt sich zur Verantwortung vor Gott und der daraus sich ergebenden unantastbaren Menschenwürde. Es bezeichnet die Menschenrechte als unverletzliche und unveräußerliche Grundlage jeder menschlichen Gemeinschaft. Die im Grundgesetz niedergelegten Grundrechte binden daher, wie es heißt, „Gesetzgebung, vollziehende Gewalt und Rechtsprechung als unmittelbar geltendes Recht.“ Gesetzliche Einschränkungen der Grundrechte sind zwar möglich, dürfen aber deren Wesens-Gehalt nicht antasten. Auch sind Grundgesetzänderungen, die die Menschenwürde berühren, unzulässig.

Die Weimarer Verfassung dagegen relativiert die von ihr aufgestellten Werte, indem sie die meisten in ihr enthaltenen Grundrechte einem allgemeinen Gesetzesvorbehalt sowie dem aus dem Notverordnungsrecht des Reichspräsidenten sich ergebenden Diktaturvorbehalt unterstellt; außerdem können sämtliche Verfassungsbestimmungen unter der Voraussetzung qualifizierter Mehrheiten nicht nur geändert, sondern, wie schon erwähnt, auch abgeschafft werden. In der Weimarer Zeit war es daher möglich, die Demokratie aufgrund der gewährten Freiheit mit den Mitteln der Demokratie zu bekämpfen und letztlich zu vernichten.

Diesem Mißstand begegneten die Väter des Grundgesetzes nicht nur mit ihrer Anerkennung bzw. Festlegung besagter unabänderlicher Grundsätze, sondern auch mit dem völlig neuen Prinzip der sogenannten wehrhaften Demokratie, deren Kurzformel lautet:
Keine Freiheit für die Feinde der Freiheit. Parteien mit verfassungsfeindlicher Zielsetzung können daher auf Antrag des Bundestages, des Bundesrates oder der Bundesregierung vom Bundesverfassungsgericht verboten werden. Auch kann das Verfassungsgericht solchen Personen Grundrechte – etwa die Freiheit der Meinungsäußerung oder die Versammlungsfreiheit – aberkennen, die diese zum Kampf gegen die Verfassungsordnung mißbrauchen. Dies sind ganz wichtige Konsequenzen aus Hitlers Weg zur Macht. Vergleicht man daher in diesem grundsätzlichen Bereich Grundgesetz und Weimarer Verfassung, dann muß das Grundgesetz als eine Verfassung bezeichnet werden, die auch hinsichtlich ihrer Wertbezüge für größtmögliche Stabilität Vorsorge getroffen hat und genau deswegen letztlich freiheitlicher und demokratischer ist als ihre Weimarer Vorgängerin.

Bei allem Lob für das Grundgesetz muß man bedenken, wie Bundespräsident Herzog in seiner Rede aus Anlaß des 50. Jahrestages der konstituierenden Sitzung des Parlamentarischen Rates sagte, daß es „auch für die beste Verfassung keine Garantie auf automatischen Erfolg“ gibt; „Verfassungen gelten nicht deshalb, weil sie einmal beschlossen, in Kraft gesetzt und in einem Gesetzblatt veröffentlicht worden sind, sondern deshalb und in dem Maße, in dem sie von den Bürgern angenommen werden. Und wenn mit der Zeit das Vertrauen entsteht, daß sie auch für eine möglicherweise schwierige Zukunft Sicherheit geben können." In diesem Sinn hatte das Grundgesetz für seine unbestreitbare Akzeptanz wesentlich bessere Voraussetzungen als die Weimarer Verfassung.

Erinnern wir uns: Man hat die Weimarer Republik als eine „Demokratie ohne Demokraten" bezeichnet. Das stimmt in gewisser Hinsicht. Allerdings nicht in dem Sinn, daß die Deutschen im Gegensatz zu ihren Nachbarvölkern grundsätzlich Demokratiegegner wären, ein Untertanenvolk also, das am liebsten autoritär geführt werden wollte. So ist es nicht und so war es auch nicht. Die Weimarer Demokratie war von Anfang an unpopulär, weil sie unter einem ungünstigen Stern geboren wurde. Sie war belastet durch den unseligen, weil ungerechten Friedensvertrag von Versailles, den die demokratische deutsche Regierung und nicht etwa der Kaiser oder die Generalität abzuschließen gezwungen war. Sie war belastet, weil die demokratische deutsche Regierung den Kriegsgegnern gegenüber anerkennen mußte, am Ausbruch des Ersten Weltkrieges die Alleinschuld zu haben. Sie war ferner belastet durch die gigantischen Reparationen, die Deutschland den Kriegsgegnern leisten mußte, die das deutsche Währungssystem ruinierten und das ganze Volk in Not und Elend stießen. Und sie war belastet durch nationalsozialistische und kommunistische Unruhen, die zeitweise bürgerkriegsähnlichen Charakter annahmen. Durch Zustände also, die in der „guten alten Zeit", in der Ordnung herrschte, weil man einen Rechtsstaat hatte, unbekannt waren.

Als durch die Auswirkungen der Weltwirtschaftskrise Ende der 20er Jahre die Arbeitslosenzahl in Deutschland immer höher schnellte, zeigten sich die Demokraten in Deutschland, wie bereits ausgeführt, nicht in der Lage, die Krise mit demokratischen Mitteln zu meistern. Auch durch die Notverordnungen des Reichspräsidenten bekam man die Krise nicht in den Griff. So bekam die Vorstellung, Demokratie und Parlamentarismus seien unfähig, einen modernen Industriestaat mit den für ihn typischen verwobenen Strukturen ersprießlich zu regieren, seine Probleme zur allgemeinen Zufriedenheit zu lösen und auch kritische Zeiten erfolgreich zu bewältigen, immer mehr Anhänger. Dies war nicht verwunderlich, denn auch andere Demokratien hatten schwerste Probleme – und die hatten keinen Krieg verloren, sondern ihn gewonnen. Auch darf man nicht außer acht lassen, daß es damals so schien, als ob die großen Zeiten der Demokratie und des Parlamentarismus ohnehin vorbei wären. Es gab seinerzeit einen allgemeinen Trend hin zu autoritären Verfassungsformen – einen Trend, der nicht zuletzt durch die Furcht vor radikalem Umsturz in Gang gekommen war.

Demgegenüber konnte den Deutschen nach den bitteren Lehren von Faschismus und Nationalsozialismus der demokratische Neubeginn nicht schwerfallen. Dies gilt um so mehr, als Belastungen, wie sie die Weimarer Regierungen zu ertragen hatten, fehlten. Gebietsverluste und Vertreibung der Deutschen aus ihrer Heimat im Osten waren allein das Werk der Siegermächte. Auch die inzwischen anders gewordene soziologische Struktur des deutschen Volkes kam dem demokratischen Gedanken entgegen. Die nationalsozialistische Ideologie der Volksgemeinschaft hatte das in der Weimarer Zeit noch stark wirksame Klassenbewußtsein in Adel und Bürgertum einerseits und in der Arbeiterschaft andererseits weitgehend zurückgedrängt. Das zum Zusammenhalt zwingende Element der größten Kriegskatastrophe aller Zeiten und die Tatsache, daß Flucht und Vertreibung sowie notbedingte Binnenwanderung auch die landsmannschaftlichen und konfessionellen Gegensätze einzuebnen begonnen hatten, taten ein übriges, eine Gesellschaft der Gleichen als Voraussetzung für das Funktionieren der Demokratie herzustellen. Schnell verband sich außerdem mit der politischen Ordnung des Grundgesetzes der Begriff des deutschen Wirtschaftswunders. Durch Erhards Soziale Marktwirtschaft entstand in der Bundesrepublik rasch ein bis dahin unbekannter Massenwohlstand. Auf der Grundlage der errungenen wirtschaftlichen Erfolge konnte das dicht geflochtene soziale Netz entstehen, dessen wir uns so lange rühmen durften.

Zum Wohlstand trat die weitere wichtige Tatsache, daß die junge Bundesrepublik nicht wie die Republik von Weimar über Jahre hinweg international geächtet blieb, sondern bedingt durch den Ost-West-Konflikt verhältnismäßig schnell als ziemlich gleichberechtigter und geschätzter Partner in die Gemeinschaft der freien Völker aufgenommen wurde. Das alles hatte eine ungeheuer integrierende Wirkung auf die Deutschen der alten Bundesrepublik; und bei den Deutschen jenseits von Mauer und Stacheldraht schuf es ein Traumbild von Freiheit und Wohlstand. So konnten der grundgesetzlichen Ordnung auch krisenhafte Entwicklungen in unserer Gesellschaft letztlich nichts anhaben: weder die von Basisdemokratie, imperativem Mandat und sozialistischer Gesellschaft schwärmenden Kulturrevolutionäre der 68er Bewegung, noch deren durchaus feststellbarer Marsch durch die Institutionen, nachdem sich ihre Gewalttaten nicht als geeignet erwiesen hatten, das ihnen verhaßte, weil ein „falsches Bewußtsein" prägendes System zu kippen. Im Gegenteil: Unsere bis 1989 in der DDR eingesperrten Landsleute wollten genau dieses System zusammen mit uns als das ihre haben und wiesen damit auch die Illusionen von einem Arbeiter- und Bauernstaat in Wohlstand und Gerechtigkeit in den Orkus der Geschichte.

Genau diese Erfolgsgeschichte unseres Grundgesetzes ist es, die diese Verfassung inzwischen nicht nur im Verstand der Bürger, sondern auch in deren Herzen verankert hat und sie an das Staatswesen bindet. Doch das Grundgesetz birgt noch ein anderes Element, das die Bürger emotional zu binden vermag. Es ist sein Gottbezug und die darin gründenden Wertbekenntnisse, die den Zentralbegriff unserer Verfassung ausmacht, wie er sich aus deren Präambel und aus dem Präsidenteneid ergibt, nämlich das deutsche Volk auf eine höhere Verpflichtungsstufe stellen, als dies der Weimarer Verfassung möglich war. Wenn ich so positiv über unser Grundgesetz denke, mag sich der Leser fragen, ob ich diesem Verfassungswerk nicht etwas zu unkritisch gegenüberstehe, es gleichsam idealisiere? Diese Frage liegt nahe, weil auf unserer Welt natürlich überhaupt nichts fehlerlos sein kann.

Das Grundgesetz, das so lange und so erfolgreich währt, ist kein Provisorium mehr, sondern endgültige Verfassung und als solche ein Glücksfall, es ist zu hüten wie ein Augapfel. Wer nach der großartigen Erfolgsgeschichte des Grundgesetzes, das inzwischen durch 14 Bundestagswahlen mittelbar, aber deutlich genug die Zustimmung des Volkes erfahren hat, immer noch unter Hinweis auf die Rolle der Westmächte 1998 eine neue Verfassung oder auch nur eine Volksabstimmung über die heutige fordert, lebt nicht in der realen Welt. Das Grundgesetz und das wiedervereinigte Deutschland – das sind zwei Seiten einer Medaille, die beweist, daß eine freiheitliche und demokratische Grundordnung in Deutschland kein Fremdkörper ist, sondern einer Volksüberzeugung entspringt, deren über 150 Jahre alten Quellen nur vorübergehend verschüttet waren.

Die Wiedervereinigung Deutschlands 1989/1990

Nach der Bundestagswahl am 6. März 1983 bin ich nicht wieder in das Amt des Bundestagspräsidenten gewählt worden. Ich stand nun vor der Frage, soll ich mein Mandat niederlegen und aus der Politik ausscheiden, oder gibt es einen anderen Weg. Mit Rücksicht auf meine Wählerinnen und Wähler, die mich in den vergangenen 30 Jahren jeweils mit absoluter Mehrheit in den Bundestag gewählt hatten, habe ich mich entschlossen, das Angebot, im Präsidium des Deutschen Bundestages als Vizepräsident weiter zu arbeiten, anzunehmen. Der Wahlkreis wäre ansonsten für die nächsten vier Jahre ohne unmittelbare Betreuung gewesen. Ich bin damit der Entscheidung meiner verehrten Kollegin, Frau Annemarie Renger, gefolgt. Nachdem die SPD-Fraktion nicht mehr die stärkste Fraktion im Bundestag war, konnte sie nicht mehr Bundestagspräsidentin sein und ist weiterhin als Vizepräsidentin im Präsidium geblieben. Mir hat mein Entschluß nicht leid getan. Dennoch hatte ich mir fest vorgenommen, für die nächsten Bundestagswahlen 1987 nicht mehr zu kandidieren, was mir aber nicht gelang.

Die Delegierten meines Wahlkreises haben mich gedrängt, für eine weitere Wahlperiode zur Verfügung zu stehen. Ich hatte den Eindruck, daß sie es ehrlich meinten und deshalb habe ich zugesagt. Nachträglich bin ich sehr froh darüber, weil es mir vergönnt war, die Einheit Deutschlands als aktiver Politiker mitzuerleben.

Ich habe mich von der ersten Stunde als Abgeordneter im Deutschen Bundestag, ohne jemals zu schwanken, für die Wiederherstellung der Deutschen Einheit eingesetzt.

1989 war es nun soweit. Die Einheit Deutschlands war Wirklichkeit geworden. Die Mauer wurde nicht mit Dynamit gesprengt, sondern durch die Herzen überwunden. Sicherlich gab es viele, die an dieser Einheit mitgewirkt haben. Aber letztendlich war sie nur möglich, weil die Menschen in der früheren DDR auf die Straße gegangen sind, Mut gezeigt und mit Nachdruck die Einheit Deutschlands gefordert haben: „Wir sind ein Volk!“

Ungefähr gleichlaufend mit dieser Freiheitsbewegung innerhalb der DDR ist auch der Verfall des Sowjetkommunismus einhergegangen. Bundeskanzler Helmut Kohl hat diese Sternstunde in der Geschichte erkannt und durch sein 10-Punkte-Programm die Voraussetzungen für Verhandlungen mit der Sowjetunion herbeigeführt. Kohl hat sich in dieser Stunde als Staatsmann erwiesen.

Es war eine Erkenntnis, die wir immer hatten: Die Einheit Deutschland kann nur dann ermöglicht werden, wenn die Sowjetunion mit einer solchen Regelung einverstanden ist. Denn ohne das Eingreifen der russischen Panzer wäre die DDR-Regierung mit dem Aufstand im Juni 1953 nie fertig geworden.

Kohl und Gorbatschow und die Einheit

Es war ein Glücksumstand, daß sich zwei Männer, Helmut Kohl und Michail Gorbatschow, gefunden haben und in hartnäckigen Verhandlungen ein Ergebnis erzielten, das es ermöglichte, die Einheit Deutschlands auf friedlichem Wege herbeizuführen.

Auf die Einzelheiten, die zur Wiedervereinigung Deutschlands geführt haben, werde ich in zusammenfassenden Gedanken in meiner Rede zum Einigungsvertrag eingehen.

Am 20. September 1990 stand auf der Tagesordnung des Deutschen Bundestages das Gesetz zur Einheit Deutschlands. Es war Helmut Kohl, der in der Fraktion den Vorschlag machte, daß zur Dritten Lesung der dienstälteste Abgeordnete des Deutschen Bundestages,

Richard Stücklen, die Rede halten sollte. Ich war erfreut. Gern nahm ich dieses Angebot an und habe mich auf die Rede zur Dritten Lesung des Einigungsgesetzes vorbereitet. Sie wurde von allen Fraktionen des Deutschen Bundestages mit großem Beifall aufgenommen. Der ehemalige Bundeskanzler Willy Brandt kam anschließend zu mir und beglückwünschte mich zu dieser Rede. Aber nicht nur dafür, sondern er fügte noch hinzu: „Ich bedanke mich für das, was Sie in mehr als 40 Jahren für unsere parlamentarische Demokratie geleistet haben.“ Ich muß zugeben, ich war tief gerührt.

Dann kam Helmut Kohl von der Regierungsbank herunter und bedankte sich ebenfalls für die Rede, die ich für die Gesamtfraktion gehalten habe. Er war der Meinung, sie sei eine Rede der Versöhnung gewesen und in die Zukunft gerichtet. Außerdem kamen noch Jochen Vogel, Wolfgang Mischnik und andere. Es hat mir sehr gut getan, daß meine Arbeit in dieser Form so demonstrativ gewürdigt wurde.

Meine Plenarrede vom 20. 9. 1990 zum Gesetz für die Einheit Deutschlands

Präsidentin Dr. Süßmuth: Wir treten in die dritte Beratung ein. Hier-zu liegt mir zuerst die Wortmeldung des Abgeordneten und Vizepräsidenten Herrn Stücklen vor.

Stücklen (CDU/CSU): Frau Präsidentin! Meine sehr verehrten Damen und Herren! Wie wir heute aus der Volkskammer erfahren haben, hat sie dem Einigungsvertrag mit großer Mehrheit zugestimmt.

(Beifall bei der CDU/CSU, der FDP und der SPD sowie der Abg. Frau Unruh (fraktionslos))

Mit der dritten Lesung und der anschließenden Abstimmung wird der Deutsche Bundestag den Schlußstein für die Einheit Deutschlands setzen. Damit ist der Verfassungsauftrag des Grundgesetzes erfüllt, und wir sind mit Freude und mit Stolz von dieser Entscheidung tief berührt.

(Beifall bei der CDU/CSU, der FDP und der SPD sowie der Abg. Frau Unruh (fraktionslos))

In meiner Rede anläßlich der Bundesversammlung im Jahre 1979 habe ich die Hoffnung ausgesprochen, daß uns die Gnade der Einheit zuteil werde. Diese Gnade der Einheit Deutschlands ist uns zuteil geworden.

(Beifall bei der CDU/CSU und der FDP sowie bei Abgeordneten der SPD und der GRÜNEN)

In dieser Stunde möchte ich eines langjährigen Mitgliedes dieses Hause gedenken, das in seiner ganzen Zeit unbeirrt und unverzagt für die Einheit Deutschlands gewirkt hat, aber nicht mehr unter uns ist: Das ist Franz Josef Strauß.

(Beifall bei der CDU/CSU und des Abg. Mischnik (FDP) – Binding (SPD): Gradl hätten Sie erwähnen sollen!)

Wir von der CDU/CSU haben am Verfassungsauftrag festgehalten, und dies auch zu einer Zeit, als andere schon die Hoffnung aufgegeben hatten und dabei waren, sich mit dem SED-Regime zu arrangieren.

(Dr. Vogel (SPD): Das war die Sache mit dem Kredit über eine Milliarde!)

Es gab sogar Bestrebungen, den Verfassungsauftrag aus der Präambel des Grundgesetzes zu streichen. Meine Damen und Herren von der Fraktion DIE GRÜNEN, Sie können diesen Teil der Präambel des Grundgesetzes streichen; denn er ist erfüllt.

(Beifall bei der CDU/CSU und bei Abgeordneten der FDP – Kleinert (Marburg) (GRÜNE): Wir haben den Honecker nicht eingeladen!)

Meine Damen und Herren, wir alle sind sporadisch auch Fernsehzuschauer. Viele werden sich wohl noch daran erinnern können, als Herr Honecker in Erwartung des Generalsekretärs Gorbatschow auf dem Flughafen in Ost-Berlin auf und ab stolzierte und in frivoler Weise davon sprach: Die Mauer steht noch in 50 und in 100 Jahren. Herr Gorbatschow hat ihm postwendend die Antwort gegeben und hat ihm erklärt, daß, wer zu spät kommt, vom Leben bestraft wird. Damit war das politische Ende Honeckers und der SED eingeleitet. Die russischen Panzer und Bajonette standen nicht mehr wie am 17. Juni 1953 zur Niederwerfung des Volksaufstandes zur Verfügung.

Die Menschen in der DDR haben den grundgesetzlichen Auftrag übernommen. Zu Hunderttausenden haben die Frauen und Männer auf den Straßen von Leipzig und anderswo in der DDR die ungeliebte, ja, gehaßte Machtstruktur des SED-Staates in den Grundfesten erschüttert, obwohl zu dieser Zeit die Tyrannisierung durch die Staatssicherheit noch ungebrochen war, obwohl die Betriebskampfgruppen und die Volkspolizei bis an die Zähne bewaffnet waren. Der Mut der Menschen hat sie in friedlicher Weise in die Knie gezwungen, meine Damen und Herren!

(Beifall bei der CDU/CSU und der FDP)

Das waren die Helden, die wahren Helden der Revolution, und so werden sie auch in die Geschichte eingehen.

(Beifall bei der CDU/CSU und der FDP)

Mit dem 3. Oktober 1990 geht ein Abschnitt unserer Nachkriegsgeschichte zu Ende. Ein neuer Abschnitt in einem wiedervereinigten Deutschland beginnt, baut auf der Grundlage der Politik der vergangenen 40 Jahre auf und entwickelt sie im gemeinsamen Deutschland weiter fort. Lassen Sie mich als einem, der vom ersten Tag dieses Geschehens an im Deutschen Bundestag dabei war, aus meiner Sicht und meiner Bewertung einige politische Entscheidungen in Kürze aufzeigen.

1949 standen wir insbesondere vor zwei großen Aufgaben. Wir mußten zum einen das anvertraute Gemeinwesen Bundesrepublik Deutschland aus den Trümmern wieder aufbauen, und wir hatten zum anderen den Auftrag der Präambel des Grundgesetzes zu erfüllen, die Einheit und Freiheit Deutschlands zu vollenden.

Wie fast alle Kollegen von damals waren wir der Meinung, die Trennung würde nur für eine kurze Übergangszeit Bestand haben, der Auftrag zur Einheit ließe sich relativ schnell erfüllen. Ich erinnere daran – es sind ja auch einige andere da, die sich noch daran erinnern können –, daß Professor Carlo Schmid damals den Vorschlag gemacht hat, man sollte an der Zonengrenze Baracken bauen, denn es würde ja nur ganz kurze Zeit dauern, bis wir wieder in Berlin tagen können.

(Dr. Vogel (SPD): Und jetzt wollt ihr nicht!)

Die Beseitigung des ungeheuren Ausmaßes an Trümmern, Not und Elend kam uns dagegen unendlich schwieriger vor.

Die Entwicklung verlief, wie wir wissen, anders. Die Bundesrepublik Deutschland entwickelte sich schon bald zu einem wirtschaftlich gesunden und international geachteten Gemeinwesen. Gestatten Sie mir, aus meiner Sicht fünf Faktoren dafür aufzuzählen:

Zum einen haben die Schöpfer des Grundgesetzes die schwerwiegenden Konstruktionsfehler der Weimarer Reichsverfassung vermieden und so der staatlichen Ordnung einen stabilen Rahmen gegeben.
(Beifall bei der CDU/CSU und der FDP sowie bei Abgeordneten der SPD)

Zum zweiten hat die Konzeption der Sozialen Marktwirtschaft, für die der Name Ludwig Erhard steht, die Basis für einen raschen und steilen wirtschaftlichen Aufschwung geschaffen.
(Beifall bei der CDU/CSU und bei der FDP)

Zum dritten hat Konrad Adenauers eindeutige Politik der Westintegration der jungen Bundesrepublik zu Freiheit und Sicherheit in einer Werte- und Verteidigungsgemeinschaft des Westens verholfen. Unter dem Schutz dieses Bündnisses, das uns Sicherheit und Frieden garantierte, konnten der friedliche Ausbau einer erfolgreichen Wirtschafts- und Sozialordnung und die weitere Integration Europas fortgesetzt werden.
(Beifall bei der CDU/CSU und der FDP)

Ohne den Schutz des NATO-Bündnisses hätten wir die Abwehr des Berlin-Ultimatums von Chruschtschow 1958 wohl nicht heil überstanden.

Natürlich kamen Adenauer die außenpolitische Lage und die ihm wohlgesonnenen Verhandlungspartner wie McCloy oder John Foster Dulles zugute. Entscheidend aber war, daß Adenauer die Chancen, die ihm das Bündnis bot, erkannte und im Interesse der Bundesrepublik und Europas nutzte. Das zeichnet einen Staatsmann aus: die Chancen zu erkennen und zu nutzen.
(Beifall bei der CDU/CSU und des Abg. Mischnik (FDP))

Insoweit können Sie sich, Herr Bundeskanzler,
(Zurufe: Jetzt ist er weg! – Er kommt gleich wieder!)

dann bitte ich, ihm das zu übermitteln –, als politischer Enkel Adenauers bezeichnen; denn Sie erkennen die Chancen und nutzen die Chancen.

(Beifall bei der CDU/CSU und der FDP)

Zum vierten konnte sich die parlamentarische Demokratie dank ihrer Verwurzelung in der Bevölkerung schnell stabilisieren und fest verankern.

Der fünfte Faktor, den ich für den wichtigsten für die schnelle Aufbauleistung nach dem Kriege halte, waren Fleiß und Tatkraft der Bürgerinnen und Bürger, die ohne Zögern gemeinsam ans Werk gegangen sind.

(Beifall bei der CDU/CSU und bei Abgeordneten der FDP)

Meine Damen und Herren, dieser Zeitabschnitt unserer deutschen Geschichte wurde von der Opposition nicht nur kritisch begleitet, sondern teilweise hart bekämpft, unter anderem mit dem Vorwurf, daß diese Politik Adenauers die Wiedervereinigung Deutschlands verhindere. Daß dies nicht zutraf, beweist der Fortgang der Geschichte.

Ebenso, Herr Kollege Brandt – leider ist auch er im Augenblick nicht da –, haben wir, als wir in der Opposition waren, die von Ihnen und Ihrer Regierung sowie von Ihrem Nachfolger Schmidt verfolgte Ostpolitik bekämpft, weil wir in diesen Verträgen eine Zementierung der Teilung Deutschlands gesehen haben. Auch hier beweist der Lauf der Geschichte – durch veränderte Politik der Sowjetunion unter Gorbatschow –, daß die Befürchtung unbegründet war.

Das gleiche gilt für das KSZE-Abkommen von Helsinki, jenes Abkommen, das für die Weiterentwicklung Europas, nicht nur des westlichen Europas, sondern des ganzen Europas, eine feste Grundlage der Zusammenarbeit bildet.

(Beifall bei der CDU/CSU sowie bei Abgeordneten der FDP und der SPD)

Meine Damen und Herren, es gehört zu meinen Lebenserfahrungen – insbesondere in der Politik, aber auch sonst, und diese Erfahrung hat sich schon beinahe zu einer Tugend bei mir entwickelt : Der eine hat nicht immer Recht, und der andere hat nicht immer Unrecht. Die Politik einer Regierung muß nicht immer richtig sein und die Gegenposition der Opposition nicht immer falsch.
(Beifall bei Abgeordneten der SPD und der Abg. Frau Unruh (fraktionslos) – Dr. Vogel (SPD): Sehr wahr!)

Das ist die Lebenserfahrung, die Sie, wenn Sie sie noch nicht gemacht haben, sicherlich noch machen werden, und das wäre sehr begrüßenswert.

Meine sehr verehrten Damen und Herren, ich habe die Entwicklung der Bundesrepublik Deutschland vielfach in aller Öffentlichkeit mit großem Nachdruck gelobt. Ich habe die Sicherung des Friedens in Freiheit hervorgehoben, das Erreichen eines hohen Maßes an individuellem Wohlstand und eines dem Ziel der Gerechtigkeit doch nahe kommenden Systems sozialer Sicherheit: Aber ich habe auch immer auf die schmerzliche Wunde der Teilung unseres Vaterlandes hingewiesen, die mit aller Kraft und Konsequenz und so bald wie möglich beseitigt werden müsse. Ich darf wohl für die CDU/CSU und auch für mich selbst in Anspruch nehmen, daß wir über die gesamte Zeit die entschiedensten Verfechter der deutschen Einheit gewesen sind.
(Beifall bei der CDU/CSU und bei Abgeordneten der FDP)

Sie werden verstehen, daß der 3. Oktober 1990 auch für die CDU/CSU und für mich persönlich ein Tag der großen Freude und Genugtuung ist, und dies sollte er für alle Deutschen sein.
(Beifall bei der CDU/CSU und der FDP)

Wenn in 13 Tagen die staatliche Einheit vollzogen wird, so kann ich getrost sagen, daß die wesentlichen politischen Aufgaben meiner Generation erfüllt sind. Dazu über 40 Jahre in den verschiedensten Funktionen beigetragen zu haben, läßt mich voller Zufriedenheit aus der aktiven politischen Arbeit scheiden.

Welchen Anteil hat die Politik der letzten 40 Jahre an der Entwicklung im Herbst 1989? Den Beitrag sehe ich in erster Linie in unserer aktiven Mitwirkung im westlichen Bündnis, in der festen Haltung dieses Bündnisses auch in kritischen Situationen, im Fortschritt der europäischen Einigung und der wirtschaftlichen Prosperität in Deutschland und in Europa. Ich sehe auch in den Verträgen mit Osteuropa, insbesondere in den Ergebnissen der Konferenz von Helsinki einen wesentlichen Bestandteil dieser Entwicklung.

Die Hauptursache der Wende liegt nach meiner Meinung allerdings viel tiefer. Es ist der Sieg der Freiheit über den real existierenden Sozialismus.

(Beifall bei der CDU/CSU und der FDP)

Freiheit, Entfaltung der Persönlichkeit und Selbstverwirklichung liegen in der Natur des Menschen. Unterdrückung, Bevormundung und Gängelung widersprechen ihr. Deshalb war, als Panzer, Militär und sonstige Machtinstrumente nicht mehr zur Verfügung standen, der Niedergang des Kommunismus nur noch eine Frage der Zeit. Deshalb werden – davon bin ich fest überzeugt – totalitäre Systeme langfristig nirgendwo in der Welt eine Chance gegen freiheitliche Demokratien haben.

(Beifall bei der CDU/CSU und der FDP)

Neben der Freude in diesen Tagen bewegt mich in erster Linie Dankbarkeit. Dankbarkeit gegenüber allen, die zum Prozeß der deutschen Einigung beigetragen und ihn gefördert haben. Die friedliche Revolution in der DDR habe ich bereits erwähnt. Dank gilt Präsident Gorbatschow für seine Politik der Perestroika, Ungarn für sein historisch bleibendes Verdienst, als erstes Land Osteuropas Mauer und Stacheldraht durchbrochen zu haben.

(Beifall bei der CDU/CSU und der FDP sowie bei Abgeordneten der SPD)

Dank auch der westlichen Werte- und Verteidigungsgemeinschaft für ihre Festigkeit und Entschlossenheit und nicht zuletzt den Alliierten und allen, die für die rasche Klärung der Zusammenhänge verantwortlich waren.

(Beifall bei der CDU/CSU und der FDP)

Ganz besonders danken möchte ich im Namen meiner Fraktion der Bundesregierung für ihre vom Beginn im November 1989 an verantwortungsvolle Gestaltung des Einigungsprozesses,

(Beifall bei der CDU/CSU und der FDP)

vom Zehn-Punkte-Programm am 28. November 1989 hier im Deutschen Bundestag bis zum Abschluß der Zwei-plus-Vier-Verhandlungen am 12. September 1990. Herzlichen Dank dem Bundeskanzler und seinem Außenminister,

(Beifall bei der CDU/CSU und der FDP)

allen Bundesministern, insbesondere den Kollegen Dr. Waigel, Dr. Schäuble und Seiters,

(Beifall bei der CDU/CSU und der FDP)

sowie allen ihren Mitarbeitern und Helfern.

(Beifall bei der CDU/CSU und der FDP)

Dank sage ich auch – ich komme darauf zurück – allen Abgeordneten, die in diese Verhandlungen immer im Geist der Einheit gegangen sind und sie zum Erfolg geführt haben.

(Beifall bei der CDU/CSU und der FDP)

In Freude und Dankbarkeit mischen sich aber auch Schmerz und Trauer über zahlreiche Tote und Verletzte an der drei Jahrzehnte lang bestehenden unmenschlichen Grenze, über die Opfer eines Systems von Unfreiheit und Unterdrückung und materieller Not. Daß Millionen Deutschen in Europa 40 Jahre lang solches Leid zugefügt werden konnte, ist überwunden und heute kaum noch verständlich.

Gestatten Sie mir, daß ich noch einen abschließenden Blick in die Zukunft des geeinten Deutschlands richte, und sehen Sie mir bitte nach, daß ich in meiner wohl letzten Rede in diesem Hause nach 41 Jahren die eine oder andere Hoffnung als Bemerkung dazu zum Ausdruck bringe.

Ich gehöre einer Generation an, die nicht nur das Dritte Reich und den Zweiten Weltkrieg miterlebt und mit erlitten hat. Als ich 1949 in den ersten Deutschen Bundestag gewählt wurde, war ich immerhin schon 33 Jahre alt, und ich brachte eine lebhafte Vorstellung von der Weimarer Republik mit.

Aus dieser Erfahrung ein Wort zu unserer Verfassung: Durch das Verfahren des Beitritts gemäß Art. 23 des Grundgesetzes gilt das Grundgesetz mit einigen unumgänglichen Änderungen im geeinten Deutschland weiter. Selbstverständlich wäre es legitim, im neuen gesamtdeutschen Parlament über einzelne Artikel oder auch über die Verfassung insgesamt eine Diskussion zu führen. Gleichwohl hielte ich es für gefährlich, wenn man meinen würde, die in das Grundgesetz reichhaltig und stabilisierend eingeflossenen Erfahrungen von Weimar mit zunehmendem zeitlichen Abstand vernachlässigen zu können.
(Beifall bei der CDU/CSU und der FDP)

Wir sollten nie vergessen, daß sich das Grundgesetz, das wir haben, in den letzten 40 Jahren in hervorragender Weise bewährt hat.
(Beifall bei der CDU/CSU und der FDP sowie bei Abgeordneten der SPD)

Wir hatten noch nie eine bessere Verfassung.

Meine Damen und Herren, nun noch ein Wort zum Parlamentarismus. Ich möchte in diesem Zusammenhang beileibe nichts über das Dauerthema „Parlamentsreform" sagen. Aber ich wünsche dem neuen, größeren Parlament ein Selbstverständnis und einen Stil, wie sie, von wenigen Ausnahmen abgesehen, in den vergangenen 41 Jahren im Deutschen Bundestag gepflegt worden sind.

Das Parlament ist der Ort der Auseinandersetzung, der Suche nach dem richtigen Weg. Dabei wird die Opposition – ganz gleich, wer sie stellt – in der Kritik immer führend sein. Das Parlament insgesamt muß aber im Interesse des Ganzen fähig sein, sich zumindest in den großen Entscheidungen um Konsens zu bemühen. Als Beispiel sehe ich das Aufeinanderzugehen bei den Vertragsverhandlungen um die Einheit Deutschlands an.

Die parlamentarische Demokratie braucht gerade in schwierigen Zeiten einen Bestand an wesentlichen Gemeinsamkeiten, einen Grundkonsens über die Partei- und Fraktionsgrenzen hinweg.
(Beifall bei Abgeordneten der CDU/CSU)

Bei den Verhandlungen um die Verträge hat sich die parlamentarische Demokratie, der Parlamentarismus, bewährt.

Meine Damen und Herren, zum Abschluß noch kurz zu den Aufgaben, die nach der Verabschiedung der Verträge auf uns zukommen.

Nun haben wir am 3. Oktober die Einheit Deutschlands. Wir sind wieder ein Staat, und alle sind für alle verantwortlich. Die Vereinigung beider Teile Deutschlands hat ja nicht nur die Aufgabe der Zusammenführung der Menschen in einem einheitlichen Staat, sondern auch die, die Lebensverhältnisse anzugleichen. Ohne jeden Zeitverlust müssen wir unter Ausschöpfung aller zukunftsträchtigen Möglichkeiten an die Lösung der Probleme im Gebiet der bisherigen DDR gehen.

Wir wissen, die Lage in der DDR ist zutiefst besorgniserregend. Der augenblickliche Zustand der DDR muß nüchtern und realistisch gesehen werden. Weder Häme noch Anklage sind am Platze. Weder blinder Optimismus noch Miesmacherei sind gefragt. Gefragt sind Selbstvertrauen, Hoffnung, Mut – und auch Geduld.
(Beifall bei der CDU/CSU und der FDP)

Denn was sich in 40 Jahren an Mißständen aufgebaut hat, kann nicht in wenigen Monaten aufgearbeitet werden. Aber gemeinsam werden wir es schaffen!

Lassen Sie mich aus dem Text einer Hymne zitieren, die im eigenen Lande, im eigenen Staat nicht mehr gesungen werden durfte:

Alle Not gilt es zu zwingen
Und wir zwingen sie vereint.

So, wie die Soziale Marktwirtschaft nach 1948/49 aus einem riesengroßen Trümmerhaufen das florierende Gemeinwesen Bundesrepublik Deutschland entstehen ließ, wird es unter vergleichsweise günstigeren Umständen auch im anderen Teil Deutschlands sein. Es ist ja bezeichnend, daß uns das Ausland nicht wegen unserer gegenwärtigen Probleme bedauert, sondern uns um unsere zukünftigen Chancen beneidet. Dafür ist aber eine gemeinsame Anstrengung aller notwendig und angesichts der großen Chancen auch lohnend.

In 13 Tagen wird es kein Wir und kein Ihr, kein Hüben und kein Drüben mehr geben. Alle Probleme werden unsere gemeinsamen Probleme sein, alle Chancen unsere gemeinsamen Chancen.

Mein Blick nach vorn ist nach alledem von großer Zuversicht geprägt. Nach der Verabschiedung des Einigungsvertrages wird die Einheit Deutschlands mit dem Beitritt am 3. Oktober vollzogen. Nach den erfolgreichen Verhandlungen mit den vier Siegermächten erhält Deutschland die Souveränität zurück. Mit dem deutsch-sowjetischen Partnerschaftsvertrag wird eine dauerhafte Friedensordnung eingeleitet, die für uns und für die nachfolgenden Generationen die Vision einer langen Periode des Friedens in Freiheit eröffnet.

Noch nie in der Geschichte Deutschlands hat unsere Jugend so viele Zukunftschancen gehabt, wie sie in den kommenden Jahrzehnten der Weltoffenheit, der Freiheit und des Friedens gegeben sein werden. Wenn alle solidarisch zusammenstehen und gemeinsam die vor uns liegenden Aufgaben anpacken, werden nach meiner festen Überzeugung auch die schwierigen Übergangsprobleme in absehbarer Zeit überwunden sein. Dann werden wir Deutschen in unserem geeinten Vaterland und in einem einigen Europa einer blühenden Zukunft entgegengehen.

Ich bin dem Schicksal dankbar, daß ich auch noch dem ersten gesamtdeutschen Bundestag angehören werde, der am 4. Oktober dieses Jahres zum ersten Mal zusammentreten wird. Lassen Sie mich ohne jedes Pathos sagen: Ich halte dies für den Höhepunkt meines politischen Lebens.
(Beifall bei der CDU/CSU und der FDP sowie bei Abgeordneten der SPD)

Nun ein persönliches Wort des Abschieds. Nach 41 Jahren Zugehörigkeit zu diesem Hohen Haus verabschiede ich mich mit dem Dank an Sie alle, die Sie mich in den verschiedensten Funktionen mit allen meinen Ecken und Kanten so geduldig ertragen haben.
(Heiterkeit)

Ich wünsche dem Parlament des einigen Deutschlands, immer zu bedenken, was zur Teilung Deutschlands geführt hat.

Ich erteile Ronald Reagan, dem Präsidenten der Vereinigten Staaten von Amerika, im deutschen Bundestag das Wort.

Das Bundestagspräsidium: Richard von Weizsäcker, Annemarie Renger, ich, Georg Leber und Richard Wurbs

Nachdenklich mit Willy Brandt: Was soll aus Bonn und Berlin werden?

Diese Stunde, meine Damen und Herren, ist eine Stunde des Abschieds ohne Wehmut und ohne Schmerz, des Abschieds mit vielen Erinnerungen. Verlassen Sie sich darauf, ich komme öfter einmal wieder zu Ihnen zurück.

Alles Gute für die Zukunft!

(Beifall bei der CDU/CSU, der FDP, der SPD und bei den Abgeordneten der GRÜNEN sowie auf der Regierungsbank)

Präsidentin Dr. Süßmuth: Lieber Herr Kollege Stücklen, Sie haben gerade den sehr intensiven Dank des Hauses vernommen. Es ist heute sicherlich noch nicht der Augenblick, um von Ihnen Abschied zu nehmen. Aber ich denke, wir haben Ihnen als demjenigen, der diesem Hause an längsten angehört, ganz, ganz herzlich zu danken.

(Beifall bei allen Fraktionen)

(Bundeskanzler Dr. Kohl, Abg. Brandt (SPD) und Abg. Vogel (SPD) beglückwünschen Abg. Stücklen (CDU/CSU) zu seiner Rede)

Mein Abschied vom Parlament

Abschied von Bonn: Abschiedsempfang der Bundestagspräsidentin

Am Ende dieser Legislaturperiode gab die Bundestagspräsidentin, Frau Prof. Rita Süßmuth, für mich einen Empfang. Ich habe mich besonders darüber gefreut, daß alle Fraktionen vertreten waren, auch die Abgeordneten der Fraktion der Grünen, mit denen ich manchmal im „Clinch" lag und die ich auch mehrmals zur Ordnung rufen mußte.

Vizepräsidentin Frau Anke Vollmar war ebenfalls anwesend und sagte sehr herzlich zu mir: „Jetzt haben wir uns so an Sie gewöhnt und nun wollen Sie uns verlassen."

Nach diesem Empfang stand fest, daß ich unter gar keinen Umständen noch einmal zur Verfügung stehen würde. Es wäre unverantwortlich gegenüber meiner Familie, unverantwortlich aber auch gegenüber den jungen, tüchtigen Politikern gewesen, die für meine Nachfolge in Frage kämen.

Der Wahlkreis wurde zur Bundestagswahl 1990 neu eingeteilt.

Der westliche Teil mit dem Landkreis Weißenburg/Gunzenhausen und der Großen Kreisstadt Weißenburg wurde dem Stimmkreis Ansbach zugeteilt. Damit wurde der parlamentarisch erfahrene und erfolgreiche Staatssekretär und Bundesminister Carl-Dieter Spranger mein Nachfolger im westlichen Teil des bisherigen Stimmkreises. Der nördliche Teil mit meinem ehemaligen Heimat-Landkreis Hilpoltstein wurde dem Stimmkreis Roth angeschlossen. Hier kandidierte der selbständige Steuerberater Hansgeorg Hauser. Aufgrund seiner soliden Ausbildung einschließlich mehrjähriger Berufserfahrung wurde er schon bald Parlamentarischer Staatssekretär im Finanzministerium beim

Bundesfinanzminister Dr. Theo Waigel. Die Kreisfreie Stadt Schwabach wurde an den Stimmkreis Nürnberg-Süd angegliedert und von der Verkehrsexpertin Renate Blank betreut. Frau Blank gehörte schon seit zwei Wahlperioden dem Bundestag an.

Mit dieser Nachfolgerin und den beiden Nachfolgern kann ich mich beruhigt auf mein Altenteil zurückziehen und von dort mit großem Interesse das politische Geschehen verfolgen.

Abschiedsempfang der CSU-Landesgruppe

Der Höhepunkt des Abschiednehmens vom Parlament war die Einladung, die der Vorsitzende der CSU-Landesgruppe im Deutschen Bundestag, Michael Glos, für mich in der Bayerischen Vertretung gegeben hat.

Schon allein die Personen, die zu diesem Empfang gekommen sind, waren für mich eine hohe Auszeichnung. Neben dem Bundespräsidenten Roman Herzog waren die Präsidentin des Deutschen Bundestages, Frau Prof. Süßmuth, Bundeskanzler Helmut Kohl, Finanzminister Theo Waigel und eine ganze Reihe von Ministern und Staatssekretären anwesend. Kohl hätte gut und gerne eine Kabinettsitzung bei diesem Empfang abhalten können, so groß war das Aufgebot von Ministern und Parlamentarischen Staatssekretären. Außerdem waren, worauf ich ganz großen Wert gelegt habe, meine Mitarbeiterinnen und Mitarbeiter eingeladen. Sie waren in der Zeit der Landesgruppe, im Präsidium des Deutschen Bundestages und noch weiter zurückgehend in meiner Zeit als Bundesminister für das Post- und Fernmeldewesen, für mich tätig. Es war für mich eine große Freude, mich bei ihnen allen persönlich bedanken zu können. Die Reden, die gehalten worden sind, waren alle sehr, sehr wohlwollend, und das Lob, das ausgesprochen worden ist, sollte ich nicht zu wörtlich nehmen, aber gefreut hat's mich doch. Es sprachen: Der Vorsitzende der Landesgruppe, Michael Glos, der Vorsitzende der Christlich Sozialen Union, Theo Waigel, außerdem Frau Präsidentin Süßmuth, und den Schluß bildete Helmut Kohl. Diese Stunde war das Ende einer Verstimmung, man kann auch sagen, der Belastung einer langjährigen Freundschaft zwischen Helmut Kohl und mir. Seine Rede hat mich sehr berührt. Er begann mit meinem Elternhaus, meinem Vater, der aufgrund seiner aufrechten Politik vor 1933 als Bürgermeister abgesetzt wurde und ins Gefängnis kam. Er sprach davon, daß mein Vater nach 1945 aktiv an der Gründung der neuen Partei, der Christlich-Sozialen Union, mitgewirkt hatte. Kohl stellte in diesem Zusammenhang meine Verdienste im Verhältnis der Christlich-Sozialen Union zur Christlich Demokratischen Union mit Nachdruck fest. Ich sei ein ehrlicher, aufrichtiger Vermittler zwischen diesen beiden Schwesterparteien. Darüber hinaus betonte er, daß ich manche schwere Stunde hatte hinnehmen müssen und er bewunderte mich, mit welchem Verantwortungsbewußtsein ich mich trotzdem an den Aufgaben als Parlamentarier im Deutschen Bundestag aktiv beteiligt hatte.

Nach meiner Dankesrede brachten mir die Anwesenden stehend Ovationen. Ich will dies nicht verschweigen, obwohl es nach Eitelkeit aussieht. Das habe ich so nicht empfunden und meine Darstellung sollte auch so nicht verstanden werden. Wenn man nach 41 Jahren mit einer solchen Harmonie und mit soviel Dank verabschiedet wird, dann darf man auch, das meine ich für mich und meine Familie, stolz darauf sein.

Curriculum vitae

Am 20. August 1916 in Heideck (Mittelfranken) geboren
kath., verheiratet, zwei Kinder

Volksschule, Handwerkslehre

Studium mit Ingenieur-Abschluß, Fachrichtung Elektrotechnik

Abteilungsleiter in einem Industriebetrieb

Beratender Ingenieur in Fachrichtung Elektrotechnik

Gründungsmitglied der CSU und Junge Union in Bayern
Mitglied im Präsidium der CSU

1954 bis 1957 Vorsitzender der CSU-Landesgruppe und Stellv. Fraktionsvorsitzender der CDU/CSU-Fraktion im Deutschen Bundestag

Oktober 1957 bis November 1966 Bundesminister für das Post- und Fernmeldewesen

Dezember 1966 bis Dezember 1976 Vorsitzender der CSU-Landesgruppe und Stellv. Fraktionsvorsitzender der CDU/CSU-Fraktion im Deutschen Bundestag

Mitglied des Verwaltungsrates der Deutschen Bundespost

Dezember 1976 bis Mai 1979 Vizepräsident des Deutschen Bundestages

Mai 1979 bis März 1983 Präsident des Deutschen Bundestages

März 1983 bis Dezember 1990 erneut Vizepräsident des Deutschen Bundestages

Wahlkreis 232 (Roth)

Inhaber hoher Auszeichnungen:

Großkreuz des Verdienstordens der Bundesrepublik Deutschland

Bayerischer Verdienstorden

Großoffizierskreuz des Verdienstordens der Italienischen Republik

Venezuela: Großkreuz des Ordens des Befreiers

Frankreich: Kompturkreuz des Postverdienstordens

Guatemala: Großkreuz des Ordens vom Quetzal

Vatikan: Ritter des Großkreuzes des Ordens des hl. Sylvester

Österreich: Großes Goldenes Ehrenzeichen am Bande für Verdienste um die Republik Österreich

Kolumbien: Großkreuz des Ordens „San Carlos“

Japan: I. Klasse des Ordens des Heiligen Schatzes

Argentinien: Großkreuz des „Orden de Mayo al Mèrito“

Mexiko: Banda des Mexikanischen Ordens vom Aztekischen Adler

Frankreich: Großoffizierskreuz des Ordens der Ehrenlegion

Senegal: Großkreuz des senegalischen Verdienstordens

Europäischer Karlspreis der Sudetendeutschen Landsmannschaft

Ehrenbürger der Städte Heideck, Gunzenhausen, Weißenburg und Les Sables d' Olonne (Frankreich)

Träger des Ehrenringes der Stadt Treuchtlingen

Dr.-Ing. h.c. der Fachhochschule Mittweida

Und weitere Auszeichnungen

Namens- und Sachregister

F

G

T

Bildquellennachweis

Bettina Böhmer
München

Sport-Foto
Bernd Endress
Homburg

Firsching
München

Udo Giesen
Königswinter

Johannes Hahn
Weißenburg

Fotohaus Sepp Hartmann
Mindelheim

Foto-Maertel
Roth

Fotodienst Margulies
Düsseldorf

Georg Munker
Bonn

Nürnberger Nachrichten
Foto. Peter Vrbata
Nürnberg

Presseservice Int.
Frank Ossenbrink
Bonn

PRINT Pressefoto-International
Düsseldorf

Presse- und Informationsamt
der Bundesregierung
Bundesbildstelle

AP-Wirephoto
Klaus Schlagmann

Fred Schöllhorn
Weiden/ Augsburg

Sven Simon
Vertragsfotograf: Heribert Bode
Bonn

Spitzley/von Lingen
Bonn

Peter Strack
Bonn